小学语文课程教学与设计

胡冰茹　周彩虹　编著

苏州大学出版社

图书在版编目(CIP)数据

小学语文课程教学与设计 / 胡冰茹,周彩虹编著. — 苏州:苏州大学出版社, 2020.8(2021.7 重印)
高等院校新版小学语文课程教学论教程. 小学语文教师技能提升读本
ISBN 978-7-5672-3286-0

Ⅰ.①小… Ⅱ.①胡…②周… Ⅲ.①小学语文课—教学研究—高等学校—教材 Ⅳ.①G623.202

中国版本图书馆 CIP 数据核字(2020)第 151692 号

书　　名:小学语文课程教学与设计

编 著 者:胡冰茹　周彩虹
责任编辑:顾　清
助理编辑:冯　云
装帧设计:吴　钰

出版发行:苏州大学出版社(Soochow University Press)
社　　址:苏州市十梓街 1 号　**邮编**:215006
印　　装:宜兴市盛世文化印刷有限公司
网　　址:www.sudapress.com
邮　　箱:sdcbs@suda.edu.cn
邮购热线:0512-67480030
销售热线:0512-67481020

开　　本:787 mm×1 092 mm　1/16　**印张**:21.75　**字数**:489 千
版　　次:2020 年 8 月第 1 版
印　　次:2021 年 7 月第 2 次修订印刷
书　　号:ISBN 978-7-5672-3286-0
定　　价:68.00 元

前 言

2020 年春季学期全国统编教材更新完毕之时,《小学语文课程教学与设计》这本小学教育专业语文专用课程教材顺利结稿。其间正逢疫情,笔者积极撰稿之余时刻关注政府防疫的好消息,内心涌起强烈的自豪感和责任意识。

2017 年 10 月 26 日,教育部为规范引导师范类专业建设,建立健全教师教育质量保障体系,开展普通高等学校师范类专业认证工作。师范毕业生是中小学教师队伍的主要来源,师范类专业办学质量直接决定中小学教师队伍整体水平,是影响中小学教育质量的关键因素。顺应时代要求,《小学语文课程教学与设计》这本教材依照课程标准和国家基础课程改革的要求,结合当今现代化进程对教学设计和教师能力提升的影响,并针对部编版小学语文教材的使用来设计,力图打造一本适合小学语文教育专业使用的课程教学与设计用书。

这本教材有以下特色:

第一,创新体例,实现板块整合。本教材有机融合了小学语文教学法知识、小学语文教师新技能、小学语文教材分析三个板块,每个板块之间各有侧重点,各自独立又相互兼容,构成一个知识生成、知识融汇、知识应用的链接;单独一门课可以使用,综合使用也可以。

第二,体现新背景下的新教法和新学法。本教材紧扣"新"来设计教材的整体内容,体现出新背景、新教法和新学法。结合小学语文课程标准,对旧知识做了更新,突出信息时代的教学特色。针对全国小学语文课本改版的新内容,本教材特别指出其编排特点,以便教师和学生了解,教师按要求设计教案,学生无形当中也接受了新教材的培训;同时添加新的教学活动设计,诸如"角色活动""课本剧"等。

第三,实用性增强。针对师范生各个层次的需求,教材知识点和教学设计尽量细化,理论知识尽量结合具体案例,在案例展示上,全部采用部编版小学语文教材中的课文,依照部编版小学语文教材的特色和要求做针对性的教学设计,具备较强的可操作性和实用性。

第四,通俗易懂,方便阅读。很多教材在编写中过于注重理论,阐述又没有结合案例,对于大专师范生来说显得太深奥,教师解读也有困难。本教材体例清晰,内容全面,理论与案例相结合,语言通俗易懂,便于阅读和学习。

第五,展示规范的教学设计案例。书中案例以《义务教育语文课程标准(2011 年版)》的要求为设计依据,突出课程理念和分段目标,案例展示部分每个环节和步骤讲解清晰,在没有教师指导的情况下学生也能自学,能起到规范和示范作用。

第六,专业化归类和解析阅读课文。本教材对小学语文课的重头戏——阅读课做了详细的分类和介绍,既吻合小学语文课程标准的阅读要求,又添加了小学语文课程标准中没有细化的内容,这是目前同类教材中所没有的内容,便于授课教师备课和授课,也便于学生学习。

本书适合各高等院校小学语文教育和小学教育专业使用,对于广大的小学语文教师来说,它是一本能具体指导教学设计、提升教学能力的工具书。

本书从构思到撰写得到了崇左幼儿师范高等专科学校领导及同事的支持与帮助,又有幸得到广西师范大学黄麟生教授的指导及来自基层小学语文老师提供的教学实例,同时也引用和借鉴了国内外同行的相关文献,在此表示由衷的感谢!尽管我们做了很多努力,文中疏漏之处仍在所难免,欢迎各位读者批评指正。

胡冰茹

2020 年夏

目录

第一章 概 述

第一节 教学设计的含义

“教学设计”这个词运用到教学领域体现了当今教学理念的更新，改变了教师们一直沿用的备课方法。这是教学方式的一个进步。

一、设计的含义和理解

“设计”这个词更多地运用于科学理性的研究，诸如平面设计、建筑设计、服装设计等。它是指按照任务的目的和要求，预先制订工作方案和计划。从本质上而言，设计不是设计一个东西，而是满足一个需求，设计的本质是对需求的理解，以及实现需求的过程。原研哉是日本中生代国际级平面设计大师、日本设计中心的代表、武藏野美术大学教授、无印良品艺术总监。他曾说过：我们观看世界的视角与感受世界的方式可能有千万种，只要能够下意识地将这些角度和感受方法运用到日常生活中，就是设计。

设计具备以下几个方面的特点：

1. 设计是一个发现问题并解决问题的过程

在这个过程中，设计师先确定目标、调查需求、分析信息，发现与明确需要解决和值得解决的问题；再依据一定的设计理念对作品进行构思，努力挖掘自己的创造潜力；然后提出解决问题的多个设想，通过进行各种测试、评估，以优化设计方案；最后运用一定的表现手法进行制作。在产品使用过程中，还需要正确地使用和维护，使产品更好地满足人们的需求。

2. 设计必须依据某种理念

设计理念是整个设计的灵魂和核心，凸显所设计作品的理论基础和支撑。设计理念主要是指设计师在作品构思过程中确立的主导思想。它赋予作品文化内涵和风格特点，令作品具有个性化、专业化和与众不同的效果。

3. 设计的核心是一种创造行为

设计要求新、求异、求变，这个“新”有着不同的层次，它既可以是改良性的，又可以是创造性的，能充分反映满足人们某种物质或情感需要的意念或构想。

4. 设计是一种审美

设计是合理的，符合价值规律；设计是人性的，为人而设计，服务于人们的生活需要是设计的最终目的。在一个多元文化的社会，设计理念必须以人为本，针对客户年龄、职业、爱好、文化层次等特点，努力迎合客户的个人喜好。

5. 设计是一种态度

设计决定了作为设计师的创造能力和学习能力。一位优秀设计师的设计，无论是整体上还是细节上都有自己的权衡。哪怕是一个点，他都会去找尽可能多的素材来供自己挑选，在这不断挑选的过程中积累自己的设计经验，形成自己的设计风格。

二、教学设计的新内涵

1. 对教学设计的理解

教学设计是运用系统方法分析教学问题和确定教学目标，建立解决教学问题的策略方案、试行解决方案、评价试行结果和对方案进行修改的过程。这个过程将教学诸要素有序、优化地安排，形成教学方案。

加涅曾在《教学设计原理》一书中谈道：教学设计是一个系统化规划教学系统的过程。教学系统本身是对资源和程序做出有利于学习的安排。任何组织机构，如果其目的旨在开发人的才能，均可以被包括在教学系统中。帕顿在《什么是教学设计》一文中指出：教学设计是设计科学大家庭的一员，设计科学各成员的共同特征是用科学原理及应用来满足人的需要。因此，教学设计是对学业业绩问题的解决措施进行策划的过程。

最早提出教学设计构想的是美国哲学家、教育家杜威和美国心理学家、测量学家桑代克。杜威早在1900年提出应发展一门连接学习理论和教育实践的“桥梁科学”。桑代克在1912年就已经设想过相当于现代的程序学习的控制学习过程的方法。20世纪30年代，教学设计学处于萌芽状态，未形成系统的理论体系。西方一些著名的教学论专家提出了一些与教学设计学有关的理论。例如，夸美纽斯倡导直观教学，提倡用图片、实物模型等教具进行教学；又如，杜威将理论作为基础，对教材和教法等课题做出和传统观念不同的论述。在教材的选择上，杜威建议“学校科目的相互联系的真正中心，不是科学，不是文学，不是历史，不是地理，而是儿童本身的社会活动”，具体地讲，就是学校安排种种作业，把基本的人类事物引进学校里来，作为学校的教材；在教学方法上，杜威主张“从做中学”，他认为儿童不从活动而由听课和读书所获得的知识是虚渺的。

20 世纪 90 年代，建构主义学习理论对教学设计理论的发展起了较大的推动作用。在这一时期，学习者与教学媒体、教学情境的结合是教学设计发展的一个重要特征。软件、音像教材、印刷教材、学习指导手册、教师用书等属于以产品为中心的教学设计层次。

2. 教学设计和教案的区别

（1）概念界定不同。教学设计是教师运用系统方法分析教学任务、确定教学目标、选择策略手段、制定教学流程、评价教学效果，以达到课堂教学更优化的编制教学预案的过程。教案又称课时计划。它是教师为顺利、有效地开展教学活动，根据课程标准、教学大纲、教科书要求及学生的实际情况，以课时或课题为单位，对教学内容、教学步骤、教学方法等进行具体设计和安排的一种实用性教学文书。

（2）层次分类不同。教学设计可以是单元教学设计、课时设计，一个教学设计既可以用几课时来完成，又可以用一节课来实现。原则上，教案以课时为单位设计，一课时一个教案。

（3）内容范畴不同。教学设计和教案的相同栏目有教学目标、教学重难点、教学资源等。二者的不同之处是教学设计栏目有教学任务分析、设计思路、教学流程和说明，教案栏目有基本信息、教学过程、板书设计、学生作业设计、教后记。

（4）关注的侧重点不同。教学设计的重点在前面，强调的是分析、依据、理由、策略、流程，而教案更多地强调细节、操作、行为、语言、设问、板书、作业、后记。

综上所述，教学设计体现的是一种以学生发展为本的新的教学理念，教师不但要研究怎么教，还要研究学生怎么学。教学设计要换位思考，强调学生学习方式的转变，注重的是学生能力的提高。而教案体现的是一种比较传统的教学思想，注重的是教师对知识的传授和学生学习技能的训练。教学方法以讲授式为主，强调的是教师的主导地位，忽视学生的学习方法。

第二节　小学语文教学设计的新理念

任何一种新观念的确立，都是对旧观念、旧模式的变革。当我们把视角投向新一轮课堂教学改革的时候，应该吸收其新理念来透视教师备课的真正意义，诠释教学设计的本质内涵。在新课程教学改革的背景下，我们必须冲破传统备课的种种束缚，以崭新的教学设计代替传统的教案。

一、小学语文课程的基本理念

1. 全面提高学生的语文素养

（1）面向全体学生。

（2）为学生的终身发展打下基础。

（3）全面提高语文素养（知识与技能、过程与方法、情感态度与价值观三个维度目标的综合）。

2. 正确把握语文教育的特点

（1）丰富的人文内涵，熏陶感染作用，学生的独特体验。

（2）实践性，以实践能力为培养目标，以语文实践为培养途径。

（3）母语教育，学习资源，实践机会，感性把握能力。

（4）汉语言文字特点对语文教育的影响，起始阶段的教育过程和方法，语感的整体把握。

3. 积极倡导自主、合作、探究的学习方式

（1）注意学生身心发展的特点，儿童学习语文的特点，个体差异与学习需求。

（2）激发学生的学习兴趣、好奇心、求知欲和进取精神。

（3）培养学生的合作意识和团队精神。

（4）鼓励想象、质疑、发现、创新。

4. 努力建设开放而有活力的语文课程

（1）综合：沟通学科间的联系、语文与生活的联系。

（2）实践：积极开发和利用课程资源，课内外学用结合。

（3）创新：吸收新思路、新观念，运用新技术、新方法。

（4）适应：满足不同地区、不同学校和不同学生的需求。

（5）开放：自我调节，更新发展。

二、新时期新理念

1. 立德树人

党的十八大报告首次提出“把立德树人作为教育的根本任务”，党的十九大报告又指出“要全面贯彻党的教育方针，落实立德树人的根本任务”。“立德树人”的本意是指自身树立德业，给后代做榜样，培养人才。它强调把“立德”摆在第一位，万事从做人开始，培养人才是长远之计。

2. 以人为本

新课程理念下的教学设计，要从过去的以教材为中心、以如何教为重点，转变为现在的以学生为中心、以如何促进学生有效学习从而获得发展为重点，真正体现“以学生为本，以学生的发展为本”“一切为了学生，为了一切学生，为了学生的一切”的现代教学理念。

《义务教育语文课程标准（2011 年版）》在“课程基本理念”中指出：学生是学习的主体。语文课程必须根据学生身心发展和语文学习的特点，爱护学生的好奇心、求知欲，鼓励自主阅读、自由表达，充分激发他们的问题意识和进取精神，关注个体差异和不同的学习需求，积极倡导自主、合作、探究的学习方式。教学内容的确定、教学方法的选择、评价方式的设计，都应有助于这种学习方式的形成。

3. 完成三个转变

（1）转变教师角色，建立平等的师生关系。课堂是由教师和学生共同构建而成的信息传递的场所，关注教学过程中学生的表现，做到一旦出现问题就让学生发现、提出并解决。在解决问题的过程中，学生是否发挥了积极探究、小组合作的功效，是否提升了学生解决问题的能力。在学习交流的过程中，教师与学生在合作学习中相互启发、相互帮助，从而达到共同提高的目的。在整个教学的过程中，师生之间有了共同的目标，有了情感交流，达成了共识，构建了平等的、新型的、民主的师生关系，这就是在新课堂教学改革下教育教学的根本所在。

（2）改变教学方法，激发学生对语文的兴趣。教师必须改变传统的、压抑学生创造性的教学环境，采取民主态度，支持学生发表不同的意见，鼓励学生积极探索，为培养创造性人才营造良好的环境和氛围。教师要不断地改进教学方法，为学生提供充分的学习机会，使他们的个性在尝试中得到张扬，为他们的自主探究、交流创作打下良好的基础，为他们的发展铺设成功之路。

（3）创新学习方式，实现课堂的高效性。在教学中，教师要相信学生，让他们能发现问题、提出问题、大胆提出不同的看法，真正把课堂交给学生，使他们成为学习的主人。教师应当放手让学生动手、动口、动脑，让他们参与观察、思考、讨论、实践。

4. 以培养创新型人才为最终目标

创新型人才是时代发展的需要。在小学语文教学中，教师应当实施创新教育，培养学生的创新能力，增强学生的创新意识，树立学生的创新人格。

课堂教学应该是一个开放的教学空间。在教学氛围上，学生的心理是开放的、自由的、不压抑的；在教学内容上，学生不受教科书或教师知识视野的限制；在学习思维上，学生可以表达与教师不同的观点，可以提出与课本不同的看法。教师可以采用引导的方式进行阅读教学，允许学生阅读他们自己能够理解的东西，鼓励他们大胆地说话，引导他们讨论和解决自己能够解决的问题。

5. 注重培养语文核心素养

（1）在语言理解能力方面，教师应当引导学生读懂文本的主要内容，使其了解文本表达的特点；应当引导学生积累优美的、有新鲜感的语言材料，使其具有初步的语感。

（2）在语言运用能力方面，教师应当引导学生根据具体语境（语言情境）和任务要求，在口头语言和书面语言表达中尝试着运用自己获得的语言活动经验，做到交流顺畅，文从字顺。

（3）在思维能力方面，教师应当引导学生在阅读、表达等语言活动中主动思考；应当引导学生运用想象与联想，形成对客观事物的初步认识、对语言和文学形象的初步认识，并具有初步的评判意识。

（4）在审美能力方面，教师应当引导学生感受汉字之美，使其具有热爱祖国语言文字的情感；应当引导学生感受人性之美，使其具有初步的审美体验。

第三节　小学语文常用的教学方法

教学方法是在教学过程中，教师和学生为实现教学目的、研究教学内容、运用教学手段而采取教与学相互作用的活动方法的总称。

教学方法的研究是教学理论研究的核心内容之一。从某种意义上说，教学研究的发展史就是人们探索有效教学方法的历史。纵览国内外有关教学方法的研究成果，历史上积累下来的教学方法是极其丰富的。孔子的“温故而知新”“学而不思则罔，思而不学则殆”，赫尔巴特的“五段教学法”，杜威的“从做中学”，欧美学者的发现法和讲授法、归纳法和演绎法、媒传教学法和非媒传教学法，以及后来旨在探讨与各种教学情境和教学目标相吻合的多样化教学方法，在各国的母语教学中均发挥着不同程度的作用。

语文教学法是研究中小学语文的教学规律、教学原理的方法。近30年来，随着教育改革的深化，语文课程的发展呈现出生活化、多样化的面貌，也导致教学方法呈现出多样性、丰富性的特点。由于小学和中学的语文教学有很大差别，因而语文教学法还分为小学语文教学法和中学语文教学法。语文教学法还有一些分支，诸如识字教学法、语文基础知识教学法、阅读教学法、作文教学法等。

一、小学语文常用的教学方法

“教学有法，但无定法。”选用什么样的教学方法，需要以课程标准为指南、以课程改革为方向，针对教材的特点和学生的实际情况，依照本地文化的特色和教师的个人特长，选用恰当的教学方法。下面详细介绍小学语文常用的教学方法。

（一）讲授法

讲授法是教师通过简明、生动的口头语言向学生传授知识、发展学生智力的教学方法。它通过叙述、描绘、解释、推论来传递信息、传授知识，引导学生分析和解决问题。

1. 讲授法的主要方式

讲授法的优点是教师容易控制教学进程，能够使学生在较短时间内获得大量系统的科学知识。但如果运用得不好，学生学习的主动性、积极性就不易发挥，甚至会出现教师“满堂灌”、学生被动听的局面。

讲授法的基本形式是教师讲、学生听，具体地说，又可以分为讲述、讲读、讲解三种方式。

讲述：教师向学生叙述、描绘事物和现象。

讲解：教师向学生解释、说明、论证概念和原理等。

讲读：教师利用教科书边读边讲。

2. 运用讲授法的基本要求

第一，讲授既要重视内容的科学性和思想性，又要与学生的认知基础发生联系。

第二，讲授应注意培养学生的学科思维。

第三，讲授应具有启发性。

第四，讲授要讲究语言艺术。语言要生动形象，富有感染力，条理清楚，通俗易懂，音量、语速要适中，语调要抑扬顿挫，适应学生的心理节奏。

（二）谈话法

谈话法是教师根据学生已有的知识经验，借助启发性问题，通过口头问答的方式，引导学生通过比较、分析、判断等思维活动获取知识的教学方法。谈话法的基本形式是学生在教师的引导下通过独立思考进行学习。

谈话法的优点是教师能够比较充分地激发学生的主动性，促进学生独立思考，对学生智力的发展有着积极的作用，也有助于学生语言表达能力的锻炼和提高。谈话法的缺点是与讲授法相比，完成同样的教学任务，它需要更多的时间。此外，当学生人数较多时，教师很难照顾到每一个学生。因此，谈话法经常与讲授法等其他教学方法搭配使用。教师在运用谈话法时，应当注意以下几点：

1. 做好充分的准备

围绕什么内容进行谈话？提出哪些问题？向哪些学生提问？学生可能做出什么样的回答？怎样通过进一步的提问引导学生？这些问题，教师都应当在事前进行周密的考虑和安排。

2. **谈话要面向全体学生**

尽管谈话只能在教师与个别学生之间进行，教师还是可以通过努力吸引所有的学生。首先，谈话的内容应当是能够引起全体学生注意的、在教学中具有普遍性和重要性的问题。其次，教师应当尽可能使谈话对象具有代表性，比如选择不同层次的学生进行谈话。再次，在谈话时，教师可以适时加些适当的解释和说明，便于学生理解和接受。

3. **在谈话结束时进行总结**

在谈话中，学生表达想法时往往说得不够准确、精练，因此在谈话的最后阶段，教师应当用规范和科学的表述对学生所获得的知识加以概括和总结，从而强化他们的学习效果。

（三）朗读法

教师在课堂上充分运用朗读法，朗读优秀作品，品味其语言特点，感受其思想，教会学生如何通过“读”来领悟语言的魅力，从而发展想象力和审美力。

1. **选择合适的内容进行朗读**

事实上，并不是每一篇文章、每一首诗歌都需要进行全篇朗读的，有些段落、章节迅速浏览一下即可，有些段落、章节则需要反复品读。

2. **朗读的目标要明确**

每一次朗读都要有一个明确的目标，既要体会语言所传达出的美，又要体会作者所写景物的画面感，揣摩作者是如何以情驭景、以景显情、情景交融的。

3. **抓住关键词反复体会**

很多诗歌、散文都有值得细细品味的字词，只要把握住关键的字词，读准关键字词的轻重缓急，整句、整段、整篇所传达出的感情也许就能准确把握了。

4. **对比阅读文中相同的字词**

可以将不同文章中相同的字词提出来进行对比阅读，不同的环境、不同的感情，一对比就一目了然了。

5. **朗读的形式要多样**

朗读的形式很多，诸如齐读、领读、分角色读等。在课堂上，教师一定要灵活选用多种形式对文本进行朗读，切忌整堂课齐读或者由教师承包所有的朗读，那样学生会失去学习兴趣，课堂也会显得枯燥乏味，也就很难达到预期的教学效果。

（四）讨论法

讨论法是指在教师的指导下，学生以全班或小组为单位，围绕教材的中心问题，各抒己见，通过讨论或辩论活动，获得知识或巩固知识的一种教学方法。其优点是可以培养全体学生的合作精神，可以激发学生的学习兴趣，也可以增强学生学习的独立性。一般在高年级学生或成人教学中采用。运用讨论法的基本要求如下：

1. 讨论的问题要具有吸引力

讨论前，教师应提出讨论的问题和讨论的具体要求，指导学生收集与阅读有关的资料或进行调查研究，并认真写好发言提纲。

2. 教师要善于引导学生自由发表意见

讨论时，教师要围绕问题的中心，联系实际，让每个学生都有发言的机会。

3. 教师要适时进行归纳和总结

讨论结束时，教师应进行小结，概括讨论的情况，使学生获得正确的观点和系统的知识。

（五）直观演示法

直观演示法是指教师在课堂上通过展示各种实物，运用直观教具进行示范性实验，让学生通过观察获得感性认识的教学方法。它是一种辅助性教学方法，需要与讲授法、谈话法等教学方法结合使用。直观演示法的基本要求如下：

（1）目的要明确。

（2）现象要明显且容易观察。

（3）尽量排除次要因素或减少次要因素的影响。

（六）练习法

练习法是指学生在教师的指导下巩固知识、运用知识、形成技能技巧的教学方法。练习法的优点是可以有效地发挥学生的各种技能技巧。任何技能技巧都是通过练习形成、巩固和提高的，在教师指导下进行各种及时、集中的练习，学生能够在这方面取得比较好的效果。练习法一般可分为以下几种：

1. 语言的练习

该练习包括用口头语言和书面语言的练习，旨在培养学生的表达能力。

2. 解答问题的练习

该练习包括口头语言和书面语言解答问题的练习，旨在培养学生运用知识解决问题的能力。

3. 实际操作的练习

该练习旨在帮助学生获得操作技能，在技术性学科中占有重要地位。

（七）读书指导法

读书指导法是指教师指导学生通过阅读教科书或参考书，以获得知识、巩固知识，培养学生自学能力的一种教学方法。学生独立阅读不仅是学生在校期间学习的一种重要方法，也是进行终身教育的一种重要方法，更是学习化社会中的一种必备技能。

1. 指导学生掌握阅读教材的科学方法

教材是经过逻辑化、系统化处理的知识系统，是学生获得知识的主要来源。教师应指导学生做好课前预习和课后复习，指导学生阅读教材时提出问题、找出重难点，并试图去解决这些问题。

2. 指导学生阅读课外书籍

一是教师要指导学生有计划地选择课外书籍；二是教师要指导学生掌握良好的读书方法，引导学生把读书与观察、思考结合起来；三是教师要指导学生处理好精读与泛读的关系。

3. 指导学生做好各种形式的读书笔记

坚持勤写读书笔记，不仅可以保存资料，使知识在自己头脑中系统化，而且有利于书面表达能力的培养。

（八）“读、思、议、导”结合法

阅读教学不能仅限于现成的教材，那样学生的阅读量会太少、阅读面会太狭窄，学生的视野放不开。教师可以利用现成的教材教会学生阅读，让学生将课堂中学到的阅读方法延伸到课外。在一般阅读课文的教学中，教师应该先力争以学生为主体、教师为主导，然后让学生“读一读”“想一想”“议一议”，最后由教师“点拨引导”。

（九）“读、写”结合法

由“读”到“写”是学生阅读能力进一步提高和升华的过程。这里说的“写”，并不是说写写生字、写写课文，而要从大语文教学观来考虑。从低年级阅读教学中的写句子，到中年级阅读教学中的写片段，再到高年级阅读教学中的把人物、动物、活动、事件等写具体，并不是一日之功，需要教师耐心地、持之以恒地教给学生阅读方法，培养他们勤于动手、勤于练笔的习惯，逐渐培养他们对写作的兴趣。

例如，教师在教授《美丽的小兴安岭》（部编版三年级上册）一课之前，应先布置学生观察家乡的景物，使学生明确作者是按四季的顺序描写小兴安岭的美丽景色的，表达了作者对小兴安岭的喜爱和赞美之情。借此让学生用文中学到的方法，按一定顺序写一处家乡的景物，诸如家乡的小河、家乡的柳树、家乡的果园等。学生在写作时不仅要写出景物的特点，而且其写作顺序也要很明确，还要适当表达自己的真挚感情。

（十）任务驱动教学法

教师先给学生布置探究性的学习任务，学生查阅资料、对知识体系进行整理，教师再选出重点进行讲解，最后由教师进行总结。任务驱动教学法可以以小组为单位进行，也可以以个人为单位组织进行。它要求教师布置任务要具体，学生要积极提问，以达到共同学习的目的。任务驱动教学法可以让学生在完成“任务”的过程中，培养分析问题、解决问题的能力，培养学生的独立探索及合作精神。

（十一）参观教学法

参观教学法是指组织或指导学生到实践基地进行实地观察、调查、研究、学习，从而获得新知识或巩固已学知识的教学方法。参观教学法一般由校外实训教师指导和讲解，要求学生围绕参观内容收集有关资料、质疑问难、做好记录，待参观结束后，整理参观笔记、写出书面参观报告，将感性认识升华为理性知识。参观教学法可以使学生巩固已学的理论知识，并掌握前沿知识。参观教学法可以分为准备性参观教学法、并行性参观教学法、总结性参观教学法。

（十二）现场教学法

现场教学法是指以现场为中心，以现场实物为对象，以学生活动为主体的教学方法。

例如，为配合教学部编版小学语文三年级上册《灰雀》一课，教师可以先安排学生阅读课文，再安排现场课。教师先让学生阅读课文，找出作者是如何描写灰雀的，明确作者是抓住灰雀外形及动作展开刻画，“两只胸脯是粉红的，一只胸脯是深红的。它们在树枝间来回跳动，婉转地歌唱，非常惹人喜爱”，教师通过引导学生学会从不同角度对动植物进行观察，诸如外形、颜色、声音、动态或者静态等；之后，教师再让学生分享交流，使其了解刻画某种动植物或者人物不应面面俱到，而应有所侧重；接着，教师引导学生做现场观察训练，实地提供动植物（兔、公鸡、白鹅、狗、猫、月季花、蝴蝶兰等），让学生自由选择对象，令其把课堂上学习的观察方法运用到实际中，并用生动形象的语言写下来。

（十三）自主学习法

为了充分拓宽学生的视野，培养学生良好的学习习惯和自主学习能力，增强学生的综合素质，教师通常会给学生布置一些思考题，让其利用网络资源自己寻找答案，并提出解决问题的措施。

自主学习法主要应用于课程拓展内容的教学。例如，当项目教学未涉及作物具体的育种方法和特点时，教师可以组织学生自主学习，使其按照论文的形式撰写学习小论文，并交由教师评价。该教学法可以锻炼学生提出问题、解决问题及进行科技写作的能力。

（十四）问题探究式教学法

问题探究式教学法是指在教师的组织和指导下，学生通过独立的探究和研究活动，探求问题的答案，从而获得知识的教学方法。

运用问题探究式教学法时，应注意以下几方面的要求：

第一，努力创设一个有利于学生进行探究发现的良好的教学情境。

第二，选择和确定探究发现的问题与过程。

第三，有序组织教学，积极引导学生的探究发现活动。

问题探究式教学法实施的基本步骤：

第一，创设问题的情境。

第二，选择与确定问题。

第三，讨论与提出假设。

第四，实践与寻求结果。

第五，验证与得出结论。

（十五）训练与实践式教学法

通过课内外的练习、实验、实习、社会实践、研究性学习等以学生为主体的实践性活动，教师可以帮助学生巩固、丰富、完善其所学的知识，培养学生解决实际问题的能力和多方面的实践能力。

（十六）基于现代信息技术的教学法

现代教学媒体根据人接受信息的感官不同，可以分为视觉媒体、听觉媒体、视听媒体、交互媒体等。

现代信息技术的迅猛发展促使现代教育技术飞速进步，作为高科技产物的计算机辅助教学已融入我们的课堂教学中。在课堂教学中，利用计算机对文字、图像、声音、动画等信息进行处理，形成声、像、图、文一体化的多媒体教学系统，从而进行视、听、触、想等多种方式的形象化教学，既可以激发学生的学习欲望，又可以引导学生对教学内容的理解和掌握，弥补了传统教学方式在直观性、立体感、动态感等方面的不足，使一些抽象、难懂的内容变得易于理解和掌握，取得了传统教学方法无法取得的效果。

（十七）过程教学法

过程教学法的教学重点主要放在学生的写作过程上，强调在学生写作过程中教师可以帮助他们发现、分析、解决问题。教师通过多样化的教学活动，侧重在语篇水平上指导学生写作，包括构思、写提纲、写初稿、修改等各个写作环节。教师的指导贯穿于整个写作过程，直至最后成文。

（十八）主题教学法

主题教学法以培养学生的综合能力为目的，以研究实际问题为教学内容，着重引导学生掌握原理与方法。主题教学法就是通过对原理与方法的教授，引导学生根据自己的需求，自主建立适合自身特点的知识框架，以获得完整的思考体验。

基本模式：引出话题—梳理话题—确定主题—自主探究—反馈交流—赏读领悟。

（十九）情境教学法

儿童教育家、全国著名特级教师、南京师范大学兼职教授李吉林创立了情境教学法。该教学法是指在教学课堂上，教师有目的地引入或创设具有一定情绪色彩的，以形象为主体的生动具体的场景，以引起学生一定的态度体验，从而帮助学生理解教材。情境教学法创设的教学情境科学、适度、恰当，在课堂上能激发学生的求知欲和好奇心，增强学生乐于参与活动的兴趣，引导学生沉浸在探索、思考和发现的情境中，挖掘学生的内在潜力，开发学生的智力、能力和想象力，培养学生的创造意识和自主探究、合作探究的能力。

1. 情境教学法的特点

第一，创设生活情境，激发学生的求知欲。

第二，创设设疑式情境，激发学生的好奇心。

第三，创设讨论、操作式情境，增强学生的自主探究能力。

第四，创设争论式情境，启迪学生的发散思维。

2.“真、美、情、思”形成独特优势是情境教学法的基本模式

第一，讲究“真”，给学生一个真实的世界，使其在符号学习与多彩生活中获得乐趣。

第二，追求“美”，给学生带来审美愉悦，使其在熏陶感染中生成主动学习的动力。

第三，注重“情”，与学生真情交融，使其在认知活动中获得情感体验。

第四，学会“思”，给学生带去思考，使其在理性的力量中成长。

（二十）快乐教学法

快乐教学法是指面向全体学生，着眼于人的全面发展的教育，体现以教师为主导、学生为主体的“双边作用”，做到“教书育人、管理育人、服务育人、环境育人”，实现在发展中求愉快、在愉快中求发展的一种教学方法。

近年来，我国广大小学教师和研究工作者，针对小学生天真活泼、爱唱爱跳的特点，不失时机地利用其智力发展的最佳期，积极挖掘教材本身所蕴含的快乐因素，把快乐引进课堂，创设了诸如愉快游戏式、想象引导式、动态图片式、情境表演式、故事感染式、新奇引趣式、轻松音乐式、竞赛激励式等多种形式的快乐教学法。

（二十一）案例教学法

案例教学法是一种以案例为基础的教学方法。案例本质上是设置一种教育的两难情境，没有特定的解决之道，而教师在教学中扮演着设计者和激励者的角色，鼓励学生积极参与讨论。案例教学法不同于传统的教学方法，在传统教学方法中教师是一个很有学问的人，并扮演着知识传授者的角色。

1. 鼓励学生独立思考

在案例教学法中，学生要学会自己去思考、去创造，使枯燥乏味的知识变得生动有趣。

2. 引导学生变注重知识为注重能力

知识不等于能力，知识应该转化为能力。学生一味地通过学习书本上的知识而忽视实际能力的培养，不仅会阻碍自身的发展，也会给日后的学习带来不利的影响。

3. 重视双向交流

在案例教学中，学生拿到案例后，先要进行消化，再查阅各种理论知识，加深对知识的理解，然后经过缜密的思考，提出解决问题的方案，最后请教师给予引导。这不仅可以提高学生的自主学习能力，还可以促使教师加深思考，根据不同学生的不同理解补充新的教学内容。因此，双向交流的教学形式对学生与教师都提出了更高的要求。

第四节　小学语文教学的主要流派

语文作为一门独立的学科，不仅是小学、中学，也是大学必学的课程。语文的学习更是贯穿了一个人的整个人生。作为一个中国人，时刻都离不开汉语言文字的运用和学习。改革开放四十多年来，广大语文教学工作者在传统教学的基础上锐意改革，开拓进取，逐渐形成了不同的教学流派。不同教学流派的形成，标志着中学语文教学改革已经或者正在步入日趋成熟的阶段。众家崛起，竞相争鸣，这正是语文教学改革充满生机的表现。

小学语文教学的质量关乎语文的基石，关涉儿童发展的特点。顺应信息化和时代化的要求，我们的教学设计应该不断进步，永不止步。

一、窦桂梅的“主题语文”

窦桂梅，女，1967 年 4 月生。清华大学附属小学党总支书记、校长，全国著名特级教师。荣获全国模范教师、全国师德先进个人、全国教育系统劳动模范、全国中小学中青年“十杰教师”等荣誉称号。2001 年作为教育部更新教育观念演讲团主讲人之一在人民大会堂做专题报告。出版个人专著《窦桂梅的阅读课堂》《窦桂梅与语文教改的三个超越》《和学生一起成长：一个教师与75个学生的心灵对话》《创造生命的课堂》《梳理课堂——窦桂梅课堂捉虫手记》《听窦桂梅老师讲课》《玫瑰与教育》。

针对语文工具性与人文性的割裂，难以形成核心价值观，教学内容单篇讲授支离破碎，难以整体提升语文素养，教学目标过窄、教学方式僵化，导致儿童学习负担过重等现状，窦桂梅提出了用“主题”牵一切语文内容的“一发”，动整个语文学习过程的“全身”，实现着眼于人的整体发展的小学语文主题教学。

（一）界定核心概念

首先，确定“主题”的核心概念。不同于专题、话题，也不同于课题，而是结合汉语的特点，用“文以载道”的方式，围绕小学阶段儿童发展特点、生活经验、语言习得规律等确定的核心词语，以及由此表现出的相互联系的、立体的、动态的意义群，将主题与儿童的生命成长编织起来，生发语文教育的意义，旨在提高儿童的语文素养，践行核心价值观，进而构成儿童发展的核心素养。

其次，明确“小学语文主题教学”之内涵，即基于基础教育的小学阶段，以“语文立人”为核心思想，针对小学语文教学的现实困境，根据教学内容和儿童身心发展的特点，从弘扬中华民族优秀传统文化的高度和培养健全人格的哲学角度，坚持以儿童的生命价值为取向，在综合思维的指引下，整合多种资源，挖掘教学内容的原生价值，生发教学价值。在语言文字的理解与运用中，引导儿童形成主题意义群，促进儿童语言发展、思维发展、精神丰富，整体提升其语文素养，培育其价值观，进而逐步形成促进儿童核心素养发展的理论主张与实践模式。

（二）确定核心理念

儿童立场——儿童站在课堂正中央。尊重儿童的独特感受，鼓励儿童张扬个性，提高儿童的参与意识，使其真正成为课堂的主人。

整合思维——充分运用语文自身的特点，整合阅读资源、生活资源、文化资源，密切联系儿童社会生活、情感体验，实现课堂的整体构建。

语文立人——聚焦儿童语文素养和核心价值观的培养，挖掘有利于儿童生命成长的语文内容，在与主题的交融中形成儿童语文素养和成长内核，为聪慧与高尚的人生奠基。小学语文主题教学努力以既有语言的“听说读写”作为基底，再加上精神价值的引领，形成了动态的、立体的教与学系统，实现了整体“立人”的目标。

（三）构建拥有“关键能力与必备品格”素养的主题教学体系

1. 科学设定主题教学的目标

作为一切学科基础的语文学科也是育人的基础学科。发掘语文学科，培养拥有家国情怀（家庭爱、祖国情、民族魂）、国际视野（国际理解、世界眼光）的“完整人”，是根植于民族灵魂，实现母语教学意义和价值观目标的重要准绳。因此，主题教学的目标设定为“一手好汉字、一副好口才、一篇好文章”的“三个一”目标。

2. 正确选择主题教学的内容

（1）优化整合现行教材：确定精读、略读课文。

（2）精选补充中外经典：优选诵读内容及推荐书目。

3. 有序组织“乐学善思”主题教学

（1）课堂实施起点：学会教材解读四步走，即“文本究竟在说什么”“文本想要说什么”“文本能够说什么”“文本应该说什么”。

（2）重构课堂样态：创建语文四大典型实践样态，即单篇经典主题教学、群文主题教学、课本主题教学、主题实践活动。

（3）重构课堂结构：动态语文课堂教学三流程，即预学——学生初步自学，整理收获知识，发现不懂的问题，带着对主题的预期，走进课堂；共学——注重合作探究，层层推进主题；延学——儿童带着针对主题的深层次问题继续探究。

（4）课堂操作载体：提供教学保障四手册，即小学语文乐学手册、小学语文写字手册、小学语文作文教材、小学语文主题阅读，实现多维度整体“立人”目标。

（5）课堂操作设置：实现课时超时空。大课时（60 分钟），侧重落实精读、主题阅读等。小课时（35 分钟），侧重落实略读文教学、群文教学等。微课时，设置长短不一的时间，课前 3 分钟演讲、晨诵 10 分钟、阅读微课堂等。另外，根据主题综合实践活动开展的需要，侧重落实跨学科主题实践、戏剧表演等，可以整合大、小课时为 90 分钟。

4. 综合开展“多样多选”的主题教学评价

（1）课堂评价：课堂评价四个值，即兴趣值、方法值、容量值、意义值。兴趣值——主题是否激发了儿童的学习愿望；方法值——主题是否使儿童收获方法并迁移；容量值——主题是否带动了儿童更丰富的学习；意义值——主题是否促进了儿童思维品质提升、情感发展。

（2）过程性评价：“一单、一册、一护照”。“一单”——单项的语文测试，诸如语文的百字过关、古诗文过关、读书报告单、专题小论文、主题作文、阅读能力测试等；“一册”——包括学习习惯的养成、平时学习情况的记录、文体活动、参与社会活动等除语文学业成绩以外的其他情况；“一护照”——“主题护照”，记录儿童学习的全过程，与“学生徽章”“校长奖”结合使用。在全面记录儿童综合情况的过程中，促进儿童整体素养的发展。

（四）形成“建构、整合与深度”的教学特征

1. 意义建构

建构的“意义群”包含语文素养、思维品质、精神情感世界这三个维度创生意义的学习。有些侧重语言意义的建构，有些侧重思维意义的建构（一个是再现思维，另一个是创造思维），有些侧重精神意义的建构。不同维度的主题，伴随着学生的语文学习，不断内化、发酵，沟通儿童世界与成人世界，最终成为顺应儿童思维和生命的节点与节奏的文化“胎记”。

2. 资源整合

这主要指主题教学课程内容的资源整合。例如，语文教材单元主题整合使儿童将各个领域的学习统整到主题之下，使原本的单篇学习得到整合，篇与篇之间建立起了联系，避免了知识的碎片化，同时对主题有了多元建构。当然，这里的资源不仅表现为文本的资源，还包括儿童自身资源、教师自身资源、环境资源。一言以蔽之，主题教学整合阅读资源、生活资源、文化资源，密切联系儿童社会生活、情感体验，实现主题教学课程的整体构建。

主题教学既是一种思想，也是一种方法；既在理念上引领，又基于培养“完整人”的目标。

3. 深度学习

主题教学既然是围绕小学阶段儿童发展特点、生活经验、语言习得规律、优秀文化等确定的核心词语，以及表现出的相互联系的、立体的、动态的意义群，就意味着主题教学不是平面的学习，而是向着意义纵深的、立体的、深度的学习。其深度主要表现为情感驱动、深度思辨、动态生成。情感驱动表现在增强语言的表达力、加强动作的感染力、加快课堂的节奏感。深度思辨为儿童提供思维空间和可能，当儿童阅读文本时，给儿童提出疑问的空间；在分析与理解问题时，补充相关教学资源，或一篇带多篇，或一篇带一本，或多篇文本比较阅读，包括同异质文、整本书及多学科文本等；在体验与感悟主题过程中，教师与儿童自觉思考或教师提问引发深度思辨。动态生成按照儿童发展所需要的价值，重组教学内容，教师与儿童建立起平等交往与互动关系，为儿童提供开放的质疑讨论空间，在多维对话、自主建构中实现主题意义的创生。

二、李吉林的“情境课程”

李吉林，1938 年 5 月生，江苏省南通市人，著名儿童教育家。1956 年毕业于江苏省南通女子师范学校，毕业后任教于江苏省南通师范学校第二附属小学。1978 年开始情境教学的实践探索与研究，历经 26 年，创立了“情境教学”“情境教育”“情境课

程”，构建了情境教育的理论框架及其操作体系，对中国乃至世界的教育理论创新做出了巨大贡献。

李吉林出版个人专著《情境教育实验与研究》《训练语言与发展智力》《情境教学理论与实践》《小学语文情境教学》《情境教育的诗篇》等。其“情境教育”理论的创立经历了“三级飞跃”（情境教学—情境教育—情境课程）和“双重转化”（实践探索、形成理论—理论完善、指导实践）的过程。

李吉林用“形真”“情切”“意远”“理蕴”揭示了情境课程的丰富内涵和特点。

1. 以学习者为中心

情境课程始终聚焦“蕴含丰富情感、蕴藏着潜能的活生生的儿童”，强调儿童是学与教的中心，在进行课程规划、活动设计和情境创设的时候，教师均以儿童为原点进行决策，充分理解儿童的内心世界，采用儿童喜欢的课程活动形式，将知识和技能加以整合，促进儿童的道德成长。

2. 课程实施建设基于优化的学习情境

持续的学习必须得到学习情境持续的支持。“形真”“情切”“意远”“理蕴”这些功能的运作是系统的、整体的、协同的；通过三个环节的操作得到动态优化。一是经过“利用儿童的先拥经验”—“让儿童超越已有经验”—“营造和维持情境的激发性”的递进迭代，在学科课程与学生的生活之间建立有机连接；二是以对儿童“热烈情绪”的激发和维持为调控，系统地设计课程活动序列，鼓励儿童主动参与，帮助儿童实现对知识意义的理解；三是通过角色效应使儿童自我形塑身份感，让儿童展开充分想象，在自主探索中培育其社会角色的责任意识，使其成为学习和成长的主人。

3. 追求对儿童理解力的培养

李吉林提出了“以思为核心”的情境课程的操作要义，并追求课程实施在“理蕴”的意境中发展儿童的理解力；倡导通过创设一种极富东方文化特色的情境（强调情感、审美、想象）来支持儿童进行理解性学习，鼓励儿童对文本内涵（诸如语文课程）、科学概念（诸如科学课程）、价值观和审美观（诸如社会课程）的深刻理解。这种理解性的行为进而又促进了学习者更深入的参与、对知识更积极地运用和迁移。

4. 促进儿童道德性、社会性、智力性的整体发展

李吉林创建的情境课程对儿童主体性的关注，不仅体现于强调儿童是认识主体和心理主体，还强调他们是生命主体和社会主体。儿童的理解和概念发展的水平在这几个维度上是整体体现的。以情感为纽带，将求知、育德、审美、社会品质的发展融为一体。儿童“热烈的情绪”是情境课程的灵魂，是审美意境的最高体现，也是儿童自主的本源。这种课程的结构及实施框架充分体现了对学生个体差异（特别是在学生情绪、道德、审美发展方面的差异）的关照，创造性和综合性地运用了儿童道德伦理学习的“内部动机”原则、情感引导的“依恋和内化”原则，以及道德生长的“混合镶嵌的学习”原则。

5. 将正式环境与非正式环境中的课程加以整合，促进儿童的全面发展

独具特色的非正式学习是李吉林情境课程的一大亮点。野外学习这种方式调用了儿童学习的感知维度，体现了对儿童首先是生命（生物）主体的尊重，是对生命力给养源泉的恰切理解。情境课程通过各种方式把校外经历和学习经历整合起来，达到了校内课程难以达到的深度和广度。利用野外丰富的教育资源作为进行综合教育的理想课堂，营造了儿童学习的整体性情境，使儿童的观察、思维与实践自然地融为一体，指向了对儿童多种素养（诸如语言素养、数学及科学素养、人文素养、健康素养、信息素养、创新意识素养、审美道德素养、生活技能素养等）的整体提升，也为儿童个性的卓越发展提供了广阔空间。

三、靳家彦的“导读式教学”

靳家彦，男，1944 年 12 月生，语文特级教师，曾任天津市南开小学校长。多年来，靳家彦不断从理论与实践的结合上探索小学语文教学科学化，是“导读式教学”的创立人之一。在课堂教学上，倡导“语思统一、口书并重、内外相通、以读为本”的导读法，主张“生活—认识—表达”的作文训练程序，取得了显著的教学效果。曾荣获全国教育系统劳动模范、天津市模范教师、天津市劳动模范等荣誉称号，被国家授予“人民教师”奖章，是享受国务院政府特殊津贴的教学专家。主要著作有《导读式教学新探》《导读原理与艺术》《导读理论与实践》《小学语文导读论》等。

导读式教学就是教师致力于导，学生循导学读，以学生的阅读实践活动作为培养阅读能力、掌握阅读方法、养成阅读习惯的主要方式，通过扎实有效的系列训练，培养学生综合语文素质的一种教学模式。“语文导读法”充分体现了语文教学规律和语文教学大纲的精神。

（一）教学理念

1. 整体教育观

语文教育活动应建立纵横联系、上下呼应、前后衔接的整体优化结构，以促进儿童德智体美、口头语言、书面语言、理解能力、表达能力全面和谐发展；语文教育活动应正确处理好学校、家庭、社会三者之间的关系，处理好语文学习与思想品德教育、语文训练与思维训练、语文学科和其他学科的关系；语文教育活动应该突出语文训练这个重点，把其他教育和训练贯穿在语文训练的过程中，并在语文训练中交融、渗透、综合、发展。

2. 学生主体观

“语文导读法”让学生在自读中预习，在精读中领悟，在复读中探索，即引导学生在积极参与中获得情感、认知、能力的发展。因此，我们可以得出这样的逻辑推理：导读就是引导学生学会读书，学会读书才能学会学习，学会学习才能猎取知识、捕捉信息，为学生的终身学习、为学生的生存和发展奠定基础。语文导读法正是在这个理念下指导学生读书，这是对学生一生负责、为学生未来着想的表现。

3. 综合实践观

小学语文教育是有目的、有对象、有过程、有反馈的动态活动系统，是诸多方面联系的整体，所以应当突出语文学习的综合性、实践性、应用性，做到手、耳、口、脑、眼并用，知行统一，注意学科课程与活动课程的结合、语文教学与语文活动的结合，以及语文教育与生活的结合。

（二）导读的一般步骤

1. 诱导预读——认识性阅读阶段

教师主要通过引导激发学生的预读欲望，把预习的过程变成学生学会学习和积极探索的过程。这个阶段的主要任务是解决生字新词、了解课文全貌、记下初读的体会并发现问题，诸如提出预习要求、介绍课文背景或作者、设置相应情境、印发预习提纲、动手进行某些操作等。预习时，教师一般要求学生“三读”课文：“一读”找出不懂的生字新词，通过查字典、结合上下文或请教别人达到初步知晓字词的意思，能顺利地把课文读下来，对课文内容有个大致的了解；“二读”要理清思路，弄懂课文大意，大体能划分课文的段落，对作者的写作目的和意图有所领会；“三读”要结合教师的要求和课后的练习题思考重点内容，看看自己读懂了什么，还有哪些地方不理解，记下这些问题，上课时提出来。预习中提倡“三问”：“问自己”“问字典”“问他人(包括教师、家长、同学、其他人)”。“三读”时，提倡在书上圈、点、画、批、注，边读书、边思考、边动笔。读完后要提出问题，大胆质疑，激其有疑，导其设疑，促其释疑。

2. 引导细读——理解性阅读阶段

这个阶段要求学生由总到分、由浅入深地理解语句的含义，把握课文的思路，加强朗读的训练。

该阶段包括通读全文，把握思路；逐段品味，披文入情；相机进行语言训练；认真指导学生朗读。

3. 指导议读——评价性阅读阶段

所谓议读，是指在读书过程中给学生创造一个充分发表自己意见的机会，做到有读、有议、有问、有答、有反驳、有争辩。教师要给学生充足的时间，组织学生进行热烈的讨论。教师不只是评判是非的“裁判员”，还应该是“教练员”，引导学生抓住教材的重难点、特点和学习中的疑点，集中在一些关键问题上进行议论。其间，要完成的主要任务是“议中心、谈结构、论项目、说学法”，使学生畅所欲言，充分调动学生的主动性和积极性。

4. 辅导练习——创造性阅读阶段

这个阶段的主要任务是练读、学写、促进阅读的深化与吸收，培养学生良好的阅读习惯，使阅读和写作相结合。基础知识的训练包括字、词、句、段、篇有关知识的掌握；基本能力的训练包括朗读、默读、复述、背诵的指导和练习；读中学写的训练包括学习作者是怎样观察事物、思考问题和表达思想的；培养良好的读书习惯包括预习的习惯，认真读书、认真思考的习惯，独立完成作业和检查作业的习惯，看书报和听广播的习惯，勤动笔的习惯，等等。

四、孙双金的“情智语文”

孙双金，男，1962 年生。情智教育创立者，南京市北京东路小学校长，语文特级教师、中学高级教师。曾荣获全国师德先进个人、全国首届十大明星校长等荣誉称号。1988 年获江苏省首届青年教师赛课第一名，1989 年代表江苏省参加全国首届中青年教师阅读教学大赛获一等奖。在省级以上刊物发表 200 多篇文章，出版了《孙双金语文教学艺术》《孙双金教学思想与经典课堂》等专著。他自己形成了“潇洒不失严谨，灵活而又扎实”的教学风格。他自成一派的“情智教学”在全国颇有影响，应邀赴全国各地讲学近 500 场。

（一）教学理念

1. 以情治情，以智启智的设计理念

教育者将自己的情感和智慧作用于被教育者，让受教育者的情感和智慧和谐共生。重发现，校长要有一双慧眼，多发现教师身上的优点和长处；重关怀，关怀出真情，关怀出效益，关怀出凝聚力；重激励，在激励中鼓舞教师，在激励中鞭策教师，在激励中培养教师。

2. 着眼于发展学生情感潜能和智慧潜能的教学

情智教学致力于唤起学生沉睡的情感，点燃学生智慧的火花，让学生的情感更丰富，让学生的智慧更灵动。因此，教师在践行情智教学中，要努力做到创设平等、民主和谐的教学氛围，以情激情，以智启智，以思启思。

3. 把读书训练摆在第一位

既要提高读书的数量，又要提高读书的质量。短的文章让学生熟读成诵；长的文章可选重点部分、精彩章节让学生反复朗读、仔细品味、消化吸收。浅显的课文，要让学生读得顺畅；深奥的课文，要让学生读得明白、读出滋味。高年级还要加强默读和速读训练。

（二）“情智语文”课堂教学的一般模式

1. 入境——启动情智

根据教学的特点，采用有效的方法，调动学生学习的积极性，使学生迅速进入学习情境，诱发学生启动情智，让学生以良好的心境体验文章情感，激发学生的认知情感和愉悦情绪。在情智触发的教学环境里，学生可以徜徉在轻松愉悦的精神活动中，使个性与创造力得到最大限度的发挥；而教师可以自觉地按照一定的教学规范来引导学生接受新知。具体的操作方法如下：

（1）认新入境：依据教材特点，揭示矛盾，制造悬念，引发学生探究的欲望。

（2）认疑激趣：根据预习，主动设疑，促使学生展开思维触角。

（3）认境激情：创设良好的情境，使学生受到触动、感染，诱导情智的萌发。

2. 感悟——生成情智

感悟是理解语言、运用语言的直觉化技能，也是语文智力技能的核心要素。学生在生趣盎然的情境中感悟丰富多彩的语言，或概括，或想象，或思考，学生的创造性思维得以发展，同时情智得以生成。充分利用学生在已有的学习、生活中形成的情感，诸如对动物的喜爱、对英雄的敬仰、对太空的向往等，提高他们的迁移运用能力，推动他们对课文语言的品赏，并在品赏中使这些“原始”的情感得以发展，乃至升华；充分利用教师的情感，以情悟情，可以唤起学生对课文的体验，促使他们带着已有的体验投入课文的学习之中。具体的操作方法如下：

（1）初读感悟，诱发情智。

① 尝试读好：感悟的基础是读好文章。学文伊始，教师运用各种学生喜闻乐见的方法，让学生把文章读得正确、流利，引导学生把无声的书面语言通过有声的语言形式，准确、连贯地表现出来。

② 尝试感悟：让学生在初读时，初步了解文章的思想感情。

③ 尝试质疑：引导学生在初读感知的过程中发现问题、探究问题。

（2）细读感悟，深化情智。

① 感悟形象：引导学生细细品味课文，并感悟文字所描绘的生动形象。

② 感悟情理：引导学生细细品味语言文字所包含的人文关怀，并感悟文中的情感、道理。

③ 感悟写法：引导学生精读课文，在水到渠成时，让学生感悟文章的表达方法与技巧。

④ 联想成悟：充分激发学生的想象力，诱发学生创新思维的生成，引导学生适时、

适地联想，让学生的求异思维得到充分发展。

3. 交流——发展情智

语文教学的过程是提高学生语文素养的过程。学生在情趣盎然的学习过程中感悟语言，思考语言文字的内涵，并调动已有知识经验去切身体验。这样，学生的潜能得到充分发挥，学生心中涌动着许多情感急需倾诉。此时，教师采用各种交流形式，让学生展示情智、发展能力，这对全面提高学生的语文素养有着十分重要的意义。具体操作方法如下：

（1）辩论式交流。在对语言文字感悟的基础上，学生个体形成鲜明的立场，教师让学生各抒己见、畅所欲言，让学生越辩越明白，越辩越聪明。

（2）倾诉式交流。学生深入学习课文内容后，产生一种急需倾诉的欲望，想马上把自己的理解化成富有个性的语言表达出来。此时，教师既要成为倾听者，又要成为倾诉者，与学生产生共鸣。

（3）拓展式交流。教师既要注意对文本的理解，又要关注学生对文本的阅读感受，只有这样，学生对语言、对事物、对人的认识才会是立体的、多元的。如果能达到这样的境界，师生之间的交流才是拓展性的交流。

五、薛法根的“组块教学”

薛法根，男，1968 年 10 月生。中共党员，中学高级教师，江苏省苏州市盛泽实验小学语文教师、校长。从教以来，潜心研究丝绸文化素质教育与语文教学，初步形成了“着眼整体发展、着力语言训练、着重内化进程”的教学思想和“教得轻松、学得扎实”的教学特色。自 1999 年起，致力于语文组块教学研究，提出了“走向智慧、走向生活、走向综合、走向运用”的教学新理念，并初步形成了语文组块教学模式。

语文组块教学是建立在语文学习的心理学原理基础上的一种教学方法，即以培养学生的语文运用能力为主线，将零散的语文训练项目整合成综合的语文实践板块，使学生在生动活泼的语文实践活动中获得充分、和谐的整体发展。

1. 走向智慧

语文是一门充满思想、充满人文精神、充满智慧的学科。语文教学必须超越知识和技能，走向智慧，语文教学活动必须关注学生的潜力如何最大限度地发挥出来，关注学生智慧的生成。正如苏联的教育理论家苏霍姆林斯基所言，语文教学应当“建立在三根支柱上”，这就是“鲜明的思想”“活生生的语言”“儿童的创造精神”。语文教学要以学生为本，让每一个学生都充分发挥个性，允许个性化的阅读理解和语言表达，丰富学生的精神世界和情感体验，鼓励学生大胆地质疑问难、自主地评判选择，创设生活情境、问题情境，引导学生运用所学的知识和技能去创造性地解决问题。总之，语文教学理应让学生享受到语文学习的乐趣，让学生感受到智慧的力量。

2. 走向生活

生活是语文学习的源头活水，语文教学作为母语教育，学习资源和实践机会无处不在、无时不有。语文教学应该植根于现实生活，弘扬时代精神，继承和发扬中华优秀传统文化，吸纳人类一切进步文化的营养，及时更新、调整、补充、重组有关教学内容，使语文教学充满生活的气息；语文教学应该让学生更多地直接接触语文材料和情境，引导学生将生活中活生生的事物、现象与语言文字联系起来，丰富语言素材，积极引导学生到生活中去学习语文，培养学生“留心处处皆语文”的意识，让语文成为学生的生活需要，使语文教学充满生命的活力。

3. 走向综合

语文教学必须将“字词句篇、听说读写、知情意行”当作一个不可分割的整体，结合教材，精心设计，开展语文综合性学习，实现一个教学活动综合多项语言实践，达成多方面的教学目标。语文教学走向综合，开展综合性的语文实践活动，有利于改变以课堂为中心、教师为中心、课本为中心的状况，有利于培养学生的创新精神和实践能力。综合性的语文实践活动应该突出综合性、自主性，以及合作精神、探究和创造精神的培养，在学习方式上适宜围绕一个主题，在不同程度上综合“听说读写”的因素，激发学生积极主动地探索学习，重视学生之间的合作、交流与互助，注重学生情感态度与价值观的培养，以此促进学生语文能力与人文素养的协调发展。

4. 走向运用

语文是实践性很强的课程，语文教学应着力培养学生的语文实践能力，尤其是语文运用能力，而不必追求语文知识的系统性和完整性。但是在课堂教学中，我们常常重知识轻能力、重理解轻运用、重分析轻感悟，培养的是学生的分析能力，而不是解决生活实际问题的运用能力。语文教学必须打破课堂界限、学科界限、课内外界限，拓宽语文学习和运用的领域，创设丰富的语言交际情境，引导学生迁移运用，从而培养其语感，提高其运用现代技能处理信息与相互交流的能力。

六、王崧舟的“诗意语文”

王崧舟，男，1966 年 10 月生。杭州师范大学教授、特级教师，全国劳动模范，全国“五一劳动奖章”获得者，浙江省十大育人先锋，浙江省小语会副会长，杭州市小语会会长，“诗意语文”倡导者。出版个人专著《诗意语文——王崧舟语文教育七讲》《诗意语文课谱——王崧舟十年经典课堂实录与品悟》《王崧舟与诗意语文》等，在公开刊物上发表论文 230 余篇。先后在全国 29 个省份开设观摩课 1 100 多节次、讲座 650

多场，其语文课在中央电视台的《实话实说》、中国教育电视台的《名师讲坛》《东方名家》等栏目播出。诗意语文的教学理念主要包括以下几点：

1. 语文课程具有丰富的人文内涵

从课程广度来看，上自天文，下至地理，古今中外，无所不包；从课程深度来看，或赏心悦目，或回味无穷，或动人心魄，或刻骨铭心；从课程效度来看，可以提升道德境界，可以培养审美情趣，可以启迪人生智慧，也可以丰富文化底蕴。

2. 语文教育必须重视精神熏陶

重视语文的熏陶和感染作用，就是要通过优秀作品的耳濡目染、潜移默化，对学生的精神领域产生影响；要清楚地意识到教学内容的价值取向，把时代和民族倡导、尊崇的主流价值观贯穿于语文教学的全过程；要发挥语文课程以情感人、以美育人的独特功能，使学生在感受语文材料、感悟语文底蕴的过程中，体悟心灵的震动、人格的感化。

3. 在语文过程中受到精神滋养

语言文字的运用不仅仅是语文的知识、技能、技巧的问题，还与思想、情感、个性等人文因素密不可分。它通过一篇篇凝聚着作家灵感、激情和思想的文字，潜移默化地影响学生的情感、情趣和情操，影响学生对世界的感受、思考和表达方式，并最终积淀成为价值观和人生观。

第二章　小学语文教师新技能

21 世纪是一个充满竞争与挑战的世纪，新的时代、新的社会需要的是全面性、创新性、综合性的素质化人才。为了顺应时代的发展要求，小学语文教师既要掌握传统的教师技能，致力于教案设计、课堂教学、作业批改、课外辅导、课堂评价、课后反思、教学研究，继续加强教学“听说读写”基本功的训练，又要提升新的教学技能，做一名优秀的小学语文教师。

一要学习现代教育理念。现代教育理念强调学生是教学的主体，教师在教学中起主导作用。教师应着力培养学生的应用能力和创新能力，主张通过自主、合作、讨论、探究的方式获得知识；教师应转变教育思想，优化教学措施，培养学生的创新思维，促进学生全面发展。在强调教育的社会化、终身化的时代要求下，教师要与时俱进，不断更新知识，提升自身的学习能力。

二要跨学科、跨领域发展，提高综合素质。教师应说得一口标准的普通话，写得一手漂亮的粉笔字，画得有点样子的简笔画，唱得几首歌，编得几段舞蹈，演得一出课本剧。在课堂上，把课本上的语言文字转化成音乐、舞蹈、绘画、戏剧来演绎。部编版小学语文教材选文具有典范性，文质兼美，富有文化内涵和时代气息。小学语文课堂可以多一些诗情画意，教师可以通过各种形式来开展课堂活动。

三要积极应对新课程，增强对新课程的整合能力。2020 年对于语文师范生和小学语文教师来说是一个新的起点。2020 年春季，全国小学语文教材完成更新，统一使用教育部审定的、由人民教育出版社出版发行的小学《语文》教材。课程内容的综合性、弹性加大，教材、教参为教师留有的余地增多，教师需要提升自己的教学能力，采用自己认为合适的教学形式和教学方法，开发、利用课程资源。

四要提高信息技术与学科教学有机结合的能力。随着新媒体、新技术的迅猛发展和普及，运用新媒体、新技术进行教育教学已经在很多学校广泛实施。这些新媒体、新技术以形象的文字、清晰的画面、丰富的色彩、悦耳的声音，生动形象地呈现出教育教学的内容，可以使教学过程变得生动活泼，更具吸引力。教师要掌握现代教育技术，培养现代教育意识与教育教学能力，能够熟练地运用教学网站，在各种优质的教学网站上寻找资料，或吸收和借鉴名师讲课的精华。借助网络资源，教师还可以在教学平台上批改作业、发送评语、向家长发布信息等。

五要加强阅读能力的培养，提高阅读速度和阅读质量，掌握阅读方法。课文是小学语文教材重要的内容，一位优秀的教师要善于从教学目的、学情出发，辨文字、释词语、析句子、分段落、理篇章、归主旨，还要具备良好的阅读能力。部编版小学语文教材力图把“教读”“自读”“课外阅读”三者结合起来，设置独立的阅读单元。编写组的专家建议教师采用“1+X”的教学模式，即讲一篇课文，附加若干篇课外阅读的文章。面对这样的变化，教师应灵活地掌握精读、略读、浏览、跳读等阅读方式，同时具备较高的分析文章的能力。

第一节 课堂导入技能

德国教育家第斯多惠曾说：“教学的艺术不在于传授本领，而在于激励、唤醒、鼓舞。”课堂导入是每个教师的基本功，也是课堂教学中的重要环节，其意义不容忽视，就如同一本书的序言、一场旅行的攻略。课堂导入是指在教学的起始阶段，教师运用一定的方式引导学生进入学习状态的行为方式。作为课堂教学的重要一环，导入一般出现在一节课的开始，有时也可以出现在课堂教学某一个教学环节的起始阶段。成功的课堂导入需要教师研究课文，针对学情，借鉴成功经验，考虑到导入设计的可行性与可操作性。

一、导入的作用

1. 集中注意力，做好衔接过渡

注意力是指心理活动指向和集中于一定对象的能力，其生理基础是大脑皮层优势兴奋中心的形成和稳定，优势兴奋中心能保证对当前作用于大脑的事物产生清楚的反应，故注意力是深入了解事物、提高工作效率的必要条件。虽然它不是一个心理过程，但是它存在于所有心理过程之中。

一般来说，在教学活动的起始阶段，学生的注意力常常停留在课前的活动上，其兴奋点尚未转移到教学活动上来，也不清楚教学活动的目标，对课堂教学活动表现出不够关心、不知不解、不求甚解的状态。从课前骚乱到课堂肃静，从课间休息时的打闹到上课铃响后的宁静，需要有个过渡阶段。这就需要教师通过有效导入，引起学生对学习内容的注意，使学生大脑的优势兴奋中心转移到教学活动上来。

2. 激发学习兴趣，促进动机生成

动机是个体发动和维持某种活动的心理状态，也是激励人采取行动的主观原因，它时常建立在需要的基础上。强烈的动机会激发学生对知识的渴望，使学生主动摒弃各种干扰，并集中注意力听讲。兴趣是较为持久的需要，教师在引起学生的注意之后，就要设法诱发学生的学习动机，激发其学习兴趣。有效导入对学生学习动机的生成是非常必要的。在导课过程中，教师风趣幽默的讲解、富有感情的朗诵、漂亮美观的板书、潇洒动人的风姿或一幅美丽的绘画、一首美妙的乐曲都可以吸引学生的注意，激发学生学习新课的兴趣。

3. 明确学习目标，确定全课基调

高尔基曾说："最难的是开始，就是第一句话。如同在音乐上一样，全曲的音调，都是它给予的，平常得好好去寻找它。"教师的导入语基本上奠定了一节课的基调，直接显示课文的内容和情感的基调，让学生明确目的和要求，宛如一首乐曲的前奏，让学生把握基本旋律，如：散文像一首舒缓的歌，记叙文像一条平静的河，说明文像一场绵绵的春雨。只有实现了内容定旨、情感定调、语调定格，开场白才算充分地发挥了效力，整个课堂教学才会井然有序、有条不紊。

4. 创造学习氛围，促进师生情感沟通

师生之间的情感交流是上好一堂语文课的前提条件。教师一开始就应当通过风趣的、富于启发性的语言，使学生进入一种融洽的学习氛围中，以饱满的精神状态去获取新的知识。课堂导入还能化解学生对教学的抗阻情绪，使学生从心底流淌出对新知识的渴望、对教师的仰慕之情。

5. 温故而知新，促进新旧知识联系

在已有知识的基础上引出新内容，让学生建立新旧知识的联系，使学生能顺利地将新知识纳入自己的知识结构之中。因此，教师必须在课程的起始阶段，给学生补充或展现必要的背景知识，让学生在新旧知识之间找到恰当的联结点，以确保新旧知识的实质性联系。

二、小学语文常见的导入类型

好的开头是成功的一半，自然、流畅的导入设计是课堂的序曲，也是课堂成功的关键。创设出好的课堂开头，要秉持自然、本真、唤醒、灵动、和谐、创新的价值追求。教师应该针对不同的课堂内容，研究小学生的年龄特点、知识程度和接受能力，恰当地使用自然、新颖的导入方式。在3—5分钟吸引学生的眼球，凝聚学生的注意力，自然顺利地导入教学是一门学问，值得每一位教师潜心思考。下面结合部编版小学语文教材内容探讨几种常见的导入方法。

（一）情境导入法

通过设置具体的、生动的环境，让学生在课堂教学开始时，就置身于某种与课堂教学内容相关的情境之中，促使学生在形象的、直观的氛围中参与到课堂教学之中。教师所用的工具有录音、视频、图片等。这样的导入设计能让学生很快进入课文的语境之中，使学生能集中注意力，并关注与课文有关的内容、人物。其种类主要有以下几种：

1. 游戏情境

小学生，特别是中低年级的小学生，集中注意力的时间较短，注意力的稳定性差，分配注意力的能力弱，注意的范围小。教师可根据不同的教学内容和小学生好动、喜欢做游戏的特点，创设一种游戏情境，使他们心情愉悦，让他们在游戏活动中学习新知识。

2. 故事情境

小学生特别喜欢听故事，教师可以通过讲故事的形式激发他们对学习的兴趣，促使他们积极探究。

3. 用多媒体创设情境

小学生对形象逼真的动画片、色彩艳丽的卡通片、生动活泼的事物等非常感兴趣，其思维容易被激活。

4. 现场模拟创设情境

教师依据课文内容模拟设置一个生活场景，诸如家、公园、吃饭、逛商场等，学生根据生活场景开展游戏。

5. 教师语言描绘情境

这是比较传统的情境导入，教师用绘声绘色的语言描绘一个跟课文内容相吻合的情境。

6. 悬念情境

在课堂中创设悬念，容易引起学生极大的探究激情，有利于引发每个学生对问题的深层次思考与研究。

《草船借箭》（部编版五年级下册）是根据我国古典名著《三国演义》中的故事改写而成的，主要描写周瑜妒忌诸葛亮的才干，要诸葛亮在十天之内造好十万支箭，想以此为难他。诸葛亮趁江上大雾，把船用绳索连起来向对岸开去，用妙计向曹操“借箭”，挫败了周瑜的计划，表现了诸葛亮有胆有识、才智过人的品质。作为古典名著节选类的课文，需要交代故事背景、原著的大致情节。怎样才能处理好这些环节而又不占用太多的时间呢？我们可以这样设计：

第一步，教师利用语言创设情境：“东汉末年，曹操、刘备、孙权各据一方，三足鼎立。当时，曹操率军刚刚把刘备的军队打败，又想挥师进攻孙权。孙权和刘备唯恐曹操吞并自己的领地，就商议决定联合起来对付曹操，先下手为强。”

第二步，教师出示三国鼎立的形势图，引导学生观看魏、蜀、吴三国的地理位置。

教师指着图片说："请看当时的局势图，了解什么是三国鼎立。"

第三步，教师给学生看周瑜和诸葛亮的图像，之后进行讲解："刘备派遣自己的军师诸葛亮到孙权那里协助作战。孙权麾下有一员大将，名字叫周瑜。他嫉妒诸葛亮的才能，暗地里企图加害诸葛亮。他假借商议军事之名，叫诸葛亮三天之内必须造十万支箭。在这三天里，周瑜又设置了种种障碍，不但不给诸葛亮造箭所用的材料，而且让诸葛亮立下军令状，假如三天之内造不出十万支箭，诸葛亮就会被就地正法。欲知诸葛亮如何三天之内造出十万支箭，让我们一起去看看诸葛亮如何'草船借箭'吧。"

这个导入设计合理地运用了情境导入法，使用了悬念法、图片法、教师解说法等方法，综合创设了符合课文内容的情境，突出了人物的性格特点，强调了人物的矛盾与冲突，引发学生的好奇心，推动着学生去了解课文内容，同时还介绍了课文背景。

（二）解题导入法

课文标题是文章的眼睛，它往往与文章的立意有着密切关系，解题导入法就是抓住课文标题中的关键词加以解释，帮助学生从一开始就对这一课的内容有大致的了解。教师通过解释标题，引发学生对教学内容的关注，引导学生带着强烈的兴趣学习新的内容。

《美丽的小兴安岭》是一篇科学小品文，作者按照总—分—总的思路来介绍小兴安岭春、夏、秋、冬不同的景色和物产。全文紧扣"美丽"一词来展开叙述。教师设计课程时可以考虑从题目来导入。

师：今天我们要学习一篇新课文，请同学们齐读一遍课题。

生：《美丽的小兴安岭》。

师：我想问问同学们，读了课题，你有什么感受呢？有什么问题想问吗？

生：（预设 1）课题为什么叫《美丽的小兴安岭》？我想知道小兴安岭在什么地方？（预设 2）小兴安岭很美丽，我想知道小兴安岭到底美在哪儿呢？

师：课题为什么叫《美丽的小兴安岭》？它到底美在哪儿呢？同学们想不想看看小兴安岭的图片呢？（出示课件）

师：刚才老师把小兴安岭搬到了我们的教室里，那么同学们想不想知道美丽的小兴安岭在我们国家的什么地方呢？（出示课件）小兴安岭在我国黑龙江省的北部，是我国的重要林区之一。

师：刚才我们欣赏了小兴安岭的图片，同学们想说什么呢？

生：小兴安岭实在是太美了！我真想到那里去看一看！

师：既然大家都想去，那么现在就跟随老师去看看《美丽的小兴安岭》的作者是怎样描述这片美丽的景色的。请大家打开书，用自己喜欢的方式来朗读课文吧！

一般而言，小学语文教材中的每篇课文都需要理解题目，大多数课文的题目都是对课文内容的揭示。第一课时的教学设计可以从解题入手，抓住课题中的重点词语进行分析，既符合学生的好奇心理，又提示了课文的重点。这不仅能激发学生的学习兴趣，还能培养学生的审题能力。

（三）背景导入法

小学语文教材的选文范围很广，涉及古代、现代和当代，小学生生活阅历很浅，有些课文的内容会让小学生感到陌生，特别是历史名人故事、国内外名著等课文。当我们碰上这些课文时，需要介绍课文背景、课文中的人物和作者，以便拉近与作者之间的距离。

《青山处处埋忠骨》（部编版五年级下册）是一篇关于伟人的故事。毛主席的儿子在抗美援朝战争中壮烈牺牲了，毛主席悲痛万分，朝鲜人民认为毛主席的儿子就是他们的儿子，要将他埋在朝鲜。毛主席经过了一夜的思考，终于决定尊重朝鲜人民的意愿，青山处处都可以埋忠骨，何必一定要将自己孩子的遗体运回家乡安葬呢？课文表现了毛主席深沉的情感、博大的胸怀。我们可以这样设计：

师：现在，老师给大家认识中华人民共和国的缔造者。（出示毛主席的图片）大家认识他吗？

生：（预设）认识。

师：他就是伟人毛主席，我们今天能过上幸福的生活离不开他。在战争年代他失去了好几个儿子，包括他的长子毛岸英。请同学们认识他。（出示图片）在抗美援朝战争打响的时候，毛主席把他的长子送到前线，毛岸英在这一场战争中壮烈牺牲了。

师：同学们想一想，毛主席当时是什么心情？

这样的课程设计，既有直观的图片，又有详细的介绍，一下子把与课文有关的知识点串起来了。这不仅可以帮助学生理解作者的创作目的，还可以帮助学生更深刻地理解课文内容。

（四）温故知新导入法

温故知新导入法是指通过复习旧知识，找到新旧知识的联结点，顺理成章地引出新知识的一种导入方法。回顾旧知识时，通常是先在教师的带领下回顾，学生给予相应的回应，然后教师利用新旧知识之间的联系引出新的知识点。教师在设计课文第二课时时，主要是通过生字的复习和检测来进行导入的。假如教师在第一课时就设计了导入的内容，一般是为了跟本单元的其他课文做一个知识的衔接。

《古诗三首》（部编版四年级上册）按正常的排课一般会安排2个课时，那么，三首诗歌之间不可能孤立地讲解，必须有衔接。因此，第二课时导入就可以这样处理：

师：上节课我们一起学习了白居易的《暮江吟》，诗人选取了从红日西沉到新月东升这段时间里的两组景物进行描写，赞美了夜露的美，表现了诗人对大自然的喜爱之情。接下来，我们来读苏轼的《题西林壁》，看看他是如何表现庐山真面目的。请同学们依照上节课的方法划分好古诗的节奏并朗读。

（学生划分节奏、朗读）

师：怎样学习这首古诗呢？让我们先回顾之前学习古诗的步骤和解决疑问的方法。

（师生共同梳理）

师：这节课我们就用这种方法，学习《题西林壁》和《雪梅》这两首古诗。

这种导入能把第一节课和第二节课衔接起来，实现知识的迁移，而旧知识在回顾中又得到了巩固。

（五）谜语导入法

学生好奇心特别强，遇事总爱追根问底，根据这一特点，教师可以利用谜语导入新课。谜语导入法主要运用猜谜的形式揭示题旨，旨在充分调动全体学生的积极性，激发学生的学习兴趣，开拓学生的思维，活跃课堂气氛。这种方法广泛运用在美术、音乐等课程中，适合在低学段的小学语文课堂中应用。部编版一年级下册《猜字谜》一课有“左边绿，右边红，左右相遇起凉风，绿的喜欢及时雨，红的最怕水来攻”，生动有趣的儿歌中嵌进了一个字谜，既直奔主题又活跃课堂。这不仅可以激发学生思维，还可以引导学生掌握一种识字的方法。

此外，阅读课也可以运用谜语导入法。《小蝌蚪找妈妈》（部编版二年级上册）是一则童话，它运用了对话的形式来说明小蝌蚪是如何变成四条腿的青蛙的。

师：同学们，今天老师给大家介绍一位新朋友，大家来猜猜它是谁。“小黑鱼，滑溜溜，圆圆脑袋长尾巴，池塘里面游啊游。”大家知道它是谁吗？

生：小蝌蚪。

师：对，它就是小蝌蚪。我们都有妈妈，可是我们的小蝌蚪遇到了一个难题，它不认识自己的妈妈，这是怎么一回事呢？最后小蝌蚪找到它的妈妈了吗？今天我们就来学习《小蝌蚪找妈妈》这篇课文。

这篇课文讲述的是青蛙的成长历程，选用谜语导入法既符合课文内容，又能让学生结合自己的生活经历来寻找答案。无论猜对的学生还是猜错的学生都热情高涨，活跃了课堂气氛。

（六）游戏导入法

游戏是儿童的天性。在小学阶段，教师适当地将游戏融入课堂教学，可以吸引学生的注意力，激发他们的学习热情和学习兴趣，从而达到提高课堂效率的目的。低学段的拼音识字课利用游戏的方法来引导学生学习是非常好的方法。游戏导入法在课堂上使用的目的主要是激发学生的学习兴趣，鼓励学生积极地参与课堂学习。小学阶段常用的游戏有开火车、穿山洞、采蘑菇、摘苹果、找朋友等。

例如，“欢乐对对碰”游戏用在课堂导入中就很合适。教师在课前准备一个转盘，在课上指名学生转转盘。随着转盘的转动，形旁和声旁会组成不同的汉字。例如，形旁“氵”“马”“女”“亻”分别与声旁“也”组成四个不同的形声字，即“池”“驰”“她”“他”。这样一种既有童趣又极富智慧的拼字游戏，不仅能让学生在快乐的游戏中轻松地掌握一批有规律的汉字，也能形象地告诉学生形声字是由形旁和声旁两个部分组成的，即声旁表音，形旁表义。

此外，阅读课也可以结合内容设置游戏。《曹冲称象》（部编版二年级上册）这篇课文说的是，曹操的儿子曹冲自小聪慧，并懂得如何给一头大象称重的故事。我们可以这样设计：

师：同学们，今天我们先来做个游戏，好不好？

生：好！

（老师拿出电子秤，分别让学生称东西。一个学生称了一个苹果，记下了重量；另一个学生称了五个梨，记下了重量……同学们都想参与，课堂上气氛高涨）

师：现在，同学们都知道，要想知道物体的重量可以用秤测量。很方便，是不是？

生：是。

师：可是，在古代，要想知道一头大象的重量该怎么办呢？

生：用很大很大的秤称……

师：今天我们一起来学习《曹冲称象》，课文会告诉我们答案。

这种将游戏引入小学语文课堂中的方法，不仅能使学生积极地参与到教学活动之中，还能够活跃课堂气氛，在丰富多彩的游戏中让学生爱上语文，从而达到“玩与学”相结合的目的。针对学生不同年龄阶段的心理特点，先组织学生做游戏，再增加新知识，便于学生学习。

（七）图音画结合导入法

在小学阶段，学生的形象思维能力较强，抽象思维能力正在形成。所以，在课堂中，教师可以借助音乐、图片、视频等形式，创设一种匹配课文内容的诗意情境，把学生直接带入课堂，在轻松的教学氛围下，引导学生对新课产生兴趣，提高学生的听课效果。

《敕勒歌》（部编版二年级上册）是一首北朝民歌，诗中展现了阴山脚下敕勒族生活的大草原的风光。敕勒川位于山西、内蒙古一带，大多数学生都没有去过。我们可以这样设计：

师：我们祖国风光秀美，山川壮丽。今天，老师带你们到草原去游一游。（课件展示草原风光的图片，播放草原歌曲）

师：看到这美丽的风光，你们想用哪些词语或句子来表达你内心的感受？快来说一说！

生1：草原真辽阔！

生2：草原真美啊！

生3：草原真是一望无际啊！

…………

师：蓝蓝的天空，洁白的云朵，一望无际的草原，成群的牛羊……这就是草原，游牧民族可爱的家乡。从古至今，草原人民都在用满腔的热情歌颂着自己的家乡。1 600年以前，在这片辽阔的大草原上，曾生活着一个少数民族——敕勒族。他们用一首优美的诗歌赞颂着自己的家乡，今天我们就来学习这首《敕勒歌》。

这种借助于与课文内容联系紧密的图片、音乐的图音画结合导入法，方式灵活多变，有利于调动学生的情绪，帮助学生克服紧张的心理，活跃课堂气氛。

（八）图片导入法

部编版小学语文教材针对学生的心理特点，每篇课文都配有插图，图文结合，用直观的图画帮助学生理解相对抽象的文字。教师要善于利用这一直观形象的教学资源，巧用插图进行导入。这些插图形神兼备，能帮助学生感知、理解文本。教师要引导学生细心观察、形象描绘、合理想象，这样会产生意想不到的效果。针对说明文，教师可以运用图片导入法引导学生仔细观察图片，并理解课文内容。

《赵州桥》（部编版三年级下册）是一篇说明文，在上课伊始，教师可以利用课件展示中国各种古老的桥。《纸的发明》（部编版三年级下册）是一篇说明文，教师可以利用课件展示各式各样的纸产品。《一幅名扬中外的画》（部编版三年级下册）也是一篇说明文，教师可以从展示《清明上河图》开始讲授，这不仅能激发学生的学习兴趣，还能激发学生心中的自豪感和神圣感。

《太空生活趣事多》（部编版二年级下册）是一篇说明文，主要介绍了人类登上太空后在船舱里生活工作的趣事。我们可以这样设计：

师：同学们，2003年10月15日中国发生了一件令全国人民激动的事情，那就是“神舟五号”载人飞船发射成功了。你们想不想回到那一天？我们一起来观看视频。（播放“神舟五号”载人飞船发射成功的视频）。在这段视频里，航天员杨利伟不仅完成了他个人的飞天之旅，还成功地让他的足迹留在太空中，让五星红旗飘扬在太空之中。请同学们仔细观察，你们有什么新发现？有什么新感受？

生1：看见杨利伟漂浮在船舱内。

生2：看见杨利伟坐着的时候需要固定。

生3：看见杨利伟走路的姿势很怪。

师：同学们观察得很仔细。因为太空舱中的任何物品都处在失重的状态下，所以大家就看到了这些有趣的现象。下面让我们一起走进课文，去体验人类是如何在太空中生活的。

太空与我们实际生活的空间有着一定的距离，所以教师展示杨利伟登上“神舟五号”载人飞船的图片，不仅能让学生产生直观的感受，也能激发学生的爱国之情和自豪感。

综上所述，适合小学语文教学的导入方法还有很多，诸如单元导入法、作者导入法、词句导入法、对比导入法、点评作业导入法等。课堂教学导入虽有方法但无定法，教师要根据课文特点、教学目标和学生的实际情况来选择有效导入法。当然，为了取得较好的导入效果，还应做到因课制宜，善于将各种导入法整合运用到一起，这样才能发挥导入法的效果，并取得良好的成效。

第二节　课堂推进技能

推进是指推动工作，使之前进。它形容对事物的运动状态施加影响，使其继续朝一定的方向运动（向前运动）。课堂推进就是把教学活动当作一个有机整体，在从课堂开始到课堂结束的过程中，以有效的方法和方式，促进各个教学环节顺畅、紧凑，生成张弛有度且富于节奏美的教学行为。小学语文课堂教学活动推进就是以文本逻辑为基础，按照一定的教学逻辑设计课堂教学，整合并优化各个教学环节，创造环环相扣、相得益彰、具有教学节奏美的教学行为。

一、小学语文课堂推进的原则

（一）合理安排课时，落实教材要求

部编版小学语文十二册教材包含五种课型：独立识字课、拼音课、阅读课（教读课与自读课）、口语交际课、语文园地综合课。尽管每个学校安排有所不同，但是完成的教学任务是一样的。这些课型的安排以教读课为主，一般安排 2 个课时；自读课以自学为主，一般安排 1 个课时。口语交际课一般情况下融入教读和自读课堂中，语文园地综合课也是如此。从小学二年级开始，教师会安排习作课，1—2 个课时。部编版小学语文教材的教学还建议教师在安排课时过程中可以参考一种“1 + N”的教学模式，将课内学习和课外练习相结合。因此，合理推进课堂教学需要对每一册教材的特点和要求进行通盘考虑。

（二）以完成教学目标作为推进的依据

课程标准指出，课程目标从知识与技能、过程与方法、情感态度与价值观三个方

面设计。三者相互渗透，融为一体。目标设计着眼于语文素养的整体提高。

1. 知识与技能目标的推进

在三个方面中，知识与技能体现的是语文的工具性，它是基础和核心，也是其他两个方面发展的依托。知识点和技能点是前后关系，只有先学习了知识，才能灵活运用，进而提升能力。以《妈妈睡了》（部编版二年级上册）这篇散文为例（表2-1）。三个培养项中第一小点是知识点，第二小点是技能点，只有把第一小点学好了，才能完成第二小点。这个过程需要经过“听说读写”等环节的反复练习和巩固，才能提升运用能力。

表2-1 课文《妈妈睡了》中知识与技能目标的表现

培养项	具体要求
语言培养	（1）认识13个生字，指导书写8个生字，重点写好“窗”字和“事”字 （2）品读重点句段，感受作者观察的细微与用词的贴切
方法掌握	（1）学会用总—分方法描写人物 （2）学会用恰当的词语描绘一个人
文化熏陶	（1）感受文中的母子之情 （2）在日常生活中孝敬父母

2. 过程与方法目标的推进

过程与方法强调在实践中能主动进行探究性学习，在实践过程中学习、运用语文。过程重在“亲历”，也就是说在教学的过程中能运用一定的方法掌握知识和提高能力。还是以《妈妈睡了》为例。在2个课时的授课中，一方面，教师有条不紊地采用一定的教学方法推进知识与技能目标的达成；另一方面，学生亲历课堂，在教师的引导下掌握知识和提高能力。这两个方面互相促进，相辅相成。（表2-2）

表2-2 课文《妈妈睡了》中过程与方法目标的表现

培养项	具体要求
过程	（1）第一课时：了解题目、朗读课文、随文识字、梳理课文脉络、观察生字并书写 （2）第二课时：品读课文、悟情、词句巩固和应用训练
教学方法和学习方法	（1）教学：情境展示、讲解、示范（朗读和书写）、提问、讨论、随堂练习 （2）学习：学会朗读、掌握识字与写字的方法、在教师的指导下思考问题并寻找答案、学会依据文字画面进行想象、完成训练

3. 情感态度与价值观目标的推进

情感态度与价值观体现的是语文的人文性，强调的是给学生广博的文化浸染，培养学生高尚的道德情操和健康的审美情趣，形成正确的价值观和积极的人生态度。这个目标又是如何推进的呢？从前面两个目标的展示中大家可以看到，在教学过程中，教师引导学生逐渐掌握知识，使学生理解课文内容、逐步生发情感、逐渐体验情感，并加深对课文所表达情感的理解。

（三）突出重点，解决难点

在教学目标实施过程中难免会出现重点和难点。重点是针对课文而言的，难点是针对学生而言的。如何在教学过程中做到轻重有别，既突出重点，又突破难点，还能合理地平分时间和力度，这是教学设计中必须重视的问题。

首先，教师备课时要确定好重点。每篇课文的重点和难点各不相同，每一个教学环节的重点和难点也不一样。如：生字的重点和难点，主要依据结构复杂的、笔画易错易混的、读音易错的、字义难理解的内容来确定。阅读课文的重点和难点，主要依据单元训练和课后问题来确定。教读课和自读课的重点、难点也不一样，教读课需要精讲精练，由知识讲解到能力训练，由阅读学习到实际运用；自读课则将重点放在教师指导下的自习上，学生独立完成阅读和理解课文的要求。

《妈妈睡了》这篇课文的重点是什么呢？除了需要随文识字，还要解决生词的认读和书写，课后的练习二给了我们提示：

读一读，照样子说一说，看谁说得多。

明亮的眼睛　水汪汪的眼睛　（　　）的眼睛

乌黑的头发　波浪似的头发　（　　）的头发

主要是形容词（修饰语）的运用，不要求书写，只要求能说出来即可。解决的办法也是有层次的：先把握课文的写法，了解这样写的好处，然后举例，最后进行模仿运用，举一反三，学生对修饰类的词语就能够比较熟练地把握。

其次，对重点内容要精讲多练，多下力量，多用时间。例如，对重点内容变换形式和角度，增加讲练次数，分配更多的时间。又如，教师让学生画出课文的重点段落，引导他们花更多时间朗读和感悟，并学会抓住关键词句理解主旨、理解段落结构、了解段落内容在文中的作用。

以《匆匆》（部编版六年级下册）为例。当学生从整体上了解课文内容之后，再在教师的引导下抓住文章的重点句子："我不禁头涔涔而泪潸潸了。"由这一个句子出发，辐射全文，联系上下文去品味。

再次，要了解学生原有的知识和技巧的状况，了解他们的兴趣、需要和思想状况，了解他们的学习方法和学习习惯，从而突破难点。教学的难点指的是学生不易理解的知识，或不易掌握的技能技巧。

以《在牛肚子里旅行》（部编版三年级上册）为例。课文的重点是什么？这篇课文所在的第三单元的主题是"童话"，本单元的语文要素是"感受童话故事丰富的想象”。这次专门安排童话单元的学习，旨在引导学生进一步体会童话故事中奇特的想象，感受童话故事中生动有趣的形象，激发学生持续阅读童话故事的兴趣。结合这篇课文，重点就是想象青头蟋蟀在牛肚子里旅行的经历，并把线路图画出来。小学三年级的学生在第一学段已经学习了不少童话故事，对童话故事十分感兴趣，对童话故事中丰富的想象已有初步的感受，对童话这一体裁也有了一些感性认识。因此，在解决课文重点时可以通过阅读课文、抓住关键词、讲解情节等环节帮助他们进行合理想象。课文的难点在哪里？自然是把线路理清，青头蟋蟀从牛肚子里进去又出来，经历了哪些环节？该怎样列出来？重点和难点是相伴而来的，需要一步一步去解决，并针对学生的特点来解决问题。

（四）环环相扣，循序渐进，衔接自然

部编版小学语文教材体现了大量阅读、分步习作的教学体系特点，课堂教学就应根据教材特点，针对学生的情况，发挥其优势，提高教学效率。在课堂教学推进上，需要深入研究教材教法，把握好教学设计各环节，环环相扣，循序渐进。

以《田家四季歌》（部编版二年级上册）为例。教材中识字课的特点就是随文识字，这篇课文是一首儿歌，借助儿歌的优美韵律，引导学生根据时序的更替来观察和了解四季农事活动，并在这样的背景中识字。这篇课文的教学环节设定如下（表2-3）：

表2-3　识字课《田家四季歌》教学环节

第一课时	第二课时
环节一：四季情境导入，读题、解题 环节二：熟读儿歌（注重朗读方法指导） 环节三：随文识字（第一、第二节内容，主要看图学文、想象读文） 环节四：书写生字（范写、练写、笔顺笔画讲评）	环节一：旧知导入，巩固所学生字 环节二：随文识字（第三、第四节内容，识字方法迁移，交流识字方法，教师引导和点拨） 环节三：联系生活谈四季农事活动 环节四：书写生字（范写、练写、笔顺笔画讲评）

这样的设计把第一课时和第二课时做了统筹安排，从整体感知到分节学习，每一课时都安排了随文识字和书写生字，既避免生字太多而堆砌在一起，又能够把第一课时的学法迁移到第二课时，各环节之间关系紧密，有序推进，以便有序完成教学目标。

（五）教师主导与学生主体相互促进

新课程改革强调学生是学习活动的主体，教师则是学生学习活动的组织者、参与者和促进者。课堂教学是教师与学生、学生与学生之间的一种多向的信息交流的动态发展过程，也是一种群体之间的情感交流活动过程。教学推进要处理好二者之间的关系，也要发挥好教师主导与学生主体的作用。

首先，课前精心备课，在对课文的整体把握上找准情感基调，把握好重点，有的放矢。例如，在教古诗时，教师要懂得绝句和律诗各有什么特点，碰上李白的诗歌能如数家珍，不将“碧水东流至此回”（李白《望天门山》）说成小船从东边驶来，从毛泽东的诗《七律·长征》中读懂红军长征中的艰难与不易。部编版小学语文教材跟以往版本不同的地方不少，诸如增加了阅读策略单元的设置。以部编版小学语文五年级上册第五单元为例，本单元的教学重点是说明类文章，安排了《太阳》与《松鼠》两篇精读课文，以及三篇习作“习作例文：《鲸》《风向袋的制作》”和“习作：介绍一种事物”。这个阅读策略单元，围绕阅读说明文、讲解基本的说明方法，把一种事物介绍清楚来展开。因此，在阅读此类课文时需要有认真的态度、钻研的精神。

其次，在课堂中，教师要学会精心设计课堂问题，启发学生思考，调动学生的主观能动性。课堂中设置的问题应由易到难、由浅入深，循序渐进；鼓励学生质疑，并发表独立的见解。例如，《西门豹治邺》（部编版四年级上册）一文，教师引导学生想象西门豹和老大爷的动作和神情，之后设疑：西门豹向老大爷提问，一共问了几个问题？这种设置可以将学生的阅读活动引向深入，使学生的主体活动顺利展开。

最后，大胆放手，收放自如，尊重个体差异。教师要把学习的自主权交给学生，培养学生的自主性，在时间上引导学生自主学习，力求少讲多练，让学生多自学、多读书、多动脑、多动口、多动手。教师要学会放手让学生自主学习探究，诸如查字典、猜想、根据上下文理解句子含义、通过观察得出结论等，在关键的地方稍加点拨。在小组合作时，教师尽量让学生以个人或小组的形式针对问题进行自主探究。

二、小学语文高效课堂教学模式

近几年，对高效课堂的探究方兴未艾。所谓高效课堂，就是以尽可能少的时间、精力和物力投入，取得尽可能好的教学效果。高效课堂是有效课堂的更高层次，是一种理想的教学境界。下面介绍几种模式，以便探究其课堂教学的推进方式。

（一）“自主导学”高效课堂教学模式

1. 环节构成

其环节由以下几个部分构成：课前预习，自主探究；导入新课，明确目标；检查预习，初步感知；自主学习，合作探究；展示交流，精讲点拨；巧设练习，完成目标；等等。

2. 具体操作

（1）课前预习，自主探究（10 分钟）。教师布置预习任务，要求学生将文中出现的不能读准的字、不理解的词句一一画出，通过查字典解决基本的字词问题，并通过上网搜索、查阅资料等方式了解作者及其写作背景，并整理成小卡片。

（2）导入新课，明确目标（5 分钟）。新课的导入需要具备三个要求：一是激活性，激活已有经验，引发学习动机；二是联系性，找准新课与学生已有经验的联结点，引导学生由已知走向未知；三是定向性，明确学习目标，定好探究路线，选择学习方式。可由讲故事、名言、新旧知识链接、多媒体、歌曲、游戏等形式引入，从而揭示课题，引导学生质疑。

（3）检查预习，初步感知（10 分钟）。在阅读的过程中，检测学生识字学词的情况，并有针对性地对其进行指导。检查内容包括独立识字情况、朗读情况、概括课文主要内容情况，但不要对学生有过高的要求。

（4）自主学习，合作探究（10 分钟）。自主学习、合作探究是本节课的中心环节。在这个环节中，学生先要根据教师的目标引领进行自主学习，然后教师给予学生足够的时间进行自主学习，最后学生将自己的学习成果或学习心得在小组内交流。

（5）展示交流，精讲点拨（15 分钟）。在学生自主学习、合作探究的基础上，教师选派代表在全班交流，集体讨论。在交流的过程中，学生可以将在自学中未能解决的问题提出来，通过班级讨论的形式来解决，教师从中进行引导、点拨。

（6）巧设练习，完成目标（5 分钟）。对当堂课学习的内容，教师进行回归性检测，将重点内容以检测题、提问等多种形式进行反馈，检查学生当堂掌握知识的情况，结合本班学生实际，进行拓展训练，培养学生举一反三的能力，使其灵活掌握学习技巧与方法。

（二）“五步优质高效课堂”教学模式

“五步优质高效课堂”教学模式是以教师引导为前提，以学生自学、合作、交流、应用、反思为中心的课堂教学思路。教师为学生构建学习的平台（知识、环境、程序等），通过师生、生生之间的互动，促进全体学生主动学习、自主创新、共同提高，实现知识、能力、情感升华的目的。

1. 基本环节

基本环节包括自主学习、合作探究、精讲点拨、有效训练、反思升华五个环节。这五个环节并不是将课堂简单划分为五个时段，而是既可以将一堂课整体分成五个环节，也可以根据学生学习的需要将内容分割后，针对每个任务运用思路组织教学。

2. 具体操作

（1）自主学习。学生根据教师预设的导读提纲，进行自主学习，当堂掌握基础知识和基本内容。教师必须预先制定合理的学习提纲，让学生明确学习目标并带着问题对教材进行预习，引导学生根据提纲阅读教材并有针对性地了解学习内容的重点、难点。学生要对自主学习过程中的疑点、重点、难点问题做好记录，为提交学习小组并进行合作探究打下基础。

（2）合作探究。学生把自主学习中遇到的疑点、重点、难点问题提交给学习小组，小组成员针对这些问题进行讨论探究，共同找出解决问题的方法与思路。学习小组也可以依托教师预设的问题进行讨论，将小组合作探究的成果进行交流展示。教师汇总学生在交流展示中出现的问题，准确把握各个小组在合作学习中遇到的疑点、重点、难点问题，为精讲点拨做好准备。

具体需要完成以下工作：合理组建学习小组，强化角色意识；注重培养合作意识、合作能力、合作精神；发挥教师的引领作用，教给学习小组合作方法，提高其合作效率；切实加强学习小组之间的交流与评价。

（3）精讲点拨。教师根据学生自主学习、小组合作探究中发现的问题，对疑点、重点、难点进行讲解，帮助学生解难答疑，总结答题规律，点拨答题方法与思路，力求做到“三讲三不讲”原则。“三讲”是指重点、难点讲，易错、易漏的知识讲，有扩展性内容的知识讲。“三不讲”是指学生会的知识不讲，学生通过自学能学会的或小组讨论能解决的知识不讲，讲了学生也不会的知识不讲。

（4）有效训练。针对本节课所学的内容，精选、精编当堂达标的训练题，并进行当堂达标测试。这需要遵循三条原则：一是发散性思维原则，选练题目有一定的代表性，通过练习能使学生举一反三，触类旁通；二是量力而行原则，做到选练的题目适度、适量。所谓适度，就是难易适中，既不拔高，又不过于简单；三是有针对性地布置不同层次的习题，要求学生限时、限量完成测试题，可通过教师抽检、小组长批阅、同桌互批等方式了解学生的答题情况，及时对错题进行讲评、点拨，确保训练的有效性。

（5）反思升华。本环节以学生自主反思、知识内化、情感升华、自我评价为目的，教师要根据教学实际设计灵活多样的组织形式，让学生真心参与、高效参与，并体验成功、体验快乐，促使教学目标的达成。

三、小学语文阅读教学模式

（一）教读课文的教学模式

教读课文的教学模式有：初读课文，畅谈收获；合作探究，解读文本；巩固梳理，拓展应用。该模式可以用1课时完成，也可以用2—3课时完成，具体而言，篇幅短小、语言精练优美的文章可用1课时完成（1课时能体现出精读课文的教学模式）；篇幅较长且难懂的课文可用2—3课时的时间进行教学，但原则上以2课时为主。

1. 第一课时

（1）激趣导课，揭示课题。导课的方式有两种：一是间接导课，二是直接导课。间接导课，即通过创设一定的教学情景，提出所要学习的课题，并板书课题。间接导入的方法很多，诸如故事导入法、谜语导入法、预习导入法、歌曲导入法、画面导入法、游戏导入法、疑问导入法等。前五种导入法与教学内容有关，是对教学内容的一种铺垫和衬托；游戏导入法可以与教学内容无关，目的是通过师生之间的游戏，调动学生学习的积极性，让学生达到快乐学习的目的。直接导课，即开门见山，直接明确学习的内容，板书课题，提出学习要求，引导学生学习新课。

（2）初读交流，整体感知。该阶段为教读课文的教学模式中的“初读课文，畅谈收获”环节，初读的目的是整体感知课文内容，让课文内容能够在学生的脑海中留下初步的印象，而由初读到整体感知课文内容需要经历以下几个环节：

① 读课文，找生字，指导学生识字、写字。

② 读课文，指导学生将课文读得正确、流利、通顺。

③ 谈收获，提问题，初步把握课文要点及其主要内容。

（3）细读理解，品味感悟。该阶段为教读课文的教学模式中的“合作探究，解读文本”环节，细读理解的目的是在初读了解课文内容的基础上，学生能抓住文章的重点章节，进一步品读语言文字，体会文章所表达的思想感情。该阶段是教学的重点，主要包括以下三个环节：

① 梳理初读情况，根据实际情况，找准“切入点”。

② 师生合作探究，理解重点内容，解决疑难问题。

③ 品读语言文字，体验思想情感，积累语言材料。

（4）拓展升华，归纳总结。该阶段需要重点注意两点：第一，要根据实际情况，在第三阶段的基础上进行适当拓展，低年级可安排一些表演性的活动，中高年级可安排一些阅读拓展性的活动。第二，要做好归纳总结。一是进一步总结学生的学习情况，重在对其进行表扬和激励；二是进一步梳理学习内容，提升教学质量；三是布置作业，明确第二课时的教学内容。

2. 第二课时

（1）复习导入，明确内容。复习巩固第一课时的教学内容。一是检查学生对课文生字、新词的掌握情况；二是检查学生的课文背诵情况；三是指出上节课学生存在的主要问题；四是检查上节课所布置的作业。教师可以根据第一课时学生学习掌握的情况及教材中的教学内容确定本课时的教学内容。

（2）领悟表达，积累运用。该阶段为教读课文的教学模式中的“合作探究，解读文本”环节的延续和补充，是在引导学生把握课文要点、主要内容及体会文章所表达的思想感情的基础上的一次提升，其教学目的是引导学生从“思想内容中”走出来，使其进一步理解语言文字是怎样组织运用的，并形成语言积累。该阶段是教学的重点，主要包括以下三个环节：学习表达，巩固积累；适度拓展阅读，扩大学生视野；进行综合练习，开展实践活动。

（3）归纳总结，课外延伸。该阶段为教读课文的教学模式中的“巩固梳理，拓展应用”环节，其主要任务是根据学生对整篇文章的学习情况进行总结，明确文章的优点，并提出正确的学习方法；布置实践性活动，向课外延伸（收集和文本相关的学习资料、编演课本剧等）。

（二）自读课文的教学模式

1. 教学基本式（常式）：自读、交流、积累（扩展）

在这一常式的基础上，根据课文的不同特点及学生的实际情况，可以采用若干个便于操作的、具体的教学模式（变式），诸如自主选择式、质疑解疑式、重点阅读式、自测互评式等。教师可以用1课时的时间进行教学，并达到以下教学要求：概览全文，了解大意；捕捉、交流重要信息；有针对性地积累语言或向课外扩展延伸。

2. 教学变式一：自主选择式

这一变式适用于篇幅较长的课文。在自读了解课文大意的基础上，学生可以自主选择进一步学习的内容、方法，并根据自己的选择进行阅读和思考，然后进行交流。其教学步骤是自读课文，了解大意—自主选择进一步学习的内容和方法，阅读思考—交流学习收获—视课文特点安排练习或向课外扩展延伸。

3. 教学变式二：质疑解惑式

学生在自读课文、了解大意的基础上，提出不明白的问题，大家互相帮助解决。其教学步骤是自读课文，了解大意—提出不懂的问题，交流解决—视课文特点安排练习或向课外扩展延伸。

4. 教学变式三：重点阅读式

学生在自读课文的基础上，明确文章的重点内容，围绕重点内容合作学习，交流收获。其教学步骤是自读课文，了解大意—明确文章的重点内容—围绕重点合作学习，汇报收获—视课文特点安排练习或向课外扩展延伸。

5. 教学变式四：自测互评式

学生在自读课文、了解课文内容的基础上，围绕教材安排的课后习题或教学，自读思考、作答（即进行自测）。教师可以安排学生进行笔答，也可以让学生默读思考、口头回答。师生可以共同订正答案，并解决阅读教学中遇到的其他问题。其教学步骤是出示自测题，明确任务、要求—学生自读课文，完成自测题—在教师的带领下订正答案，讨论交流—解决阅读中的其他问题。

第三节　课堂讲授技能

讲授是语文课堂教学的重要手段之一，也是语文教学最基本的形式之一，在课堂教学中起着举足轻重的作用。《中国大百科全书》对“教育”的解释是，教师通过口头语言向学生描绘情境，叙述事实，解释概念、论证原理和阐明规律的教学方法。教师讲授的目的在于帮助学生理解概念，熟悉知识背景，建立知识之间的内在逻辑关系，让学生真正地理解和掌握新知识。

教师要善于指导学生正确地理解课文的思想内容，体会课文所表达的思想感情；要指导学生理解语言文字是怎样表达思想感情的。教师的讲解技能直接影响课堂教学的氛围和教学效果，也影响教学其他环节的实施。新时期，语文课程改革提倡以“教师为主导，学生为主体”，讲授法已由过去“一言堂”的教学方法转向多元教学方法，但是讲授的作用依旧不可替代。

一、小学语文讲授法原则

1. 规范准确

语文教学，首当其冲的就是语言教学。教师必须教授学生正确地理解和运用汉语言文字。因此，教师的课堂语言必须规范、清晰、准确、严谨。小学语文是一门基础学科，学生对语文知识掌握的程度，将影响其今后的学习和发展。教师在课堂上所讲的内容要准确无误，遵守语音、词汇、语法、书写等方面的标准和规范，不能出现知识性差错，让学生养成良好的习惯。

2. 形象活泼

在讲授过程中，教师要对讲授内容进行加工，把抽象的理论形象化，绘声绘色地呈现课文内容。教师可以借助于表情、动作、实物、图像、多媒体等手段，对讲授内容进行形象化的描绘，这是为学生理解和接受的首要条件。在小学语文教学中，要想让课堂氛围活跃起来，根据学生的身心成长需要及课文内容的通俗解读，教师通常都要辅助以体态语言。例如，《狐假虎威》（苏教版二年级下册）一文，为了能让学生很好地领会到小狐狸的狡诈、大老虎的无知，教师要能在讲解中配以惟妙惟肖的体态语言，活灵活现地展现小狐狸的狡诈和大老虎的见识短浅；教师要努力提高自己的知识文化水平，组织自己的语言，用流畅、生动、优美的语言引导学生进入美好的意境，用自己的语言带领学生进入忘我的境界。

3. 生动有趣

教师在讲授时感情要充沛，语言表达要清晰、简洁，富有表现力和感染力，感情要有起有伏，要善于把抽象的概念具体化、深奥的道理形象化、枯燥的知识趣味化；在讲授时犹如与挚友促膝谈心，感情炽热，心心相印。例如，《欢乐的泼水节》（苏教版二年级下册）一文，讲的是周总理和少数民族群众过泼水节的故事。教师可以先借助多媒体给学生创设一种欢乐、祥和的气氛，再用语言描绘美丽的西双版纳，然后说明有关泼水节的来历，最后还可以介绍一些有趣的节日，诸如火把节、刀杆节、花山节、月亮节等，增加趣味性。假如有学生去过西双版纳，教师还可以让他们讲一讲旅游过程中的见闻和感受，为课堂创设出浓郁的情感氛围，铺设一座与文本交流的情感桥梁。

4. 简洁明了，条理清晰

简洁就是语言精练、简单，讲课不拖泥带水，条理清晰，富有层次。小学阶段的课文从低年级开始字数依次递增，篇幅不会很长，但精选的每篇课文都是按照一定的结构安排层次的。教师必须深入钻研和分析教材，把握教材的编写特点，才能进行有针对性的讲解和分析，提高学生的阅读能力。教师在授课时语言要尽量精练，推进课堂进程。

5. 启发思维，寓教于乐

教师要把一定的思想、道德观念、感情传达给学生，引导学生积极思考和实践，提升学生的思维能力，其关键在于启发并鼓励学生质疑问难。教师要巧妙引导，帮助学生达到活跃思想、拓展思路、发展思维的目的。比如寓言故事这类作品，教师在绘声绘色地讲解故事时要提示寓意。《守株待兔》（部编版三年级下册）是启发学生不要存有侥幸心理，不要想着不劳而获，要想获得成功，需要付出相应的努力；《揠苗助长》（部编版二年级下册）是要让学生明白违反事物的发展规律、急于求成，反而会坏事。一篇篇课文就是在愉快的氛围中，让学生增长见识、养成健全的人格。

6. 激发联想和想象，引导学生积极思考，丰富学生的思想感情

教材中有不少文情并茂的文学作品，诸如诗歌、童话、散文等，都充满了诗情画意。教学目标之一就是引导学生结合自己的生活经验想象作品所提供的画面、形象和意境等，让具体的形象在脑中鲜活起来。大凡优秀的文学作品都包含着作家对生活的理解和评价，对真、善、美的颂扬，对假、恶、丑的批判。这对培养学生的审美情趣、提升创造美的才能，都具有深远的意义。

二、讲授法的利与弊

课程标准指出：学生是语文学习的主体，语文教学应激发学生的学习兴趣，注重培养学生自主学习的意识和习惯，为学生创设良好的自主学习情境，尊重学生的个体差异，鼓励学生选择适合自己的学习方式。教师是学习活动的引导者和组织者。教师应转变观念、更新知识，不断提高自身的综合素养，应创造性地理解和使用教材，积极开发课程资源，灵活运用多种教学策略，引导学生在实践中学会学习。学生主体性的发挥被提到了前所未有的高度，而讲授法一度受到质疑，甚至被视作等同于“满堂灌”。

（一）讲授法的利

1. 快捷有效地传授知识

语文课程应培育学生热爱母语的思想感情，指导学生正确地理解和运用母语、丰富语言的积累、培养语感、发展思维，使他们具有适应实际需要的识字与写字能力、阅读能力、写作能力、口语交际能力。语文课程还应重视提升学生的品德修养，培养他们的审美情趣，使他们逐步形成良好的个性和健全的人格，促进他们德智体美劳的全面发展。如果要完成这样的任务，那么必须依靠教师的引导。

在授课前，教师依据课程标准和学情精心备课；在课堂上，教师通过合理、流畅、准确的语言传授给学生知识。教师所传授的知识凝聚着前人长时间的探讨、分析、归纳、总结和论证，因受知识积淀、阅历深浅、理解能力等条件的限制，学生还无法做到通过自读的方式达到课文的各项要求。

2. 标准性

自中华人民共和国成立以来，语文教学一直维持着“一纲多本”的现状，到了2020年春季，全国统一使用部编版语文教材才真正结束长期多本并存的局面。教师备课以课程标准为依据，并统一进行有关新教材使用方法的培训，在一定程度上保证了课文内容和讲法上的统一性。教师受过专业教育，参加全国统一考试而获得教师资格证，承担传道授业的任务，其基本条件是合格的。在教学工作中，教师不断积累教学经验，把前人所总结的正确的、科学的智慧结晶传授给学生，准确性能够得到很好的保证。如果让知识储备少，实践经验、理性思维、逻辑能力不足的学生去自行探讨和归纳，不仅准确度不高，还有可能令其走入与结果背道而驰的误区。

3. 引导性

青少年时期的学生正处于心智不成熟的阶段，其思想道德、人格素养、价值观念等还需要教师在课上、课下有意识地予以引导。教师要引导学生掌握正确的学习方法，引导学生体会文章的寓意，引导学生通过所学的课文思考和分析社会现象。

4. 兼顾了群体教学的需要

我国现行的学校教育属于一种群体性大班教学，一个班学生以50人为标准。在课堂上，教师不可能兼顾每一个个体，只能基本兼顾大多数学生。

对于学生来说，阅读理解是一种比较复杂的精神活动。在这个过程中，从感知课文语言到理解课文，从理解课文到运用语言，由于受到认知、阅历、理解等条件的限制，学生必须依靠教师的讲解和引导。

（二）讲授法的弊

1. 忽视学生主体地位

传统的语文教学在字词的认知、语段的理解、文章的分析、思想感情的体悟等方面，基本上由教师强制性地灌输给学生，学生只能被动接受。然而，每一个学生都是一个独立的个体，他们有着自己的思想意识、行为习惯、阅读习惯。从人才培养的角度来看，这种方法不利于有思想、有个性、有创新能力的人才的培养。

2. 违背语言文字多种解读和感受的原则

语文教材是由一篇一篇的文章构成的，作者或叙述，或描写，或抒情，或说明，表达自己的思想感情。对于课文的解读，可谓“仁者见仁，智者见智”，没有统一的标准。但我国的考试方式仍停留在应试上，并按照统一的标准打分，所以对于个性阅读，教师很难在课堂教学上有更多的突破。

3. 学生依赖性很强

在传统的讲授法中，强调教师的主体地位，学生的课前预习、课上听讲、课后巩固练习等任务的实施与完成都需要教师进行分配与督促。课堂就是学生等着教师来上课、等着教师来讲授、等着教师来布置作业、等着教师来解答疑难。如果没有教师的讲解，学生便不会主动去研讨和探究；如果没有教师的督促，学生便不会主动去完成课业。这种依赖心理的养成十分不利于学生独立人格的形成。

4. 体现不出教师能力的高低

不同的教师的能力还是存在较大差距的，这与时间的沉淀、个人素质有关，大多数学校绩效的考核主要还是以成绩来衡量的。例如，使用“满堂灌”的教师所教授的班级成绩要比突出主体性、兼顾个性发展的教师所教授的班级成绩更好。这是一个矛盾，需要教师通过更多的实践去解决。

总之，我们的课堂需要具备丰富的专业知识储备、准确而流畅的语言表达、良好的人文素养和敬业精神的教师。在优秀教师的调教下，学生能够得到比较高效的教育。

三、小学语文常见的课堂讲授类型

1. 陈述式

陈述是指说话人客观全面地按一定的条理用语言清晰表达自己的观念、观点。在教学中，陈述是指教师用简洁的语言，向学生客观地叙述教学内容的一种讲授方式。在小学语文教学中，诸如讲述故事梗概、生活经验、背景知识、人物关系、学习方法等，可以运用这种方法。它可以有效地帮助学生丰富感性认识，引导学生了解学习内容和学习方法。因此，小学语文课堂的导入、课堂推进、课堂总结等教学环节都离不开教师的陈述。

部编版小学语文三年级下册第一单元入选了杜甫的《绝句》。这首绝句的作者杜甫是唐代伟大的现实主义诗人，可以用陈述式的语言结合图片进行如下介绍：

我们今天学习的第一首《绝句》是唐代诗人杜甫创作的作品。它写于成都草堂，描绘在初春灿烂的阳光的照耀下，浣花溪一带明净绚丽的春景。

杜甫是唐代伟大的现实主义诗人，人们喜欢称他为“诗圣”，因为他的诗歌有着强烈的社会责任感，对穷苦人民寄予深切的同情。杜甫有许多优秀的作品都显示了唐代由盛转衰的历史过程，也有很多“以诗为画”的作品，这一首就是极富诗情画意的佳作。

2. 描述式

描述是指运用各种修辞手法对事物进行形象化的阐述。在课堂中，描述是指教师用比较生动、鲜明、形象的语言，具体地描摹人物、事件、景物及塑造情境的一种讲授方式。在小学语文教学中，塑造情境、刻画人物、描绘场景、揣摩细节、渲染气氛、表达情感时适合使用这种形式。它可以有效地激发学生的形象思维和审美感受，使学生具体、细微地感知学习内容。小学生的年龄特点决定了他们喜欢倾听有声有色、描绘性强的语言，这可以激发他们无限的想象。因此，教师亲切的描绘性语言可以给小学生带来很多向往，感动着他们纯洁的心灵。

《爬山虎的脚》（部编版四年级上册）是我国著名教育家叶圣陶写的一篇描写植物爬山虎的散文。教师在上课时可以结合图片给学生描述它的特点：

有一种藤类植物，它占地少、生长快，绿化覆盖面积大，这是什么植物呢？下面请大家一同观赏这一面面绿色的墙。大家有发现吗？对，它叫爬山虎，是一株软软的藤，用它可爱的小爪子往高处爬，爬到墙上、屋顶上，密集的绿叶覆盖了建筑物的外墙，就像穿上了绿装。春天，爬山虎长得郁郁葱葱；夏天，爬山虎开黄绿色的小花；秋天，爬山虎的叶子变成橙黄色。一面墙，不同的季节显示出不同的色彩。

3. 解释说明式

解释是指在观察的基础上进行思考，合理地说明事物变化的原因、事物之间的联系，或是事物发展的规律。语文课堂中的解释说明式是教师用简洁严谨的语言解释说明某个事物的概念、现象、事理，或解释词语的含义，或阐释难以理解的问题的一种方式。在小学语文教学中，解释说明式多用于解释字词句的含义、课题的意思、课文中有争议的地方、学生陌生的知识（比如典故）等。这种方式可以帮助学生正确理解课文内容，密切联系旧知识，紧扣课文主题。同时，该方式在科学普及类的课文中使用较多。

《小蝌蚪找妈妈》（部编版二年级上册）是一篇科普童话，涉及的科学知识就是青蛙的生长过程。学生学习完这则童话故事后，教师可以结合图片或者视频解释青蛙的生长过程。

同学们，青蛙是一种特殊的动物，即两栖动物。它是从水生向陆生过渡的一个类群。青蛙的发育经历了一个复杂的变化过程，其形态结构发生了很多的变化：刚孵化出来的蝌蚪，有尾无四肢，用羽状外鳃进行呼吸，随后外鳃消失，长出内鳃，四肢的生长是先长后肢，再长前肢。当蝌蚪发育成幼蛙时，尾巴消失，长全四肢，内鳃消失，形成肺，并用肺呼吸。

4. 启发式

启发是指阐明事例，引起对方联想而有所领悟。在课堂中，启发一般指教师通过联系新旧知识，提示、启发学生观察、思考，使之主动学习的一种讲授方式。自东方的孔子、西方的苏格拉底开始，至今已有两千多年的历史。随着社会的进步，科学技术的传承、创新、发展，人们又赋予这种讲授方式以新的内涵。课程标准明确指出，语文课应该充分发挥师生双方在教学中的主动性和创造性，语文教学应在师生平等对话的过程中进行。教师对这种讲授方式运用得较为普遍，它常与设问相配合，对于教学中较为复杂或难以理解的内容、容易理解或知识面较窄的重点内容，通过调动学生的积极性，帮助他们找到思考的路径和解决问题的方法，使他们快速地掌握知识，培养他们解决问题的能力。

低学段的学生知识储备有限，对于一些课文内容的接受光靠阅读是不够的。为了帮助他们理解课文、启发思维，可以多想一些方法，比如利用图片、实物、实景等素材进行教学。

《小马过河》（部编版二年级下册）这篇童话故事讲的是一匹小马驹第一次承担驮运东西过河这项任务的经过。在小马驹正准备下水过河时，一只小松鼠大惊失色地警告它说，河水很深，会淹死它的。小马驹在踌躇之际遇到了一头老牛，它询问老牛得到的则是完全相反的答案，老牛说河水很浅。课文的难点就是为什么同样的河从不同动物的嘴里会得出相反的结论，这对学生的成长有着实际的指导意义。我们可以这样做：在黑板上画一条河，将事先准备好的老牛和小松鼠的图画模型依次放到“河水”中，让学生观察思考，为什么在同样的水中，老牛和小松鼠进去之后会有不同的结果。

《乌鸦喝水》（部编版一年级上册）这篇课文也可以用同样的方法处理，教师可以让学生借助工具亲自操练一次，学生很自然地就能明白乌鸦开始为什么喝不到水，后来又是怎么喝到水的。

5. 概括式

概括意为归纳、总括，是指把事物的共同特点归结在一起，并加以概述，使文章更清晰、简明，让人在很短的时间内就可以知道文章的主要内容。在课堂中，概括是指教师对学生遇到的重点、难点及其存在认识分散、含糊混淆的情况，进行归纳、整理、总结的一种讲授方式。概括对促进思维有着很大的作用，它是一种有效的思维方法。小学语文课的一项目标是让学生学会概括，包括书面和口语表达，教师需要对学生进行指导训练，方法有扩写、缩写、合并归纳、按课文叙述的顺序提出相应的问题再归纳、依据文体特点概括等。

（1）扩写。如：将《草船借箭》的四个字课题扩展成一句话，即“诸葛亮利用草船向曹操‘借’来了十万支箭”。

（2）缩写。抓住主干来缩简写，如：将“大熊猫贪婪地吃着鲜嫩的竹叶”进行缩写，即“大熊猫吃竹叶”。

（3）合并归纳。《落花生》（部编版五年级上册）一文，第一段讲的是种花生和收花生，第二段讲的是一家人围坐在一起品尝花生、谈论花生。显然第二段是重点段，一家人一起品尝花生、谈论花生，并借父亲的话以花生喻人。以此为核心，联系文中其他内容，概括出全文的主要内容：作者一家人在后园过花生节，他们一边品尝花生，一边谈论花生的好处，父亲以花生做比喻，告诉我们要做务实、有用的人，不要做只讲体面而对别人没有好处的人。

（4）按课文叙述的顺序提出相应的问题再归纳。《鲁滨逊漂流记》（部编版六年级下册）一文，设计以下问题让学生阅读：课文讲的是谁的什么事？鲁滨逊漂流的原因是什么？他漂流了多少年？他是怎样生存下来的？认真思考然后回答问题，并归纳出文章的主要内容，即鲁滨逊因乘船遭遇暴风失事，漂流到荒岛，一个人在荒无人烟的小岛上战胜了种种困难，生活了二十多年。

（5）依据文体特点概括。例如，叙事散文和抒情散文的特点不同，叙事散文抓住人物、事件、环境三要素，抒情散文抓住情景关系。《观潮》（部编版四年级下册）是一篇以写景为主的散文，描写了被人们称为“天下奇观”的浙江省杭州市的钱塘江大潮雄伟壮观的景象。课文先写了潮来前江面风平浪静，人们焦急盼望的情景，再写潮来时那雄伟壮观、惊心动魄的景象，最后写潮退后的余波奔涌，表达了作者对大自然和生活的热爱。

小学语文讲授法还有很多，诸如讲述法、讲解法、讲评法、讲演法、复述法、讲读法、讲练法等。这些方法都需要教师付出努力、钻研教材、锻炼自己的口语表达能力。

第四节　课堂范读技能

随着小学语文教学改革的深入，语文教学“以读为本”的观念已深入人心。让学生学会阅读、具有独立阅读的能力，为学生的终身学习打下基础，是阅读教学的首要目标。课程标准明确指出，各个年级的阅读教学都要重视朗读。要让学生充分地读，在读中整体感知，在读中有所感悟，在读中培养语感，在读中受到情感的熏陶。为落实这个要求，每篇课文的练习基本都是朗读和背诵的要求。因此，能用普通话正确、流利、有感情地朗读课文是衡量一个学生朗读水平的标准。

范读是指教师对教学文本进行艺术化朗读，力求细腻地表达文本的思想和情感，并将其传达给学生，使学生在思想和情感上得到熏陶、感染与共鸣的教学行为。这里涉及两种技能，一是范读，二是朗读。

一、范读的作用

范读是把无声的文字变成有声语言的一种阅读方法，也是用来表现情感、陶冶情操的一种艺术技巧。在语文教学中，教师完美的范读，不仅有利于学生加深对课文的理解，感受和领悟作者所表达的情感，而且有利于提高学生的识记能力、朗读技巧和欣赏水平。

1. 展示教师自身的风采，使学生“一听钟情”

成功的语文教育，依赖于教师丰富的学养内涵和深厚的文化功底。课程标准提出，教师是学习活动的组织者和引导者。这就要求教师不断提高自身文化素养，认真阅读课本，精心钻研教材，努力形成自己的教学特色。学生有很强的向师性，模仿能力极强，特别是中低年级的学生，对朗读的技巧掌握得还不够熟练。教师在课堂上声情并茂的范读，不仅可以激发学生的朗读兴趣，还可以使学生很快能在模仿中感悟如何断句、如何停顿，以及语气的变化。

2. 培养学生的语感，使学生由“感”入“悟”

语文教学是语言运用的教学。教师进行抑扬顿挫、声情并茂的范读，从语音、语调、节奏、表情、手势等方面给学生树立了榜样。学生在欣赏的过程中不仅培养了良好的语感能力，还为教师的“风采”所折服，极大地激发了自己学习语文的兴趣。

3. 激发学生内在的情感，使学生“披情以入文”

情感是语文教学的灵魂。“情动于衷而形于言”，优秀的文学作品无不倾注了作者真实的、深刻的情感。教师在教学中常常发现，一篇文质兼美的散文，学生读之无味的原因之一就是学生未能充分感受，不能将自己的身心融入那特有的意境中，教师在批改作文时也经常感叹学生习作缺乏真情实感。因此，语文教学过程中要注意以情传情、以情动情、以情育情。同时，教师要善于调动学生的情感去体验作者及其作品的情感，自己先进入“角色”，把作者寄托的情感转化为自己的情感，然后用诗人般的热情范读出自己的美的感受，激发出学生内在的情感。

二、教师朗读技能的提升

朗读是进行阅读训练的基本技能之一，是培养阅读能力的一种基本方法。学生读得正确、流利，并逐步做到有感情地朗读是在教师的指导下实现的，所以教师要重视自身朗读技巧和方法的训练，重视朗读习惯和兴趣的培养。

（一）掌握朗读的方法

1. 停顿

停顿是指语句或词语之间声音上的间歇。停顿的目的：一是朗读者在朗读时生理上的需要，二是句子结构上的需要，三是充分表达作者思想感情的需要，四是给听者一个思考、理解和接受的余地，帮助听者理解文章的含义。停顿包括生理停顿、语法停顿、强调停顿。

（1）生理停顿。生理停顿是朗读者根据气息的需要，在不影响语义完整的地方做一个短暂的停歇。注意生理停顿，不要妨碍语意表达，不要割裂语法结构。

（2）语法停顿。语法停顿是反映一句话中的语法关系的，在书面语言里就表现为标点。一般来说，语法停顿时间的长短同标点的用法大致相关。例如，句号、问号、叹号后的停顿比分号、冒号长；分号、冒号后的停顿比逗号长；逗号后的停顿比顿号长；段落之间的停顿则长于句子停顿的时间。

（3）强调停顿。为了强调某一事物，突出某个语意、某种感情，而在书面上没有标点、在生理上也可不做停顿的地方做了停顿，或者在书面上有标点的地方做了较大停顿，这样的停顿我们称为“强调停顿”。强调停顿主要是靠仔细揣摩作品，深刻体会其内在的含义来安排的。

2. 重音

在朗读中，为了准确地表达语意和思想感情，需要强调某些起重要作用的词或短语。朗读中的这种做法通常叫作“重音”或“重读”。如：

请你跳舞的不是别人：我请你跳舞。

诚心邀请，给面子吧：我请你跳舞。

请的是你不是别人：我请你跳舞。

请你跳舞不是唱歌：我请你跳舞。

按照要求，上述句子的朗读重音分别为“我”“请”“你”“跳舞”。根据重音的特点，可以分为以下几种类型。

（1）并列性的重音：重读关联词。如：

小红既喜欢唱歌，又喜欢跳舞。

（2）对比性的重音：重读对比的内容。如：

我爱热闹，也爱冷静；爱群居，也爱独处。

(3) 排比性的重音：重读排比的关键词。如：

信仰是石，擦起星星之火；信仰是火，点亮希望之灯；信仰是灯，照亮夜行的路。

(4) 转折性的重音：重读转折性关联词。如：

今天我想去公园玩，但是马上就要下雨了。

(5) 呼应性的重音：重读问与答。如：

她还有一个美名，叫什么呢？叫小雷锋。

(6) 突出修辞色彩的重音。

① 比喻：重读比喻性词语。如：

巫峡像江上一条迂回曲折的画廊。

② 反复：重读反复词。如：

盼望着，盼望着，冬风来了，寒假的脚步近了。

3. 语速

语速是指在一定的时间里，朗读所能容纳的一定数量的词语。在朗读不同文章时，要正确地表现各种不同的生活现象和人们各不相同的思想感情，就必须采取与之相适应的不同的朗读速度。

(1)“场面”是影响语速的因素之一，不同的场面，语速处理也不一样：急剧变化发展的场面宜用快读；平静、严肃的场面宜用慢读。如：

我正想着，它一下子冲进水里，不见了。

在这又冷又黑的晚上，一个乖巧的小女孩，赤着脚在街上走着。

(2)“不同的心情”是影响语速的第二个因素，心情不同，语速处理也不一样：紧张、焦急、慌乱、热烈、欢畅的心情宜用快读；沉重、悲痛、缅怀、悼念、失望的心情宜用慢读。如：

水，也是大自然的音乐家。下雨的时候，他喜欢玩打击乐器。小雨滴敲敲打打，一场热闹的音乐会便开始了。

今天，为革命牺牲的同志们，永远地离开了我们。

(3)“不同的谈话方式”是影响语速的第三个因素，辩论、争吵、急呼的谈话方式宜用快读，闲谈、絮语的谈话方式宜用慢读。如：

你无情你残酷你无理取闹！

早上好，去上班吗？

(4)“不同的叙述方式”是影响语速的第四个因素，抨击、斥责、控诉、雄辩的叙述方式宜用快读，记叙、说明、追忆的叙述方式宜用慢读。如：

违法乱纪的人是不值得被原谅的！

日月潭是我国台湾地区最大的一个湖。

（5）“人物性格”是影响语速的第五个因素，年轻、机警、泼辣的人物性格（语言、动作）宜用快读，年老、稳重、迟钝的人物性格（语言、动作）宜用慢读。如：

小明轻踩着自行车，不禁感叹：“今天天气真好呀！”

老师把试卷放下，说道：“学生的成绩退步了。”

4. 句调

为了适应思想感情表达的需要，说话或朗读时，句子总要有高低、升降的变化，这种变化就形成了语调。借助语调，有声语言才有了极强的表现力。例如，同样一个“我”字，采用不同的语调可以回答各种不同的问题。如：

谁是班长？——我。（语调平稳，句尾稍抑）

你的电话！——我？（语调渐升，句尾稍扬）

谁负得了这个责任？——我！（语调降得既快又低）

你来当班长！——我?!（语调曲折）

又如，同样一句话：“他怎么来了？”采用不同的语调，可以表现出不同的语气。

他怎么来了？——柔而扬，表示询问。

他怎么来了？——柔而抑，表示疑问。

他怎么来了？——刚而抑，表示责问。

他怎么来了？——刚而扬，表示反问。

在朗读中，需要掌握以下四种基本语调。

（1）平调，语调平稳，没有什么重读或强调的显著变化。一般的叙述、说明，以及表示迟疑、深思、冷淡、悼念、追忆等情感的句子适宜用这种语调。如：

中外闻名的黄山风景区在我国安徽省南部。

（2）升调，语调由低逐渐升高。常用于表示疑问、反诘、惊异、命令、呼唤、号召的句子。如：

让暴风雨来得更猛烈些吧！

你怎么可以这么做？

（3）降调，语调由高逐渐降低，末了的字读音低而短。常用于表示肯定、祈使、允许和感叹的语气。如：

行，你们把这东西拿走吧。

善良在他心中早已泯灭了吧。

（二）提高朗读的技能

朗读是最基本的教学方法之一，因为学习语言的方法离不开对语言的直接感受和积累。由于朗读本身就是对语言的直接感受，在朗读中，文章的语言特色通过节奏、句式、格调等自然而然地体现出来，作者的思想感情也就能被传达出来了。

1. 注重规范性朗读

除了掌握上述朗读方法之外，教师还要练好普通话。朗诵的诀窍就是把汉语拼音掌握好，熟悉发音的器官和位置，了解发音的构造和原理，把声调念好，在训练中针对自己存在的问题加以调整。朗读中常见的问题有：音读得不标准、平舌和翘舌音不分、前鼻音和后鼻音不分、送气和不送气无差别、四调中第三调读不饱满、轻音和儿化没有体现、轻重音表现不出来。因此，教师一定要苦练朗读基本功。

2. 加强诵读能力

朗诵和朗读既有联系又区别。朗诵要求声音清晰、响亮，需要利用洪亮的嗓音来表达。诵读比朗读的要求更高一些，要求对作品的中心思想有一定的理解，再现作品的思想内容，并和作者有强烈的共鸣。

要做到有感情地朗读课文，需要注意句子的语气，把握好文章内容和形式的特点，激发自己的情感。例如，《鸟的天堂》（部编版五年级上册）有一段落："那么多的绿叶，一簇堆在另一簇上面，不留一点儿缝隙。那翠绿的颜色，明亮地照耀着我们的眼睛，似乎每一片绿叶上都有一个新的生命在颤动。这美丽的南国的树！"描写了绿叶的颜色、外形，捕捉了阳光下绿叶的光泽，采用了拟人的修辞手法，最后一句以抒情句收尾，描写与抒情相结合，表现出榕树的茂盛。因此，只有理解了段落的表达，知道了感情的着落点，朗读时才不会仅限于读得准确，还会抑扬顿挫、绘声绘色，且富于感染力。

3. 开展多样的朗读活动，展示自我

教师可以通过开展多种朗读活动提升阅读水平，如：定期和学生一起朗读课文；建立教师朗读群，朗读作品；充分利用广播电台，将朗读作品展示给广大师生；组织各年级组以不同形式进行朗读展示；定期、定主题组织朗读活动。中央电视台的《朗读者》栏目办得非常有特色，教师可以多听多读，模仿提升，也可以跟学生共同欣赏。

三、小学语文常见的范读类型

范读是小学语文教师的基本功之一。准确、鲜明、生动地表达文章内容和思想感情的范读，不仅能激发学生学习的兴趣、丰富学生的想象，帮助学生正确理解课文内容，还能培养学生的思维能力和语言表达能力。因此，范读在小学阅读教学中有着十分重要的作用。

1. 抠词重读法

在小学语文课文中，有些词语在一个句子乃至整篇文章中都有着特殊的作用，有些句子甚至可以起到统领全文段落的作用，以《搭石》（部编版五年级上册）为例，这篇课文围绕“搭石，构成了家乡的一道风景”这个总述句，通过对摆搭石、走搭石等画面的描写，表现了乡亲们纯朴勤恳、老幼相敬的可贵品质和一心为他人着想的美好品德，表达了作者对家乡人、家乡事的怀念与赞美之情，结尾总结句“一排排搭石，任人走，任人踏，它们联结着故乡的小路，也联结着乡亲们美好的情感”，对表达中心思想起到了烘云托月的作用。在范读时，教师应将这些句子中的词语读成重音，并用很自然的语调将这些富有感染力的词语跟句子中的其他词语区别开来。

2. 结构停顿法

有些课文脉络很清晰，结构层次较分明，教师应当先把握住课文的结构层次，再弄清各部分之间的联系及每一部分与整篇文章的关系，然后进行范读。例如，有意识地在层与层之间作稍长的停顿，以此引起学生的注意。例如，《观潮》（部编版四年级上册）中潮来时的描写“那条白线很快地向我们移来，逐渐拉长，变粗，横贯江面。再近些，只见白浪翻滚，形成一堵两丈多高的水墙。浪潮越来越近，犹如千万匹白色战马齐头并进，浩浩荡荡地飞奔而来；那声音如同山崩地裂，好像大地都被震得颤动起来”。这是文章的高潮部分，朗读的声音要由原来的舒缓逐渐推向高昂。

根据课文特色，在范读这篇课文时可以采用结构停顿法，学生在倾听时可以体验课文语言表达的起伏波澜，对课文的理解也就加深了。这样不仅可以提高阅读能力，还为理解课文奠定基础。

3. 角色模拟法

教材里的很多课文，人物形象鲜明，语言有声有色，神态、动作描写得栩栩如生。在范读课文时，教师要把握好自己的表情、语气等，进而准确、生动地表达文章的思想感情。例如，《陶罐和铁罐》（部编版三年级下册）中的两个角色，就可以用不同音色的声音来表现。

“你敢碰我吗，陶罐子！”铁罐傲慢地问。（傲慢）

“不敢，铁罐兄弟。”陶罐谦虚地回答。（谦逊）

“我就知道你不敢，懦弱的东西！”铁罐说，带着更加轻蔑的神气。（轻蔑）

“我确实不敢碰你，但并不是懦弱。”陶罐争辩说，“我们生来就是盛东西的，并不是来互相碰撞的。说到盛东西，我不见得就比你差。再说……”（争辩）

“住嘴！”铁罐恼怒了，“你怎么敢同我相提并论！你等着吧，要不了几天，你就会破成碎片，消灭了。我却永远在这里，什么也不怕。”（恼怒）

“何必这样说呢！”陶罐说，“我们还是和睦相处吧，有什么可吵的呢！”（和气）

“和你在一起，我感到羞耻，你算什么东西！”铁罐说，“走着瞧吧，总有一天，我要把你碰成碎片！”（无礼）

4. 上下对比法

有些课文段落上下部分内容和情感表达悬殊，范读时应用不同的语气读出其悬殊所在。例如，《卖火柴的小女孩》（部编版三年级上册）这篇课文，用较多篇幅描写了小女孩五次擦燃火柴出现幻想的情形。应该说，小女孩在幻想中看到的东西是美好的，心情是惊喜的。美妙的幻想使她暂时忘记了现实生活中的痛苦，她感到幸福、愉快。读小女孩的幻景内容时，要用较强的节奏、鲜明的语调，以表达小女孩喜悦的心情，但声调不宜过高，声音不宜过响。当幻景消失，小女孩又回到冷酷的现实生活中时，则要读出严肃、沉痛、悲愤的语气，节奏放慢，声音降低，句尾带有拖腔，以引起学生对小女孩不幸命运的关心和思考。这篇课文的范读，宜采用上下对比法，使得小女孩的形象更加鲜明、突出，可以更深刻地揭示问题的本质，也可以强烈地拨动学生的心弦。

5. 文体差异法

小学语文的课文大多文质兼美，可读性强，人文性强，在教学中，教师应根据不同的文章体裁、内容，设计不同的朗读目标和要求。说明文、科普小品文一般可以用介绍性的语气读，但不宜进行朗读训练。而叙事写人的文章，言辞优美，故事情节曲折，感情变化跌宕；描景抒情的文章语言华丽，感情色彩浓厚；古诗文和现代诗歌节奏感强，含义深远。这些题材的文章都适合进行朗读训练。一般而言，体现文章中心的段落和语句，最能表现文章的主要内容和思想感情，教师把这些内容作为朗读训练的重点，更能准确地把握文章所表达的思想感情。

除了上述几种常用的范读方法外，在实际教学中，教师还应注意因文而异，在认真分析课文内容、体会文章思想感情的基础上，采用适当的范读方法。这样既可以提高学生的阅读能力，又可以提高他们分析问题和理解课文的能力，从而进一步提高小学语文阅读教学的效率和质量。

第五节　课堂提问技能

课堂提问是指教师根据教学目标和学生发展的需要，在课堂教学过程中提出一系列问题，期待学生的积极反馈，从而优化教学效果，提高教学质量的一种教学行为。作为课堂教学中普遍采用的一种教学手段，它贯穿于整个教学活动过程中，是联系教师、学生、教材三者的纽带。在阅读量、阅读方式不断变化的今天，教师应该创新课堂提问方式，使其更好地服务于课堂。课堂提问作为一种传统的教学方法，在新时期应该有着更丰富的内涵。

一、课堂提问的作用

教学活动是发生在师生之间的一种特殊的交往活动，课堂提问则是师生互动的重要途径。教师将课堂提问运用得恰到好处，就可以通过高质量的问题，将学生引入真实的学习状态之中。这样可以有效调动学生学习的积极性、主动性和创造性，实现课堂教学的高效与优化。

1. 集中注意力，激发兴趣

研究发现，小学生注意力集中的时间在15—30分钟。在课堂教学中，学生的注意力能否集中，取决于兴趣。若学生对某个事物没有兴趣，他注意力集中的时间就会明显低于这个数值。在实际生活中，教师常常要面临学生注意力逐渐下降的事实。

孔子说："学起于思，思源于疑。"人的思考往往是从问题开始的，课堂提问可以把学生引入"问题情境"，使他们的兴趣和注意力集中到某一特定的专题或概念上，激发学生探讨的兴趣，促使学生参与到教学活动中来，并产生解决问题的自觉意向。要使学生长时间保持注意力集中，教师必须交替使用无意注意和有意注意，并使无意注意向有意注意转化。这就依赖于教师灵活多变的教学策略，而提问恰好是集中学生注意力的有效方法。

2. 启迪思维，培养智力

学生在解答教师提出的问题的过程中，首先是对教师给定的命题进行分析，并通过观察、记忆、联想、想象等一系列的心智活动，对已有的知识和经验进行分析、综合、比较、抽象、概括。因而，课堂提问可以引导学生的思考方向，扩大思考的角度，提高思考的层次。课堂提问有助于学生对所学内容进行深入理解，培养学生分析问题、解决问题的能力。通过课堂提问，还可以有效培养学生的创造性思维、发散性思维、逆向性思维的能力，引导学生突破思维定式。

3. 及时反馈，调节进程

教学过程是师生双向的思维交流过程。教师教得怎样，学生学得如何，需要通过一定的方式进行了解。课堂提问就是思维交流的方式之一。课堂提问不仅是教学方法，还是教师了解学生学习活动、掌握知识情况的手段。提问过程就是信息反馈的过程。教师只有充分利用提问反馈、捕捉信息，及时对教学过程进行有效调控，才能提高课堂教学的效益。

4. 培养问题意识，发展创新能力

新课程理念指导下的课堂提问在本质上是师生一起发现问题、探讨问题、创造性地解决问题，使师生之间、学生之间、师生与文本之间形成一种对话关系，让学生的学习真正"活起来"，先让学生带着问题走进教室，然后让学生带着问题走出教室，形成一种多向互动、开放的状态。因此，通过课堂提问培养学生的问题意识，发展学生的创新能力，是课堂提问重要的功能之一。

5. 加强口语训练，促进思维发展

课程标准指出，语文是一门学习语言文字运用的综合性、实践性课程。语文课程应致力于培养学生的语言文字运用能力。教师的提问是引导学生沿着正确的方向去思考并组织语言回答问题，培养学生的语言文字运用能力和思维能力的一种有效方式。

二、小学语文有效的课堂提问策略

有效的课堂提问策略是实现教学过程优化的条件。所谓“有效”，《现代汉语词典（第7版）》解释为：“能实现预期目的；有效果。”有效提问意味着教师提出的问题能够引起学生的回应或回答，这种回应或回答能让学生积极地参与学习，由此获得具体的进步和发展。有效的课堂提问能使人进入一种怀疑、困惑、焦虑、探索的心理状态，这种心理状态能驱使个体积极思考，不断地提出问题和解决问题。

1. 问题少、好、深、广

问题少是指问题要精确、恰当。诸如绝句的讲解，紧扣作者、背景、情景关系来设问，少一些无关紧要的废话。例如，苏轼的《饮湖上初晴后雨二首（其二）》（部编版三年级上册）这首诗，我们的问题是：你们认识苏轼吗？这首诗写了什么地方的风景？选了什么内容来表现？表达诗人什么思想感情？

问题好是指恰到好处，能促进思考和拓展思维的问题。例如，《“精彩极了”和“糟糕透了”》（部编版五年级上册）一课讲述的是父爱和母爱的方式，围绕“我的同一首诗，父母的评价为什么会截然不同”这个问题展开讨论。很多学生认为父亲太严厉，甚至有些不近人情。教师可以让学生细细体会写父亲的句子，学生就会发现父亲这样严厉也是一种爱。

问题深是指问题能抓住关键。特级教师于永正讲授冯骥才的散文《珍珠鸟》（部编版五年级上册）一课时，抓住文章开头“真好”一词，提出一个问题：“你从文中哪些地方感受到‘真好’？好在哪里？”这样的提问，使得课堂教学集中于关键一点，深入下去，突出重点，突破难点，真正达到“一课一得”的目的。

问题广意味着思维能得到启迪。教师要善于从教科书中跳出来，在更广阔的知识和生活经验领域开展课堂提问活动，让学生通过主动积极地获取知识，将感性的实际活动与内心的感受、体验结合起来。《珍珠鸟》一课的拓展可以抓住课文结尾一句“我笔尖一动，流泻下一时的感受：信赖，往往创造出美好的境界”。教师借此提问：“信赖的获得是单方行为还是双方行为？”再由课文指向生活，学生可以从中受到教育熏陶，丰富自己的人文内涵。

2. 内容有梯度、有层次

内容有梯度是指遵循由易到难、由简单到复杂的循序渐进原则。对于学生难以理解的内容，可以采用化整为零、化难为易的办法，把一些太复杂的内容设计成一组有层次、有梯度的问题，以降低问题的难度。例如，《掌声》（部编版三年级上册）一文，教师在板书课题后可以这样设置问题：读了课题你想知道什么？课文中的掌声是给谁的？谁给他（她）掌声？他们为什么要给他（她）掌声？四个问题将课文内容一一带出来了。针对学生不同的层次，教师所提出的问题应该兼顾不同的群体，对优等生可合理提高难度，对一般学生可逐步升级难度，对学困生可适当降低难度。

3. 把握好时机

好时机正如孔子说的“不愤不启，不悱不发”（《论语·述而》）。“愤”是指学生对某一问题正在积极地思考，急于解决而尚未搞通时矛盾的心理状态。这时，教师应对学生思考问题的方法适时地给予指导，以帮助其开启思路，这就是“启”。而“悱”是指学生对某一问题已有一定的思考，但尚未考虑成熟，处于一种想说又难以表达的矛盾的心理状态。这时，教师应先帮助学生整理思路，并弄清事物的本质属性，然后引导学生用比较准确的语言表达出自己的观点，这就是“发”。当学生处于“心求通而未得，口欲言而未能”的“愤悱”状态时，学生的思维异常活跃，对教师的提问能入耳入脑，这就是教师设问的最佳时机。

4. 掌握好问题的难度

教师要考虑学生现有的认知水平，以学生现有的认知结构和思维水平为基点来设计问题，使问题符合学生的“最近发展区”。这样既不会让学生因问题太简单而不屑一顾，也不会让学生因问题太难而丧失信心。

5. 形式有趣味、有创意

《清平乐·村居》（部编版四年级上册）中“最喜小儿无赖”一句中有“无赖”一词，在现代汉语里是一个贬义词，所以可以这样问：“小儿是个无赖，怎么还会讨人喜欢呢？”这样的提问别具一格、新颖有趣，寓有启发性，促使学生积极思考、讨论，使学生理解这里的“无赖”不是“游手好闲，品质不好”的意思，而是“顽皮”的意思。

三、小学语文常见的提问方法

1. 复习记忆型

这一类提问方法比较简单，只要求学生用自己记忆的知识照原样来回答，而不需要其更深入的思考。经常运用这种方法提问，有利于巩固学生的旧知识。从信息论的角度来看，记忆的过程就是信息的输入、加工、编码、贮存、检索、提取的过程。每一个儿童都是记忆天才，恰当的提问可以让他们学会提取记忆中储存的信息。研究发现，对大多数5岁或6岁的儿童来说，熟悉的项目要比不熟悉的项目更容易记住。教师应该通过反复循环的方式帮助他们熟悉已经保存在其记忆中的信息。

部编版小学语文教材里的内容依据儿童记忆的特点，在单元学习时都会集中一个训练项目，单元和单元之间也会有连续性，便于学生反复接触，形成较为固定的知识项。现在以部编版小学语文三年级上册第三单元为例。单元导读中直接提示这是童话单元，由两篇教读课《去年的树》《在牛肚子里旅行》和两篇自读课《那一定会很好》《一块奶酪》构成。教师在使用教材时会感到困惑，部编版小学语文教材从一年级上册开始就安排很多童话了，为什么到了三年级上册才正式提到这种体裁？主要原因是低学段淡化了文体，把重点放在字、词、句上。因此，在研究完教材发现这个问题后，教师授课时一定要有意无意围绕童话要素来设计问题：故事内容是什么？主人公是谁？为什么主人公明明是动植物却会说话做事，还具有人的情感？引导学生建立关于童话这种体裁的认识，以后学生再碰到同样的课文难题就能将文体知识联系起来，并尝试自己解决问题了。例如，《在牛肚子里旅行》一课，童话里包含了一个关于牛是反刍动物的科学知识。教师可以这样设问：像这样讲解科学知识的课文我们都学过哪些？学生由此就会打开记忆的闸门，回想起小学一年级、二年级学习的科学类童话课文，诸如《小蝌蚪找妈妈》《我是什么》《植物妈妈有办法》等。这种方法可以将记忆串起来，实现知识的复现，并产生很好的效果。

2. 铺垫型

铺垫型是指解决某一颇有难度的问题时，教师在提出问题之前，先将与这个问题相关的知识、背景加以概括或提示，让学生沿着已知与未知的联系去思考答案的方法。这种提问既强化了已知知识，又降低了未知的难度，加强了新感知材料同原有材料的内在联系，使学生的思维产生明显的倾向性。

宋代著名爱国诗人辛弃疾的《清平乐·村居》描绘了恬静、安逸的乡村田园生活画面。对城市里的学生来说，大部分没有完整的乡村生活体验，甚至有些学生没去过乡村；对农村里的学生来说，大部分认识不到田园生活的好处。针对这种情况，教师可以在课前导入问题：看到“村居”二字，我们就会想到农村，你印象中的农村是怎样的呢？你有什么有趣的经历吗？这两个问题的设计联系到学生的生活经历，激发了他们的兴趣，活跃了课堂氛围，为理解这首词的境界做了铺垫。

3. 理解型

理解型是指达到对文章更进一层的认识，这类问题设计的目的主要在于让学生利用自己所学知识理解文本。

《慈母情深》（部编版五年级上册）节选自梁晓声的小说《母亲》片段。课文讲述的是“我”在少年时代渴望得到一本心爱的长篇小说，想得整天失魂落魄，贫穷、辛劳的母亲不顾同事的劝阻，用龟裂的手指掏出了一大把毛票，毫不犹豫地给钱让“我”买书。“我”深感不安，用这一元五角钱给母亲买回来了一瓶水果罐头，结果遭到了母亲的一顿数落。尔后，母亲又凑齐了一元五角钱，“我”自此拥有了平生第一本小说。

小说通过这件日常生活的小事，表达了深沉的母爱。小说教学要紧扣三要素进行，围绕这三要素设计的问题会比较有针对性，可以引导学生掌握读懂小说的方法。例如，教师可以问："作者把母亲放到什么环境下刻画？这样写有什么好处？"还可以问："作者刻画母亲形象时用了什么特殊的句式？为什么？"

4. 演示型

演示型是指教师在设计问题的时候，根据课文内容用实物展示的方式来激发学生思维的一种提问方法。

寓言故事《揠苗助长》相对来说是极具生活气息的，但是学生可能对于农作物不是特别了解。这该如何解决呢？教师可以一边借助多媒体展示稻苗、麦苗的图片，播放农民插秧的视频，一边提问："你们认识图片上的事物吗？农民伯伯在田里忙什么呢？"教师引导学生观察，学生会发现稻苗、麦苗的成长过程离不开泥土，并能深刻地理解寓言故事的寓意。

5. 递进型

递进型是指在课堂教学中，教师在设计问题的时候，将问题设计成不同层次，思考由浅入深、步步引导、层层推进的方法。我们可以欣赏窦桂梅老师在执教《圆明园的毁灭》（部编版五年级上册）时的精彩提问。

师：我看到你们的表情很复杂，正如刚才一位同学所说的："心中的滋味复杂极了。"学习一篇课文，最重要的是要打开思路、学会思考。现在我们就要离开圆明园了。那么，请闭上眼睛，课前你们眼前出现的是废墟，是火焰，现在你们的心中，圆明园还仅仅是废墟，是火焰吗？圆明园在你心中是什么形象？

生1：圆明园是我们的耻辱。

生2：圆明园是中国人民的警示牌。

师：圆明园的大火早已熄灭，可是我们思考的脚步不能停止。有着五千年文明的中国为什么会被1万多名外国侵略者掠夺？圆明园烧掉的究竟是什么？毁灭的究竟是什么？永远也毁灭不了的是什么？也许今天的学习只是给你们打开了一扇小小的门，希望大家从这扇门出发，怀着更多的思考走向未来的人生。这才是这两节课学习的真正目的。

窦桂梅老师通过"圆明园在你心中是什么形象"及结尾处的一连串的问题，让学生从民族仇恨中走出来，并保持着理性的反思。教师对教材的深度挖掘和准确把握，使得本课教学的目标明确，对教材循序渐进的提问使学生的思想得到了升华。

6. 追问型

追问型是指在某个问题得到学生的回答之后，教师再顺着其思路对问题紧追不舍，刨根究底地继续发问的方法。教师提出一个问题后，不能仅仅追求或满足于一个正确答案，还要灵活地抓住学生回答过程中的"有利因素"，相机进行启发、引导，使学生的思维更加开阔，并获取更多的信息和知识。

《搭船的鸟》（部编版三年级上册）是一篇状物类散文，画面很干净，从动态和静态两个角度来描绘一只站立在船尾的小鸟。“我看见一只彩色的小鸟站在船头，多么美丽啊！它的羽毛是翠绿的，翅膀带着一些蓝色，比鹦鹉还漂亮。它还有一张红色的长嘴。”针对这段文字设计的问题为：作者描写小鸟抓住了它的什么特征？（颜色）还用了什么方法？（对比）产生了什么效果？教师连续提了三个问题，从词语的运用到方法的使用，学生可以从中领悟状物类散文应该从哪个角度去写。

7. 评析型

评析型问题是在学生理解文本的基础之上设计的问题，这种问题的解答，在文本中是无法直接找到答案的，需要学生在字里行间乃至从相关的知识补充材料中去判断、推理、求证解决的方法。这是提问技能中的最高层次，因为它要求学生对课文进行欣赏、鉴别、评论。而这种类型的提问方法，无论是对培养学生的语感、创造性思维，还是对提高学生的口头表达能力、写作能力，都极为有益。教师在提问过程中，要有意识地设计这一类型的提问。

以部编版小学语文四年级上册第七单元为例。该单元导读中的“天下兴亡，匹夫有责”揭示了单元的主题。《为中华之崛起而读书》讲的是周恩来读书时候的故事，教师读完故事可以让学生展开讨论：少年周恩来是一个怎样的人？怎样理解“为中华之崛起而读书”的深刻含义？深入理解课文，激发爱国情感。《梅兰芳蓄须》讲的是艺术大师梅兰芳拒绝跟日本人合作的故事，教师可以紧扣单元主题设问：怎样看待艺术大师的这种行为？目的是让学生理解，作为一个艺术大师，拒绝日本侵略者的行为是他出于爱国目的的选择，这是一个有良知的中国人的底线。

8. 梳理总结型

在课堂上，学生在教师的带领下对本节课所学知识（包括与之相关的之前的知识点）进行梳理和总结，可以帮助学生理清思路，系统地掌握知识，为运用做准备。这种梳理可以是层次结构梳理，也可以是全文梳理，还可以是单元梳理和总结。

以部编版小学语文五年级上册第一单元为例。这个单元的主题是“一花一鸟总关情”，围绕这个主题安排有写“一花”的《桂花雨》，有写“二鸟”的《白鹭》《珍珠鸟》，还有写植物种子的《落花生》。

（1）段落层次梳理：针对一个段落。例如，《珍珠鸟》第九自然段：“渐渐它胆子大了，就落在我的书桌上。它先是离我较远，见我不去伤害它，便一点点挨近，然后蹦到我的杯子上，俯下头来喝茶，再偏过脸瞧瞧我的反应。我只是微微一笑，依旧写东西。它就放开胆子跑到稿纸上，绕着我的笔尖蹦来蹦去，跳动的小红爪子在纸上发出嚓嚓的响声。”这是作者和珍珠鸟互动最精彩的段落。学生可以先朗读，随文识字，之后分析段落的层次：作者跟珍珠鸟有几次互动？（三次）这三次互动之间有什么关系？（时间推进）抓住珍珠鸟什么特征来写？（动作）用了哪些动词？（落、蹦、俯、偏、跑、绕等）教师汇总式的梳理可以放到段落学习结束后："这个段落作者从哪几个方面来写'我'和珍珠鸟的关系？"教师也可以将其放到段落讲解前："这个段落从哪几个方面来写？请同学们阅读并梳理一下。"

（2）课文内容梳理：针对一篇课文。例如，《落花生》一课，教师提问："这篇课文按时间顺序写了种花生、收花生、品花生三个环节，重点写了哪一个环节？从哪里看出来的？为什么突出这个环节写？"教师梳理课文层次后，接着进入新问题，引导学生学会看课文，提高其阅读能力。

（3）单元梳理：针对整个单元的课文，做一个汇总。教师提问："本单元以动植物为题材，或是围绕这些动植物叙述，或是描绘它们的外形，真实地展示了一幅一幅美丽的画面。请同学们梳理汇总，作者是从什么角度写动植物的？表达了作者怎样的思想感情？"

第六节　课堂讨论技能

课堂讨论是指学生在教师的指导下，就教材中的知识重点和难点，在独立钻研的基础上，共同进行讨论、辩论的教学组织形式。课堂讨论实现了有效的师生互动，拓宽了学生获得知识的途径，加深了学生对课文知识的理解，有助于启发学生独立思考，发展学生的创新思维，培养学生发现问题、分析问题、解决问题的能力，同时训练学生的口头表达能力。

课程标准强调，语文教学应在师生平等对话的过程中进行，注重培养学生自主学习的意识和习惯，为学生创设良好的自主学习情境，尊重学生的个体差异，鼓励学生选择适合自己的学习方式。课堂讨论的设置，使课堂成为师生平等对话的平台，迎合了现代型人才培养的需要；课堂讨论成为合作学习的主要环节，在课堂学习中发挥着重要作用。

一、课堂讨论的作用

1. 激发兴趣，活跃课堂

小学语文课堂需要保持活跃性，以适应这个年龄段学生的特点。在教师的带领下，学生融入一种和睦活跃的气氛中，师生关系平等、融洽，学生和学生之间能自然互动、自由探索和吸收有用的信息，课堂讨论既能满足学生自由发表言论的心理需求，又能引导学生完成学习任务。在分组活动中，教师会选派主持人和记录员，主持人负责汇报，每次课堂讨论会的主持人和记录员位置可以轮换，争取让每个学生学会组织活动的方法和技巧。因此，课堂讨论对于培养学生的创造力和解决实际问题的能力是一种有效手段。

2. 自主合作探究，提升能力

"倡导自主、合作、探究"是新课程改革的基本理念。合作学习于20世纪70年代初在美国兴起，在20世纪80年代中期取得了实质性进展，是一种富有创意和实效的教学理论与策略。它在改善课堂氛围、大幅度提升学生学业成绩、促进学生形成良好的非认知品质等方面成效显著，引起了世界各国的广泛关注，并成为当代主流教学理论与策略之一。以课堂讨论为载体，完成合作学习，尊重了阅读的多种方式和解读的多元性，避免了教师的"一言堂"，学生获取信息的方式更加多样化。学生学会从多方面、多角度看待问题和解决问题，而不仅限于一种思路，真正实现了"把课堂还给学生"的理念。

3. 促进分享与共享，培养团队精神

从教学的知识理论与实践两个层面来看，课堂活动的开展促成了师生之间传递信息、交流感想、融合观点、达成共识的良性互动。一方面，在讨论中学生个体独立思考问题，发表自己独到的见解，提升认知力和辨别力，锻炼口头语言的表达能力；另一方面，在与其他同学和小组成员交流的过程中，学生不断地汲取别人的智慧，打开了解决问题的思路，提升了解决实际问题的策略，学会在合作中把自己所掌握的知识分享给他人，通过小组合作与大家共享知识。同时，课堂讨论以集体参与的形式进行，学生之间彼此交流与合作，相互尊重对方，形成良好的合作意识，培养了团队精神。好的课堂讨论能有效地培养学生的口头表达能力、归纳总结能力、思辨能力、合作探究能力、理论联系实际能力。

4. 教与学相长，兼顾个性发展

新课程改革突出了学生的主体地位，优化了课堂教学。课堂讨论作为一个教学环节，有效地贯彻了这一教学理念。课程标准强调，阅读是学生的个性化行为，不应以教师的分析来代替学生的阅读实践。讨论使每一个学生都有机会参与到教学活动中来，将每个人潜在的竞争意识、好胜心理、尊重需要都充分调动了起来，使全体学生都能得到有效的发展。在讨论的过程中，每一个学生都享有表达自己观点的机会。

二、小学语文常用课堂讨论的类型

从讨论的组织方式来看，小学语文课常用课堂讨论的类型有合作式和非合作式。

1. 同桌合作讨论

合作式是小学语文最方便操作的一种方式，在一个课时中会多次使用。特别是识字课和拼音课，涉及的学习内容比较细碎，字词句、朗读背诵、查字典、写字等都可以与同桌合作，双方互相配合、互相评价、共同进步。阅读课一样可以运用查字典、朗读、完成讨论题等方式，你读我听，你查我记。

例如，《传统节日》（部编版二年级上册）这篇识字课文，以儿歌的形式介绍了春节、元宵节、清明节、端午节、七夕节、中秋节、重阳节七个传统节日。诗歌重在朗读，所以在朗读中可以设计与同桌合作，互读、互听、互评。

一是请学生借助拼音，自由读儿歌。（要求：在拼音的帮助下把字音读准确，难读的词多读几遍）

二是自读检查，相机正音。（要求：同桌对读、互评、正音）

2. 小组合作讨论

在倡导合作学习的理念背景下，小组讨论在小学语文课堂上是比较受欢迎的一种形式，整个过程由分组、提出讨论题、展开讨论、组长汇报、教师总结来构成。

（1）分组人员。分组时，既可以按照教师指定的方式分组，又可以按照学生意愿自由分组。分组人员不宜过多，一般不超过 6 人。每组需要选出一位主持人和一名记录员，一般由任课教师指定，学生也可以自荐，还可以轮流担任。主持人和记录员需要培训上岗。在合作学习的过程中，教师要培养学生“三会”：一是学会倾听，不随便打断别人的发言，努力掌握别人发言的要点，对别人的发言做出评价；二是学会质疑，当自己听不懂时，请求对方做出进一步的解释；三是学会组织，组织小组学习，并能根据他人的观点做总结性发言。

（2）讨论内容。为了更好地推进课堂教学，完成教学目标，课堂讨论的问题都是由教师设定的，每次讨论最好围绕一个主题，突出一个中心，设置 2—3 个问题，并且讨论的问题都要具体明确、难度适中，便于讨论。教师需要预设好讨论过程中会出现的问题，并顺利完成讨论。近年来，很多地方教育部门组织学校教师探讨高效课堂模式，讨论的内容是不做限定的，由学生自由探究。这种形式比较松散，容易出现冷场或者不着边际的情况，给教师点评、总结带来困难。这两种形式都需要在教师教会方法，学生提前预习，并做好充分准备的条件下进行。下面是识字课《“贝”的故事》的问题设计：

《“贝”的故事》（部编版二年级下册）一课，介绍了“贝”字的由来、演变和发展，共有两个自然段。第一自然段介绍了“贝”字的由来。课文中间的四幅插图，呈现了“贝”字的演变过程，从左到右依次为：实物贝壳图片、甲骨文“贝”字、小篆“贝”字、楷书“贝”字。这四幅插图可以帮助学生直观感受“贝”字的形态变化过程。第二自然段介绍了贝壳的两个作用：一是人们觉得贝壳很漂亮，很珍贵，喜欢把它们当作饰品戴在身上；二是贝壳便于携带，不易损坏，于是古人把它当作钱币。正因为古人把贝壳当作钱币，所以带有贝字旁的字大多与钱财有关。按两个课时来安排，教师可以在第一课时解决基础知识问题的基础上在第二课时设计课堂讨论：贝壳有什么作用？“贝”字是怎样成为偏旁部首的？哪个同学能说出用“贝”做偏旁的字？这三个问题可以分开讨论，可以同桌之间交流，也可以四人交流，还可以活动小组展开讨论。虽然问题比较简单，但是课文的重点和难点，既考虑了小学二年级学生的特点，又联系了生活实际，提升了学生的阅读能力。

（3）时间。课堂讨论时间的长短要看具体情况，一般控制在 6—8 分钟。时间太长，会影响整个课程进度，使学生精力分散；时间太短，则达不到教学目的。其间，教师巡视各组，观察课堂讨论情形，提供必要的协助。

（4）汇报。教师在每组指派一名代表介绍本组的主要观点，学生代表在发言时，要吐字清晰、观点明确。

（5）总结。教师先综合归纳各组的主要论点，并进行点评，再指出各组存在的问题，形成要点，最后回归课堂。

3. 班级讨论

班级讨论是在全班范围内进行讨论的一种形式，比小组讨论的范围要广。

（1）直接的班级讨论。这种讨论形式一般是与提问联系在一起的，教师设计问题让学生思考，之后学生进行回答，既可以是自由回答，又可以是教师选定回答。这种讨论形式需要注意问题的难度不宜过大，因为学生思考的时间较短，学生的回答跟教师的期待值会有偏差，因此问题不能范围太宽，也不宜过多。教师不仅要引导全体学生围绕问题展开讨论，还要综合学生的各种意见，更要尽可能使每一个学生都有发言的机会。

（2）在小组讨论基础上的班级讨论。这种讨论形式是在小组讨论结束后，各小组先选派一名代表发言，小组其他成员再补充说明，然后各小组之间展开辩论，各小组成员可以为本小组辩护或向其他组提问。

三、小学语文课堂讨论的应用策略

（一）现状分析

信息时代，学生学习的途径和方式趋向多元化，以学生为主体、教师为主导的教学改革模式也一步一步地深入教学课堂，教师使用的教学手段更加多样化，课堂讨论作为教学当中最能激发学生的手段之一，依然发挥着它的作用。但是，课堂讨论真正运用到课堂上还是会出现很多问题，不少学校也会组织教师探究如何创新课堂讨论，切实防止形式主义和走过场。课堂讨论中出现的问题主要有以下几个方面：

1. **论题方面**

论题方面的问题表现为随意性大、深广度把握不准、缺乏探究性、与课文重难点匹配度低等问题。有些教师对于题目没有认真琢磨，没有从授课整体性上来设计，要么为了讨论而讨论，借此活跃一下课堂氛围；要么从课本上选现成的、明确的论题，从而使讨论失去了价值。

2. **活动组织方面**

活动组织方面的问题表现为缺乏预习、没有跟学生交代清楚活动程序、主要组员（主持和记录）没有进行系统培训等问题，致使有些学生开展课堂讨论时没有进入学习状态；在讨论过程中，常常只有部分学生参与其中，讨论了一会儿就开始闲聊，讨论内容偏题、跑题；在讨论过程中，教师缺乏必要的跟进和引导，学生自由散漫，学习效果较差。

3. **时间安排方面**

课堂讨论时间太短，小组讨论只是走过场就草草结束。

4. **汇报总结方面**

课堂讨论结束后，学生代表汇报的观点不集中，缺乏条理，教师的总结也很空泛，缺乏针对性。

（二）优化课堂讨论的策略

优化课堂讨论涉及教师的精心准备，也关系到学生的积极配合。

1. **精心设计问题**

课堂讨论的质量来自讨论内容的选择和确定。高质量的课堂讨论取决于讨论话题的有效设置。

（1）题目内容应以教学目标、重难点为依据。教师应选择能促进思考、有思辨性、能激发探究精神的题目，特别是焦点问题。这里所说的焦点问题：一是重点、难点、疑点，二是存在分歧的内容，三是容易混淆的知识。因为这些本身就是教学活动中需要着力解决的问题，也是最刺激学生思维、激发思维兴奋点之所在。

例如，《将相和》（部编版五年级下册）一课，教师首先设问："读了这个故事，你觉得在渑池之会上，赵王和秦王究竟谁战胜了谁?"这个问题激发了学生的兴趣，课堂一下子像炸开了锅似的，学生展开了激烈的争论。

教师可以从练习里选择合适的题目。教材围绕单元双线提示而设计的"思考与练习"是编者提供给教师和学生思考使用的，如果题目紧扣重难点适用于讨论，就可以直接使用，也可以适当修改后再使用。

（2）题目要有针对性。课堂讨论的目的是加深理解，解决重难点，经过观点的碰撞后达成共识。一般地，浅显的问题没有必要设计，过于深刻的问题可能只有个别同学参与，容易冷场。教师应根据文章的类型，设计不同角度、不同层次、难易适中的讨论题。一是要针对学情，课堂讨论的问题内容贴近生活实际、符合学生的认知水平和认知能力；二是要考虑到讨论的时间，预留6—8分钟，安排讨论几道题，要预见可能会出现的情况；三是要兼顾组员的安排，考虑组员能否合作完成这次讨论。

（3）问题讨论的过程中，教师要有较强的洞察力，预见讨论的过程和结果。在信息时代，学生有更多的机会接触媒体，课外阅读量增大，课余参加各种补习班，信息的获取途径相对较多，教师要学会换位思考，站在学生的角度来思考问题。在讨论中，教师要适时进行有效的调控。因为小学生年龄小，讨论中会出现偏离主题的情况，教师需要巡视、参与学生的讨论，做好调整和引导工作。

2. 精心策划安排讨论过程

课堂讨论整个过程的组织需要精心安排，让课堂讨论训练变成常规练习。

（1）讨论前，教师要分析学情。在组建学习小组时，教师应先根据学生的知识、基础、兴趣、爱好合理搭配组员，在各小组讨论的过程中做好指导和培训工作，最终形成固定的活动小组；同时，教师要考虑讨论应安排在第一课时还是第二课时。从课时推进的进程来看，小学语文课的教读课一般安排两个课时，自读课安排一个课时。第一课时的合作讨论属于基础知识认知阶段。在朗读环节，教师可以安排同桌之间互读互评；到了生字学习环节，同桌之间合作查字典、读写生字。第二课时安排的讨论主要针对教学重难点。对于讨论的时间安排，教师要结合整个教学进程来设计，如果时间太短，学生的讨论尚未展开就草草收场，不同的意见就不能得到充分的发表，学生对问题的认识就不能达到应有的深度和广度，交流和争论的热烈场面也不会出现了。

（2）讨论过程中，教师要巡堂，处理讨论中出现的问题。教师应积极地参与到小组活动之中，引导学生进行讨论。

（3）讨论结束后，教师既要组织全班学生认真听取各小组的汇报，又要及时准确地回收全部信息，给参与讨论者以正确的评价。这实质上是又一次反馈性讨论，可以是全班性总评，可以是自评、他评，可以是面评，也可以是书面评价。它既是对学生个人智慧、集体力量、合作能力的一次检验，也是教学中必不可少的一个环节。

（4）课程结束后，教师要反思本次活动的成败优劣。

3. 安排好预习，做好衔接工作

熟悉课文是课堂讨论的前提，课前预习是组织课堂讨论的一个必不可少的教学环节。学生只有课前在知识上、资料上做好充分的准备，才能在课堂中有话可说，更好地参与到讨论中。教师可以设计导学案，引导学生按要求提示自学，帮助学生在课前掌握事实性知识，培养学生自主学习的习惯，并为课堂讨论做好准备。

4. 营造氛围，鼓励发言

在平时的课堂上，教师要注意培养学生的思维能力，使学生善于提出问题和解决问题，形成良好的学习习惯，注意发掘学生的创造性思维能力和创新能力。

第七节　课堂分享技能

分享是一个汉语词汇，《现代汉语词典（第7版）》对“分享”的解释是：和别人共同享受（欢乐、幸福、好处等）。如果将这个词放在具体的教学过程中就是从问题出发，通过恰当的方式激发学生积极主动地思考，引导学生通过分享交流的方式解决问题。这个词往往与“共享”一词同时出现，是指共同享用。这种共享既是精神上的，也是物质上的。党的十八届五中全会提出了“创新、协调、绿色、开放、共享”五大发展理念，并将“共享”作为中国经济社会改革和发展的出发点及落脚点。“分享”与“共享”在新时期是一个热门词，2017年12月“共享”一词入选“2017年度中国媒体十大流行语”。

把“分享”与“共享”用到教学实践中形成了新时期教学的一大特色，学生在与他人交往的过程中分享智慧和成果，分享学习过程中的思考和经验，实现共同成长，感受认同与尊重。课堂学习方式的转变对学生在整体素质方面有了更全面的要求，极大调动了学生参与的积极性。

一、分享的相关理论

（一）分享的类型

1. 中心型知识分享

中心型知识分享主要以一对多的沟通交流形式出现，例如，在课堂或者演讲中，知识的提供者为一人，知识的接受者为多人，进而实现单向传递。我国现有的学校课堂基本上属于这一类，授课教师成为知识的提供者，面对一个班集体，全体学生成为知识的接受者，共享教师的课堂知识。

2. 团队型知识分享

团队型知识分享重在多对多的沟通交流，知识团队中的每个成员都可以分享自己的经验或者成果，通过团队之间的知识分享和交流，大家都可以获取自己所需要的知识，实现共享，相学相长。同时，团队中的每个人需要具备一定的解决问题的专业知识与能力，学有所长。在学校课堂活动中，团队型知识分享主要以小组合作的形式出现，教师在组队时可以在学生自愿的基础上兼顾其他成员的合理搭配，从知识、智力、语言表达等方面来安排团队成员，以保障小组活动开展时能顺利完成合作讨论的项目。除了课堂上成员之间相互讨论与分享之外，学校的多对多分享与共享还能以课外兴趣活动小组、攻关小组、社团活动等形式出现。通过各种活动，成员之间相互分享知识与经验，取长补短，共同提高。

3. 双向型知识分享

双向型知识分享主要以一对一双向交流的形式出现，通常适用于类似师徒制的教授模式中，知识的提供者和知识的接受者之间除了简单的传授与接受的关系之外，在传授的过程中知识的接受者还会对知识的提供者有所反馈。这种类型的沟通交流形式在学校教育中并不多见，但是社会上的各种培训机构则大多以这种形式出现，以弥补学校群体教学的不足。

（二）分享的内容

1. 信息资源分享

信息资源分享是基于网络的资源分享，是众多的社会成员不求利益，把自己收集的一些资料或者个人成果通过一些网络平台分享给大家，以实现资源共享。信息资源分享既有免费的，又有收费的，诸如我国重要的资源平台“知网”“万方”“维普”等；还有各个机构的官方网站，诸如个人博客、QQ 群、微信群等，可以帮助很多人获取资料和信息。主要包括以下资源：

（1）教育类。教育类资源包括各类专业教辅和学习资料，比如语文课程资源包括课堂教学资源和课外学习资源，如：教科书、教学挂图、工具书、其他图书、报刊；电影、电视、广播、网络；报告会、演讲会、辩论会、研讨会、戏剧表演；图书馆、博物馆、纪念馆、展览馆、布告栏、报廊、各种标牌广告；等等。这些都是我们分享和共享的资源。

（2）专业文献类。专业文献类资源涵盖各行业丰富、完备的资料文献，聚焦前沿、权威的行业动态，诸如专业文献、行业数据、行业分析、客户数据、企业名录等。

（3）PPT 类。PPT 类资源汇聚众多精美的 PPT 文档模板、专业系统的策划方案等。

（4）应用文书类。应用文书类资源集结了简历模板、工作总结、项目汇报等工作和学习之必备文档。

2. 成果分享

成果分享常用于个人或团队把在学习、工作、劳动上的成果和成绩分享给别人，并将自己的收获拿出来与其他人一同分享，大家共同品尝成功的喜悦和满足感，获得精神上的慰藉，体现对社会的奉献。在信息化时代，互联网上常见的分享行为，大的如科研探究，小的如生活细节，五花八门，既丰富了我们的生活，又提升了我们的生活质量。学校的成果分享主要形式是教学研讨，学校常常会邀请某个专家学者针对某个教学内容来上分享课，也会让本校教学成绩比较突出的某位教师来做专场的课堂展示，课后再开展讨论和评论，以期达到与参与者共同提高的效果。在课堂中，教师也可以实施这种活动，诸如将某个成绩优异的学生的学习方法、学习发现、结果探究等，分享给大家，既突出了以学生为主体的教学理念，又起到了激励其他学生的作用。

3. 知识分享

知识分享是指通过知识流通工具的运用，使个人头脑中的知识转化为组织成员能够共同享有的知识。这个过程是在自己原有知识的基础上学习知识、分享知识。这种形式强调知识的流通，因为每个人的经历、学识、审美情趣不尽相同，而每个人的经历有限，不可能全知全能，所以借助各种各样的活动和平台，在知识的流通与交汇中通过他人的分享，丰富自己的知识积累，增加自己的人生经验，缩短自我学习的时间。

4. 阅读分享

新时期提倡全民阅读，围绕阅读出现了多种形式的读书会，通过各种阅读活动的开展推进阅读的全民化，提升国民的整体素质。从中央到地方，大型的读书活动、小型的读书分享会如火如荼。学校的阅读分享主要以专题的形式出现，例如，配合读书日开展读书分享活动，既有面对面的小组活动，又有单个对群体的授课活动。教师应高度重视课程资源的开发与利用，创造性地开展各类活动，增强学生在各种场合学语文、用语文的意识，多方面提高学生的语文能力。小学阅读活动一般围绕某个主题，充分利用环境资源设置一个真实、可看、可听、可表达的空间，也可利用玩具、墙画、阅读专栏等形式营造一个安静的阅读环境，在活动区域内阅读，并和同伴交流分享，共同体验阅读的乐趣。

二、分享式教学理念的推广和应用

分享式课堂是指在教学过程中，学生与同伴、学生与教师之间，以学生自学、师生互助、小组合作学习为主要方式，通过分享经验与方法，享受尊重与被尊重的喜悦，实现共同成长，最终构建“学生主体、教师主导”的现代和谐课堂。

在新课程改革的背景下，分享式教学理念逐渐进入了社会公众的视野。2012 年，时任教育部北京师范大学基础教育课程研究中心数学工作室副研究员、山东省茌平县杜郎口中学副校长的任景业提出分享式教学理念，其核心词是“分享”。他认为，好奇、好探究、好秩序、好分享是人的天性，人的基本思维单元是“问题—思考—分享”。分享式教学理念要求教师在组织教学活动时，注重激励和指导学生开展自主学习，在互动过程中分享智慧成果，注重思考和经验的传播，实现师生共同成长。

（一）分享式教学的主要教学理念

（1）分享前提：承认自己不是全知全能的，对他人要理解、认可、欣赏。

（2）分享环境：民主、平等、自由，实现包容、和谐、尊重。

（3）分享依据：人的四大天性，即好奇、好探究、好秩序、好分享。

（二）分享式教学的基本操作单元

简单地说，“问题—思考—分享”就是在课堂上设置情境，让学生提出问题，教师从这些问题中选取一两个能接近本节课核心内容的问题，让学生进行探究，然后师生一同讨论和分享，在分享中让学生得到发展和提升。

（三）分享式教学的利与弊

分享式教学是一种教学方式和教学模式，即通过独学、主学、共学、导学等不同的学习方式，在“问题—思考—分享”的学习体验中，使学生深度融入教学中来，促进学习。

1. 积极的方面

（1）打破传统灌输式的教学方式，淡化教师的主导地位。传统的教学观念认为，教师是课堂的控制者、教学活动的组织者、教学内容的制定者、学生学习成绩的评判者，是绝对的权威。长期以来，传统灌输式的教学方式扼杀了学生的个性，抑制了学生创造性的发挥，致使学生出现高分低能的现象。分享课堂在一定程度上解决了一些传统课堂上存在的问题，把想象的空间留给学生，把表达的机会让给学生，让学生自主阅读、提问、思考、讨论，成为问题的发现者、分析者，引导学生敢于与他人分享自己的新发现和解决问题的新思路。

（2）凸显学生的主体地位，让学习成为一种自觉的内驱行为。学生是课堂的主要角色，他们学会了质疑，学会了提出问题，在独立的思考和合作交流中自主地解决问题，并且能够快乐地分享自己的成果。这样的形式可以激发学生的学习兴趣，增强学生的合作探究能力和表达能力。在分享课堂中，学生会自学、会讨论、会发言、会倾听，他们在小组中自发地思考问题、参与讨论、参与解决问题，真正做到了人人参与、人人发言。当然，要达到这个效果，教师需要在教学实践中对学生反复训练、逐步培养。

（3）培养学生的自信心。教师应引导学生在自信地交流中学会倾听、学会补充，积极地发表自己的观点，学会用自己的知识储备去解决问题，在宽松自由的学习氛围中与同伴交流，共同取得进步。分享式教学模式打破了传统的教学方法，在整个教学过程中，教师只是向学生传达合作、交流、学习的方法，课文中的字、词、句、段只字未提，完全放手让学生在小组中自学、交流、汇报，使学生的自信力得到充分的提升。

（4）提供教师提升自我新技能的好平台。作为课堂的组织者和引导者，教师必须用自己丰富的知识和特有的课堂机智，依据学生的发散思维来构建自己的课堂，引导学生从“无序”走向“有序”。新时期的教师要多学习，提高自身技能，努力改进课堂教学，整体考虑知识与技能、过程与方法、情感态度与价值观的综合，提倡启发式、讨论式教学。

2. 存在的问题

（1）很多教师分不清分享式教学跟平时的课堂小组合作有什么联系和区别。分享式课堂的一般思路是“问题—思考—分享”，重在让学生自己发现问题、自己思考、自己分享问题，而一般的课堂讨论是当课堂教学进入一个阶段时为了配合某一重难点而设置的。所以，教师扮演的角色是不同的。前者重在“导”，在课堂整个环节中，教师隐藏在幕后，让学生自我发现、自我思考、自己组织。教师需要做的工作是积极备课，把握重难点，让学生学会发现问题并质疑，学会思考并寻找答案，学会在全班或者小组进行分享，再发现问题再思考再分享……在这一循环中，引导学生吸收知识，扩大视野。一般的课堂讨论，教师需要合理设计讨论题，组织学生围绕问题展开讨论，教师积极引导并参与其中，以便保证整个环节的顺利推进。

任何一种新方法从诞生到实施和推广都需要一个过程，有的学校聘请专家现场指导几次就急于在全校教师中推广，很多教师似懂非懂，不得其要领；有些教师自以为观摩几次活动就掌握其精髓，其实也是一知半解。实际上，分享课堂一样关系到教师的各种基本功，非一日能成。

（2）在小学低年级大面积实行“分享式教学”是否符合孩子的年龄特点。小学生的年龄特点是活泼好动、好奇心重，以形象思维为主，抽象思维正在发展中。他们的短板就是好动、注意力和集中性不强、自制力差，需要教师比较系统的教授和引导。如果教师完全放手，则可能教学任务不能正常完成，学生的学习状况也良莠不齐。

（3）是否适合所有课程。课堂教学分享模式，适用于偏人文性的文本，不适用于偏向语言工具性的文本，因为这些文本不能单纯地以发现问题和思考问题为主，而是需要教师教授和训练，以及更多的探究和实践。

（4）这种课堂模式中如何落实学生自学中没有学透的知识。每个学生的学习情况各不相同。课堂分享教学以自主学习为主，学生在学习和分享中提高各种能力。但是在这个过程中，学生对重难点的把握难免有偏差，每个学生学习的程度也不相同，容易导致教学任务落实不了。

三、小学语文课堂分享的策略探究

课程标准中的“评价建议”里提道：语文课程评价的目的不仅是为了考查学生实现课程目标的程度，更重要的是为了检验和改进学生的语文学习和教师的教学，改善课程设计，完善教学过程，从而有效地促进学生的发展。课堂分享作为一种新的教学理念，需要大家共同努力探究，不断完善。

1. 指导学生备学

备学是指课前的预习。如果有了课前的多方位准备，课堂分享就会变得高效一些。

例如，在学习《我的伯父鲁迅先生》（部编版六年级上册）一文时，一方面，教师让学生课前查阅资料，了解鲁迅先生当时生活的背景；另一方面，教师让学生在分享前完成课前自主学习单（读通课文，扫清字词障碍，在自己理解的地方做上批注，不懂的地方提出质疑）。当学生对课文有了比较深刻的了解，在课堂上分享文中“伯父摸着我的鼻子，笑了笑，说：‘哈哈！还是我的记性好。’”“你想，四周黑洞洞的，还不容易碰壁吗？”等含义深刻的句子就容易理解多了。同时，分享的素材会变得十分丰富，分享也会变得高效。

2. 教师的指导和学生的分享有机结合起来

分享式教学主要就是指学生的分享与教师的介入指导这两个方面。学生是学习和发展的主体，每个主体都有自己的身心发展和语文学习的特点，从爱护学生的好奇心、求知欲出发，充分激发学生的主动意识和进取精神，倡导自主、合作、探究的学习方式。教师教学内容的确定、教学方法的选择、评价方式的设计，都应有助于这种学习方式的形成。因此，分享式教学环节的设置或者分享式教学方法的形式都是符合学生身心发展规律的。

以童话故事《小猴子下山》（部编版一年级下册）为例，这篇课文可以开展的分享活动很多，诸如讲故事、画简笔画（小猴子、玉米、树、桃子、西瓜等）、进行动作表演等活动分享。如：

师：我们刚刚见到了一只小猴子，它在玉米地里掰玉米，在桃树下扔了玉米摘桃子，又在西瓜地里扔了桃子摘西瓜。这里有三个场景、三幅画面。同学们可以用手中的笔画一画我们感兴趣的小猴子或者植物吗？

（学生画画，接着老师巡堂，观察画得比较好的学生）

师：老师看到大家画得真不错，下面同桌之间互相交流、分享。

师：老师还发现有个同学画的猴子真像，请他上台来给大家展示一下。（掌声）

（学生展示作品，并简要说明自己画猴子的步骤）

在教学活动中，教师的引导有方向，但分享的过程由学生自己掌控，学生自由选择适合自己风格的方法，这样教师的指导和学生的分享结合在一起，课堂才会更有序、重点才会更突出。

3. 反复训练，逐步培养

“会自学、会讨论、会发言、会倾听”是这种分享式教学课堂的重要组成部分，这对提高课堂效率、保证课堂质量非常重要，因此教师平时要下足功夫，培养学生的学习能力。学生的自觉能力不是一朝一夕形成的，而是在教学实践中反复训练、逐步培养起来的，又是在学习实践中反复运用下不断提高的。同时，学生自觉能力的培养要贯穿整个教学过程。

训练有素需要教师有意识地培养。所谓训练有素，就是学生与教师之间、学生之间形成默契关系。例如，教师可以通过编排、表演课本剧进行分享展示，指导学生把握文中人物的语言、动作、神态，再现课文中的情境，将人物的美好品质和情感表现出来。

小组分享展示的形式较为丰富，它是一个动态的、多元的过程，需要教师加以指导和培训，并根据具体的教学内容灵活多变地确定分享展示的形式，使分享展示成为课堂的一大“亮点”，让课堂分享变得更加高效。

4. 课前、课中、课后分享活动相结合

（1）课前5分钟分享。这是不少教师较为喜欢的分享活动。一开始，教师先让主动愿意分享的学生先完成这个小任务，从而带动其他学生参与其中，最后是个别相对胆小害羞的学生。一段时间后，这可以变成一个固定的环节，在锻炼学生的口头表达能力之余丰富其课外知识。课前5分钟分享的主要内容有朗读、演讲、复述、谈见闻、讲名人故事、名言积累、讲解古诗词、读经典等。其展示的方式不拘一格，要求能体现学生自己的风格、自己的爱好，也可以做成PPT呈现给大家。具体操作如下：

（活动规则：内容健康、声音洪亮、说话有感情、有适当肢体语言、脱稿）

主持人主持：同学们，我们的5分钟分享活动开始了，下面请出××同学，欢迎他出场。（掌声）

学生上台展示：同学们好！我是××。今天我给大家分享一则新闻……我的分享结束了，感谢同学们的聆听。

同学们举手点评，分享的学生聆听。

这一环节是整堂课的第一步，可以按座次轮流进行，也可以分小组进行，每位学生都有机会上台表现，与大家共同分享美文、佳作。学生有了锻炼的机会，能发现自己的长处，增强自信心。课前5分钟分享可以形成一个固定的环节，让学生每天处在期待之中，信心满满。

（2）课中围绕“听说读写”安排分享。

① 听：围绕听故事、听朗读、听教师读词语等，分享听到的内容，可复述、复读，并分享经验。

② 说：说一说体会、感受。例如，《司马光》（部编版三年级上册）一课，在朗读、讲解课文后引导学生想象画面，之后让学生分享自己想象的画面，教师再点评文本和想象的差别，让学生感受司马光智勇的形象。

③ 读：有感情地朗读美文、朗读片段，运用角色朗读等方式分享自己对课文的理解和感受。例如在学习《少年闰土》（部编版六年级上册）一文“看瓜刺猹”情节时，设置通过朗读的形式来分享情境。组内一人读闰土说的话，一人读“我”说的话，两

人读旁白，通过分角色、有感情地朗读，让听者体会“月夜看瓜刺猹”的紧张、惊险之感。

④ 写：写话、写景、状物、写人、记事等。例如，《爬山虎的脚》（部编版四年级上册）一课，教师可以让学生找一找文中描写爬山虎的词语和句子，让学生分享自己所找的词语和句子，分析这些词语和句子好在哪里，还可以让学生写一写自己熟悉的植物。

（3）课后的分享活动。课后的分享活动包括读书会、生字书写展示、图画展示、角色活动等。可小组分工表演，通过表演进行分享展示。小学语文课本中很多课文都适合表演课本剧，诸如《狐狸和乌鸦》《乌鸦喝水》《陶罐和铁罐》。

第八节　课堂总结技能

总结是对过去一定时期的工作、学习或思想情况进行回顾、分析，并做出客观评价的书面材料。“编筐编篓，重在收口”，课堂总结是课堂教学中的重要一环，当教师完成课堂某一知识点的讲授，或者将学生的注意力引到一个特定的学习任务时，需要对所讲授内容做一个简短的系统性、概括性、延伸性的归纳，从而促进认知结构的形成、新知识模块的建立、解题技能的优化和思想方法的提炼。

课堂总结，既可以理顺知识，培养学生的学习能力，又可以提高学生的思维能力，使教学环节更加完整、学生学习知识的思路更加清晰，从而使课堂教学有一个完美的结局。

一、课堂总结的作用

1. 巩固新知识

课堂的节奏应该张弛有度、有紧有松。当教学完成一个阶段进入下一个阶段时，教师有必要对前面所学的内容加以梳理，概括学习要点，提示学生关注并记忆。

2. 承前启后

在40分钟的课堂教学里，教学环节的设置有一个由浅入深、循序渐进的过程，环节与环节之间的内容需要衔接和过渡，承前启后。

3. 认识升华

在课堂推进过程中，教学的展开比较分散，有教师讲解、学生参与、课堂的各种活动，小学课程教授的多是直观、感性的知识，所以需要在一个阶段或整个课堂结束后，教师进行汇总，把重点知识进行归纳并联系生活进行升华，落实语文课程工具性与人文性统一的特点。

4. 培养能力

在语文综合能力素质中，概括能力是一种基本的、重要的能力。概括能力是指把事物的共同特点归纳在一起的能力，用简明扼要的语言文字把所读、所听的内容准确地表达出来，从现象中揭示本质。其主要的形式有概括段落大意、概括中心思想和写作特点等。经过信息的分析、综合、比较、抽象、概括等环节，最后得出结论，这对培养学生的思维能力有很大的帮助。

5. 及时反馈

学完一篇课文后，教师进行及时总结，在概括课文内容的同时，梳理学生学习过程中好的表现及存在的问题，对学生的学习情况进行评价。这对学生来说也是一个自我反思、自我提升的过程。

二、语文教学设计中常用的课堂总结类型

（一）课前总结

教师在授课前，需要总结自己课堂的特点、优势及短板，及时学习课标、查阅资料，梳理自己课堂中存在的问题，思考解决的方案，确定教学设计的目标。在调整中，教师应多听课学习，对有参考价值的资料广采博纳、取其精华，从而优化自己的课堂教学。

（二）课中总结

在课堂教学过程中，教师不仅要在一堂课结束时进行课堂总结，而且要根据课堂内容的特点随时进行思想、方法的总结。课堂总结不仅发生在一节课的结束，也发生在每一个教学环节的结束。

小结是针对课堂的一个阶段或者一个课时做总结。教师依据课堂教学计划完成一个阶段的任务后，应及时小结，对前面的内容进行回顾、梳理，并衔接下一个阶段的新内容。小结是一节课或一次授课中必不可少的一部分。课堂教学既重视学生的知识巩固，也重视对学生进行反复训练，指导学生通过小结把书本“读薄”，并提炼出其中的精华。

启发性小结。教师可以创设悬念，引出下节课的内容，唤起学生的关注，激发学生的学习兴趣。

阶段性小结。例如，《猴子下山》（部编版三年级下册）一文，学生学完前三个自然段后，教师可做这样的小结：这节课我们学习了前三个自然段，知道了猴子到了玉米地、桃树下，接下来它又会经过哪些地方，得到什么呢？下一节课，我们共同学习

本课后半部分内容，自然就会明白了。

归纳性小结。一是针对课堂推进中存在的问题进行小结，特别是知识上的问题，在学完新知识、解决一些问题之后，教师归纳并引导学生提出新问题，或对本堂知识进行引申，或为以后的学习做好铺垫、埋下伏笔；二是针对学生学习过程中存在的问题进行梳理，提醒学生注意。

梳理性小结。通过对一篇文章的阅读、品析、欣赏、理解，把握文章的思路和要点，梳理文章每部分的大意，进而能用简洁明了的语言把这一意思表达出来。

（三）课后总结

课后总结也称教学反思，是指教师自觉地把自己的课堂教学实践，作为认识对象而进行全面而深入的冷静思考和总结。针对教师自己在教学实践中的表现，或给予肯定、支持、强化，或给予否定、思考、修正。它是一种用来提高自身的业务，改进教学实践的学习方式，并通过不断对自己的教育实践进行深入反思，积极探索与解决教育实践中的一系列问题，从而进一步充实自己，提高教学水平。教学反思是一种有益的思维活动和再学习的方式，每一位优秀教师的成长都离不开教学反思。一般而言，这种反思我们可以通过评课、做教学案例、写教学手记等方式来进行。

1. 反思成功

反思成功主要包括课改理念运用得好，突出“教师为主导、学生为主体”的地位；课堂上有一些精彩的师生对答、学生争论；教学思想方法和教学原则运用得较好；有临时应变的教学措施；对教材有创造性的处理；等等。反思成功能为以后的教学提供经验，为完善教学提供帮助。

2. 反思失误

反思失误侧重审视教师课堂教学的失误之处，思考解决问题的办法、对策，诸如问题情境的创设有没有给学生思考的空间、学习活动的组织是否有利于学生的自主学习、小组合作学习有没有流于形式、是否关注学生的情感态度与价值观的发展等。教师对它们进行回顾、梳理，并做出深刻反思、探究和剖析，使之成为以后教学的借鉴，同时找到解决问题的新办法和教学的新思路。

3. 反思学生表现

反思学生表现包括课堂上学生的独特见解、学生的精彩回答、学生的创新思维等，这些都源于学生对文本的独特理解，源于学生对世界的独特感受，是十分丰富的、可贵的课程资源，也是教师可以利用的宝贵教学资料。

4. 反思学生的问题和建议

学生在学习中肯定会遇到很多困难，也必然会提出各种各样的问题，有些是个别的，有些是普遍的，有些是教师意想不到的，也有些是富有创新性的。可能有的问题一时还难以解答，教师应及时记录下来这些问题，并及时进行反思，以便在今后的教学中对症下药。

三、小学语文课堂常用的总结方式

课堂总结加强了知识间的联系，充分体现出学生所学知识的系统性，对学生所学知识起到承上启下的作用，为学生后续学习新知识做铺垫。总结能帮助学生进一步理顺知识，突出重点、突破难点，因而有利于学生对知识的理解、掌握、记忆、运用，有利于培养学生良好的行为习惯和思维品质，提高学生的注意力。

1. 趣味式

小学生处在以形象思维为主的年龄阶段，思维活跃，爱热闹，好奇心重。教师可以设计新颖有趣、耐人寻味的课堂总结形式，使学生保持学习兴趣，也可以通过与本节课学习的内容有关的音乐、童话、故事，或是让学生看录像、听儿歌等方式来做课堂收尾，帮助学生保持愉快的心情。

以识字课为例，“兴趣是最好的老师”。在教学中，教师要注重培养和激发学生的学习兴趣。部编版小学语文教材的识字课安排在一年级和二年级，这个年龄段的学生活泼好动，注意力不集中，因此教师在教学中要利用游戏或比赛的形式调动学生学习的兴趣，诸如猜字谜、“找朋友”“大风刮来了”等识字游戏。课堂总结也是一样，教师可以设计一些游戏活动，诸如“找朋友”“开火车”“摘苹果”“拔萝卜”等。例如，“找朋友”游戏，教师可以把一个合体字拆开，写在两张小卡片上，让学生组合成所学的字，巩固其所学的生字，寓教于乐。

2. 启发式

启发式一般用在讲读前。精心设计足以启发学生思考的问题，让学生在生疑、质疑、释疑的过程中接受知识，培养学生的思维能力，让学生充分发挥自身的主观意识，建立一个民主的课堂，让学生占据课堂的主体地位。其目的是让学生巩固所学知识，发展学生的探究能力。在课堂收尾时用启发式总结，是在学生掌握了课堂讲授内容的基础上，通过教师精心设计的启发性问题做结课，将学生的知识积累和运用提高到一个新的水平，有效激发学生的潜能，培养学生主动学习的能力。

小学生对新知识的接受特别需要以现有经验作为支柱，所以教学中教师应当重视指导学生联系自己的经验，让他们的思维从已知顺利地通向未知。

例如，寓言《守株待兔》（部编版三年级下册）和《揠苗助长》（部编版二年级下册）的教学，为了让学生了解其寓意，总结时应该启发学生思考：这两则寓言都给大家带来了什么思考？在生活中，我们犯过类似的错误吗？请同学们思考。

又如，名人故事《朱德的扁担》（部编版二年级上册），总结时应该引导学生思考：这是一根普通的扁担，但仅仅是一根普通的扁担吗？在这根扁担上我们看到了什么？又想到了什么？

3. 概括式

概括式总结是教师课堂中采用率高、较为常见的一种方式，主要由教师来完成。一节课结束时，教师为了让学生较为系统地掌握本节课的内容，要用准确、简练的语言，对该节课的学习内容进行提纲挈领的说明，并对教学重难点和关键问题加以概括、归纳和总结，给学生以系统、完整的印象。这样做，在帮助学生加深理解、巩固新知识的同时，还能为学生以良好的精神状态投入下一阶段的学习提供动力。

例如，《将相和》（部编版五年级上册）是一则历史故事，讲述廉颇和蔺相如的故事，廉颇不服蔺相如，而蔺相如为了国家大局不计较个人恩怨，廉颇知错就改，负荆请罪，两个人为了国家抛却前嫌，共同辅佐赵王。课堂的结尾可以这样设计：

师：同学们，这则故事我们认识了两位历史人物，感触很多吧！蔺相如在“完璧归赵”与“渑池会面”上立了大功，官职比廉颇高，廉颇不服气，两人产生嫌隙，最后廉颇知错就改，“负荆请罪”，终使两人和好如初。课文塑造了大智大勇、宽容大度的蔺相如和知错就改的廉颇的形象。当然，他们和好还有更深的原因，那就是他们都有一颗爱国之心，都以国家利益为重。

概括式总结的方法包括段意归并法、课题扩展法、要素串联法、关键语句链接法等。不同的文体类型，文章要素也不同。例如，叙事类课文，一般都具有时间、地点、人物、事件、起因、经过、结果等基本要素，因此，只要弄清楚这几个要素，并加以概括，文章的主要内容就能把握了。

例如，《海上日出》（部编版四年级下册）是巴金的一篇非常优秀的写景抒情散文。文章写“我”经常早起去看日出，按日出前、日出时、日出后的顺序重点描绘了天气晴好、白云飘浮、薄云蔽日三种不同自然条件下海上日出奇观的几种不同的景象，展现出了日出这一伟大的奇观。文章紧扣“谁，在哪里，做什么，看见什么，按什么顺序来写，表达了什么感情”来组织文字。

概括以原文的语言材料为基础，但不能照搬、照抄原文语句，也不能对原文内容进行机械的摘录，学生要通过自己的归纳、加工、提炼、整理，把文章的主要内容准确而精练地表达出来。目前，很多学生的概括能力并不尽如人意，他们在概括时存在以下问题：抓不住关键信息，只摘引原文语句不加以归纳；概括不够深入，不能抓住主要问题；无法整体驾驭文章，只能概括部分材料；综合分析能力不强，不能进一步分析并找出文段相互之间的有机联系。因此，在语文教学中，教师重视对学生进行概括能力的培养是很有意义的。这样有利于学生深入阅读，有利于学生准确表达，也有利于学生思维的发展。

4. **悬念式**

在课堂结尾时，教师提出一些富有启发性、趣味性的问题，不做解答，留给学生在课余时间去思考、印证，以造成悬念，激发学生探求知识的欲望。这种悬念式的总结一般放在第一课时结束时，有“欲知后事如何，且听下回分解”之意，令学生课下情不自禁地去探求、去寻找答案，激起学生的学习兴趣，调动他们的学习积极性。

例如，《去年的树》（部编版三年级上册）的悬念总结：小鸟找它的好朋友，从冬天到春天，从山谷飞到村里，最后对着灯火唱着去年的歌，然后飞走了。同学们，它唱了什么歌，又飞向哪里了呢？

又如，《胡萝卜先生的长胡子》（部编版三年级上册）的悬念总结：胡萝卜先生的长胡子长啊长，越来越长，鸟太太正在找绳子晒小鸟的尿布，它看中了胡萝卜先生的长胡子了吗？还有谁对胡萝卜先生的胡子感兴趣呢？

再如，《搭船的鸟》（部编版三年级上册）的悬念总结：美丽可爱的小鸟站在船头一口把小鱼吞下了肚子，它饱了吗？还继续捕鱼吗？

5. **谈话式**

这是师生共同总结的方式，教师让学生谈谈本节课的收获，通过学生的回答来检测学生学习的情况。这种方法突出了学生的地位，尤其是在强调素质教育的今天，对培养学生的能力是大有裨益的。先由每个学生自己出声小结，教师指定某个学生起立作答，要求学生说明本堂课学到了什么、重点是什么、对自己来说难点是什么、与旧知识有何联系等。教师给予更正、解释，并提出要求。这种总结法把教师单人做总结变成了课堂上人人做总结，有助于学生概括能力和抽象能力的提高，有助于学生语言表达能力的提升。

例如，《纳米技术就在我们身边》（部编版四年级下册）是著名科学家刘忠范写的一篇科普文章，作者以大胆的想象、通俗易懂的语言，从改善我们的生活、医疗制药两个方面介绍了纳米技术在我们生产生活中的运用，向我们介绍了纳米技术的神奇及其在应用上的美好前景。因为纳米技术已经在生活中广泛运用，所以总结时可以师生对话，共同梳理本节课的内容，让学生谈一谈学习这篇课文的意义。例如，教师可以提问：“同学们，纳米技术给人类生活带来了深刻的变化，学习这篇科普课文，我们了解了哪些知识？作者用什么方法给我们做了说明介绍？”

6. **梳理式**

这种结尾方式是多数教师喜欢采用的方式之一。当每节课结束时，为了让学生较为系统地掌握本节课的内容，教师要引导学生用准确、简练的语言，对该节课的学习内容进行提纲挈领的说明，并对教学重难点和关键问题加以概括、归纳、总结，一般用时 3—5 分钟。教师可以借助板书，可以使用课件，也可以让学生在笔记本上列出主要内容。

例如，《司马光》（部编版三年级上册）是一篇文言文，讲述了一个孩子掉进一口装满水的大缸里，其他孩子都吓跑了，司马光用石头砸破大缸，救了那个孩子的故事。课堂结束后教师可以做主题式归纳："这篇课文讲述了司马光砸缸救一位小朋友的事，读了这个故事，我们懂得了遇到紧急的事情，不能慌张，要沉着、勇敢地想办法，这样才能处理好已经发生的事情。"教师通过提问、引导，让学生自己做出总结，把师生的"双主"作用充分地发挥了出来。

7. 拓展延伸式

这种总结方式是在让学生熟练掌握已学过内容的基础上，把所讲授的内容进行延伸和拓展，进一步启发学生把问题想深想透，从而拓宽学生的视野，培养其举一反三的能力。

例如，《匆匆》一文是朱自清先生早期的一篇散文，文章紧扣"匆匆"二字，将空灵而又抽象的时间化为具体的物象，细腻地刻画了时间流逝的踪迹，表达了作者对时光流逝的无奈和惋惜之情。在课堂结束时，教师选择拓展延伸式结尾："同学们，学了这篇课文，你们一定对时间、对生活有了很深的感受。你们能不能把自己的感受编成一句话，把它作为座右铭送给自己或者你的同学呢？"教师通过让学生写座右铭的形式把课文延伸到课外，使学生很好地理解了这篇课文的写作意图。

8. 习题训练式

这种总结方式是采用一定数量的填空题、选择题、材料题、问答题，以引导学生对当堂所学知识进行巩固性训练。课堂总结的方法多样，教师可根据不同的教学内容和课型，采用不同的总结方法。

例如，《观潮》一文是南宋文人周密的经典作品，节选自《武林旧事》第三卷。本文通过描写作者耳闻目睹钱塘江大潮潮来前、潮来时、潮头过后的景象，以及观潮的盛况，将自然美、人情美巧妙地交织在一起。课文以写景为主，文中运用了很多优美、恰当的词语，所以结尾的总结我们可以选择习题训练式："同学们，这篇优美的写景散文使用了很多优美的词语来形容钱塘江大潮，让我们完成下面的填空来结束今天的课。"

第九节　课堂板书技能

课堂板书是教学中常用的一种教学媒体，是指教师和学生根据教学的需要，在黑板上用文字、图形、线条、符号等再现和突出教学重要内容的活动，以辅助课堂教学的口语表达。随着信息化进程的加快，又增加了白板、幻灯片等可以反复书写、观看的教学媒体。

课堂板书是课堂教学的重要帮手，有“微型教案”之称，能起到提纲挈领的作用。借助课堂板书，教师可以清晰、简要、形象、直观地呈现出要求学生掌握和学习的内容，把重难点串珠成线，使学生一目了然，便于记忆。教师可以通过课堂板书中的关键字词把课文内容串联起来，给学生留下思考的空间。板书可以大大提高课堂教学的效率和效果。

一、课堂板书原则

1. 规范性原则

规范性原则是课堂板书设计的一个基本原则，主要包括以下特征：

（1）合理布局。课堂板书分为主板和副板两部分。课堂板面一般分为三大块：中间部分为主板书区，左右均为副板书区。一般来说，左边的副板书区是对上节课内容的复习和衔接，只呈现关键词。中间的主板书区必须规范地书写本节课的重难点、知识点。要求书写清晰工整、结构严谨、层次井然，起到纲举目张的作用，便于学生抄录和记忆。右边的副板书区是教师临时板书的内容，可以训练板演，也可以讲解其他内容，并且随时可以擦去。这样充分利用黑板的有效面积，全局安排，使之位次恰当、措置有序、编排合理，给人以整体美感。

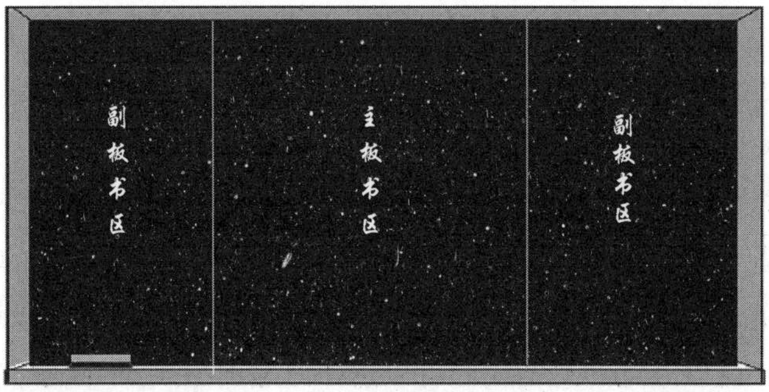

（2）书写规范。写规范汉字，不写错别字、繁体字等，字体大小要均匀，以后排学生看清为宜。粉笔字字体工整、笔顺正确、结构匀称、大小适宜、美观隽秀，课堂板书的行间疏密、字画搭配均衡，课堂板面清洁整齐。做到不写错别字，不倒拉笔顺，避免字形拙劣，纵横排列歪斜，板面不洁或书写速度太慢。

（3）完整性。一般一节课告一段落时，教师要将主要内容完整地保留在黑板上，使学生对全节课的内容有一个连贯的认识。这样有利于教师在最后阶段对知识进行复习、巩固、整理、总结。

2. **概括性原则**

黑板上的空间、教师的授课时间有限，这就要求教师的课堂板书具有高度的概括性。

（1）简明扼要。课堂板书要在有限的空间内留给学生鲜明、深刻的印象，文字不宜过多，必须简明、醒目、凝练、集中，要求对教材内容要进行高度的概括，用字、词一定要仔细斟酌，要尽量精练，哪怕是一个字，也尽量不要多写。这样既能清晰醒目，又节省书写的时间。

（2）关键点突出。教师的课堂板书要有概括、总结教材的作用，要能展示教学内容的关键问题、难点问题，突出重难点。除了在黑板上进行课堂板书之外，还要在特别强调的地方用彩色笔凸显出来，从而强化视觉效果。如果结合多媒体技术，不仅能用色彩突出重点，还能用着重号、加粗字体、反复闪现等手段强化效果。

3. **条理性原则**

课堂板书设计要有逻辑性、层次性。教师力求通过简单明了的结构图示，把教材的思路清晰地展现在学生面前。教师要探究教材知识结构的内在逻辑关系，以利于学生记录、理解、掌握。

有条理的课堂板书能使学生顺着课堂板书显示的关系顺藤摸瓜，知晓其上下左右的主要内容，使学生在已有认知结构中产生一个条理清晰、结构层次明晰的知识体系，有助于学生将新知识同化到已有知识体系之中。例如，童话寓言类作品，教师在课文内容、角色、寓意方面有层次地安排板书，引导学生由浅入深、由表及里掌握知识的方法。

4. **针对性原则**

教师在设计课堂板书时要围绕教材内容、教学目的、学生实际来进行。

（1）依据教学内容设计板书。教师设计的课堂板书要符合教学内容的原意，要根据教学内容的特点和逻辑关系来设计板书。例如，说明文的课堂板书合适用图表的形式，而诗歌的课堂板书紧扣情景关系，适合用线条的形式。

（2）依据教学目的设计板书。以课堂板书来体现教学目标，借助板书让学生理解重难点，使其掌握本堂课教学的重要内容。教学目标中的知识与技能目标需要重点展示。例如，识字课中的写字示范、字形结构、笔画、笔顺要清楚明白，从字到词再到句子的顺序要井然有序。对于叙事类作品，故事发生、发展、结局的结构框架要有序地呈现在黑板上。

（3）依据学情设计板书。从心理学角度来讲，小学生注意力的集中时间较短，容易被新鲜的事物吸引。小学语文的课堂板书可以通过图形、图表、线条、符号等形式使内容变得更加形象、直观，通过不同的组合和与教材内容相匹配的呈现，促使学生更好地集中注意力。

5. **启发性原则**

教师设计的课堂板书应来自教材内容又应高于教材内容，即应具有启发性。教师设计精美的课堂板书不仅要具有规范性、科学性，还要具有启发性，使学生从直观的课堂板书内容中悟到一些教材中不曾明确写出的内容，明确课堂板书与课文内容之间的逻辑关系。

二、小学语文课堂板书类型

1. **提纲式**

提纲式课堂板书是指按顺序概括课文内容要点，以文章的结构为基础，将文章的段落层次大意、中心思想、写作特点等进行课堂板书。它的特点是能紧扣教学内容，突出教学重点，能直观地给学生呈现出完整的内容体系，启迪学生的思维，便于学生掌握学习要领，还能培养学生分析概括的能力。课堂板书要因循作者的思路，提纲挈领地进行呈现。作者在写作时，为了达到一定的写作目的，比如表达某种观点或抒发某种感情，会有一定的思路，而课堂板书要能体现出作者的写作思路。

西门豹

（1）摸清底细：问田荒地少的原因　答应给河伯娶媳妇

（2）破除迷信：　把 {巫婆 / 官绅头子 / 官绅} 投进漳河

（3）兴修水利：　开凿、灌溉、好收成

（以上三项）→ 惩治邪恶

例如，《西门豹》一文的板书按课文篇章段落推进概括大意，层次分明，事件起因、经过、结果有序安排，突出人物和主题。

落花生

种花生→收花生→吃花生→议花生→像花生

又如，《落花生》按事件发生和时间先后顺序来安排课堂板书，简单明了，条理性强，脉络清晰。

观潮

（1）潮来前：风平浪静

（2）潮来时
- 形：一条白线拉长、变粗　城墙　千万匹战马
- 声：闷雷滚动　越来越大　山崩地裂
- 色：白色

(3) 潮退后：余波汹涌　恢复平静　上涨两丈

再如，《观潮》一文的板书突出观潮时间推进的特点，抓住事物特征选择课文中的关键词来表现，脉络清晰。

2. 词语式

词语式课堂板书是根据教学内容，提炼课文的精髓，把握重点词语，选择准确、精练、鲜明、生动且具有概括性和启发性的词语来表现课文的主要内容。它能简要概括主要的教学内容，能促进学生对学习内容的理解和记忆，有利于减少学生的认知负荷，培养学生的思维能力。

威尼斯的小艇

白天

(1) 小艇的特点
- 长　像独木船
- 形状　像新月　美观
- 行动　像水蛇　轻便
- 坐具　像沙发　舒适

(2) 船夫：操纵自如、左拐右拐、平稳穿过

(3) 人：商人、青年妇女、小孩、老人

半夜

《威尼斯的小艇》一文的板书抓住事物特点，动静结合，使人身临其境；按时间顺序推进，脉络清晰。

3. 表格式

表格式课堂板书一般用于知识性较强、可以明显分类的内容。教师设计出表格，可以要求学生用自己的语言填写。表格式课堂板书比其他形式的课堂板书更有利于学生参与，更有助于调动学生的学习积极性，激发学生的创造性，使其进行高层次的认知加工，更深刻地理解教学内容。这种形式的板书一般在学生学习说明文时使用。

美丽的小兴安岭

季节	景物	优美词语
春		
夏		
秋		
冬		

《美丽的小兴安岭》一文的板书按季节变化设计成图表，描绘的景物和所运用的优美词语相对应，课文的脉络和重点在表格中有很好的体现。

4. 图解式

图解式课堂板书是指教师运用图形、线条、箭头、符号等并配合必要的文字来组

织教学内容的课堂板书方法。在所有的课堂板书形式中，图解式最具直观性，这种板书能一目了然地把教学内容呈现在学生面前，很容易引起学生的注意，使其饶有兴致地探求学习内容，理解内容中的逻辑关系和深层含义。此类型课堂板书特别适用于有一定难度的教学内容和低年龄段的学生。

卖火柴的小女孩

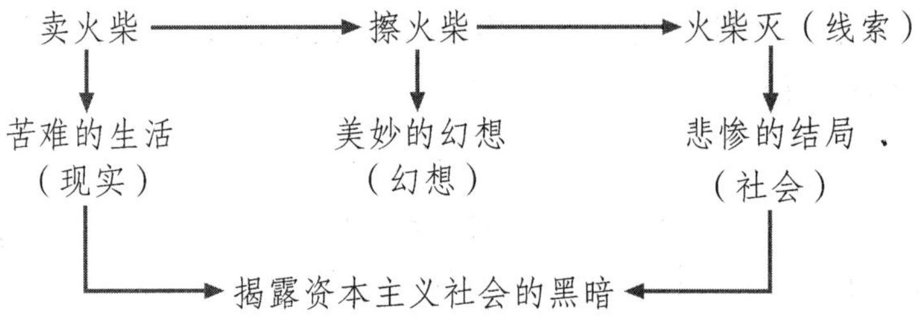

《卖火柴的小女孩》一文的板书以图文结合的形式，厘清了课文的时间顺序、现实与幻想关系，明确了课文的主题。

5. 关系式

关系式课堂板书是指教师把教学内容中相互联系或者呈对立关系的内容集中在一起呈现出来的板书形式，即把相关、相近或截然相反的两件事物放在一起进行比较，分析其特点，并进一步揭示事物的本质特征和发展规律，或从数据的比较中得出结论，揭示规律。这种课堂板书的设计形式，不仅有助于学生理解一些本质的东西，也对学生的唯物辩证思想起着一个潜移默化的作用。这种课堂板书能突出不同教学内容之间的联系和区别，使之形成鲜明的对照，特别能启迪学生的思维，使其思考为什么会产生如此对立或对应的现象，有利于学生进行探究性的学习。例如，《司马光》一文写了司马光砸缸救小朋友的故事，教师可以用关系式课堂板书把司马光勇敢、聪明的特点凸显出来。

亡羊补牢

亡羊	补牢
少了一只羊	破了个窟窿
又少了一只	还修羊圈干什么
再也没丢过	修得结结实实的

《亡羊补牢》一文的板书主要通过揭示“亡羊”与“补牢”的关系，说明课文的寓意。

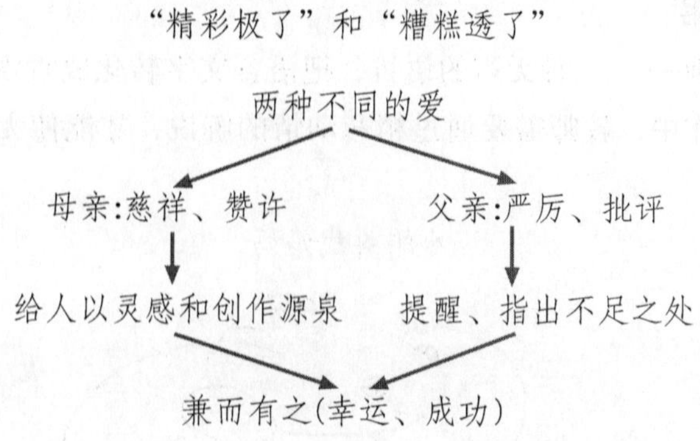

《"精彩极了"和"糟糕透了"》一文的板书把两种不同的爱进行对比，直接揭示了课文主题。

6. 思维导图式

思维导图是指用融合色彩、图像等多种元素，结合全脑的概念，通过图画的方式，清晰地描绘出我们思维的线路和层次。教师使用网状思维导图式板书能理清课文的知识点，也能培养学生的发散思维。例如，下面是《祖父和我》一文的思维导图式板书：

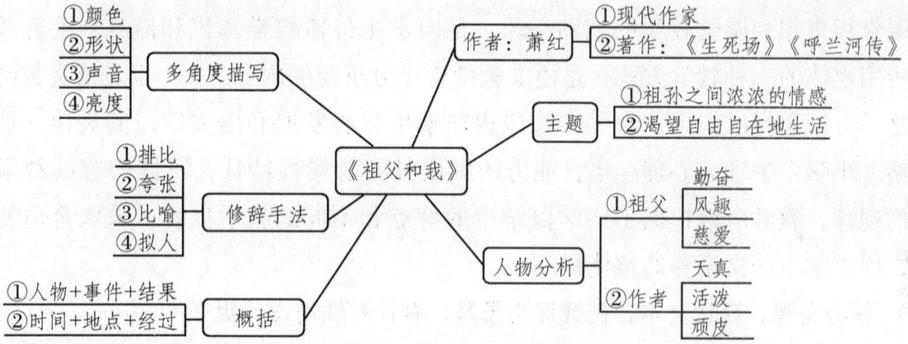

7. 线索式

线索式课堂板书是指依照文章的线索，简要概括出行文的结构线索，使学生顺利地一览文章的全貌。线索式板书又分情节发展式板书、人物活动式板书、情感变化式板书、时间推移式板书、地点转移式板书等。

例如，《富饶的西沙群岛》（部编版三年级下册），课文从海面、海底、海滩、海岛四个方面分段描写了西沙群岛的美丽、富饶，可用简图画出它们各自的方位。

又如，《小马过河》，可先画好马棚、磨坊和小河的位置，然后一边讲一边用箭头符号画出小马过河的示意图。

再如，《草船借箭》，可将草船借箭的经过一边讲一边用示意图表示，以突出重难点，说明诸葛亮用草船借箭成功的原因。

8. **简笔画式板书**

这是借用简笔画—— 一种无声的语言，把语言文字转化成直观、形象的画面的板书形式。在实际操作中，教师需要通过精彩动情的解说，才能使无声的语言变得有声有形。

小蝌蚪找妈妈

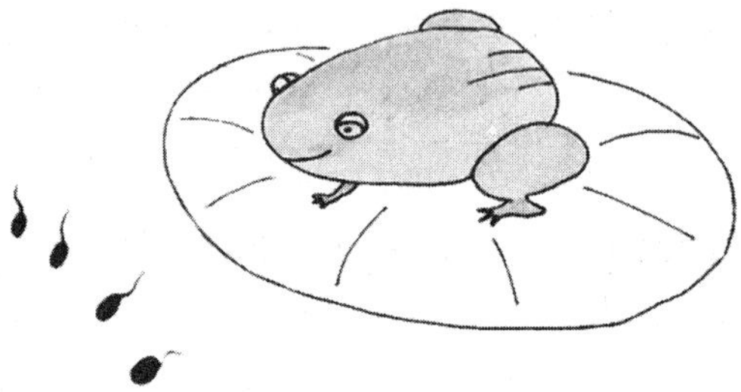

《小蝌蚪找妈妈》一文的板书抓住事物特征，用笔勾勒出动植物的外形，省时省力又有趣。

三、小学语文课堂板书设计的策略探究

课堂板书作为课堂教学的辅助手段，是向学生传播教学知识和信息，配合教师语言及所用媒体的一种教学方式，是语文教学中十分重要的内容之一，也是语文教师必备技能之一。课程标准指出，教学实施应遵循学生身心发展和语文学习的规律，选择教学策略。小学生生理、心理、语言能力的发展具有阶段性特征，不同内容的教学也有各自的规律，教师应该根据不同学段学生的特点和不同的教学内容，采取合适的教学策略，促进学生语文素养的整体提高。

1. **精心备课，研读文本，把握课文思路，有针对性地设计板书**

小学语文课不同的课型、不同的文体，显示出不同的特点，教师只有仔细研读课文，才能选择恰当的课堂板书形式。

例如，诗歌的课堂板书设计要着重把握情境关系。小学语文教材精选了大量的古诗，教师需要研究这些绝句、律诗的共同点，把握诗歌借景抒情、融情于景的特点，挖掘每一首诗歌的意境。一般来说，小学阶段所选的古诗内容相对简单，表现的时间短暂，方位明显，景物安排有层次性，虚实结合。课堂板书要能给予学生启示，可以设计成配画诗，使板书变成一件艺术品。童话寓言类文章重在展示故事情节和角色特点，点明寓意，可以考虑按故事情节来设计板书，也可以根据角色表现来设计。

2. **依据学情精心设计符合小学生特点的板书**

小学生直观形象思维能力较强，喜欢多彩的颜色。课堂板书和多媒体课件都是直观性教学，简洁、形象、直观的形式，使学生容易掌握、理解、记忆。课堂板书时教

师可以考虑用简洁的文字配上线条、箭头、绘画等，并适当运用红、蓝、黄、绿等彩色粉笔配合标示，形象地展现画面，揭示文章内容。

3. 提升教师的课堂板书设计能力

教师要加强多种形式的板书训练，丰富板书样式，设计出更具特色的课堂板书，更好地实现语文教学目标。

4. 注重传统板书与现代多媒体的有效结合

目前，多媒体已经成为当代小学教育中不可或缺的重要教学手段，给学生带来更直观、更生动的教学情境，帮助学生更加透彻地了解所学内容、掌握课本知识。但传统的板书仍存在着一定的优势，诸如较强的示范性、较好的参与性和灵活性，这是多媒体不能取代的部分。因此，在小学语文教学中，教师应充分发挥传统板书与现代多媒体的应用优势，实现二者的有效结合，更好地满足学生的发展需求，提高课堂教学质量，实现学生的健康、全面发展。

5. 师生共同完成板书

教师可以把学习的主动权交给学生，引导和鼓励学生大胆地设计板书，在双向活动中完成板书。例如，教学《富饶的西沙群岛》时，教师要在学生了解课文内容的基础上，引导学生找出中心句“那里风景优美，物产丰富，是个可爱的地方”，紧扣关键词“风景优美”“物产丰富”来共同完成课堂板书。

又如，教学《美丽的小兴安岭》时，教师将课前制成的表发给各小组开展合作活动，每位学生先有选择地读一读，然后说一说有哪些景物、喜欢哪句话，并说明自己喜欢的原因，其他同学补充或纠正错误，最后填写表格。

第十节 课堂角色扮演活动设计

角色源于戏剧，主要是指演员扮演的剧中人物。在文学作品中，我们把这些角色称为人物形象。随着我国教育事业的快速发展，各种创新的教学方法被引入小学语文课堂中，大大提高了小学语文的教学质量。课堂角色扮演活动趣味性较强，课堂互动效果较好，教师可以帮助学生在课堂角色扮演活动中理解课文和角色，有利于小学生语文学习积极性的提高，促进课堂结构的优化和学生的整体进步，与课程标准提倡的合作、探究的学习理念相契合。

一、部编版小学语文教材里的文学作品

文学是用语言塑造形象，客观地反映社会现实生活，表达作家思想感情的艺术。

文学作品主要包括诗歌、小说、戏剧、散文等。

（一）文学作品的分类

根据文学作品建构审美意象的不同方式，文学作品可分为三大类，即叙事类、抒情类、戏剧类。部编版小学语文教材中叙事类作品占一半以上。

1. 叙事类文学

叙事类文学是以描写生活事件、刻画人物性格为主来塑造艺术形象的文学种类。部编版小学语文教材主要包括小说、叙事散文、故事、童话、寓言等文学体裁。这些文学体裁对应的课文内容都可以成为学生角色扮演的资源。教师引导学生在课堂中用角色扮演的方式去理解课文，可以帮助学生更加细致地体会作品中的人物特点、理解教学内容的意义，提高教学的效果。

2. 抒情类文学

抒情类文学是以抒发作者感受和情绪为主要方式来塑造艺术形象的文学种类。部编版小学语文教材主要包括抒情诗和抒情散文。

3. 戏剧类文学

戏剧类文学是通过角色对话和动作反映社会生活、塑造艺术形象的文学种类。部编版小学语文教材没有收入这种文学体裁。

（二）课程标准关于叙事类作品的教学建议

1. 第一学段（1—2 年级）

阅读浅显的童话、寓言、故事，向往美好的情境，关心自然和生命，对感兴趣的人物和事件有着自己的感受和想法，并乐于与人交流。

2. 第二学段（3—4 年级）

能复述叙事类作品的大意，初步感受作品中生动的形象和优美的语言，关心作品中人物的命运和喜怒哀乐，与他人交流自己的阅读感受。

3. 第三学段（5—6 年级）

阅读叙事类作品，了解事件梗概，简单描述自己印象最深的场景、人物、细节，说出自己崇敬、憎恶、向往、同情等感受。阅读诗歌，大体把握诗意，想象诗歌描述的情境，体会诗人的情感，受到优秀作品的感染和激励，向往和追求美好的理想。具体归类如下（表 2-4）：

表 2-4 5—6 年级教材中叙事类作品的内容和角色

叙事类作品	内容	角色
童话	美好的情境，自然，生命	人物（动物、植物）
寓言		人物（动物、植物）
故事		历史人物、名人、虚构人物
小说	事件梗概，场景，人物，细节，崇敬、憎恶、向往、同情等感受	虚构人物
叙事散文		真实人物

二、人物形象的刻画方法及活动策略

叙事类作品中的人物形象刻画是重心，描写的基本方法可分为肖像描写、语言描写、行动描写、心理描写。教师做教学设计时需要认真研读课文，选择合适的片段开展活动，既可以带领全班一起活动，又可以让学生合作开展活动。

1. 肖像描写

肖像描写是指将人的容貌（脸型、五官）、身体形态、服饰、神情、姿势、风度等方面用生动具体的语言描述出来，通过人物的某些外部特征来突出这个人物的性格。

部编版小学语文教材中的课文相对来说篇幅比较短小，为了表现人物的性格，一般突出人物某个方面的特点展开描写。活动的开展主要针对某一项，诸如容貌、身体形态、服饰等，让学生关注作者用什么词语和句子来刻画，有什么好处，然后让学生用简笔画勾画出来，之后分享自己的画作。例如，《木笛》（部编版五年级上册）这篇课文有一个段落对主人公朱丹展开肖像描写："话音未落，在一排蜡梅盆景旁有一个人站了起来，他看上去修长、纤弱，一身黑色云锦衣衫仿佛把他也紧束成了一株梅树，衣衫上的梅花，仿佛开在树枝上。朱丹轻轻走进屋，小心地从绒套中取出木笛。"文章对主人公的体态、服饰及服饰上的装饰做了描写。活动的设计可从这些描写入手。

对于课文中人物神情、姿势等细节描写，学生可以根据描绘的词语进行模仿。例如，《慈母情深》（部编版五年级上册）一段母亲神态的描写："背直起来了，我的母亲。转过身来了，我的母亲。褐色的口罩上方，一对眼神疲惫的眼睛吃惊地望着我，我的母亲的眼睛……"作者对工作中的母亲做了细节描写，抓住了母亲"眼神疲惫的眼睛"这一特点。教师既可以让学生展开想象画一画，还可以让学生在课上演一演。

2. 语言描写

言为心声，人物的话语能灵活而直接地展示人物性格，充分、细致地将人物的内心世界袒露出来。因此，人物的语言描写是刻画人物形象的重要手段之一。由于时代、职业、身份、年龄等因素造成的差异，人们说话的内容、方式各有不同，语言描写需要抓住能表现人物个性化的语言，使读者如闻其声，如见其人。在叙事类文学作品中，人物的语言描写有对白、独白、内心默语三种类型。教师在指导学生开展课堂角色扮演活动时要遵从课文的角色语言特点，结合课文情境，把握语言表现的形式，依据课文情境和内容开展课堂角色扮演活动。例如，寓言《陶罐和铁罐》中的两个角色陶罐和铁罐就是通过人物对话突出各自的性格特点的。《美丽的鹿角》（部编版三年级下册）则是通过鹿的独白来刻画它的性格："啊！我的身段多么匀称，我的角多么精美别致，好像两束美丽的珊瑚！""咦，这是我吗？"表现了鹿爱炫耀的特点。童话《在牛肚子里旅行》中有一段心理活动，"红头不说话，只露两只眼睛偷偷地看。它心想：我要是一答应，就会被青头发现"。每篇课文中人物或动物的语言都有不同的描写方式。

3. 动作描写

动作是人物性格的具体表现，能显示人物的性格特征。对人物进行动作描写是展示人物性格、塑造人物形象的主要方式。作者需要提炼有意义、能显示人物性格，或者能推动情节发展的那些动作，使用正确、恰当的词语来展现人物的价值观念、情感特性、性格气质、精神状态等。

《景阳冈》（部编版五年级下册）里武松打虎的精彩片段，运用了动作描写的手法，通过武松打虎的惊心动魄的场面，表现出武松朴素丰满、逼真可信的人物形象，对突出文章的中心起了很好的作用，使文章增色不少。文章第九自然段写人虎相遇时，作者在文中并没有赋予武松以任何英雄行为，却这样写道：

……闪在青石旁边。那只大虫又饥又渴，把两只前爪在地下按了一按，望上一扑，从半空里蹿下来。武松吃那一惊，酒都变做冷汗出了。说时迟，那时快，武松见大虫扑来，一闪，闪在大虫背后。大虫背后看人最难，就把前爪搭在地下，把腰胯一掀。武松一闪，又闪在一边。大虫见掀他不着，吼一声，就像半天里起了个霹雳，震得那山冈也动了。接着把铁棒似的虎尾倒竖起来一剪。武松一闪，又闪在一边。

文中描写老虎的"一扑""一掀""一剪"等动作，突出老虎的凶猛残暴及让人生畏的气势，武松唯一的对策就是"闪"："闪在青石旁边""闪在大虫背后""闪在一边""一闪""又一闪"……这里，一个接一个的"闪"字，乍看起来，好像是轻描淡写，又像是重复雷同，其实显示了作者在捕捉人物动作、表现人物形象方面的独到之处。这个字既抓住了武松在遭到突然袭击、毫无防备的情况下的本能反应，又体现了武松在紧急情况下机警、敏捷的防御手段，表现出武松不仅英勇过人，还聪明机智。

在课堂上，如何把这段精彩的描写跟学生一起分享呢？方法多种多样，教师可以把动词找出来，让学生用动作来进行体验；也可以让学生先看文字再看图片，配合动作，复述故事。

4. 心理描写

心理描写是对人物在一定的环境下产生的想法、感触、联想等内心的思想情感活动的描写，旨在深刻地揭示人物的精神世界和思想品质。在展开人物心理刻画时，要注意捕捉人物内心的变化，尤其是那些一闪即逝的心灵波动。在描述人物心理变化轨迹时，要做到波澜起伏、跌宕多姿。

不少童话中有心理活动刻画。例如，《在牛肚子里旅行》里有一小段心理活动刻画，“红头不说话，只露两只眼睛偷偷地看。它心想：我要是一答应，就会被青头发现”。这里神态描写配合心理活动刻画，把人物内心的所思、所想描绘得惟妙惟肖。例如，《一块奶酪》（部编版三年级上册）是一篇情节生动、富有悬念的童话故事。讲述了蚂蚁队长召集小蚂蚁们搬运奶酪时，不小心拽掉了奶酪一角。最终，蚂蚁队长战胜了自己想偷嘴的心理，命令最小的蚂蚁吃掉了奶酪。“蚂蚁队长叼着奶酪的一角往前拽着，也许是用力过猛，一下就把那个角拽掉了。盯着那一点儿掉在地上的奶酪渣，蚂蚁队长想：丢掉，实在太可惜；趁机吃掉它，又要犯不许偷嘴的禁令。怎么办呢？他的心七上八下，只好下令：‘休息一会儿！’”这里的心理描写真是太逼真了！教师可以引导学生多读几遍，让学生体会蚂蚁队长的内心感受、揣摩角色的特点，再组织学生进行角色扮演。这样学生对课文的理解会深刻很多，能更好地掌握人物心理活动的描写手法。

三、课堂角色扮演活动注意事项

1. 引导学生开展课堂角色扮演活动

部编版小学语文教材中合适开展课堂角色扮演活动的，童话和寓言故事中大多为动物和植物，叙事散文中的多为人物角色。每个角色都有自己的个性特点，通过文中的语言、动作等方面体现出来。例如，童话《狐假虎威》一文，狐狸如何假借老虎的威风，需要引导学生钻研语言、动作、神态描写的句子，让学生体会狐狸和老虎的心理活动，并让学生在兴致盎然的角色扮演中认识狐狸的狡猾和老虎的愚昧。此外，课堂角色扮演活动是一种再创造活动，不必处处与课本保持一致，应该合理地加进自己的一些理解。

2. 鼓励学生积极参加活动，并掌握活动的规律，加深对课文的理解

课堂角色扮演活动能够调动学生参与课堂活动的积极性，深受学生的喜爱。它符合以学生为主体的教育理念，能积极有效地调动学生的积极性。

3. 教师参与其中，扮演其中一个角色，跟学生一起互动

课堂角色扮演活动一般以合作学习的形式开展，能给予学生更多自主学习、合作学习的时间和机会。学生可以通过相互交流、讨论、展示的形式，提升自身研读课文的能力。教师假如能参与其中，就能更好地融入课堂教学，也能起到示范作用。

4. 适当使用道具和背景

课堂角色扮演活动离不开课文的内容和语境。考虑到角色扮演的需要，教师可以

在课前做一些道具，增加现场感，方便学生在课文内容的基础上适当发挥，对课文内容进行再创造。

附录 课堂角色扮演活动案例

案例展示一

一、课文呈现

《小蝌蚪找妈妈》（部编版二年级上册）。

池塘里有一群小蝌蚪，大大的脑袋，黑灰色的身子，甩着长长的尾巴，快活地游来游去。

小蝌蚪游哇游，过了几天，长出了两条后腿。他们看见鲤鱼妈妈在教小鲤鱼捕食，就迎上去，问："鲤鱼阿姨，我们的妈妈在哪里？"鲤鱼妈妈说："你们的妈妈四条腿，宽嘴巴。你们到那边去找吧！"

小蝌蚪游哇游，过了几天，长出了两条前腿。他们看见一只乌龟摆动着四条腿在水里游，连忙追上去，叫着："妈妈，妈妈！"乌龟笑着说："我不是你们的妈妈。你们的妈妈头顶上有两只大眼睛，披着绿衣裳。你们到那边去找吧！"

小蝌蚪游哇游，过了几天，尾巴变短了。他们游到荷花旁边，看见荷叶上蹲着一只大青蛙，披着碧绿的衣裳，露着雪白的肚皮，鼓着一对大眼睛。

小蝌蚪游过去，叫着："妈妈，妈妈！"青蛙妈妈低头一看，笑着说："好孩子，你们已经长成青蛙了，快跳上来吧！"他们后腿一蹬，向前一跳，蹦到了荷叶上。

不知什么时候，小青蛙的尾巴已经不见了。他们跟着妈妈，天天去捉害虫。

二、课文解读

池塘里的小蝌蚪慢慢长大了，它们要寻找自己的妈妈，却不知道自己的妈妈长得什么样。经历了一个又一个波折，它们将鲤鱼、乌龟误认为自己妈妈，最后在鲤鱼、乌龟的提示下，小蝌蚪终于找到了自己的妈妈，它们也从蝌蚪变成了青蛙。

三、设计要点

这篇童话按照时间顺序写了小蝌蚪变成青蛙的四个阶段，这四个阶段的内容都适合设计成课堂角色扮演活动。文中有两处肖像刻画也可以作为活动的内容。教师可以采取全班活动或者分组活动的方式进行。

四、设计方案

活动一：读一读，画一画。课文有小蝌蚪、鲤鱼妈妈、乌龟妈妈、青蛙妈妈四个角色，重点描写了小蝌蚪和青蛙妈妈的外形特点。先朗读课文，找一找作者用了什么词语展开刻画，然后画一画，再互相分享画作。例如，青蛙妈妈的描写："看见荷叶上蹲着一只大青蛙，披着碧绿的衣裳，露着雪白的肚皮，鼓着一对大眼睛。"作者抓住颜色

“碧绿”“雪白”，抓住脑袋、眼睛“大”来刻画青蛙的外形，运用四个动词“蹲、披、露、鼓”逼真地表现了青蛙的神态。

活动二：抓动词，演一演。文中“他们后腿一蹬，向前一跳，蹦到了荷叶上”。其中，“蹬”“跳”“蹦”三个字极富动态，准确地捕捉了青蛙的动作。先谈谈这些动词运用的妙处，再进行角色扮演，然后通过字词理解课文内容。

活动三：抓人物语言，展开角色对话。

1. 教师引导学生多次阅读课文，关注角色对话时的语气和神态。

2. 招募角色扮演者（鲤鱼妈妈、乌龟妈妈、青蛙妈妈），分配角色，让他们分别熟悉自己扮演角色的语言、动作、神态等，做好准备。角色扮演者只需做动作配合其语言表达，其他学生朗读除了角色语言之外的句子。

3. 教师适当提出关于角色语言的个性化要求，营造氛围。

4. 活动开始，四个角色扮演者依次上台（或者分组合作）表演。

5. 学生互评，教师点评。

案例展示二

一、课文呈现

小说节选自《少年闰土》（部编版六年级上册）。

深蓝的天空中挂着一轮金黄的圆月，下面是海边的沙地，都种着一望无际的碧绿的西瓜。其间有一个十一二岁的少年，项带银圈，手捏一柄钢叉，向一匹猹尽力的刺去。那猹却将身一扭，反从他的胯下逃走了。

这少年便是闰土。我认识他时，也不过十多岁，离现在将有三十年了；那时我的父亲还在世，家景也好，我正是一个少爷。那一年，我家是一件大祭祀的值年。这祭祀，说是三十多年才能轮到一回，所以很郑重；正月里供祖像，供品很多，祭器很讲究，拜的人也很多，祭器也很要防偷去。我家只有一个忙月（我们这里给人做工的分三种：整年给一定人家做工的叫长年；按日给人做工的叫短工；自己也种地，只在过年过节以及收租时候来给一定的人家做工的称忙月），忙不过来，他便对父亲说，可以叫他的儿子闰土来管祭器的。

我的父亲允许了；我也很高兴，因为我早听到闰土这名字，而且知道他和我仿佛年纪，闰月生的，五行缺土，所以他的父亲叫他闰土。他是能装弶捉小鸟雀的。

我于是日日盼望新年，新年到，闰土也就到了。好容易到了年末，有一日，母亲告诉我，闰土来了，我便飞跑地去看。他正在厨房里，紫色的圆脸，头戴一顶小毡帽，颈上套一个明晃晃的银项圈，这可见他的父亲十分爱他，怕他死去，所以在神佛面前许下愿心，用圈子将他套住了。他见人很怕羞，只是不怕我，没有旁人的时候，便和我说话，于是不到半日，我们便熟识了。

我们那时候不知道谈些什么，只记得闰土很高兴，说是上城之后，见了许多没有见过的东西。

第二日，我便要他捕鸟。他说：

“这不能。须大雪下了才好。我们沙地上，下了雪，我扫出一块空地来，用短棒支起一个大竹匾，撒下秕谷，看鸟雀来吃时，我远远地将缚在棒上的绳子只一拉，那鸟雀就罩在竹匾下了。什么都有：稻鸡，角鸡，鹁鸪，蓝背……”

我于是又很盼望下雪。

闰土又对我说：

“现在太冷，你夏天到我们这里来。我们日里到海边检贝壳去，红的绿的都有，鬼见怕也有，观音手也有。晚上我和爹管西瓜去，你也去。”

“管贼么?”

“不是。走路的人口渴了摘一个瓜吃，我们这里是不算偷的。要管的是獾猪，刺猬，猹。月亮地下，你听，啦啦的响了，猹在咬瓜了。你便捏了胡叉，轻轻地走去……”

我那时并不知道这所谓猹的是怎么一件东西——便是现在也没有知道——只是无端的觉得状如小狗而很凶猛。

“他不咬人么?”

“有胡叉呢。走到了，看见猹了，你便刺。这畜生很伶俐，倒向你奔来，反从胯下窜了。他的皮毛是油一般的滑……”

我素不知道天下有这许多新鲜事：海边有如许五色的贝壳；西瓜有这样危险的经历，我先前单知道他在水果店里出卖罢了。

“我们沙地里，潮汛要来的时候，就有许多跳鱼儿只是跳，都有青蛙似的两个脚……”

阿！闰土的心里有无穷无尽的希奇的事，都是我往常的朋友所不知道的。他们不知道一些事，闰土在海边时，他们都和我一样只看见院子里高墙上的四角的天空。

可惜正月过去了，闰土须回家里去，我急得大哭，他也躲到厨房里，哭着不肯出门，但终于被他父亲带走了。他后来还托他的父亲带给我一包贝壳和几支很好看的鸟毛，我也曾送他一两次东西，但从此没有再见面。

二、课文解读

课文通过“我”对少年闰土的回忆，刻画了一个机智勇敢、聪明能干、知识丰富的农村少年形象，表达了“我”对闰土的怀念之情。课文先写“我”记忆中的闰土，接着写“我”与闰土相识、相处的过程，重点写了闰土给“我”讲捕鸟、拾贝壳、看瓜刺猹、看跳鱼四件事，最后写了两人的分别和友谊。

三、设计要点

课文有两处人物肖像描写，并且重点描写了“我”与“闰土”的对话，可以开展角色对话活动。

四、设计方案

活动一：读一读，画一画。课文开头一段的环境描写“看瓜刺猹”突出了少年闰土勇敢的形象，可以开展绘画、动作扮演活动。文中还有一处人物肖像描写，“他正在厨房里，紫色的圆脸，头戴一顶小毡帽，颈上套一个明晃晃的银项圈”，可以用简笔画勾勒出大致的形象。

活动二：抓准人物的语言，注意文中的几次对话。

1. 教师引导学生多次阅读课文，概括出对话的主要内容，重点关注角色对话时的语气和神态。

2. 招募角色扮演者（“我”和闰土），分配角色，让他们分别熟悉自己所扮演角色的语言、动作、神态等，做好表演前的准备工作。角色扮演者需要做动作配合人物的语言表达，其他学生读背景文字。

3. 教师适当提出关于角色语言的个性化要求，营造氛围。

4. 活动开始，四个角色扮演者依次上台（或者分组合作）表演。

5. 学生互评，教师点评。

第十一节　课本剧活动设计

2016 年，教育部提出“将大力推进高雅艺术、传统戏曲进校园”的倡导。在这样的趋势之下，“戏曲进校园”这一活动就在全国各地如雨后春笋一般开展起来。中国传统戏曲是艺术与文化的载体，其具有的不仅仅是戏曲本身的“唱、念、做、打”等技术层级的价值，还包含了文学、历史、音乐、歌舞、武术等多元化的中华人文精髓，对丰富校园文化，提高审美情趣，增强民族自信力，促进戏曲传承和艺术创新有着重大意义。

课程标准指出，现代社会要求公民具备良好的人文素养和科学素养，具备创新精神、合作意识和开放的视野。顺应时代要求，立足于学校传统和学科优势，让语文课成为陪伴学生一生的风景，是每个语文教师义不容辞的责任。在语文课本中采用课堂剧的教学手段，把语言文学和综合艺术有机融合，激发学生学习的主动性，发挥学生的想象力和创造性，让学生在表演中提升审美鉴赏能力，提升表达沟通能力，提升语文素养。

一、课本剧与戏剧

课本剧是指把课文中叙事性的文章改编为剧本，以戏剧的形式进行表演的一种教学活动。在语文教学中，要大力倡导课本剧进课堂，提倡以课本剧为载体，提高语文教学的质量。课本剧作为语文教学改革在课堂中的表现形式之一，通过音乐、舞蹈、美术、表演等多门学科的有机配合来表现课文内容，体现课文主题，刻画人物形象。

近年来，语文教学中越来越多地运用到了课本剧的形式，改变了语文课堂的传统风格，让学生通过编排、表演课本剧完成语文教学的任务，或是让学生依据课文编写剧本在文艺汇演中演出。教师要想引导学生把课文中叙事性的文章改编为课本剧，必须要了解剧本的特点，根据其特点编排出符合要求的课本剧。

1. 戏剧的特点和课本剧的演出设计

戏剧是一种综合艺术，是文学、音乐、舞蹈、美术等各种艺术的综合体。它通过演员装扮角色，在舞台上表演故事情节，塑造生动的舞台艺术形象来反映社会生活，表达作者的思想感情，直接感染观众，发挥社会作用。具体特点如下：

第一，舞台性。舞台是戏剧的演出场所。古今中外的戏剧演出，一般都有供演员表演的舞台，既可以是露天剧场，又可以是室内剧场。舞台为戏剧表演提供场所，但舞台的空间是有限的，因此，戏剧中的生活场景与演员的表演都必须与舞台的空间和设备条件相适应。教师需要了解课本剧的舞台演出是在课堂上完成还是在课外完成。假如课本剧的舞台是教室，那么情节相对简单、人物较少的剧本可以让学生在讲台上表演，而情节相对复杂、人物众多的剧本可以把教室桌椅挪到墙边，空出教室。假如条件允许，教师可以在校园内开辟一块场地来带领学生开展表演活动。

第二，直观性。戏剧演出通过生动具体的舞台形象，直接感染观众而发生社会作用。它先是以演员的姿态、动作、对话、独白等表演，直接作用于观众的视觉和听觉；然后用化妆、服饰等手段进行人物塑造，使观众能直接观赏到剧中人物形象的外貌特征。同时，戏剧演出还常用布景、道具、灯光、音响等手段，在舞台上创造出具体的景物，直接展现出人物活动的具体环境，营造氛围。课本剧的舞台布置相对简单，根据剧情设计一些道具、头饰、服饰即可，主要依靠学生个性化的口语表达和肢体语言的配合运用。

第三，综合性。戏剧是一种综合性的艺术，其特点是与舞台上塑造具体艺术形象、向观众直接展现社会生活情景的需要相适应的。人物的化妆、服饰，以及舞台的布景，需要绘画、雕塑和其他工艺美术；人物的对话、独白、歌唱，按照语言音乐美的要求，应具有节奏感，某些表情、气氛也需要音乐来烘托；演员的姿态、动作，按照形体美的要求，应具有一定的表演性。特别是歌舞剧，需要以音乐、舞蹈为主，并与其他艺术相配合。我国的传统戏曲具有更大的综合性，它包含着文学、音乐、舞蹈、美术、武术、杂技等多种因素。

进入21世纪后，学校的现代化教学设施不断更新，教室里的多媒体设施基本可以为课本剧营造表演的氛围，音乐、画面、背景等元素都可以在网络上搜集。学生也可以运用生活中的废品，诸如纸皮、纸箱等，自己制作课本剧的背景。

2. 戏剧文学的特点和课本剧的改编

戏剧文学是供戏剧演出用的剧本。它是戏剧艺术的首要因素，也是舞台演出的依据。整个戏剧演出以剧本为基础，剧本必须适应戏剧演出的特点和需要。小学语文课本内容比较浅显，在改编过程中以保留课文原汁原味为主，突出主题，内容可以适当增添。

第一，高度集中地反映生活。戏剧受舞台时间、空间的限制，一出戏的演出时间一般为2小时左右，戏剧表演的空间有大有小。这种时空性决定了剧作家在创作剧本时，必须高度浓缩地反映生活，突出刻画主要人物，揭示现实生活的矛盾和冲突。因此，剧作家在考虑篇幅、人物、故事、场景时应尽可能做到集中、凝练，篇幅不宜过长，人物不宜过多，故事应单纯、生动，场景不宜变换频繁。

课本剧大多是改写，应选择适合话剧表演的课本，诸如叙事类课文中的童话、寓言、故事、叙事散文、小说，以刻画人物为主，着重语言刻画、动作刻画。考虑到演出时间和空间的要求，改编的剧本故事要情节相对简单，人物较少，场景方便设置。例如，《两小儿辩日》（部编版六年级下册）一文，通过两小儿争辩太阳在早晨和中午距离人们远近的问题，孔子不能判断谁是谁非的事情，体现了两小儿善于观察、说话有理有据和孔子实事求是的态度。这篇课文中人物角色有三个，场景有一个，非常适合做课本剧。

第二，强烈而富于表现力的戏剧冲突。“没有冲突就没有戏剧。”戏剧冲突是形成戏剧性的一个重要因素。戏剧文学必须把人物放在激烈的内心冲突和尖锐的社会冲突中进行表现，而戏剧冲突主要表现为人物的性格冲突。性格冲突既包括人物与人物之间的性格冲突，又包括人物各自的内心冲突。曹禺的《雷雨》（部编版二年级下册）既注意了人物之间的性格冲突（外部冲突），诸如周朴园与鲁侍萍、繁漪、鲁大海之间的矛盾冲突，又写出了人物内心的矛盾冲突（内部冲突），并将这二者有机结合起来，人物个性十分鲜明。

小学语文课文篇幅比较短小，故事情节相对简单，在改编过程中，需要注意处理矛盾和冲突。例如，《桥》（部编版六年级上册）是当代作家谈歌写的小小说，讲述了一位普通的老共产党员面对狂奔而来的洪水，以自己的威信和沉稳，果断地指挥，用自己的血肉之躯为村民们筑起了一座不朽的生命之桥的故事，表现了他无私无畏、不徇私情、英勇献身的精神。这篇课文的矛盾和冲突都非常强烈，既有人跟自然（洪水）的矛盾，又有人（党支部书记）与人（儿子和求生的村民）的矛盾。主要人物就是党支部书记和他儿子，场面是洪水中摇摇欲坠的大桥。在表演过程中，大桥可以由学生用肢体来搭建，狂风、洪水可以用薄布、薄纸片来搭建。

第三，台词有动作性、个性化。剧本语言包括台词和舞台说明两个方面。剧本语言主要是台词。台词就是剧中人物所说的话，包括对话、独白、旁白。独白是剧中人物独自抒发个人情感和愿望时说的话，旁白是剧中某个角色背着台上其他剧中人物从旁侧对观众说的话。剧本主要是通过台词推动情节发展，表现人物性格的。台词是体现人物内心活动的主要手段。戏剧语言要有动作性，反映人物的意图，并影响其他人物做出相应的反馈；还要反映出人物的个性，充分地表现人物的性格、身份和思想感情，要通俗自然、简练明确，既要口语化，又要适合舞台表演。

一出戏的关键是台词，所以在编写剧本时需要注意人物的对话、独白、旁白的个性化，要考虑人物的语言在年龄、性别、性格、审美情趣上的差异，最终学会理解文学作品中的语言对人物形象刻画的重要性。例如，寓言故事《陶罐和铁罐》说的是国王的宫里有陶罐和铁罐两个罐子，自视甚高的铁罐总是看不起陶罐，经常奚落陶罐，陶罐却总是谦卑地礼让。时光飞逝，王朝不复存在，宫殿也成了废墟，一天人们发现了成为古董的陶罐，而那个铁罐却找不到了，它已经氧化成锈蚀不堪的铁片了。这则寓言故事告诉人们，每个人都有长处和短处，要善于发现别人的长处，正视自己的短处，相互尊重，和睦相处。课文重在语言和神态描写，既可以将全篇课文设计成课本剧，又可以挑选个别片段来表演。在台词编写上，无须做太多更改，陶罐和铁罐的对话形成了鲜明的对比，一个谦虚，一个骄傲。台词简短明了，且富有个性。

二、小学语文课本剧的编写格式

以剧本《半截蜡烛》为例。

剧本标题：《半截蜡烛》。

剧本开头列出剧本名、时间、地点、人物。

时间：第二次世界大战期间

地点：法国，伯诺德夫人家中

人物：伯诺德夫人（法国的一位家庭妇女）、杰克（伯诺德夫人的儿子）、杰奎琳（伯诺德夫人的女儿）、三个德国军官（一个少校、两个中尉）

剧本情节构成：按时间先后顺序推进故事情节，主要由台词和舞台说明构成，括号里是舞台说明、动作、神态提示语言。

（1）故事开端：地下交通员把情报藏在蜡烛中，并交代儿女守住这个秘密。

（一个初冬的夜晚，屋外的风猛烈地吹着。伯诺德夫人家里，昏暗的光线，一张孤零零的长桌，坐在桌边的伯诺德夫人正小心翼翼地将一个金属管封在一小截蜡烛中）

伯诺德夫人：看来，只有这个地方是安全的，不至于被该死的德国佬发现。

杰奎琳：（一边天真地问）妈妈，这是什么啊？

伯诺德夫人：（面容严肃）这是一个非常重要的秘密，亲爱的，对谁也不能讲。

杰克：我知道，在下星期二米德叔叔来之前，我们得保证那东西完好无损。对吧？（有点儿得意地看了他的妹妹一眼）

杰奎琳：（嘟起了嘴）我当然也知道。米德叔叔最喜欢我了，今天他还给我带糖果来着。可是妈妈，米德叔叔为什么穿着德国佬的衣服呢？

（伯诺德夫人这时已经把那半截蜡烛插在一个烛台上，摆在最显眼的餐桌上）

伯诺德夫人：杰克、杰奎琳，有些事情以后给你们慢慢解释。现在你们两个要好好地记着，这支蜡烛是一个非常重要的东西。从现在开始，我们得为它的安全负责。为了有一天能把德国佬赶出去，我们得不惜代价守住它，懂吗？

杰克：（像个男子汉似的挺挺胸脯）放心吧，妈妈。

杰奎琳：（点点头）妈妈，我懂。我真讨厌德国佬。

伯诺德夫人：（凝视着烛台喃喃自语）不惜一切代价，包括我们的生命。

（2）故事情节的发展。

（过了不久，嘭嘭嘭，一阵粗暴的敲门声，三个德国军官例行检查来了，但奇怪的是，他们检查完了，却没有要走的意思，也许是因为外面的风太大了）

中尉甲：好黑的屋子，为什么不点蜡烛呢？（点燃了那个藏有秘密的蜡烛）

（一瞬间，伯诺德一家人的心揪紧了）

伯诺德夫人：（急忙取出一盏亮些的灯）太对不起了，先生们，忘了点灯。瞧，这盏灯亮些。可以把这个昏暗的小蜡烛熄了。（吹熄了蜡烛）

中尉甲：（不耐烦地）晚上这么黑，多点支蜡烛也好嘛。（又把那个快要烧到金属管的蜡烛点燃）这不更亮了一些，不是吗？

杰克：（若无其事地走到桌前，端起蜡台）天真冷。先生们，我去柴房抱些柴来生个火吧！

中尉乙：（厉声）难道你不用蜡烛就不行吗？（一把夺回烛台）

（杰克无奈地去柴房）

伯诺德夫人：（不动声色地慢慢说道）先生，要知道，柴房里很黑……

中尉乙：（瞥了她一眼，不满地）夫人，在自己家里，应该相信您的儿子有足够的能力应付那了如指掌的小柴房。难道他会从柴房里搬来一窝兔子吗？

（3）故事的结局。

（蜡烛越燃越短，杰奎琳打了个懒懒的哈欠，走到少校面前）

杰奎琳：司令官先生，天晚了，楼上黑，我可以拿一盏灯上楼睡觉吗？（她宝石般的眼睛在烛光下显得异常可爱）

少校：（看着她那粉嘟嘟的小脸蛋，笑了）当然可以，美丽的小天使。我也有一个像你这么大的女儿，和你一样可爱，她叫玛琳娜。

杰奎琳：（笑容像百合花一样纯洁）我觉得她一定非常想您，司令官先生。和您聊天真有趣，可是我实在太困了。

少校：那么，晚安。小姑娘。

杰奎琳：晚安，各位先生。晚安，妈妈。

伯诺德夫人：（温柔地）晚安，亲爱的。

（杰奎琳慢慢端着蜡烛走上楼去。在踏上最后一级楼梯时，蜡烛熄灭了）

三、小学语文课本剧的实施策略

精彩的话剧表演，一言一行、一颦一笑，都含言外之意，一举一动、一招一式，皆藏人生百态。

1. 选定角色，熟悉剧本

剧本编写好之后，教师要根据情节合理地选择演员，通常采取主动报名的形式，教师可以个别指定口语表达比较好的学生来担任主角。角色定好后，学生先一同阅读剧本，了解剧情全貌，口头复述角色台词，揣摩人物心理，再看看哪些地方拗口或者不符合要求，然后进行修改。

2. 彩排

组织排练时，教师要注意各个角色的协调配合、场景转换的流畅连贯。排练完之后，教师要组织小组成员进行讨论，相互交流看法，共同完善剧本。排练时，教师或其他小组成员可以观看、指导。

3. 课堂表演

正式演出时，教师或者教师指定某位学生有序地安排和指挥演员进场。

4. 总结评价

课本剧表演完毕，教师应组织学生对本次课本剧表演进行小结，小结可以采用学生自主性评价和他人评价相结合的方式。评价时，教师可以让学生谈表演时的感受，表达自己的独特体验，享受表演带来的幸福感与成就感，教师和其他学生可随时提出不同建议。

附录 课本剧案例

课本剧《两小儿辩日》

《两小儿辩日》是战国时期思想家列子创作的一则极具教育意义的寓言故事，讲的是孔子东游遇见两个小孩，他们在争辩太阳什么时候离人近，什么时候离人远，最终孔子也没能给出科学解释的故事。反映出中国古代的人们对自然现象的探求及其独立思考、大胆质疑、追求真理的可贵精神。全文通过对话的形式来表现人物，展开故事情节，人物语言极具个性化，人物形象栩栩如生。

[旁白：各位老师们、同学们，苏州市吴中区东山实验小学五（1）中队的课本剧表演者分别是刘官通、刘兴杰、张政、滕昕等。表演的题目是《两小儿辩日》。本文是一则寓言故事。文章叙述了古时候，两个小孩凭着自己的直觉，一个认为太阳在早晨离人近，另一个认为太阳在中午离人近，为此，双方各持一端，争执不下，就连孔子这样博学的人也不能做出判断。这则寓言故事说明为了认识自然、探求客观真理，要敢于独立思考、大胆质疑；也说明宇宙无限、知识无穷，再博学的人也会有不懂的知识，学习是无止境的。

孔子常说“知之为知之，不知为不知，是知也”，也就是说要谦虚、实在，不能不懂装懂。孔子还说过，看一个人要“听其言，观其行”，也就是说，根据这个人的所作所为去判断一个人，是否言行一致。那么，孔子是不是“知之为知之，不知为不知”呢？刚好，下面这一幕会解除我们的疑问。]

甲、乙：（两小儿上场）我对！我才对！

孔子：（孔子从西边上场，两小儿也迎了上去）你们在吵什么呀？

甲、乙：我们在争辩日头中午离我们近，还是早晨离我们近。

甲：我认为太阳出来时距离人近，而正午时距离人远。

乙：我认为太阳刚出来时离人远，而正午时离人近。

甲、乙：您是名闻天下的老先生，您的知识比我们丰富。您来评一评，我们俩到底谁说得对呢？

孔子：哦，那你们各有什么理由呢？

甲：您想，早晨的太阳大得像车上的篷盖一样，等到正午时就像个盘盂，这不是远处的小而近处的大吗？

乙：可是，太阳刚出来时清清凉凉的，等到正午时就热得像把手伸进热水里一样，这不是近的时候热而远的时候凉吗？

孔子：这，这，两位小学士，实不相瞒，老朽也不能断定你们俩到底谁说得对，谁说得错。恕老朽无知，愿拜两位为师。

甲、乙：笑，谁说您知道的事情多呢？

（孔子施礼）

甲、乙：不行，不行，要我们收徒，我们也不知道答案，怎么能做您的老师呢？您的学识渊博，我们应该拜您为师才对啊！（施礼，下场）孔子真是名不虚传，谦虚待人，实事求是啊！

孔子：（站在原地感叹）世人多以己为大，孰料小儿之睛更锐也乎！两小儿喜欢探索，精神可嘉啊！

[旁白：同学们，剧中两小儿喜欢探索，精神可嘉。两小儿认识事物的角度不同，结果自然就不一样。少先队员朋友们，老师常说，我们是最喜欢探究问题，寻求真谛的；看过课本剧《两小儿辩日》后，能否说出你的看法和理由呢？]

这个课本剧以文言文《两小儿辩日》为蓝本，突出了主题，人物语言没有保留文言文，改成口语化的现代文，符合文言文教学的要求。剧本的书写符合标准格式，主要由旁白和对白构成，旁白条理清晰，对白简洁有趣，人物个性鲜明。

课本剧《将相和》

《将相和》是根据司马迁《史记·廉颇蔺相如列传》改写的一篇历史故事，它以秦、赵两国的矛盾为背景，以蔺相如的活动为线索，通过“完璧归赵”“渑池之会”“负荆请罪”三个小故事的记叙，写出了将、相之间由和到不和再到和的过程。赞扬了蔺相如勇敢机智、不畏强暴的斗争精神，以及以国家利益为重，顾大局、识大体的政治远见，也赞扬了廉颇勇于改过的精神。

第一幕　众臣力荐蔺相如

[旁白：战国时候，秦国最强，常常进攻别的国家。有一回，赵王得了一件无价之宝，叫和氏璧。秦王知道了，就写一封信给赵王，说愿意拿十五座城换这块和氏璧。赵王接到了信非常着急，立即召集大臣来商议。

场景：赵国宫殿

人物：赵王、廉颇、左右随从]

赵王：传爱卿上朝！

左右随从：宣各位大臣上朝！

廉颇、左右随从：参见大王。

赵王：（拿着和氏璧，眉头紧锁）众位爱卿，秦王写信给朕，说愿意拿十五座城换这块和氏璧，这和氏璧乃无价之宝。众位爱卿说说，到底要不要换城池？

廉颇：大王，秦王向来阴险狡诈，他不过是想把和氏璧骗到手罢了，不能上他的当。

左随从：可是若不答应换和氏璧，秦王派兵前来进攻怎么办？

赵王：唉，这可如何是好？

右随从：大王，民间有位能人，名叫蔺相如，他勇敢机智，也许能解决这个难题。

赵王：哦？快把蔺相如找来。

左右随从：宣蔺相如上朝！

蔺相如：（上场，站在中间）参见大王。

赵王：免礼。你一定听说了秦王换和氏璧一事，不知你有何妙策？

蔺相如：（想了一会儿）大王，我愿意带着和氏璧到秦国去。如果秦王真的拿出十五座城来换，我就把和氏璧交给他；如果他不肯交出十五座城，我一定把和氏璧送回来。那时候，秦国理屈，就没有发兵的理由了。

赵王：只好如此了。

第二幕　完璧归赵

[场景：秦国宫殿

人物：秦王、蔺相如、左右随从

旁白：蔺相如到了秦国，进宫见了秦王，献上了和氏璧。]

秦王：（双手捧住和氏璧）这和氏璧太美了，真是无价之宝！

蔺相如：大王，关于那十五座城池……

秦王：别着急，慢慢来。

[旁白：蔺相如看这情形，就知道秦王没有拿城池换和氏璧的诚意。]

蔺相如：（上前一步）大王，这块和氏璧有点儿小毛病，让我指给您看。

秦王：是吗？你指给我看看。（把和氏璧交给了蔺相如）

蔺相如：（捧着和氏璧，往后退了几步，靠着柱子站定，理直气壮地）我看您并不想交付十五座城池。现在和氏璧在我手里，您要是强逼我，我的脑袋与和氏璧就一块儿撞碎在这柱子上！（举起和氏璧就要往柱子上撞）

秦王：（怕他真的把和氏璧撞碎了）慢着，一切都好商量，我现在就把十五座城池指给你看。

蔺相如：大王，这和氏璧是无价之宝，要举行个隆重的典礼，我才愿意交出来。

秦王：好吧，那就定在两日后的吉日举行典礼。退朝！

[旁白：蔺相如知道秦王丝毫没有拿城池换和氏璧的诚意，一回到客栈，就叫手下人乔装了一番，带着和氏璧抄小路先回赵国去了。到了举行典礼那一天……]

左随从：吉时已到，宣蔺相如上殿！

蔺相如：（大大方方地）和氏璧已经送回赵国去了。您如果有诚意的话，先把十五座城池交给我国，我国马上会派人把和氏璧送来，决不失信。不然，您杀了我也没有用，天下的人都知道秦国是从来不讲信用的！

秦王：（站起来，拍桌子）放肆！把蔺相如拖出去斩了！

右随从：大王，这蔺相如是赵国的使者，恐怕不能杀了他。您如果把他好好地送回赵国，还能增进与赵国之间的友谊。

秦王：这……来人！把蔺相如送回赵国！退朝！

[旁白：这就是“完璧归赵”的故事。蔺相如立了功，赵王封他做了上大夫。过了几年，秦王约赵王在渑池会见。]

第三幕　渑池之会

[场景：赵国宫殿

人物：赵王、蔺相如、廉颇、左右随从]

赵王：众位爱卿，这渑池之会，去吧，恐怕有危险；不去吧，又显得太胆怯。

蔺相如：大王，我认为对秦王不能示弱，还是去的好。我们可以让大将军廉颇带着军队送我们到边界上，做好抵御秦兵的准备，以确保万无一失。

赵王：那就按蔺相如说的做。退朝。

[旁白：赵王到了渑池，会见了秦王。

场景：渑池

人物：秦王、蔺相如、左右随从、赵王]

秦王：今天是一个好日子，听闻赵王精通音律，你就鼓一段瑟给本王听吧。来人，上琴！

赵王：好。（不好推辞，鼓了一段）

秦王：叫人记录下来，说在渑池之会上，赵王为秦王鼓瑟。

左随从：是。

蔺相如：（看秦王这样侮辱赵王，生气极了，拿着缶，走到秦王面前）秦王，请您为赵王击缶。

秦王：我堂堂一国之君，怎么能为别人击缶？

蔺相如：您现在离我只有五步远。您不答应，我就跟您拼了！

秦王：（被逼得没法）有话好好说，我敲，我敲。（敲了一下缶）

蔺相如：叫人记录下来，说在渑池之会上，秦王为赵王击缶。

右随从：是。

[旁白：秦王没占到便宜。他知道廉颇已经在边境上做好了准备，不敢拿赵王怎么样，只好让赵王回去。蔺相如在渑池之会上又立了功，赵王封他为上卿，职位比廉颇高。]

第四幕　将相和

［场景：廉颇家、路途中、蔺相如家

人物：廉颇、蔺相如、左右随从］

廉颇：（很不服气，面向左随从）我廉颇攻无不克，战无不胜，立下许多战功。他蔺相如有什么能耐，就靠一张嘴，反而爬到我头上去了。我碰见他，一定要让他下不来台！

右随从：（面向蔺相如）上卿，廉颇将军说，他碰见你，一定要让你下不了台！

蔺相如：你跟大王说，我病了，不上朝，免得跟廉颇见面。

右随从：好。

［旁白：有一天，蔺相如坐车出去。］

右随从：上卿，廉颇骑着高头大马朝我们过来了！

蔺相如：车夫！你快把车往回赶。

左随从：（看不顺眼了）上卿，你看见廉颇像老鼠见了猫似的，为什么要怕他呢！

蔺相如：诸位请想一想，廉将军和秦王比，谁厉害？

左右随从：当然是秦王厉害！

蔺相如：秦王我都不怕，还会怕廉将军吗？大家知道，秦王之所以不敢进攻我们赵国，就是因为有我们两个人在。如果我们俩闹不和，就会削弱赵国的力量，秦国必然乘机来打我们。我之所以避着廉将军，为的是我们赵国啊！

左右随从：上卿，您真高尚啊！

［旁白：廉颇听说了这件事。］

（廉颇脱下战袍，背着荆条，到蔺相如家请罪，下跪）

蔺相如：廉将军，你这是为何？

廉颇：蔺相如，我听了你对随从说的话之后，静下心来想了想，我觉得自己为了争一口气，就不顾国家的利益，真是不应该！

蔺相如：廉将军，大丈夫不拘小节，你又何必再为此事烦心！不如我们从此结为好友吧！

廉颇、蔺相如：（两人一同站为一排）将相和好结义气，试问哪国敢来欺！（鞠躬，下台）

这个剧本基本保留了课文的原貌，课文中的故事经过改编变成既独立又相互关联的四幕剧。教师可以根据教学需要选择一幕或者全剧来表演。每一幕的戏剧因素构成比较完备，有场景说明，有对白也有旁白。故事情节交代清楚，人物台词兼顾了人物的身份和个性，简练且富于动作性。

第十二节　课堂诗音画综合设计

2018年2月28日，随着中央电视台推出的大型诗词文化音乐节目《经典咏流传》的热播，清代诗人袁枚创作的小诗《苔》一夜爆红。在节目中，乡村支教老师梁俊和贵州乌蒙山区的孩子用宛如天籁一般的声音动情地演绎了《苔》。这首孤独了300年的小诗，一夜之间走进了亿万观众的心。梁俊说，他希望向儿童传递一种音乐旋律特有的美感，借此带领孩子们走进音乐与文中那充满诗意的世界。这个节目带给众多语文教师的应该是一种震撼，也是一种反思——原来语文课可以这样演绎！

课程标准指出，要拓宽语文学习和运用的领域，注重跨学科的学习和现代科技手段的运用。部编版小学语文教材从封面到课文，充斥着大量精美的插图，每一篇课文以图文的形式诠释着作者对自然、生命、社会的思考。语文课不应是独立的讲解语言文字，而应是语言艺术和其他艺术的融合。教师应以新课程标准为教学依据，把课堂教学与艺术有机地结合起来，在课堂上合理地渗透艺术气息，将资源进行有机结合，让孩子有目的、有品位地去体验，让语文教学更好地服务于小学生综合素养的提升。

一、小学语文教材里众多的文学作品是课堂诗音画综合设计的前提

除了为数不多的说明文和政论文之外，教材中大部分篇目都属于文学作品，即使是文言文，也以诗歌、散文、故事等文体形式出现。这些作品无一例外地通过语言来塑造文学形象，反映社会生活，表达思想感情，均属于文学作品。教师在教授这些课文时，不能仅仅把它们当作普通的文章，还需要从文学的角度，结合文学形象的特点引导学生去理解，提高学生的阅读能力和鉴赏能力。

文学是反映社会生活、表达思想感情的一种艺术，文学区别于其他艺术的主要特点，就在于它运用语言来塑造形象。文学的主要任务是塑造文学形象。文学形象是指文本中呈现的具体感性的、具有艺术概括性的、体现着作家审美理想的、有着审美价值的自然和人文的图画。文学以具有审美意义的形象反映生活，具有如下特点：

一是形象性。形象性是指艺术形象是个别的、具体的、生动感性的形式，如同生活中实际存在的人、事、景、物一样，以其光、色、声、形或运动态势直接作用于我们的感觉，显得真切而生动，使读者如见其人、如闻其声、如触其物、如历其境。

二是普遍概括性。文学形象能够传达丰富的内在意蕴，通过对特殊对象富有特征性的具体事物的描绘，以显示某种思想或者哲思。

三是情感性。文学形象能够表现、传达人的情感，以激发读者共鸣，促进情感交

流。如果说形象性是文学艺术的外在标志，那么情感性就是文学艺术的内在品格。一部优秀的文学作品，应该包含着作者丰富的个人情感，也包含着作者对社会、对人生的感受和评价。

四是审美性。文学形象作为审美信息的载体，可以通过读者这个接受者，反作用于社会，对人类改造客观世界和主观世界的实践活动产生直接或间接的影响，形成文学所特有的社会价值。

根据文学作品建构审美意象的不同方式，文学作品可分为三大类，即叙事类、抒情类、戏剧类。在小学课文中，叙事类的作品比较多，诸如叙事散文、小说、童话、寓言、故事等。

根据文学作品在意象建构、体裁结构、语言运用、表现方法等方面的不同，文学作品又可分为四大类，即诗歌、散文、小说、戏剧。

艺术的各个门类都有自身的独特性，但作为人类生活和情感的艺术再现或表现，它们又不乏相通之处。每个艺术门类都是一个开放的体系，只要具备一定的条件，它们就会从其他艺术中吸取营养，甚至同其他艺术结合起来并创造出新的艺术品种。这样既可以丰富和发展自己，又可以使整个艺术系统得到发展。这是艺术发展的一条客观规律。在人类社会发展的童年时代，诗、乐、舞是三位一体的，用于祭祀和欢庆。在封建社会早期，诗歌与音乐也有着密切联系。我国第一部诗歌总集《诗经》就是篇篇入乐的。早期的文学批评也看到了诗、乐、舞之间的内在联系。《毛诗序》曰："诗者，志之所之也。在心为志，发言为诗。情动于中而形于言，言之不足，故嗟叹之。嗟叹不足，故咏歌之。咏歌之不足，不知手之舞之足之蹈之也。"艺术在自身的发展过程中，不同的门类之间相互吸收、相互利用，甚至重新结合在一起成为一门新的艺术，这也是实践反复证明了的一条规律。例如，中国的戏曲既是文学和歌舞、说唱表演的结合，又吸收了美术的因素，可以说是一门综合性艺术。文学性质的歌词和音乐性质的曲调之间的结合就形成了歌曲，电影的表现手段与绘画的造型方式相结合就形成了动画片。

在新媒体时代下，随着时间的推移、时代的发展、科技的变迁，越来越多的传播方式和媒体形式不断涌现，多媒体将各种艺术捆绑在一起，使各种艺术正在突破原有的疆界，互相借鉴和吸取，融合在一起。

二、小学语文课文诗情画意的特性

1. 诗意语文

一般来说，将诗歌和语文联系在一起是因为教材里选入了大量的诗歌，既有古诗词和现代诗，又有大量的儿歌。其简短的诗句和明朗的节奏可以让学生沉浸在优美的诗意中，体验人生，体验生活。除了诗词之外，部编版小学语文教材里的课文多以讴歌真善美为主题，正如每一册教材的封面，都是一种有温度的橙红色，充满着诗情画意。这些课文都饱含着作者对生活的思考，对理想的追逐，对真善美的赞扬，对假恶丑的否定。

我国历来重视文学的教化作用，诗教更是我国古代教育的重要内容。《论语·阳货》中孔子对他的学生说："小子，何莫学夫《诗》?《诗》，可以兴，可以观，可以群，可以怨。迩之事父，远之事君。多识于鸟兽草木之名。"诗歌不仅可以用于政治活动，也可以用于日常生活。《论语·季氏篇》中孔子与儿子孔鲤有一段对话："学《诗》乎?"对曰："未也。""不学《诗》，无以言。"鲤退而学《诗》。历代教育家也十分重视诗教。以诗育人，对促进学生的德育、智育、美育等方面的全面发展，大有裨益。

2. 音律语文

音乐与文学之间有着密切的联系。与文学用语言塑造形象不同，音乐、舞蹈属于造型艺术，以音响或演员的形体动作和表情来塑造艺术形象。音乐作为抽象性的艺术，是演奏给人听的，也可令人在视觉中看到形象的画面。这是一幅用音符当色彩、旋律作线条所绘出的只能用听觉去观看的心灵之画。

音乐用旋律的高低起伏、音响的强弱来表现情感的起落。人生就像一首美妙的歌曲，总会有高亢与低沉的旋律，而这些旋律正如乐章中的插曲，或是几个跳跃的音符，随着乐曲的展开、呈现和深入，表达感情的起伏波动，给作品注入灵魂，表现出丰厚而深刻的内涵。文学也能展现作家喜怒哀乐的感情变化，并用语言文字来表达。小说中的一段叙述和描写的背后隐藏着不同程度的感情，诗歌中的每一句都是感情的抒发。感情的抒发直接跟节奏连在一起，通过节奏来表现作家内心的情感波动。节奏感可以带给诗词、散文等文学作品音乐般的美感，如：诗人表现平和细腻的感情时，采用比较舒缓的节奏；诗人表现奔放激昂的感情时，采用比较急促的节奏；诗人表现大起大落的感情时，则采用急缓相间、转换跳荡的节奏。

3. 画感语文

文学以语言符号描写世界，作用于人的想象，是语言的艺术。绘画、雕塑则用木、石、线条、色彩等物质材料和艺术手段，塑造出在空间中可以直接感触的艺术形象。由此构成二者的区别：绘画用的是"自然符号"，即形体和颜色，文学用的是"思想符号"，即语言。尽管如此，二者也有很紧密的联系。

中西方很早就认识到诗画有着密切关系。古希腊抒情诗人西蒙尼德斯曾说过："绘画是无声的诗，诗是有声的画。"我国北宋诗人苏轼在评论王维时说："味摩诘之诗，诗中有画，观摩诘之画，画中有诗。"所谓"诗中有画"，是说诗中有如画般的优美鲜明的形象；所谓“画中有诗”，是说画中富有诗意，韵味无穷。在我国古代，文人墨客常常在一幅意境幽远的绘画上，题上一首小诗，再加上几枚朱印，诗、书、画、印融为一体，可谓珠联璧合，构成艺术史上的独特样式。

三、小学语文课堂诗音画综合设计策略

优秀的文学作品正如一段优美的旋律，抒写着人生的乐章。部编版小学语文教材有一个非常明显的变化，即增加传统文化的篇目。从小学一年级开始就有古诗文，至小学六年级共选优秀古诗文 124 篇，占所有选篇的 30%，比原来的人教版多出 55 篇，增幅达 80%。古诗文韵律优美、寓意深刻，但对于理解能力尚浅的小学生而言，是有一定难度的。

如何让我们的语文课堂充满诗情画意，激发学生对理想和未来的畅想？针对学生想象力丰富、活泼大胆的性格特征，教师可以引导学生在“画、读、想、诵”中陶冶情操，并提高欣赏美的能力。

1. 读一读，读出浓浓的诗意美

好文章带给我们的是无限的诗意，作家用他手中的笔，勾画出人间美丽的画面，歌颂真善美。对于小学低年级的学生来说，反复的朗读是枯燥的，根本激不起他们的学习兴趣。在教学中，教师要结合学生的年龄和心理特点，以多种多样的朗读方法来帮助学生读通古诗，师生对读、肢体语言辅助读都是比较好的方法。例如，清代诗人高鼎的七言绝句《村居》（部编版二年级上册）：“草长莺飞二月天，拂堤杨柳醉春烟。儿童散学归来早，忙趁东风放纸鸢。”诗人先具体生动地描写了春天里的大自然，描绘了春日农村特有的明媚、迷人的景色，这里教师可以跟学生一问一答，自然诵读；接着写人物活动，描述了一群活泼的儿童在大好的春光里放风筝的生动情景，教师播放春日美景的视频做背景，与学生一起读，效果会比较好。通过节奏朗读，想象美好的乡村景象，体会美好的生活。

2. 唱一唱，吟唱文章的音乐美

为了很好地感受作家的情感，诵读和吟唱是比较好的方法。像儿歌、童谣这种颇有韵律的文学作品，诵读不仅能够帮助学生理解内容，更能够通过语音体会节奏和韵律的美感。在多种方式熟读成诵的基础上，让学生动用起眼、耳、鼻、舌、身去演一演、唱一唱也是非常好的一种方式。

例如，在教学李白《望庐山瀑布》（部编版二年级上册）时，教师先选择配乐吟诵，跟随明快的乐曲声吟诵，学生从中感受有山、有水、有彩云的美的景象、美的氛围，为学习这首诗做好情感铺垫。接着，教师在音乐声中介绍李白写这首诗的背景，学生在这样的氛围中深入学习这首诗，有利于学生对诗的理解。最后，在理解诗意的

基础上，教师加入配乐让学生练习吟诵这首诗，更能激发学生吟诵诗的积极性。古人云：“熟读唐诗三百首，不会作诗也会吟。”这里的“熟”就是强调反复吟诵的效果。

3. 想一想，想象画面的美

各种艺术对作品的意境塑造及想象空间的展开，都有着相同的要求。例如，音乐作为时间的艺术，以流动的旋律架构特定的曲式结构，在一个相对固定的时间段中呈现。在文学艺术中，也存在着时间性。当我们阅读文学作品时，在或长或短的时间里，作品的客观表达方式唤起了我们对作品意境的想象，我们进入一个由作者构建而成、由自己去体会的巨大的想象空间，从而达到对作品深刻的情感体验。

4. 画一画，画出空间感

语言文字是抽象的，图画是形象的文字，把二者揉在一起可使人们从形象和色调上感受到美。自古以来，诗不离画，画可赋诗，诗和画是和谐的统一体。如果能把诗中的语言还原成具体形象的画展现在学生面前，用“吟诗作画，以画讲诗”的方法去打开学生的心扉，化抽象的文字为具体可感的图画，那么给学生的感觉将是生动直观的。

例如，李白《望天门山》（部编版三年级上册）是一首画面简洁、空间感较强的七言绝句。从字面上理解诗句的含义不是很难，这首诗歌的理解难点是空间方位问题，当时诗人乘船从西往东，为何诗歌最后一句是“孤帆一片日边来”？教师通过反复朗读进行引导，再启发学生想象，让学生根据诗句画出图画，就能解决这个难题。

5. 演一演，体会作者的感受

在人类从愚昧走向文明的路途上，文学开启了人们对美好的追寻、对爱情的神往、对真理的探索、对智慧的渴求、对理想的渴望。中华经典诗词是德育的源头活水，它将“爱国守法、明礼诚信、团结友善、勤俭自强、敬业奉献”等中华民族的传统美德艺术化，以诗词曲赋的形式记录下来，其本身就包含着深刻的思想内涵和道德教育的内容。生活处处有诗意，例如，《搭石》一课中，“排搭石，任人走，任人踏，它联结着故乡的小路，也联结着乡亲们美好的情感”，体现了人与人之间的纯真感情。教学时，教师可以让学生试着演一演，体会同学之间相互关爱带来的快乐。又如，著名散文家朱自清写的脍炙人口的散文《匆匆》，细腻地刻画了时间流逝的踪迹，表达了作者对时光流逝的无奈和惋惜，启示每个人要学会珍惜时光，教师可以设计情节，让学生跟着课文一起去感受时光的流逝。

附录　课堂诗音画综合设计案例

一、课文呈现

《祖父的园子》（部编版五年级下册，课文略）。

二、课文解读

部编版小学语文五年级下册第一单元的主题是童年，语文要素有两个：一是体会课文表达的思想感情，二是把一件事的重点部分写具体。《祖父的园子》节选自现代著名女作家萧红的自传体小说《呼兰河传》，文章以清新、活泼的文笔为我们勾画了一个充满生机的祖父的园子。文章通过作者回忆自己儿时在祖父的园子里玩耍的一系列情景，表达了对祖父的园子的深深喜爱之情，更表达了对包容自己、爱护自己、给“我”自由的祖父的思念之情。正是因为祖父的慈爱，“我”才有那么一个无忧无虑、自由自在的童年。萧红骨子里的忧郁、对故乡无限怀恋的情思，流淌在呼兰河里。萧红的小说讲究把散文笔法、抒情诗手法、绘画技法引进小说创作中，在叙事记人中随时插入优美景物的描写，并在写景状物中融入深厚的情感。著名作家茅盾对《呼兰河传》的赞誉是“一篇叙事诗，一幅多彩的风土画，一串凄婉的歌谣”。

三、设计要点

（一）景

《祖父的园子》一文勾勒出了一幅色彩明丽、富有童话色彩的画，整篇课文画面感很强。课文第一自然段先描写园子里的动物，第三自然段运用叙述和描写相结合的手法写园子的过去和现在种植的树，第十三自然段则描绘了一幅流动的画：“我”看见黄瓜摘来吃，丢下黄瓜又去追蜻蜓，采倭瓜花，捉蚂蚱。随着作者的描述，一幅幅画面一一展现，画面随着作者的叙述自然转换。设计时，可以用彩笔勾画的形式把握整个画面，在理解课文的同时随文识字。

（二）人

文中从第三自然段开始写人——“我”和祖父。重在叙事，简写事件。记述了“我”跟着祖父在园中栽花、拔草、种白菜、铲地、浇水的情节。人物刻画只有神态描写和语言描写，在轻描淡写中写出了祖父对童年的“我”的呵护之情。

（三）情

本文节选自自传体小说《呼兰河传》，自传体小说是介于小说、散文和诗歌之间的边缘文体，以第一人称来叙述和描写，以清新、活泼的文笔为我们勾画了一个充满生机的祖父的园子。在绚丽多姿、亲情凝注的画面中，我们看到了五彩缤纷的昆虫、天真调皮的女孩、自由自在的庄稼，感受到了祖父的慈祥和宽容。祖父的园子给童年的“我”带来了无与伦比的快乐，这快乐丝丝缕缕，萦绕在文章的字里行间。

四、案例展示

【教学目标】

［知识与技能目标］

1. 理解课文内容，感受“我”在园子里充满乐趣、自由自在的生活，体会祖父的爱，初步感悟园子的精神意义。

2. 正确、流利、有感情地朗读课文。

3. 学会 8 个生字，理解由生字组成的词语。

4. 感受作者语言清新自然、率真稚拙之美，产生阅读作者其他作品的愿望。

[过程与方法目标]

通过朗读体会作品的语言特色，感受作家独特的感情表达方式；通过绘画的形式，了解作家怎样用恰当的语言描绘园子；通过表演的形式体会祖父对“我”的呵护，让“我”自由自在地成长，并度过愉快的童年生活。

[情感态度与价值观目标]

激发对自己童年生活的珍惜，对亲人的怀念。

【重点难点】

[重点]

体会“我”在园子里自由自在、快乐无忧的心情。

[难点]

学习作者留心观察生活，用心感受生活，真实地表达自己感想的写作手法。

【教学过程】

第一课时

环节一　认识作家，导入新课

1. 教师用课件展示呼兰河的风景图片、呼兰镇的图片、作家萧红的照片，在背景音乐中，教师用缓缓的语调介绍作者：

有一朵开在中国北方原野里的花，盛开在中国东北的农家院落里，她从来不用浇水，任着风吹，任着太阳晒，却越开越红，越开越旺盛。事实就是这样，在 20 世纪 30 年代的文坛，萧红就像是她笔下那北方庭院里的花儿们一样，鲜明而热烈地开放，泼辣辣地，不娇贵，不做作，自由自在地开在阳光下。无论她的生命中有多少逃亡与饥饿，无论她面对多少困苦与不幸，她都用她的笔写着她的字，大气的文字。看，她就是萧红。

2. 出示萧红的简介，介绍自传体小说《呼兰河传》，提示大家课后阅读全文。

[设计思路] 本篇课文安排在部编版小学语文五年级下册第一单元第二课，属于教读课，在旧教材中是自读课文。我们从中可看到编者对文学著作阅读的重视。设计的导入起到介绍作家和作品的作用，突出作家个性，帮助学生理解这篇课文的格调。

环节二　反复朗读，随文识字

1. 学生默读，同桌合作或者自学生字。

2. 教师在背景音乐中范读课文，提示思考：文中描绘了哪几幅画面？

3. 交流分享课文中重点描绘的画面，谈谈自己关注的画面，并谈谈理由。

［设计思路］这个环节是阅读环节，在阅读中把握作家是如何描绘“祖父的园子”的，依次描绘了哪几幅图，讨论、分享是为了完成课文单元任务，为下一环节做好铺垫。

环节三　根据课文内容绘制图画

1. 依据课文内容画一幅画，既可以是全景又可以选一小景，注意依据课文内容来构图。

2. 教师提示引导：注意构图空间（上、下、左、右）、空间内容（景、人、物）和画面颜色；绘画既可以用彩图又可以用简笔画；教师巡堂，予以指导。

3. 小组分享图画，用课文里匹配的相关词语介绍自己的画；学生之间互评。

4. 小组推荐代表上台汇报。

5. 教师进行点评。

［设计思路］这篇课文画面构图感非常强，使用的词语很精确，特别是前两个自然段。通过教师引导，学生学会把握课文中的动词、形容词，捕捉动态和静态景观，掌握语言文字和绘画的对应关系，提高学生描写景物的层次感。

环节四　配乐朗读，想象画面美

1. 朗读优美段落，想象画面美。

2. 在背景音乐下，全班朗读课文，再感受画面美。

3. 梳理画面，理解文章脉络。教师引导学生把一幅一幅学生画的画，按照课文发展脉络组合起来，梳理课文层次的同时理解作者写作时的情感变化。

课文是按照记忆中的园子（第 1—3 自然段），跟着祖父在园子里干活、玩耍（第 4—15 自然段），园中的一切都是活的，都是自由的（第 16—17 自然段），在园中玩累了，可以快乐地入梦（第 18—20 自然段）来组织段落的。

［设计思路］主要采用语言文字和绘画艺术相结合的方法来阅读和理解课文。人人参与，踊跃表现，读懂了才能绘画；而绘画的过程又能促进对课文内容的理解。朗读、绘画、想象能力的综合运用，是阅读方式的一种突破。

第二课时

环节一　词语填空，衔接新知

教师用课件展示课文中的新词汇，让学生将新词汇快速填入课文段落中，使其再次熟悉课文，衔接第一课时。

［设计思路］随文识字，熟悉课文，把握作家的思想感情。

环节二　数一数，唱一唱，连一连

1. 阅读课文，找一找，“我”在园子里做了哪些事情。

2. 将这些事情按照课文顺序连起来：戴草帽、摘花、拔草、平地、铲地、摘瓜、追蜻蜓、采瓜花、捉蚂蚱、绑蚂蚱、浇菜。

3. 尝试把这些事情用句子的形式唱一唱，并伴以动作，按组接龙。如：我是个……我爱……阳光下，我喜欢……

环节三　演一演，我是个好女孩

1. 分角色朗读第6—13自然段，要求按照原文进行对话。

2. 分组扮演祖父和“我”，要求有所创造，可以增加台词和动作。

3. 选派代表上台汇报。

4. 总结讨论：祖父是以何种方式爱“我”的？

[设计思路] 这样设计能够把课文中有点散漫的连续动作串联起来，重点表现“我”和祖父的对话，领会详写和略写的差别和效果，在熟悉课文的基础上逐渐去理解作者想要表达的思想感情，为后面揭示主题做好铺垫。在设计上，唱和演相结合，紧扣课文内容，学生参与度高。

环节四　再读课文最后五个自然段，寻找关键词，与作者产生共鸣

1. 自由读课文，找出能体现作者思想感情的词语。

2. 交流分享：不敢、健康、漂亮、逛、活、自由、愿意、随意、睡了。

3. 发现重复率最高的词“愿意”。

4. 交流课文中心思想：自由的“温暖与爱”是萧红“永久的憧憬与追求”。

5. 拓展延伸，深入作者内心深处。

[设计思路] 本环节是课文主题的探讨和延伸，选择抓关键词的方法，可以帮助学生理解这篇看起来既像散文又像小说的课文。

第十三节　教读课与自读课

阅读是收集信息、认识世界、发展思维、获得审美体验的重要途径。阅读教学是学生、教师、文本之间对话的过程。部编版小学语文教材将原来的精读篇目、略读篇目更名为教读课、自读课，以期改变当下教读、自读不分的现状，使原来忽视的自读课真正得到落实。学习型社会对每个人的知识学习、应用、迁移提出了更高、更全面的要求，而重视自读课，可以很好地响应时代需求，为时代发展培养、储备大批人才。

一、部编版小学语文教材的课型区分

1. 教读课与自读课构成阅读课的主要课型

部编版小学语文教材的改革思路是“守正创新，构建三位一体的语文教科书编写体系”。教材特别重视阅读教学，构建了从“教读课文”到“自读课文”再到“课外阅读”的三位一体的阅读体系。

教材中的教读课文，一般包括课文、生字词学习、练习及阅读拓展。从理解内容、运用词句、拓展实践等维度进行设计，兼顾实现三个方面的目标：一是体现本单元重点目标，落实本单元语文要素；二是体现本课特点的个性化学习目标，基于文本的特殊性，挖掘有教学价值的学习内容；三是落实本学段的基础性目标，完成本学段的基本任务。有的课文根据需要安排了“阅读链接”“资料袋”，提供与课文内容相似或语言形式相近的短小篇章或片段，由课文自然延伸，引导学生拓展阅读、对比阅读，扩宽学生的阅读视野。

教材从小学三年级开始安排自读课文，制定粗知文章大意的教学目标。自读课文的呈现方式与教读课文有所不同：不安排写字，不设课后练习，而是在文前安排“阅读提示”，提出需要学生思考的问题，或提出相关的学习建议。

在自读课文《不懂就要问》（部编版三年级上册）中，指出了自读课文的定位，提出了关于自读的具体建议：“自读课文可以读得粗略一些，了解课文大意就行”“如果有个别的字不认识、个别的词语不理解，也没有关系”，使学生明确自读课文与教读课文的不同，并初步了解自读这一阅读方法。

自读课文还有着另一个功能，即迁移运用在讲读课文中学到的方法。例如，《不懂就要问》的阅读提示——“把有新鲜感的词句画下来和同学交流”。自读课文可以体现本单元的学习重点，引导学生自主交流阅读体验，交流自己感到新鲜的、陌生的词句。学生只有在自读课中合理、适当地运用教读课上所学到的阅读方法和技巧，才能更大程度地理解和实践方法与策略，从而更好地提升语文学习的能力。

2. 教读课与自读课的功能区分

（1）教学目的不同。教读课又称“讲读课”，是指通过教师的“教”（讲授和引导），帮助学生学会阅读，并培养学生语文素养的一种语文课型。教读课注重教师的示范引领作用，教师是主导，学生是主体。教读课是日常语文教学涉及最多的课型，主要承担语文教材中“ 读、写、听、说”的任务。根据各学段的目标，具体考查学生在词句理解、文意把握、要点概括、内容探究、作品感受等方面的表现，重点评价学生对文本的综合理解能力，重视评价学生的情感体验和创造性的理解。

自读课文作为三位一体阅读体系中的一个重要部分，起着沟通和连接课内课外阅读的重要作用。自读课文的功能就是运用方法，实现知识迁移。它属于半独立阅读性质的课文，学生可以把在讲读课文中学到的语文基本功运用到自读课文的学习中。与此同时，自读课也起到衔接的作用，引导学生掌握阅读的方法，提高其课外阅读的能力。

（2）教学环节设置上存在差异。教读课的教学环节一般包括教师导入、学生初读文本、学生在教师的引导下对文本进行细读、品读、议读、归纳中心思想、知识拓展等环节。

自读课的教学环节突出自读，教师可以给出阅读要求，也可以完全放手，以培养学生探究性阅读和创造性阅读的能力为目标，提倡多角度的、有创意的阅读，突出阅读中的主体性与个性化，以拓展思维空间、注重知识拓展、积累阅读经验为目的。在自由阅读中，培养学生对书籍的爱好，激发他们对读书的兴趣，并产生主动的内在学习动机，以形成终身学习的思想。

（3）所选课文题材上有差别。部编版小学语文教材选文标准高，要求体现经典性、文质兼美、适宜教学、时代性的特点。自读课文作为教读课文的阅读辅助，是对学生阅读量的一个补充，选篇题材更广泛，内容更丰富，学生可以接触更多不同题材、不同主题的优秀篇目，积累阅读体验，开阔阅读视野，提升阅读速度，形成更加成熟、更加稳定的阅读习惯。

（4）课时安排上有差别。教读课文一般安排2—3个课时，自读课文一般安排1—2个课时。

二、部编版小学语文自读课的教学策略

部编版小学语文教材“双线组织单元结构”的编排模式，为自读课文和教读课文的关系梳理出一条明确线索，那就是围绕主题，提升素养，在一个单元内，螺旋式或者阶梯式提升学生的语文阅读效率。自读课不是学生在课堂上自由发挥，也不是一味地按照自己的思路去随意理解文本，而是在自己阅读课文的过程中，逐渐学会运用已有的方法和策略，处理阅读过程中的障碍并有所收获。

1. 与教读课配合，形成互进互补的关系

教师教学设计时必须考虑到整个单元内课文与课文之间的关系。以部编版小学语文三年级上册第四单元为例。本单元的双线安排是围绕“猜测与推想，使我们的阅读之旅充满了乐趣”。训练语文要素是“一边读一边预测，顺着故事情节去猜想。学习预测的一些基本方法。尝试续编故事”。这一单元由一篇教读课文和两篇自读课文组成。《总也倒不了的老屋》作为教读课文，教师要引导阅读，把握故事发展脉络，即老屋在倒下前依次帮助小猫、老母鸡、小蜘蛛渡过难关。训练学生根据故事里的内容凭借生

活经验和生活常识来预测情节的发展，不同的生活经验和生活常识会有不同的预测结果。后面的一篇自读课文《胡萝卜先生的长胡子》学生可以依据前面一课的阅读经验来自读，巩固故事预测的方法，并在习作中完成故事的编写。另一篇自读课文《不会叫的狗》则给出了三种预测结局，落实前面两课关于预测的方法，提高学生对故事情节前后逻辑关系的处理能力，从而顺利帮助学生完成习作《续写故事》。

2. 加强读法指导

课程标准强调要加强对阅读方法的指导，让学生逐步学会精读、略读和浏览。“书读百遍，其义自现”，阅读一般有浏览、略读、精读三种方法。“浏览法”是“看书看皮，读报看题”，可以看目录、读前言、阅后记、看要点，兴之所至，随意翻之。“略读法”是粗泛地读，对一般性的书籍可以采用此法。“精读法”要求“学示其训，句索其意，章求其旨”，对文中的精华部分要烂熟于心，该方法主要在阅读教学中培养。学生可以根据阅读要求，结合自己的读书兴趣，选择合适的阅读方法。

3. 培养阅读习惯

通过自读课，培养学生广泛的阅读兴趣，扩大其阅读面，增加其阅读量。自读课提倡少做题，多读书，好读书，读好书，读整本的书。教师应鼓励学生自主选择阅读材料，教会学生学会调整自己阅读时的注意力、意志力、自我控制力、阅读技巧积累等方面的习惯。例如，教师要辅导学生写好读书笔记，诸如摘抄名人警句、优美句段、自然科学知识等，为作文积累大量材料。又如，写一写小评论，评价书中的人物和事件，或美或丑，或善或恶，或真或伪，以提高学生对事物的认识能力和分析判断能力。

4. 提倡阅读教学的“1+x”

这是部编版小学语文教材针对阅读课采取的办法，即讲一篇课文，附加若干篇泛读或者课外阅读的文章，让学生自己读，学生读不懂也没关系，其目的是增加阅读量，改变全是精读精讲、处处指向写作的教学习惯。因此，一篇课文就可以带来几篇与之相关联的文章，学生阅读的范围也会随之扩大。

5. 鼓励学生以自读为契机，广泛查阅资料，学会在阅读中获取学习资料

学生的学习不应该单单是语文课本的知识学习，还应该在更广阔的天地中学习。现代社会已经进入网络时代。网络具有开放性、自主性、共享性等优势，是不可多得的学习资源。教师应当利用好这个优势，突破课本的局限，拓宽师生、学生之间的交流渠道，拓展学生的学习空间，引领学生在互联网这个广阔的天地里获取更多的资源和信息。

6. 开展各种阅读活动

与读书有关的活动非常多，诸如读书交流会、读书朗诵会、每周读书之星评选等，以及以读书为主题的黑板报、手抄报设计等。学生在线上线下、课内课外都可以自由交流图书信息、读书体会。

附录　自读课教学案例

一、课文呈现

《小岛》(部编版五年级上册，课文略)。

二、课文解读

自读课文《小岛》是一篇基于真实生活创作的短篇小说。通过这一单元前面几篇课文的学习，学生已经体会了不同时期、不同身份的人对国家和民族真挚的感情，同时也了解了中国从古至今所经历的一些辉煌与创伤。到了这一单元的尾声，选择《小岛》这篇以海防战士的生活和精神为描写对象的文章，是为了让学生认识到，有一群远离故土的海防战士，在艰苦的条件下，正日日夜夜地守卫着祖国的海疆，守护着宝贵的和平。新教材投入使用后，全国的小学生将从这篇动人的故事里感受到当代军人的爱国情怀和奉献精神，增强维护国家统一和国家主权安全的意识。

三、设计要点

(一) 紧扣单元主题和语文要素设计自读课教案

"为什么我的眼里常含泪水？因为我对这土地爱得深沉……"是这个单元的主题。语文要素是"结合资料，体会课文表达的思想感情。学习列提纲，分段叙述"。结合本课，主题是体会课文所表达的爱国情怀，从语文训练要素看，主要是划分课文层次，把握情节推进的节奏，并列出提纲。

(二) 查阅资料，走近作者

陆颖墨，江苏常州人，当代军旅作家。《小岛》讲述了鲜为人知的西南沙水兵故事，给学生带来一个全新的阅读视角，丰富了他们的精神生活。

这篇小说所描写的环境对学生来说有一定的陌生感，所以学生需要自主查阅我国海防战士的相关资料，结合南海特殊的地理位置和自然环境，深入地了解海防战士的生活现状，帮助学生理解课文中提到的战士在小岛上开垦的艰难，理解文章最后一个自然段中将军向小岛的方向行军礼的含义。

(三) 了解艺术创作的规律

了解作者如何深入生活积累素材，并在素材的基础上加工提炼生活素材创作作品。作家陆颖墨在《小岛》一书中，还专门撰文《遥远的海，小小的岛》，介绍课文的创作背景。原文如下：

1990 年，海军正在西沙建机场。领导让我去体验生活，写一个话剧，准备参加第六届全军文艺汇演。那时我刚过 26 岁，创作经验不多，之所以派我去，现在想来，我大学本科是学工程建设的，毕业后又是干这一行，体验生活容易进入情境。到海军机关六年多了，下基层是常事，舰艇部队、航空兵部队还有院校都去过。去西沙群岛这样遥远的地方还是第一次，我热情很高。海军的一位老作家杨肇林对我说：“你太年轻，不知道搞一台戏有多难，一般人不敢轻易碰的。中国有句老话，十年磨一戏。”他见我有些气馁，又鼓励我，军人嘛，既然接受任务就要努力去完成。同时他又提醒我，这次西沙之行是一次非常难得的机会，体验生活不要仅限于工程建设，应该做个有心人，关注到岛礁部队的方方面面。也许话剧不一定能搞成，但他相信我肯定会写出一批好的小说。

杨肇林老师这些话我听进去了，现在想来受益匪浅。我到了湛江等着出海。连着两个星期，因为海上风浪很大，一直没船去西沙群岛。临近元旦了，岛上快没有补给了，我们军舰必须顶风出航，部队问我风浪很大能不能去，我那时候对南海的风浪没什么概念，就说：“去呀，晕船有什么不能克服的呢？”

等上了军舰，到了外海，我一下子被巨大的风浪震住了。那是什么感觉？浪高五米，在洗漱间浪能从圆圆的舷窗里打进来，像只巨手要把人拖出去似的，人上了甲板就会被打进海里。不久，浪就更大了，在海面上像一座座蓝灰色的大山。军舰航行就像在爬一座座摇晃的山。我晕船，吐得一塌糊涂，上级机关的同志、军内外的科技工作者，还有采访的记者，都和我一样晕得一塌糊涂。有一个陆军的同志说，苏小明唱的《军港之夜》都是骗人的，什么“海浪把战舰轻轻地摇”，是死命地摇，都快要把人摇死了。十几个小时，人就这样在舰上被抛来抛去。我从三楼的船舱去二楼的卫生间时，在楼梯口发现一只老鼠，它眼睁睁地看着我，没有任何想跑的意思。我正纳闷，老鼠突然发出声音，天哪，它也晕船晕得呕吐了。老鼠在舰上是挺讨嫌的，经常咬坏东西，有时还咬坏电器，造成安全隐患。按说我应该一脚把它踹到海里，但此时我有了同病相怜之感。它的呕吐又勾起了我的肠胃不适，我赶紧捂着嘴奔进卫生间又吐了起来。

第二天，风浪小了，我特地去舰桥（也就是指挥驾驶室），才发现水兵们一人一个桶，也是吐得一塌糊涂。和我们不一样的是，他们已经吐习惯了，吐出胃液，吐出胆汁，脸蜡黄的，还继续在战位上操作。我这才知道每一次顶风破浪的航行，水兵们的身体消耗是巨大的！离开舰桥的时候，我看到许多海鸥跟在军舰后面飞，就问水兵：“这些海鸥在湛江不就跟着吗？怎么现在还跟着我们呢？”水兵说：“几百公里的航程上看不到一个岛屿，如果海鸥飞不动了跌到海里，就被淹死了，在远海它们必须跟着船飞行。”我内心一下被触动了：在海鸥都无法生存的海面上，我们的水兵战士，日复一日、年复一年地默默守望，无私奉献。航行二十多个小时后，军舰终于靠上了西沙群岛的军港。这时我看到许多探家回来的战士准备下船，除了各种行李以外，他们都带了一个大大的旅行包，里面装的好像是同一样东西。是大米？是面粉？都不太像。岸上有个来接站的水兵，喊着这边一个水兵的名字问："咱老家的土带来没有?"舰上的战士双臂举起旅行包，大声说："带来了!"一问才知道，这些都是其他小岛上守岛部队的水兵，他们从自己的老家带来了最好的土，有黑龙江的、山东的、四川的，还有宁夏的。他们告诉我，那些小岛上土很少，植物无法生长，大陆供应的蔬菜又很难保存，他们就自己建起了菜地。哦，我突然想起来，杨肇林老师特别嘱咐我，到基层要看两个地方，一个是厕所，一个是炊事班。厕所的卫生保持程度，很能看出这个部队的作风；而伙食的质量，直接关系到部队的战斗力，甚至有人说，一个炊事员顶半个指导员。他特别嘱咐我，在西沙群岛要关注战士们碗里的蔬菜。从自己的家乡往这背土，这让我大感意外。结束采访后，我本来计划坐军舰到海南再返回北京，突然接到通知，大概有十来天是台风期，航路断了。当知道走不了的时候，我感觉和大陆一下子隔断了，像被抛到了天边，孤零零地留在无边无际的大海中。这时，对祖国大陆的思念像潮水一样涌上心头。台风来的前夕，我坐在礁盘上，看着海面上的一道道白浪，思绪万千。这时我理解了，我们的战士为什么会把家乡的土带到遥远的小岛上去。也许此时他们也和我一样，坐在海边看着茫茫大海，但是那一片菜地，那泥土的芬芳能告诉他们，这是家乡的味道，这是祖国大陆的味道。

应该感谢那场台风，它把我暂时和祖国大陆隔断了，但是让我的情感和战士们紧紧连在一起了。

回到北京后，话剧写成了，也获了奖，话剧中也写了战士们吃菜困难的问题。同时，那段岛礁生活成就了我的许多作品，比如《潮声》《彼岸》，以及最近的《金钢》，当然还有《小岛》。

（四）把握小说创作特征

小说以"将军"为叙述人，讲述了登上小岛后的所见所闻，向读者展示了海防战士的日常生活，表现了海防战士热爱祖国、艰苦奋斗的无私奉献精神。小说刻画了与战士同甘共苦的将军形象，描写了树少、草少、土也很少的小岛环境，情节安排一波三折，很巧妙地展示了守卫海岛的战士高贵的品质。

四、案例展示

【教学目标】

[知识与技能目标]

自读课文解决生字问题，引导学生了解课文的主要情节，了解作者从什么角度刻画作品中的人物形象，体会作品中所表达的思想感情，提高阅读小说的能力。

[过程与方法目标]

在教师的引导下，掌握阅读小说的方法；通过课堂活动的开展，把握文中人物刻画的方法和环境描写对人物烘托和主题渲染所起的作用。

［情感态度与价值观目标］

激发学生对守卫海疆战士的崇敬之情。

【重点难点】

［重点］

把握小说在情节推进中揭示主题的方法；抓住语言特点，体会将军对待士兵一视同仁的高尚品质。

［难点］

细节描写的作用。

【教学过程】

环节一　展示南海，引出小岛

1. 分享课前学生所查的资料（作者、写作背景、相关文章、亲身经历等）。

2. 教师用图片和视频介绍中国南海。

3. 提示该作品的体裁为小说。结合小说三要素（人物、情节、环境）来阅读，思考作者怎样推进故事情节的，课文刻画了什么人物，描绘了什么环境。

［设计思路］自读课需要学生查阅相关资料，包括写作背景、作家生平、与课文有关的文章和资料等，为阅读做好准备。因此，课堂开始时先分享资料，再进入课题。涉及的小说体裁，需要教师引导，学生的阅读方向才能明确。

环节二　自由阅读，思维图列大纲

1. 自由阅读，查字典解决生字。

2. 画故事情节思维图，把握情节的推进。

开端：傍晚，将军上岛发现一片用礁石围成一圈，上面用油布遮挡着的菜地。

发展：将军改变行程——和战士们一起吃晚餐——发现菜地的秘密。

高潮：和战士们分享一碟小白菜。

结局：第二天清晨，将军离开小岛，向着那片绿色，也向着小岛，行了一个标准的军礼。

3. 分享阅读结果。由学生自己组织课堂分享会，谈这篇小说在情节结构安排上的好处，以及对按照时间顺序记叙对习作的借鉴意义。

［设计思路］本单元的训练任务是列大纲，针对这篇课文的特点，按照情节发展过程来列即可。

环节三　再阅读，深入探究

1. 教师提出探究问题。

（1）小说中的“将军”是怎样的一个人？文中怎样刻画他的？

（2）小说中有几处环境描写？

（3）文中的细节刻画在什么地方出现？有什么作用？

2. 再读课文。

3. 小组分享。

4. 课文预设。

（1）将军是一个爱护战士、与战士同甘共苦、关心军队建设的军人。小说将他放到环境背景中和情节推进中来刻画他的形象。从语言、动作、心理活动三个方面来展开细致的描写。

（2）环境描写出现在：开头“无边无际的大海上，有一座小岛，远远望去，像一片云在天边浮着。这里树少，草少，土也很少，却驻扎着一群海军士兵”；过程“才看清那儿用礁石围成一圈，上面用油布遮挡着。掀开油布一角，竟露出一片绿油油的菜地”“那一片油布已经翻开，露出了一大块菜地，那绿油油的一片，竟构成了一幅中国地图”和结尾“清晨，将军乘快艇离开了小岛。回望小岛，他看到那片绿色上面，一轮鲜红的太阳正在升起”。这些环境描写突出了海岛恶劣的自然条件，和人为制造的菜地构成形成鲜明的对比，表现了海防战士内心对祖国的热爱和自豪感。

（3）文中的细节描写有“将军觉得鼻子有些发酸，就别过脸去，刚好看见那盘小白菜”“将军弯腰细看：好家伙，小小一块菜地，菜的种类还挺多”“将军看到不少人的眼角有些晶亮，自己的鼻子又开始发酸，本来想说些什么，脑子乱了，只张了张嘴……”这些主要刻画了将军的神态和动作，增强了作品反映生活的真实性。

［设计思路］在这个环节中，精读课文，在设计上要求超越上一环节的略读，讨论分享题要围绕人物、情节、环境三方面开展。

环节四　探究作者思想感情，升华主题

全班齐读课文结尾：“清晨，将军乘快艇离开了小岛。回望小岛，他看到那片绿色上面，一轮鲜红的太阳正在升起。他向着太阳，向着那片绿色，也向着小岛，行了一个标准的军礼。”结尾的语句有双重含义：“小岛”是将军去过的小岛，也是无数小岛的缩影；绿色既指代那片菜地，也象征着新的希望；太阳既指代实际的太阳，也象征着战士们心中对祖国的感情。通过学习本篇课文，学生的爱国之情、报国之志被激发了出来。

［设计思路］本文结尾处突出了主题，有双重含义，教师应当适当点拨。

第三章 小学语文教案和说课稿的设计与书写

第一节 小学语文教案的设计与书写

教案是教师为顺利有效地开展教学活动，根据课程标准、教学大纲、教科书要求及学生的实际情况，以课时或课题为单位，对教学内容、教学步骤、教学方法等进行具体设计和安排的一种实用性教学文书。

一、小学语文教案的设计

（一）树立小学语文设计新理念

1. 立足于每一位学生的发展

（1）面向全体学生，尽量设计让每一个学生都能参与的学习活动；尊重每一位学生的差异性、自主性、独立性，让每一位学生都平等地享受高质量教育。

（2）着眼于学生的发展，学习有意义的内容，关注学生的全面、和谐发展，包括不同形式课堂作业的设计和不同形式学习方法的选择。

2. 实现三维目标的整合

（1）知识与技能目标：注重学习适应终身学习要求的基础知识和基本技能，特别是加强培养学习的能力、收集和处理信息的能力、获取新知识的能力、分析和解决问题的能力，以及与人交流和合作的能力。

（2）过程与方法目标：重视学生经历学习的过程，在自主、合作、探究式学习中发现、总结、掌握知识的规律与学习方法，注重形成性的过程评价。

（3）情感态度与价值观目标：以学生的发展为本，激发学生的学习兴趣和正确的学习态度，培养学生高尚的道德情操和健康的审美情趣，帮助学生形成正确的价值观和积极的人生观。

综上所述，三维目标各有侧重，相互渗透，融为一体，协调统一。

3. 树立教学方式的新理念

实现教学方式的多样化：接受性学习、探究性学习、自主性学习、参与性学习、体验性学习、合作性学习、实践性学习等多种方式相结合。

建立开放的学习观：主动性（激发兴趣，愉快参与）；独立性（创造机会，独立学习）；体验性（设计活动，人人参与）；问题性（设置问题，促进探索）。

4. 建立对话式的教学关系

教师在课堂中的角色：组织者、引领者、合作者、参与者、倾听者、欣赏者、鼓励者、促进者等。学生和文本关系的新定位：学生是文本的体验者、感受者、欣赏者、质疑者、拓展者、创造者，而不是文本的理解者、接纳者、盲从者。

（二）备课

备课是指教师在讲课前准备讲课内容。教师需根据学科课程标准的要求和本门课程的特点，结合学生的具体情况进行备课，选择合适的表达方法和教学顺序，以保证学生有效地学习，其具体的体现就是教案。备好课是上好课的前提，对教师而言，备好课可以加强教学的计划性和针对性，有利于教师充分发挥其主导作用。

1. 备课的前提

各门课程都是以教材为载体来展现的，备教材是备课的枢纽工程，其他课前准备都要围绕这个核心展开，而脱离了教材的教学活动不能称为教学活动，同时，不能准确把握教材内容的教学活动，也会导致教学内容产生科学性、思想性的偏差。因此，教师在备课过程中一定要全面、深刻、准确地分析和解读教材。

首先，熟读教材。解读教材是教师教学的必备环节。解读教材不仅要了解教材内容的选择、组织和呈现方式变革的含义，还要了解教材创作的深层逻辑。

教材包含两种意图：一是揭示文章主旨的作者意图，二是具有思想性和前瞻性的编者意图。教师既要把握作者的意图、理解写作背景，又要明白编者的意图，从当今时代主题的角度去理解文章。

教材是以定型化、规范化的形式把学科知识内容固定下来，尽管它在内容上包含着深刻的思想和丰富的智慧，但它在形式上是简单、直白的结论。一方面，教师要认同教材所阐述的情感态度与价值观，实现同构；另一方面，教师又要根据自己的风格，根据自己对学生的了解将教材进行还原、解读，重新建构，实现异构，产生超出预期的“增值效应”。这就要求教师在备课时，要避免只停留在对教材文本表面的结论和表述的理解上，要深入挖掘文本的深层价值来引导学生的思维潜入知识的发现和再发现的过程中去。例如，在语文教学中，教师在备课时，要能读透文本，与作者一起思考；要能理解作者的思路，把握住作者的思维过程。又如，在数学学科备课过程中，教师要把握好教材中省略了的思维过程，立足于教材，展开讲解。

其次，仔细研读教科书，参阅相关参考书。教科书是每个教师必备的工具，教师可以从中了解本篇课文的基本概况，以及一些与课文相关的分析和评论等。这样既可以对教师的课堂授课起一定的指导作用，又节约了教师查找资料的时间，还对教师理解课文内容提供了更多的视角。此外，教师还应当在钻研教科书的基础上广泛阅读相关的参考书，并精选材料来充实教学内容。

因为课本内容远远无法满足学生的求知欲，无法满足中考、高考对学生在知识深度、宽度上的要求，所以教师要在立足课本的基础上广纳信息来扩大学生的视野，以满足不同层次学生的需求。至于如何运用参考书，并发挥它的积极作用，这就得依靠每个使用者的正确使用了。新课程改革的重要任务之一，就是要转变学生的学习方式，倡导学生自主、合作、探究式学习，教师的施教方式也要随之改变，这样的学习必须依靠丰富的课程资源才能完成。过去那种只依靠教科书就能完成教学任务的做法，已不能适应新课程发展的需求。

2. 了解学生情况

学情是指学生在学习新知识之前已经具备的知识结构和学生在学习新知识时体现出来的个性差异。学情分析是教学目标设定的基础，是教学内容分析的依据，也是教学过程将教学设计用于实践的依据。备课的目的是促进学生的学，使学生在知识与技能、情感态度与价值观上得到发展。备课的关键是帮助学生更加轻松地理解、把握课程，要面向全体学生，突出学生的主体地位，尊重学生个体的差异性，注重素质教育。一切教学活动的出发点和立足点都是基于促进学生的发展，为学生的发展有备而教。因此，备课时把握好学情，预设好学生在学的时候可能出现的各类情况，是教师备课的重要组成部分。

教师先要考虑学生的年龄特征，熟悉学生身心发展特点；再要了解班级情况，如班风等；然后要了解每一个学生的特点，掌握他们的思想状况、知识基础、学习态度、学习习惯等。教师通过学情分析，了解学生已有的认知水平和能力基础，分析学生对课本内容的学习所需要的情感态度和学习方式有哪些准备，学生学习课本内容时可能遇到的困难和问题，在学习过程中可能采取的各种学习策略。这些均可为教师的教学设计提供真实可靠的依据。

3. 学习课程标准

课程标准是依据我国教育部颁发的《基础教育课程改革纲要（试行）》要求制定的，是国家针对基础教育相应课程制定的基本规范，也是国家管理和评价课程的基础。课程标准体现了我国素质教育的基本理念，着眼于未来国民素质的培养；课程标准明确了课程基本目标的价值取向，关注的是学生学习的过程与方法、情感态度与价值观；课程标准突破了学科中心，主张学生全面、健康、和谐、可持续地发展，为其终身发展打下了基础；课程标准注重学生的学，强调知识与技能的学习。

课程标准明确规定了实施建议，包括教学建议、评价建议、教材编写建议、课程资源开发与利用建议等，同时提供了典型案例，便于教师准确地理解课程标准，减少课程标准在实施过程中出现的明显偏差。

（三）教学目标的制定

教学目标是指教师在教学活动中所期待得到的学生的学习结果。它是教学活动的出发点和归宿点，是教学活动的指南，是教学活动的依据。从教学目标体系的分类层次上看，教学目标一般包括教学目的、学校教学目标、学科课程目标、单元教学目标、课时教学目标等多个层次。

1. 教学目标的领域

每门具体的学科目标都应包括三个方面的内容：

（1）知识与技能，即每门学科的基本知识和基本技能。

（2）过程与方法，即让学生了解学科知识形成的过程，“亲历”探究知识的过程，学会发现问题、思考问题、解决问题的方法，学会学习，形成创新精神和实践能力，等等。

（3）情感态度与价值观，即让学生形成积极的学习态度、健康向上的人生态度，具有科学精神和正确的世界观、人生观、价值观，并成为有社会责任感和使命感的社会公民，等等。

综上所述，知识与技能维度的目标立足于让学生学会，过程与方法维度的目标立足于让学生会学，情感态度与价值观维度的目标立足于让学生乐学。

2. 教学目标的表述（表3－1）

教学目标的表述是学生的学习结果，而不是教师对教学任务的完成情况，因此，其表述的主体是学生。教学目标的表述既要明确具体，又要有准确具体的行为动词。

表3－1　教学目标的表述

目标类型	目标层次	常用的行为动词
知识与技能	了解	说出、背诵、辨认、回忆、选出、举例、复述、描述、识别、会写、会画等
	理解	解释、说明、阐明、比较、分类、归纳、概述、概括、判断、区别、提供、猜测、估计、推断、收集、整理等
	应用	应用、使用、质疑、辩护、设计、解决、撰写、拟订、检验、计划、总结、推广、证明、评价等

续表

目标类型	目标层次	常用的行为动词
知识与技能	技能	模拟、重复、再现、例证、临摹、扩展、缩写等
	操作	完成、表现、制定、解决、拟订、安装、绘制、测量、尝试、试验等
	迁移	联系、转换、灵活运用、举一反三、触类旁通、调查、提取、修改等
过程与方法	体验	经历、感受、参加、参与、尝试、寻找、讨论、交流、合作、分享、参观、访问、考察、接触、探讨、沟通、组织、发现、探索、交换意见等
情感态度与价值观	反应	遵守、拒绝、认可、认同、承认、接受、同意、反对、愿意、欣赏、称赞、喜欢、讨厌、感兴趣、关心、关注、重视、采用、采纳、支持、尊重、爱护、珍惜、蔑视、怀疑、摒弃、抵制、克服、拥护、帮助等
	领悟	形成、养成、具有、热爱、树立、建立、坚持、保持、确立、追求、品位等

3. 三维目标的实现

三维目标是一个问题的三个方面，而不是独立的三个目标。三维目标是相互联系、相互渗透的整体，是一个完整的人在学习活动中实现素质建构的三个侧面。因此，课堂教学应该全面关注三维目标，并将它整合于统一的教学活动之中。

（1）在学习的过程中实现三维目标。当今的课堂教学应当成为学生自主、合作、探究学习的天地，自主、合作、探究三者之间相辅相成，有机结合。自主、合作、探究的学习方式都是以学生为中心，使学生成为学习和发展的主体。学生采取这样的学习方式，在学习的过程中有情感的投入，能获得有效的情感体验，有利于学生良好的价值观的形成。同时也发展了学生的能力，有利于学生进行知识积累和梳理。

（2）在指导的过程中实现三维目标。新课程标准是以学生的学为基础提出来的，淡化了教师的主导地位。但是，在课堂教学过程中，教师的指导仍然起着至关重要的作用，这种作用是通过学生的主体地位的确立和学生自主、合作、探究学习的效果体现出来的。教师应当积极地指导学生的学习过程，采取适当的学习方法。同时，教师应当成为学生学习的合作者，主动积极地参与学生的学习过程，予以指导。

（3）在实践的过程中实现三维目标。学生的实践过程包括识字写字、阅读、写作、口语交际、收集和处理信息、绘图、计算、测量、制作等实践活动。教师要注意重视学生的实践活动，在实践活动中培养学生的实践能力。由于学生的实践活动都是在自主、合作、探究学习的过程中实现的，因此这一过程是学生掌握知识、培养能力的有效途径，是学生的情感得到体验和升华的正确渠道。

（4）利用课程资源实现三维目标。课程资源包括课堂教学资源和非课堂教学资源。课堂教学资源是按照新课程标准、三维目标的要求来配置的。非课堂教学资源包括图书、报纸、刊物、电视、电影、网络环境、校园文化、社区风俗、文物古迹、自然景观、人文精神、国内外大事、学生的家庭生活和日常生活等。教师在引导学生开发和利用这些资源的时候，要指导学生采用适当的学习方式，注意个人的情感体验，以获得知识和能力的发展。

（5）在教学的过程中实现三维目标。首先，在教学的过程中，教师要尊重学生的人格，学会赞赏学生，帮助学生培养学习的兴趣，增强学生选择的能力和履行职责的能力，使学生有能力选择学习的内容和学习方法，并能完成独立学习和合作学习中的任务。教学要与学生的生活世界相联系，拨动学生的心弦，使学生的主体地位得到彰显。

其次，在教学的过程中，教师要尊重学生的个性差异。学生是千差万别的学习主体，在具体的学习内容、学习过程、学习场景、学习范畴中，在个人的情感体验上，也是各不相同的。教师要充分尊重学生的这种差异，并注意保护和开发学生独特的个人情感体验，让个性化的情感体验在学生的学习过程中、在教师的指导过程中得到丰富和发展。

4. 在教学的过程中，要兼顾目标任务的多样化

对每个学生来讲，他们各自的知识结构、人生经历、生活阅历、情感倾向、个性特色、学习习惯、学习方法等都存在差异。这些差异或直接或间接地影响到学生学习的效果。因此，教师要尽量让课堂教学中要求学生达到的目标任务多样化，让基础不同的学生都能达到适合自身发展需要的目标要求。

（四）教学重难点的确定

教师在处理教学内容时，要确定教学重难点。这就要求教师在教学过程中，分清主次，区别轻重，突出重点，解决难点。

1. 教学重点

教学重点是指学生必须掌握的基础知识与基本技能，又称学科教学的核心知识。确定教学重点的依据有以下几个方面：

首先，只有明确了这节课的完整知识体系框架和教学目标，并把课程标准、教材整合起来，才能科学地确定教学重点。

其次，结合教学内容。教师不仅要深入钻研教材，弄清整教材内容的内在联系，对所教授的内容做深入地剖析，理出知识的层次与联系，还要找出已学知识和后续知识与这些内容的联系，只有这样才能确定好教学重点。

最后，结合学生实际生活。教师不仅要立足于教材，还要结合知识内容的时代性、现实性、教育意义来确定该内容是否可以作为教学重点。

2. 教学难点

教学难点是指学生不易理解的知识，或不易掌握的技能技巧。通俗地说，教学难点就是新内容与学生已有的认知水平之间存在较大落差的知识。教学难点的确立依据有以下几个方面：

首先，教材的难度。教材本身从内容、形式到语言都有难易之分。抽象的、宏观的内容，难度较大；具体的、与学生生活联系紧密的，难度较小。其形式既有单一的，又有复杂的。其语言既有艰深晦涩的，又有简单易懂的。

其次，学生的知识基础和接受能力。基础扎实、知识面广的学生，解决问题就容易一些；反之，就难一些。教学难点与学生的禀赋也有关系，反应敏捷的学生，解决问题就快些；反应稍慢的学生，解决问题就慢一些。

最后，教师备课时要根据教材特点和学生情况，对可能出现的教学难点做出判断，并采取有效的措施。教师只有科学地了解学生，预见学生在接受新知识时可能出现的困难和产生的问题，才能对症下药。

3. 教学重难点的突破

课堂教学过程是为了实现教学目标而展开的，确定教学重难点是为了进一步明确教学目标，以便在教学过程中突出重点，突破难点，更好地为实现教学目标服务。

（1）突出教学重点。首先，详略得当，重点讲解。在突出教学重点上要舍得花时间、花精力。为此，在备课时，教师要合理安排教学重点和非教学重点内容的教学时间，采用适当的教学方法，对教学重点内容进行深入浅出的讲解，力求讲深讲透，使教学重点在学生的头脑中留下深刻的印象。在备课时，教师还要备好教学方法，特别是要重视启发式教学方法的应用，引导学生在教学重点上进行思考、讨论和探索。

其次，板书条理清楚。板书要根据教学重点来设计，可以采用图文结合这种直观的方式去突出教学重点，可以针对教学重点内容设计插图或表格；可以详细地板书教学重点内容；还可以用彩色粉笔板书教学重点内容的讲授提纲和要点。

最后，采用练习应用法。练习应用法是指利用实践应用这类方式去突出重点。例如，针对教学重点布置复习思考题、练习题和作业；上练习课和复习课等。这类方式方法既有利于复习巩固基础知识，也有利于训练和掌握基本技能。

（2）突破教学难点。首先，详略得当，重点讲解。与突出教学重点一样，突破教学难点也需要花费足够的时间和精力重点讲解。同时，放慢速度，加深记忆。在讲解教学难点内容时，教师应放慢讲解速度和教学进度，让学生有充分思考的余地，使其边听边思考边记忆边吸收。

其次，采用直观教学法。对于由于学生感到知识抽象和难以理解而产生的教学难点，教师可以采用加强直观教学、补充感性知识和经验这种方法加以突破。直观性教学手段，除了生动形象的语言以外，还包括具体的实物、教具、模型、图片、图表、音像资料等。

再次，采用分解难点法。对于由于教学内容复杂而使教师难以讲清楚或学生难以理解的教学难点，教师可以采用分解难点、各个击破的方式加以突破。它要求将一个大的教学难点分解为若干个小的教学难点，然后采用适当的方式逐个突破，从而达到突破整个大的教学难点的目的。

最后，采用实践应用法。实践应用法主要包括上习题课、上复习课等方式。配以适量的精选练习题，对学生进行基础知识实际应用的训练，再加上教师及时、具体的现场指导，有利于调动师生的主动性和积极性，易于突破教学难点。

（五）教学方法的选择

教学方法是教师和学生为了实现共同的教学目标，完成共同的教学任务，在教学过程中运用的方式与手段的总称。教学方法既是一种战术，也是一种战略。在教学中，教学方法是否恰当既影响教学目标的达成，又影响学生主观能动性的发挥。教师课堂教学方法选择恰当，教学效果事半功倍；教学方法选择不恰当，则教学效果事倍功半，或事与愿违。因此，选择正确的教学方法对教学效果来说无疑是重要的一环。

1. 选择教学方法需考虑的因素

教学方法的选用必须以教学目标为轴心，综合考虑各种因素的制约，只有这样才能发挥课堂教学的整体效果。主要因素有教学目标、教学内容的特点、教师自身特点、学生的年龄特征和知识水平、学校的设备条件、教学时间等。

2. 选择教学方法依据的原则

（1）教学方法能否有效地促进教学目的的实现。

（2）教学方法能否促进学习任务的完成。

（3）教学方法能否促进学生思维能力和创造能力的发展。

（4）教学方法能否激发学生参与课堂的积极性。

3. 常用的教学方法（详见第一章）

（六）教学设计

一般来说，教学设计是教学活动实施的前期准备，许多教师把这个过程称为备课，但是教学设计和传统的备课从内涵到过程都有所不同。

教学设计是解决教学问题的系统化过程。它是运用系统方法分析教学问题，确定教学目标，建立解决教学问题的策略方案、试行解决方案、评价试行结果和对方案进行修改的过程。教学设计以学习理论、教学理论、系统理论、传播理论为基础，其根本目的是获得解决教学问题的方法和策略，以促进学生的学习和发展。教学设计也是一个问题解决的过程，根据教学中问题范围、大小的不同，教学设计也相应地具有不同的层次，大致可以分为面向教师“教”的传统教学设计、建构主义环境下的教学设计、“学教并重”的教学设计三类。

1. 传统教学设计

此类设计主要面向教师的教学，通常包括以下几个环节：

（1）教学目标分析——确定教学内容及知识点顺序。

（2）学习者特征分析——确定教学起点，以便因材施教。

（3）在上述分析的基础上，确定教学方法、策略。

（4）在上述分析的基础上，选择教学媒体。

（5）进行因材施教，并在教学过程中做形成性评价。

（6）根据形成性评价得到的反馈对教学内容与教学方法、策略加以调整。

传统教学设计通常也称“以教为中心”的教学设计，主要面向教师的“教”，其主要内容是研究如何帮助教师把课备好、教好，其教育思想倾向于以教师为中心。按这样的理论和方法设计出来的教学有利于教师主导作用的发挥，有利于教师对整个教学活动进程的监控，有利于系统科学知识的传授，有利于教学目标的完成，也有利于学生全面打好各学科知识基础；不足之处是，由于长期“重教轻学”，忽视学生的自主学习、自主探究，容易造成学生对教师、对书本、对权威的迷信，且缺乏发散思维、批判思维和想象力。

2. 建构主义环境下的教学设计

此设计是为了促进学生自主地学习，设计过程一般包括以下几个环节：

（1）情境创设——创设有利于学生自主建构知识意义的情境。

（2）信息资源提供——提供与当前学习主题相关的信息资源（教学资源），以促进学生的自主建构。

（3）自主学习策略设计——自主学习策略是引导学生自主学习、自主建构的内在因素，其作用是为了调动学生学习的主动性、积极性，以达到自主建构的目标。

（4）组织协作学习——通过协作交流、思想碰撞、取长补短，深化学生建构知识的意义。

（5）组织与指导自主发现、自主探究——通过解决实际问题的发现式学习与研究性学习，进一步培养学生的创新精神与实践能力。

建构主义环境下的教学设计，也称“以学为中心”的教学设计，其教育思想倾向于以学生为中心。特别强调学习者的自主建构、自主探究、自主发现，这无疑对学生的创新精神与创新能力的培养是大有裨益的。其不足之处在于，忽视教学目标的分析，忽视教师主导作用的发挥。

3. 教与学并重的教学设计

在建构主义环境下，教学设计应兼取教与学二者之长，并弃其之短，既突出学生的主体地位，又重视教师的主导作用。其设计过程主要包括以下几个环节：

（1）教学目标分析——确定教学内容及知识点顺序。

（2）学习者特征分析——确定教学起点，以便因材施教。

（3）教学策略的选择与活动设计。

（4）学习情境设计。

（5）教学媒体选择与教学资源的设计。

（6）在教学过程中做形成性评价，并根据评价反馈对内容与策略进行调整。

环节（3）中已涵盖建构主义的自主学习、协作学习、自主探究等策略的设计。环节（4）和环节（5）中则包括情境创设和资源提供的要求。

近年来，随着“混合学习”的新概念逐渐被国际教育学界所接受，越来越多的教师认识到“以学为主”的教学设计有自己的突出优点（有利于促进学生自主探究和创新精神的培养），但也有自身的缺陷（不利于系统科学知识的推广与普及）；而“以教为主”的教学设计恰好与之相反。若能将二者有机结合，正好可以优势互补。教与学并重的教学设计，既可以充分体现学生的主体地位，又可以充分发挥教师的主导作用。这不仅对学生的知识技能与创新能力的训练有利，还对学生的情感与价值观的培养大有裨益。

（七）教学媒体的选择与应用

教学媒体既是教育信息的载体、基本的学习资源，又是教学系统的主要组成要素之一，是教学内容的表现形式，是师生之间传递信息的工具，也是现代教育的重要标志。

1. 教学媒体的种类

（1）光学投影教学媒体，包括幻灯机和幻灯片、投影机和投影片、电影机和电影片等。这类媒体主要通过光学投影，把小的透明或不透明的图片、标本、实物投射到银幕上，呈现出教师所需的教学信息，包括静止图像和活动图像。

（2）电声教学媒体，包括电唱机、扩音机、收音机、语音实验室及唱片、磁带等。它将教学信息以声音的形式储存、播放、传送。

（3）电视教学媒体，包括电视机、录放像机、影碟机、录像带、视盘、学校闭路电视系统、微格教学训练系统等。它的主要特点是储存与传送的是活动的图像和声音信息。

（4）计算机教学媒体，包括计算机、计算机课件等。它能在各种教学活动中实现文字、图表、图像、活动图像等教学信息的储存与传送，与学习者相互作用，并开展有效的教学活动。计算机教学媒体联网后可以实现基于网络的远距离教学，可以开展基于网络的协作学习、研究性学习等教学模式。

2. 教学多媒体的应用

随着现代科技的飞速发展，多媒体这一新的科技手段正以一日千里的速度渗透到教育领域。这一新技术在呈现教学内容、创设教学情境、调动学生多种感官功能方面，有其独到的作用。

教育现代化不仅仅是教学手段的革新，更重要的是教学观念的更新。假如教师在授课中不顾实际，任意拔高多媒体技术在课堂教学中的地位和作用，或过分依赖多媒体技术，势必会带来一些负面影响。多媒体技术辅助教学对教师素质提出了更高的要求，教师只有通过不断的学习，掌握多媒体技术，并在研究教材、研究学生的基础上，亲自设计、编写课件，在掌握计算机基本操作技术的同时，掌握多媒体课件的编写、制作技术，将现代教育技术有机地融入自己的教学之中，才能不断提升教学质量和优化教学效果。

（八）教学板书的设计

教学板书是教师在教学过程中，根据教学的需要，配合语言、多媒体技术等，运用文字、符号、图表向学生传播信息的教学行为方式。教学板书是教师必备的基本教学技能。作为教学的一种辅助手段，教学板书与教师的口头讲述相辅相成。即使在电化教学方兴未艾的今天，在课堂教学中，教学板书也不可能被投影仪等设备完全取代，它在教学中的重要性是毋庸置疑的。在教学中，教师既要充分发挥现代电教手段的作用，又要充分发挥教学板书的作用，让学生手、眼、耳、脑并用，充分提高教学效率。

教学板书一般表现为板书、板演、板画三种形式。板书是指教师写在黑板上的文字。板演是指教师在黑板上推导公式、演算例题等。板画是指教师在黑板上画的各种图形、符号和表格等。

1. 板书的作用

（1）强化直观形象，激发学习兴趣。在教学中，板书由于利用了文字、符号、图像的组合，在呈现时间、颜色差异等方面有独特的吸引力，容易激发学生的好奇心。

（2）突出课文的重点和难点。好的板书，能揭示课堂学习的思路，突出教学重点，剖析教学难点，对教师的讲解起到画龙点睛的作用。学生可以通过板书轻松地掌握教学的重点，把握教学的难点。

（3）揭示思路，有利于学生理解和记忆。板书准确地反映了教材中部分与部分之间、部分与整体之间的关系，学生把握了板书，实际上也就把握了教材的整体框架。教师将重点内容板书在黑板上，并将其驻留在学生的视觉中，达到再现、重复、巩固的目的。这对于学生理解和把握教材是十分有益的。

（4）提高教学效率，节省教学时间。板书运用简要的文字或图像等形式呈现教学内容，在很大程度上代替了烦冗的语言说明，从而简化了教学过程。

2. 板书设计原则（详见第二章）

3. 常用的板书形式（详见第二章）

（九）布置作业

1. 布置作业的原则

课程教学要完成教学目标，包括课堂内和课堂外的教学目标。教师布置作业的目的在于帮助学生巩固、消化所学的知识，并使知识转化为技能技巧，同时，作业也是体现教师教学效果的重要手段之一。教师布置作业、批改作业是检查教学效果、发现问题、提高教学质量的重要手段。布置作业是教学工作中必不可少的组成部分，包括课内作业和课外作业的布置。作业的布置需要遵循以下原则：

（1）目的性。教师布置的作业，既要符合课程标准的要求，又要有助于学生巩固所学的基础知识，同时还要有助于发展学生的智力，有助于落实“三维目标”。

（2）针对性。教师布置的作业，要注意精选具有典型性和代表性的练习题，使学生可以举一反三，触类旁通，不搞题海战术。教材内的习题和各种课外资料中的习题不要一味地、不加分析地让学生全做。在设计作业时，教师必须确保一题对应一个教学目的，一项对准一个训练点，控制作业的总量。

（3）明确性。在布置作业时，教师要对学生提出明确的要求，诸如卷面整洁、书写工整、留有空地、审题认真、步骤明确、绘图清晰、按时完成等。这些好的习惯是学生通过完成平时的作业不断养成的。它有助于学生在今后的系列考试中，上交一份令人满意的答卷。

（4）延展性。课本的内容虽然丰富，但是知识毕竟有限。因此，课内必须与课外相结合，让学生在课外通过丰富多彩的作业形式，巩固、应用、深化所学的知识，从而培养学生的学习能力。例如，读了课文《赵州桥》后，教师让学生去找一找我国一些古老的桥梁，比较它们与赵州桥的相似之处和不同之处，同时也可以让学生找一找与现代城市的立交桥有关的资料，这样，学生不仅可以了解古代桥梁的建筑特点，也可以知道现代桥梁的先进性、多用性、科技性。这样的作业不仅拓宽了学生的知识面，也为学生提供了一种有效的学习方法。

教师布置作业之后，要对其进行批改，以了解学生知识掌握的情况。教师应该特别关注那些中等或中等以下的学生完成作业的情况，要多指导他们完成作业的方法，帮助他们分析解题错误的原因，从而提高其完成作业的质量和效率。

（5）趣味性。兴趣是最好的老师，兴趣能激发学生的学习动机，有趣的作业不仅可以激发学生的好奇心，提高学生学习的积极性，还可以培养学生思维的灵活性、敏捷性。学生应摈除单一地抄写和背诵作业，从“作业就是负担”的心理解脱出来，在趣味作业中体验学习的乐趣，享受成功的喜悦，并以愉快的心情完成每次作业。例如，在学生学完一些情节性很强的课文后，教师可布置表演性作业，让学生自编自演，也可以把经典课本剧搬上舞台。

（6）开放性。新课程要求大部分作业应突出开放性和探究性，学生解答问题时要有一定的思考和实践。例如，阅读课的作业，教师可以要求学生借阅一些图文并茂、幽默诙谐的趣味读物，便于学生在轻松、愉快的阅读中得到提高。

（7）合作性。学生的作业没有必要独立完成，而是可以依靠相互合作来完成。例如，生生之间、师生之间互相合作，子女与父母共同阅读。这样学生不但能感受到老师、家长的关怀，还能更加热爱学习。

2. 布置作业的要求

（1）提倡多样化。作业不以机械训练为主要目的，而是尽可能使作业形式多样化（“听说读写”、观察、调查等）、作业内容层次化（基础题、综合题、创新题等），要保证作业的高质量。

（2）注重能力培养。语文作业在注重基础练习的同时，要有意识地布置一些阅读、背诵、写作方面的作业，适当考虑扩大学生阅读量的作业内容。阅读题不得超过2道，写作题（300字左右）不得超过1道（阅读、写作题不得同时布置），例如，教师布置一篇600字左右的作文，则不得再同时布置其他作业。在有背诵任务时，教师要尽量减少书面作业。

（3）关注学生创新能力的提高。鼓励布置创新类题目、一题多解题目、半开放题目，还可以考虑布置一些需要小组合作完成的作业。教师要努力促使学生通过完成作业进行更多的思考，并产生更加强烈的求知欲望。

（4）内外结合。课堂作业应注重巩固新知，有助于学生对所学知识的理解、掌握、吸收。因此，适当增加课堂作业和数量，可以有效减轻学生过重的课外作业负担，提高课堂教学效率。课外作业则应提倡布置自主化、个性化的作业，不布置僵化、死板的作业；布置开放性作业，不布置封闭性作业；增强合作意识，变独立完成的作业为合作完成的作业。

二、小学语文教案的书写

（一）图表式教案

下面以识字课《神州谣》（部编版二年下册）为例，说说如何书写图表式教案（表3-2）。

表3-2 图表式教案

学科	语文	课题	神州谣	课型	识字教读课	课时	2
教学目标	1. 指导学生认识“谣”“涌”等10个认读字，会写“州”“奔”等9个会写字。 2. 继续流利、有韵味地朗读三字经。						
教学重难点	1. 指导学生会写字，会认字。 2. 继续流利、有韵味地朗读三字经，边读边想画面，积累生动的语言。						

续表

<table>
<tr><td>学科</td><td>语文</td><td>课题</td><td colspan="2">神州谣</td><td>课型</td><td>识字教读课</td><td>课时</td><td>2</td></tr>
<tr><td>教学准备</td><td colspan="8">学生课前预习</td></tr>
<tr><td>教学过程</td><td>教学环节</td><td colspan="5">师生活动</td><td colspan="2">二次备课</td></tr>
<tr><td>情境导入，解题认字</td><td>首学</td><td colspan="5">1. 播放视频，引导学生观看祖国的壮美山河。教师解释：神州，俗称“神州大地”，即中国。相传，中国远古部落的首领黄帝统治的土地被称为神州。今天，我们来学习关于神州的歌谣《神州谣》。
2. 板书课题，一起齐读课题。(板书：神州谣)
3. 认识“州”字。拼音 zhōu,“州”字从“川”，从“丶”。“川”指归向水流，诸如黄河、长江、淮河等。“州”字是象形字，字形由一个“川”字和三个小点组成。“川”字代表水，三个小点在甲骨文、金文中本是一个小圈，到小篆中演化为三个小圈，后来再由圈变点，代表高出水面的土地。
4. 书写“川”字，教师范写，学生跟写。</td><td colspan="2">1. 课题还有不理解的吗?
2. 关于“州”字，大家理解了吗?</td></tr>
<tr><td>感知交流</td><td>互学</td><td colspan="5">1. 出示课件（黄河、长江、长城图片）。
你认识这是什么地方？你去过这些地方吗？你知道这些风景的特点吗?
2. 请学生把书翻到第29页，把书端好，自由朗读课文。
3. 同桌互读互评。
4. 检查字词识读。
学生课前已圈出生字，并借助拼音认读生字，你能读正确吗?
出示课件（带拼音的词语）：
shén bēn fèn xiá wān mín zú yì qí
神 奔 奋 峡 湾 民 族 谊 齐
同桌互读词语，用心领会，对方读得是否正确。
指名读第一行词语，如果读对了，大家就跟着读一遍。重点指导带有平舌音的字“族”，带有翘舌音的字“神”，带有前鼻音的字“奔、奋、湾、民”。
出示课件（带拼音的词语）：
yáo yǒng fēng sǒng gé yǔ lù nóng fán róng
谣 涌 峰 耸 隔 与 陆 浓 繁 荣
学生自由练读，同桌轮读，教师指名读。教师重点指导带有平舌音的字“耸”，带有前鼻音的字“繁”，带有后鼻音的字“涌、峰、浓、荣”。</td><td colspan="2">检查课文朗读。
1. 同桌合作轮读课文，对方读得正确的，就给对方竖起大拇指；对方读得不正确的，就让他多读几遍。请读得用心、听得专心的学生展示。(出示课件：正确的读书姿势图片)
2. 自由读全文，争取读得准确流利。
3. 指名读，评价读。</td></tr>
</table>

续表

<table>
<tr><th>教学
过程</th><th>教学
环节</th><th>师生活动</th><th>二次备课</th></tr>
<tr><td>精读
感悟</td><td>群学</td><td>1. 指导书写生字。
（1）出示课件，用田字格课件展示（神、奔、奋、峡、湾、民、族、谊、齐）。教师让学生仔细观察字形结构，指名说。
（2）教师指导书写。
“神”字的部首是“礻”，不是“衤”。
“奔”字是上下结构，是“大＋卉”，不是“大＋十＋升”。
“湾”字是左右结构，左窄右宽，最后一笔是竖折折钩。
“民”字的第一笔是横折，第三笔是竖提，不是竖勾。
另外，“峡、谊”两个字是左右结构，左窄右宽。
（4）认真读帖，注意写字姿势，头正、身直。
（5）展评学生的书写。
2. 复习巩固。
小游戏：送词语宝宝回家。
这节课我们写好了生字，读准了词语，再来玩个游戏。这些词语宝宝要回家，你能不能帮帮他们？</td><td>教师让学生拿出练习纸，先读一读，再进行写的练习。
指名读句子，对照答案。
小结：看来这些生字词大家不仅记住了，还会写了，也会用了，这才是真的掌握了！</td></tr>
<tr><td>拓展
升华</td><td>共学</td><td>开火车学新词。
1. 出示课件（词语）：
华夏儿女　炎黄子孙　神州大地　巍巍中华
家庭和睦　民族团结　奋发图强　只争朝夕
2. 我们一起来开小火车。大家读错了！火车，火车，请停一停，修理员来帮着修一下。
（1）横着开火车。
（2）竖着开火车。
（3）开双轨列车，看谁开得快。
（4）开双轨列车，先读读字音，再说一句话。
3. 各种方式读。（学生自由读，教师指名读，同桌之间互读，男女生比赛读，全班齐读）
4. 通过上面的反复朗读，这些字词已经成为我们的老朋友了，识字和认人是一样的，见面多了就熟悉了，就成了老朋友了。</td><td>总结延伸，朗读巩固。
我爱我的祖国
祖国祖国我爱你，
锦绣山河多美丽。
三山五岳秀峰奇，
洞庭湖中君山立。
桂林山水甲天下，
万里长城数第一。
祖国成立数十年，
处处展现新天地。</td></tr>
<tr><td>前置性
小研究
设计</td><td colspan="3">1. 朗读课文，标节序。（本课共有 4 个小节）
2. 再读课文，标画字词。（听范读，朗读圈出生字，画出新词）
3. 查字典，认生字，学习课后“生字表”中的生字。</td></tr>
<tr><td>作业
设计</td><td colspan="3">1. 读一读，并注意生字的读音。（繁、涌、峰、奋、耸、湾、隔、峡）
2. 用加一加的方法记住生字。
3. 用换一换的方法记住生字。</td></tr>
</table>

续表

教学过程	教学环节	师生活动	二次备课
板书设计	黄河、长江 } 神州谣 { 长城、珠峰、台湾 } 祖国壮美，民族团结		
教学后记			

（二）标准式教案

下面以《妈妈睡了》（部编版二年级上册）一文来说说标准教案的书写。

【教学目标】

［知识与技能目标］

1. 认识“哄、先、闭”等14个字，写好“脸、窗”等生字；借助“口”字旁识记“哄、吸”两个生字，借助“氵”旁识记“洞、汗、沉、沙”四个生字；借助字理识记“闭”字。

2. 能正确、流利地朗读课文，粗识课文大意。

3. 积累“明亮的眼睛、水汪汪的眼睛”等短语。

［过程与方法目标］

通过朗读、自主和合作学习、交流讨论等学习生字，积累词汇；通过画一画、体验感受、联系生活等体会课文的思想感情。

［情感态度与价值观目标］

通过与父母的交流与互动，体会父母的爱。

【重点难点】

［重点］

借助偏旁与字理认识生字。

［难点］

体会文中所要表达的思想感情。

【教学准备】

多媒体课件、田字格字帖、小星星。

【教学过程】

第一课时

环节一　创设情境，导入新课

过渡语：每个人都有一个爱自己的妈妈，谁能向大家介绍一下自己的妈妈？（分享）有位小朋友也关注了自己的妈妈，你们看，妈妈在干什么？（板书“妈妈睡了”）

1. 这节课我们就来学习这篇课文，谁愿意来读读课题？（教师指导学生读好课题）

2. 睡梦中的妈妈是什么样的呢？请学生打开课本36页。

环节二　自主、合作识字

1. 自学生字，按照要求学习。

（1）遇到不认识的生字圈出来，利用拼音多读几遍。

（2）边读边思考：睡梦中的妈妈是怎样的呢？

2. 合作学习生字：请你和同桌一起合作读读这些生字，出示评星级要求。

（1）如果你的同桌能读准字音，那么就送给他一颗星。

（2）如果你的同桌能读好平翘舌音、难读的字，那么就送给他两颗星。

（3）如果你的同桌能做到与你互相提醒、纠正字音，那么就送给他三颗星。

3. 训练。

如果教师把拼音去除，你还能准确地叫出这些生字宝宝的名字吗？（出示生字）

4. 交流汇报。

你们把生字读得这么好，究竟是用了什么方法记住那些字的呢？请你和你的同桌交流一下。

（1）偏旁识字。

生：“我是通过加一加的方法记住了‘唤’字，即‘口＋共’。”

师：“那为什么‘哄’是‘口’字旁呢？”

生：“因为‘哄’是用嘴巴去说，去哄人的。”

师：“‘哄’这个字的意思和嘴巴有关，所以是‘口’字旁。那么‘口字旁’的字还有哪一个？（吸）为什么‘吸’字也是‘口’字旁呢？你们可以做一个‘吸’的动作吗？”（学生示范）

师：“原来‘口’字旁的字都是和嘴巴有关。那么‘口’字旁的字还有哪些呢？谁来说说？”

小结：“你看，我们借助生字的偏旁就能了解一个字的意思。”

生：“我认识了‘润’字。”

师：“那么‘润’字是什么偏旁呢？（三点水）三点水的字是和什么有关？”（和水有关）

师："你们能给它组个词吗？（湿润、红润）因为湿润、红润都和什么有关？"（三点水）

师："那么这些生字中还有哪些是三点水的字呢？大家一起来找一找。"（出示生字'汗、沙、沉'）你们能说一说它们是什么意思吗？刚才我们通过看字的偏旁知道它们和什么有关？"

生："'汗'字指的是流汗（和水有关）；'沙'是指水底有细沙（和水有关）。"

小结："这些字都离不开水，都和水有关，所以偏旁都是三点水。"

（2）认识多音字。

生："我认识了'发'（fā）字，它是个多音字。"

师："那么另一个读音怎么读呢？'发'（fà）"

（3）加一加。

生："我认识了'额'字，通过加一加的方法，即'客+页'。"

师："你的'额头'在哪里呢？"

小结："这些都是识字的好方法，让我们把这么有趣的汉字记得牢牢的。"

5. 字理识字。

师："我们今天以借助偏旁来了解字义，记住这些生字，并了解古人是怎样造字、识字。我这里有一个字，你们来猜一猜。"（出示"闭"字图片）

师："你是从哪里看出这是个'闭'字呢？（图中是两扇关闭着的门）这里中间的'才'是用来关门的工具，表示关门。大家会给'闭'字组词吗？"（关闭、团合、闭门、闭嘴、闭气）

小结："古时候的人都是通过画出形象的事物来识字的，多有趣啊！"

师："淘气的生字宝宝飞出了课文来到了生活中，你还能认出它们吗？"（出示生活场景：电梯、书店、百货大楼）

小结："在我们的生活中，只要大家留心观察身边的招聘启事、广告牌，就能认识更多的汉字。"

6. 生字汇总。

师："今天，大家特别能干，有这么多的办法记住这些生字。我把它们藏到词语里，你们还会读吗？"（出示词语，男女生分开读词语）

环节三　指导书写

师："大家会读还不行，还要会写。看看这些生字，你们觉得哪个字比较难写？"（学生自由说）

1. 当学生说到"脸"字时。

生："要注意左边写得小一些，右边写得大一些。"

师："你是从字体结构发现了，'脸'字是一个左窄右宽的字。你观察得很仔细。"

生："右边的小短横要放在'人'字下面。"

师："关键笔画都被你发现了。请大家伸出小手和我一起写一写这个字。'脸'字是个左窄右宽的字，所以在书写左边的肉月旁的时候要写得细又长，从左上半格中间的位置起笔，中间两横在横中线的上下位置。右边撇捺起笔略高过左边肉月旁，捺要有角，重要的是小短横放在'人'字下面。最后长横要在肉月旁底部平行线上。"

师："还有哪些难写的字，大家知道吗？"

2．当学生说到"窗"字时。

生："这是一个上下结构的字，上宽下窄。"

师："这个字的特点一下子被你发现了，'窗'字不容易写。请大家伸出小手和我一起写一写这个字。'窗'字是上宽下窄的字，点在上半格竖中线的位置起笔，撇和点在竖中线两边，撇竖横折钩，横在中线上，关键的一笔里面是长点，并且要出头。"

师："那么接下来打开课本第37页，描一描这两个字吧。（写字时要注意坐姿）写好的小朋友和同桌互相评一评谁写得最规范，结合我教大家的方法，看关键笔面都写好了吗？请给写得好的小朋友点个赞吧。"

环节四　读中感悟，体会妈妈的美（词汇学习和积累）

师："淘气的生字宝宝又藏到课文里了，你们还能读好吗？边读边想睡梦中的妈妈是什么样子的。"

1．读读说说。

（1）请学生朗读。女生读第二自然段，男生读第三自然段，全班读最后一个自然段。

（2）谁来说说睡梦中的妈妈什么样？（真美，好温柔，好累）

（3）你是从哪儿感受到妈妈的美丽？（明亮的眼睛、弯弯的眉毛、红润的脸蛋）

（4）如果老师把句子写成这样，你更喜欢哪一句？为什么？

生1："我喜欢第一句，因为第一句写出了妈妈的美丽。"

生2："我喜欢第二句，因为第二句用了明亮的眼睛、弯弯的眉毛、红润的脸。不仅用词准确，还把妈妈的美写出来了。"

2．朗读训练。

师："在这里，妈妈的眼睛是明亮的、眉毛是弯弯的、脸是红润的。通过这些短语写出了妈妈的样子，让我们感受到了妈妈的美。那么我们应该怎样把这些短语读好，读出妈妈的美呢？谁来试试读一读上面红色的短语？"

生1："明亮的眼睛、弯弯的眉毛、红润的脸。"

师："从你声音中，我们好像看到了睡梦中美丽的妈妈。谁还能把妈妈的样子读得更美一些?”

生2:“明亮的眼睛、弯弯的眉毛、红润的脸。”

师:“虽然只是读短语,但是我们依然能感受到妈妈的美,同时还把这里的三个‘的’读得轻而短。那么请大家像他们俩一样,读读这些短语,把妈妈的美读出来。”

师:“如果把这些短话放回到句子中,你还能读好吗?让我们用最美的声音读好这一句话。”

3. 填词训练。

师:“这里‘明亮的眼睛、弯弯的眉毛、红润的脸庞’都是描写一个人外貌特点的短语,像这样的词语你还会说吗?谁能用上这些短语来介绍你最爱的人的样子,诸如我的妹妹有(　　)的眼睛、(　　)的眉毛、(　　)的头发。老师这里还有一些短语,让我们一起读一读吧!”(出示图片:明亮的眼睛、水汪汪的眼睛、圆圆的眼睛、细长的眉毛、浓密的头发)

环节五　课堂小结

师:“今天我们认识了这么多描写人物外貌的短语,还懂得将其运用到句子中,抓住人物的外貌特点,把人物写得更加生动。”

总结:“睡梦中的妈妈是那么美丽,那么温柔,又是那么累,现在就让我们跟随音乐读好这一段,并念给我们亲爱的妈妈听。这节课,我们就上到这了,下节课我们再走进睡梦中的妈妈。”

第二课时

环节一　复习导入,巩固生字词语

1. 利用课件展示上节课学过的生字和词语,指名“开火车”领读词语。针对读错的字,教师进行正音,学生重读。

2. 学生选择喜欢的段落多读一读,并选择喜欢的一个词语说一句话。

3. 回顾课文大意。

环节二　合作探究,感受妈妈无私的爱

1. 学生小组合作学习。

师:“从哪些地方可以感受到妈妈对我无私的爱?用彩笔画出有关的句子。妈妈睡着了是什么样子的?用波浪线画出相关句子。课堂交流,汇报成果。”

2. 小组活动,组长组织发言和记录,教师巡堂。

3. 学生汇报合作探究的成果。

环节三　品读赏析,画一画睡梦中的妈妈

1. 出示课件。

师："妈妈睡了。妈妈哄我午睡的时候，自己先睡着了，睡得好熟，好香。为什么妈妈先睡着了？"

妈妈困了，因为起得早。

妈妈累了，因为做家务。

2. 教师引导关注睡梦中的妈妈，反复朗读、想象，然后画一画。

师："'明亮的眼睛闭上了，紧紧地闭着；弯弯的眉毛，也在睡觉，睡在妈妈红润的脸上。'你能想象睡梦中的妈妈的样子吗？请拿起手中的画笔试着画一画。"

3. 知识迁移：第二、第三、第四自然段写法很像。请学生朗读，并谈谈它们之间的差别。（第二自然段紧扣妈妈"真美丽"，第三自然段紧扣妈妈"好温柔"，第四段自然紧扣妈妈"好辛苦"）

师："怎样写睡梦中的妈妈好温柔？读一读，找一找精美的词语。（'妈妈微微地笑着。是的，她在微微地笑着，嘴巴、眼角都笑弯了。好像在睡梦中，妈妈又想好了一个故事，等会儿讲给我听'）大家怎么理解'温柔'？在你的生活中谁非常温柔？"（引导：指导学生体会妈妈对孩子的爱，理解"温柔"一词）

师："怎样写睡梦中的妈妈好累？读一读，找一找精美的词语。"（"睡梦中的妈妈好累。妈妈的呼吸那么沉。她乌黑的头发粘在微微渗出汗珠的额头上。窗外，小鸟在唱着歌，风儿在树叶间散步，发出沙沙的响声，可是妈妈全听不到。她干了好多活，累了，乏了，她真该好好睡一觉"）

教师引导学生联系上下文，并结合生活实际理解"呼吸那么沉"；指导学生采用表演的方式理解"呼吸均匀"是什么样的。

环节四　唱一唱，升华主题

1. 教师播放《世上只有妈妈好》音乐，在音乐声中再范读课文，激发学生的情感。

2. 教师让学生谈谈自己的好妈妈。

3. 教师分享课文中"我"是怎样爱妈妈的，引导学生思考。

环节五　课堂总结，布置作业

师："这两节课我们认识了这位可爱、可敬的妈妈，学习了很多描写人物外貌的短语，了解了作者是如何抓住人物的特点把人物写得更加生动的。"

总结："睡梦中的妈妈是那么美丽，那么的温柔，又是那么的辛苦，现在就让我们跟着音乐读好这一段，并念给我们亲爱的妈妈听。回家后跟妈妈一起分享这篇课文，并仔细观察妈妈爱自己的方式。"

附板书设计：

妈妈睡了

妈妈 { 真美丽 / 好温柔 / 好辛苦 }

第二节 小学语文说课稿的设计与书写

说课是指教师在备课基础上，于授课前面对领导、同事或评委用口头语言讲解具体课题的教学设想及其依据的一种教研活动。说课是一种课前行为，是对一定的教学课题“怎样教”和“为什么这样教”的教学设计思想的分析和概括，原则上是对教案的设计阐述。通过说课者对拟采用教学方式、方法及试讲内容的处理技巧等的陈诉，听课者考察其教学设计思路、教学方法的运用和教学环节的设计。

说课活动可以促进教师更好地掌握小学语文教学的相关理论，进一步熟悉课程标准和教材，提高教师处理教材、合理选择教法的实际教学能力和教师的口头表达能力及逻辑思维能力，进而全面提高小学语文教学的质量。目前，很多学校都通过说课的形式开展教研活动。

一、说课和上课的联系与区别

1. 说课和上课的相同点

说课是对课堂教学方案的探究说明，上课是对教学方案的课堂实施，二者围绕同一个教学课题，展示教师课堂操作艺术，并都能反映教师语言、教态、板书等教学基本功。一般来说，从教师说课的表现可以预见教师上课的情况。说好课可以为上好课服务。因为说课说出了教学方案设计及其理论依据，使上课更具有科学性、针对性，避免了盲目性、随意性，而上课实践经验的积累，又为提高说课水平奠定了基础。

2. 说课和上课的不同点

（1）目的不同。说课是为了提高教师的知识水平与教学能力，上课是为了提高学生的整体素质。

（2）形式不同。说课以教师为对象，是面对其他教师的一项单边活动；而上课以学生为对象，是面对学生的一种双边活动。

（3）内容不同。说课主要运用教材及其相关教育科学理论，上课则运用教材及其参考资料。

（4）评价不同。说课以教师整体素质作为评价的标准，上课以学生的学习效果进行评价。

二、说课的内容

说课的内容是说课的关键。不同的说课类型，说课的内容自然各有侧重。但一般来说，一个完整的说课应该包含以下几个方面的内容：

（一）说教材

教材是教学的基本要素，也是说课的基本要素，深入、细致地分析教材，把握教材是教师驾驭教学，并取得最佳教学效果的基本前提，也是说好课的基础。教师要对教材的编写意图、知识体系、学科素质教育目标，以及课文重难点等方面，科学地加以挖掘和分析。一般要说清楚三个方面的内容：

1. 教材内容

概述教材内容包括概述课文出处、课文内容、本课学习的意义等方面的内容。在通常情况下，课题要求板书。教材分析是确定教学方法、学法指导、设计教学程序的基础，说课前必须认真钻研教材，全面考虑教材内容，分析知识结构，合理安排教材内容与顺序，突出重点，抓住难点。

介绍教材内容，不仅是为了让听课者了解说课者所授课的内容，也是听课者对说课者针对教材内容所要采取的教法、学法、教材处理等教学行为是否合理、科学做出判断的前提条件。

2. 教学目标

教学目标是指教学活动实施的方向和预期达成的结果。说课时，教师不仅要说出某课的三维教学目标，还要指明整个教学活动的整体导向。因此教学目标的制定，不仅要全面、正确，还要合理、具体。

1956 年，美国著名的教育心理学家布卢姆立足于教育目标的完整性，制定了教育目标分类系统。他提出把教育目标分为认知、情感、动作技能三个目标领域。根据布卢姆提出的教育目标分类理论，结合我国现有的教育教学实际，课程标准将课程目标分为知识与技能、过程与方法、情感态度与价值观三个维度。

（1）知识与技能是指每门学科的基础知识和基本技能。基础知识是指学科或教材内容中由一些基本事实，即相应的概念、原理、定律、公式等组成的稳定的知识体系。技能是指利用基础知识去完成某些实际任务的能力，它是通过练习获得的能够在实践中应用知识的一种能力。诸如事实、概念、原理、规律等知识，阅读、观察、计算、调查等能力。

（2）过程与方法是指学生了解学科知识形成的过程、亲历探究知识的过程，学会发现问题、思考问题、解决问题的方法，学会学习（自主学习、合作学习、探究学习），形成创新精神和实践能力，等等。

（3）情感态度与价值观是指让学生形成积极的学习态度、健康向上的人生态度、求实的科学精神，使学生内心树立起对真善美的价值追求及人与自然和谐和可持续发展的理念。

3. 教学的重难点

说课不光要说清教学的重难点，还要说出确定重难点的依据、理由，以及解决重点、突破难点的措施和方法。

教学的重点是指学科或教材内容中最基本、最重要的知识和技能，即基础知识和基本技能，简称“双基”。教学的难点是指教师较难讲清楚、学生较难理解或容易产生错误的那部分教材内容。

在教材知识系统中，确定教学重点要受到教学目的的制约，依据教材内容、教学目标、学生年龄特点、认知理解等条件确定。教学难点的确定则一定要从学生的实际情况出发。说课时，必须突出重点内容，从而以简驭繁，促进知识的迁移，起到提纲挈领的作用，便于学生掌握；还必须从学生的实际出发，找出难点，化解难点，以达到预期的教学目的。

（二）说学情

学情是指学生在学习某一内容时已有的知识结构和在学习时的个性差异。学情主要包括学习的环境和学生的具体情况。一个好的说课方案，应尽可能从学生的“已知”“未知”“能知”“想知”“怎么知”五个方面综合分析学生情况。具体内容如下：

（1）说清年龄特点。

（2）说好学习本课的知识结构，主要是知识的基础和衔接。

（3）说出思维习惯及思维培养方向。

（三）说理论依据

说课的理论性特征，又称“说理性”。它是说课区别于其他教育活动突出的一个特征。说课不但要求教师说出“做什么”和“怎么做”，更要说清楚“为什么要这样做”，这是说课的质量所在。教师必须运用教育学、心理学、现代教育思想理念等教育教学理论，努力提高自身的理论水平，注意理论对实践的指导，并通过实践寻求理论的支持，养成运用教育教学理论的习惯，主动接受教育教学改革的新信息、新成果，并应用到课堂教学之中。说课的理论依据通常包括以下四类：

（1）语文课程标准、教材类型、语文学科的特点及规律。

（2）语文教育的基础理论，包括教育学、心理学、教学论及其他教育科学的基础理论。

（3）中外教育家的观点和理论。

（4）教育课程改革理论。

（四）说教学方法

说教学方法，即说出教学本课将选择何种教法，采用怎样的教学手段。由于在教学中往往要运用多种教学方法，所以说教法还应说出以哪种教法为主（即说出基本教法），哪些教学方法为辅，以及选择这些教法的理论依据。

这个环节相当重要，教师必须综合考虑以下几个方面：选用怎样的方法、选择这种方法的根据、运用此方法应注意哪些问题、可否有改进和创新等。

（五）说学法

说学法是指通过教材，将指导学生学会什么样的学习方法，具备哪些能力。说学法和说教法一样，可以先概括地说出该课时教学将重点指导哪些学法，以哪些学法为辅，其根据是什么；然后再说在教学过程中，如何结合教学实践、学情分析来具体阐述；最后说明如何通过学法指导，让学生既“学会”又“会学”，以达到“教是为了不教”的目的。

学生是学习的主体。分析学生，是教师实施教学行为的关键，是贯彻“因材施教”的前提。我们知道，教学是一种复杂的认知活动，即便是再好的教学设计，一旦脱离学生的实际，违背学生的认知规律，也不会达到预期的目标。因此，教师在说课时对学生的情况做比较全面的分析，才能预测出学生在学习过程中可能出现的问题，并采取有效的措施，从而实现教学目标。说学法要说清楚四个问题：

（1）本课要求学生掌握怎样的学习方法。

（2）为什么要掌握这个学习方法。

（3）怎样指导学生掌握好这个学习方法。

（4）在学习的过程中要培养学生怎样的学习习惯。

（六）说教学过程

说教学过程是说课的中心内容，能否说清楚教学过程是能否说好课的关键。说教学过程，主要包括说各个教学环节的设计、每个环节的主要步骤、时间分配、板书设计、课堂练习和课堂小结等方面的内容。其中，教学环节是说教学过程的一条重要线索。在按教学环节说教学过程时，要先说出教什么，再说怎样教，包括如何进行反馈、矫正、小结，如何渗透情感态度与价值观，等等。教学过程要求说得具体、详细，但又不能等同于课堂实录。主要的教学环节和如何突破难点、解决重点可以展开来细说，一般的环节则可简略一些。

按传统知识教学程序看，一堂课一般分为组织教学、复习旧知识、导入新课、新课讲授、知识应用、巩固小结、练习（布置作业）。

在新课程改革中，我们十分重视学生智力、能力的发展，强调重点发展教学的三个阶段：设置问题情境——非智力因素（学会参加）；引导信息加工——智力因素（学会学习）；设计实践活动——能力与技术（学会迁移）。

在教学过程环节初始时，教师应交代课时情况，如果需要两个以上课时完成的课，还应该交代该课具体需要多少个课时才能教完。

（七）说板书设计

在说课活动中，板书是听课者了解说课者教学思想、教学思路、对教材理解深浅程度和估计教学效果的可视语言。说课中的板书的要求是简练、重点突出、结构严谨、生动直观、新颖大方。好的板书设计，要根据教学的思想、学习的思路、教材意图，对原教材的顺序进行调整、重新组合，产生一种暗示效应，使信息得到浓缩。这要求教师根据教学实际，遵循板书的基本原则，具有明确的目的性、鲜明的针对性、高度的概括性、周密的计划性、适当的灵活性、布局的美观性、内容的科学性、形式的直观性。因此，说课者要说板书设计及其设计的思路、依据。

说课中的板书，一般有两种。一是课堂教学的板书，这种板书与实际的课堂教学中的板书是完全一致的；另一种板书则是说课者板书自己的说课思路，也称板书说课提纲。板书一般有以下几种呈现形式：

第一，先说课后板书，即先把课说完，再一次性地展示板书。

第二，边说课边板书，这种出示方式与说课过程同步，与课堂教学同步。

第三，先板书后说课，即在说课以前，先把板书完整地展示出来。

第四，先板书一部分，再边说边完成全部板书。

（八）说课小结

说课结束时，教师需要对自己的说课内容做个小结，诸如这堂课突出的地方是什么、注重什么方面、优势在哪里、还存在哪些问题等。

三、说课能力的提升战略

（一）理论策略

1. 研读课程标准

说课的理论依据主要是课程标准。课程标准是课堂教学的依据，也是说课中处理教材的依据。课程标准是国家课程的基本纲领性文件，是国家对基础教育课程的基本规范和质量要求，是规定某一学科的课程性质、课程目标、内容目标、实施建议的教学指导性文件。课程标准体现国家对不同阶段的学生在知识与技能、过程与方法、情感态度与价值观等方面的基本要求，规定各门课程的性质、目标、内容框架，提出教学建议和评价建议。

（1）掌握新课程标准的理念。“一切为了每一位学生的发展”，是新课程改革的核心理念。新课程改革的核心理念主要包含以下内容：

首先，确立“课程是经验”的新型课程观。教师和学生是课程的有机构成部分，是课程的创造者和主体，共同参与课程开发的过程。

其次，关注学生作为“整体的人”的发展。“整体的人”包括两层含义：人的完整性与生活的完整性。新课程标准把“过程与方法”放在和“知识与技能”“情感态度与价值观”同等重要的目标维度中加以阐述。

再次，构筑具有生活意义的课程内容，营造师生共同成长的教学氛围，增强课程的生活化与综合化。注重教学过程的建构性、生成性、多元性，强调知识是主动构建的，而不是被动地接受。教学是师生交往、积极主动、共同发展的过程。

最后，注重营造一种新的课程文化。它把课程改革作为一种持续不断的系统工程，注重时间上的全程性与空间上的无限性，并通过这种新课程，营造一种合作、对话与探究的课程文化。

（2）注重新课程标准指导下的几大转变。新课程标准要求教师改变教学观念，改进教学方法，运用多种教学手段，营造以人为本、以学生为中心的课堂氛围，让学生真正融入课堂，做到乐学、善学，促进学生素质全面、持续、和谐地发展。

① 教材功能的转变：从知识传递到学会学习、学会做人。

② 师生角色的转变：教师为主导，学生为主体。

③ 教学模式的转变：由封闭走向开放。

④ 学习方式的转变：合作学习、探究性学习。

从教材功能到教学模式、学习方式的变革，是一个完整的、系统的变革，与此紧密相连的是评价方式的变革。当上述几个方面发生变化后，评价体系必然随之改变，否则就大头小尾或有头无尾，无从验证变革后的效果。教师明确了这些教育理念，才能更好地发挥主动性和积极性进行创造性的教学，为学生获得一个更加和谐的发展空间。

（3）提高运用新课程标准的能力。新课程标准一般包括总纲和分科课程标准两个部分。总纲规定学校教育的总目标、学科的设置、各年级各学科每周教学时数表和教学通则等，分科课程标准规定各科教学目标和教材纲要、教学要点和教学时间的分配、应有的最低限度的教学设备，以及教学方法和其他应注意的事项。

2. 准确运用教育学理论

教育学是研究教育现象，揭示教育规律的一门社会学科，它是各教育学科的重要基础学科。根据其研究对象的不同，又可分为普通教育学、各专业领域和特殊领域的教育学等。普通中小学的说课，主要以普通教育学为其科学理论基础。

普通教育学的内容一般包括教育基本理论、教学论、德育论和学校管理理论等。它所揭示的教育规律、原理和方法，为说课的理论和实践提供了科学的教育观和教育方法论的指导。

教育学具有综合性、理论性和实用性等特点，它要用哲学、社会学、心理学等方面的知识，对教育进行综合性研究，以便揭示教育规律，说明教育方法，指导教育实践。说课只有在教育学的一般原理和教育方法论的指导下，才能逐渐实现其理论化、科学化、系统化，才能最终成为一门科学。说课具有以下几个方面的特点：

（1）突出的理论性。这是说课与备课、授课等的根本区别。教育学的理论为说课提供了“为什么这样教”的科学理论依据。这一特点要求说课教师必须有一定的教育学理论水平，必须运用教育学理论去钻研教材，选择教法，确定学法，安排教学进程等。只有依据教育学理论指导说课实践，才能避免教学的盲目性，使其符合教育学中揭示的教学规律和原则的要求。要突出体现说课的理论性特点，提高说课质量，教师必须认真学习教育学理论，努力提高教育理论水平。

（2）严谨的科学性。这就要求以科学的方法传授科学知识。由于说课中要求说出理论依据，这就促使教师努力学习教育学理论，依照教育学中的科学性与思想性统一原则的要求，力求知识的传授准确无误，做到科学性与思想性的统一。

（3）鲜明的高层次性。由于说课的听课对象，不是接受教育的学生，而是具有高水平的领导和同行，因此，说课者要使自己的说课达到高层次水平，就要对教学的构思、教法的选择、板书设计、语言推敲等，比以往备课更精心，这就迫使教师努力学习教育理论，以充实自己说课的理论根据，这样才能使说课达到高层次水平。

（4）充分的预见性。教师要依据对学生知识基础和智能发展水平等方面情况的分析，对学生接受知识的情况做出较准确的预测。但预测是否准确，处理是否妥当，就要依据教育学理论。教育学中有关研究教和学之间关系的规律和原则，为教师的说课提供了说教法和学法的科学理论依据。

3. 研究心理学理论

心理学是研究人的心理现象及其发生发展规律的一门科学，它包括研究知、情、意、行、兴趣、需要、才能、性格等发生发展的规律。心理现象属于人的内部心理活动，是人的精神生活领域，它与外界客观事物是对立统一关系，为各个科学领域的研究提供了心理科学依据。我们要以心理活动的规律为指导，开展说课活动。

（1）说课要以认知心理活动规律为指导。说课中，教师既要充分运用并通过自己的感觉、知觉、思维和记忆等认知活动，去熟练透彻地掌握说课的内容，特别对教材内容要有清晰的感知和深刻的理解，并牢牢地保存在记忆中；又要把教材的教学观点和思想感情，化为说课者自己的科学信念和思想感情，即对教材要做到“懂”“透”“化”，才能通过课堂教学很好地教给学生。

从心理学的观点来看，整个教学活动也就是学生在教师引导下，利用各种感官，去掌握所学知识的认知心理活动；而教学的效果，也是学生认知心理活动的成果。教师应认真地研究学生的学习心理活动，研究如何依据学生学习心理活动的规律，去引导学生感知教材并理解掌握教材，如：课前了解学生感知、理解教材的方法是什么，如何帮助学生解疑排难，等等。

（2）说课要以情感、意志等心理活动规律为内驱动力。说课是一项艰苦的工作，需要教师有满腔热情和克服困难的顽强意志才能完成。要说好一节课，必须刻苦钻研，认真备课。教师必须把握课程标准，熟悉教材，了解学生，选择恰当的教法和学法，并说出教学程序设计及其理论依据。过去，仅要求教师在课堂上当好演员，而说课要求教师不仅要当演员，还要当导演。正如《社会心理学》讲的那样：“一个人身兼几个角色，各方对它提出不同期待，他感到无法满足各方面的要求时，也会产生内心矛盾。”一开始教师都会怕说不好课，这种矛盾心理使部分教师认为说课是一件苦差事。

说课中的苦与乐，从心理学上讲，是心理学中情感和意志相互促进与集中体现的结果，它是开展说课活动强大的推动力。心理学不仅给予说课以有力的理论指导，还为开展说课活动提供强大的心理动力。

4. 掌握教学法理论

教学方法是教学过程中教师与学生为实现教学目的和教学任务要求，在教学活动中所采取的行为方式的总称。教学方法体现了特定的教育和教学的价值观念，它指向实现特定的教学目标要求。

教学论给予说课更为直接而具体的指导。这是由教学论和各科教学法的共性与个性的辩证关系决定的。说课的重要特点之一是具有综合性，是教学理论的综合运用，一次说课，就是将全部教学理论具体运用到解决一堂课的教学问题之中的过程。说课的理论性特点决定了在说为什么这样教时，需要运用各种学科的理论作为依据，但最直接的是运用教学论。教学论为说课的科学化提供了充足的理论依据。

说课除了要依据教学论有关教学目的和任务的理论来说本课题的教学目的和任务外，还要依据教学论有关教学内容的理论说教材，依据教学方法的理论说教法，依据学习论说学法，依据课型和结构的理论说教学程序设计，等等。而这一切又都必须遵循教学论中的教学规律，贯彻教学原则，体现教学艺术，运用现代化的教学手段，等等。

教师如果能长期坚持说课，就可以通过说课提高自己的教学理论水平，从而使自己由一个“教书匠”变为“教育家”。说课是提高教师素质和能力的有效措施与途径。

（二）程序设计策略

按照一定程序科学地排列各项说课内容，是说课的脊梁。从说课顺序安排是否合理往往可以看出一名教师是否具有认真严谨的工作态度、缜密细致的思维风格和雄厚扎实的业务功底。当然，说课内容的顺序安排是没有固定模式的，但最起码要让听课者明白你此堂课的目标、内容、理念、策略、方法、手段，做到逻辑严密、层次清楚、顺理成章、思路明晰。内容要有详有略，不要面面俱到，重点内容重点说，难点突破详细说，理论依据合理说，以不损害说课内容的完整性和系统性为前提。说课在设计程序时可从下面几个层面展开。

1. 教学背景分析

教学背景分析包括学生起点分析、学习目标分析、教学任务分析、描述教学环境等。教学总是在一定的起点上进行的，学习需要是指学生的学习现状与教学目标（或标准）之间的差距，是教学的起点。学生原来具有的知识、技能、态度是学生学习的起点。由于知识是前后紧密联系的，学科中蕴含着不同的思想方法，学生个体的学习起点不一样，学习态度、学习习惯也不尽相同，所以教师要分析学生的知识准备状态，了解他们所具备的与新知识相关的知识掌握情况，关注在学习中所具备的认知加工和元认知能力，预先判断学生学习的参与程度和学生的学习方式，以便发现问题并确定在教学活动中解决该问题的方法和途径。

学习目标分析应从教学目标开始。教学目标的陈述必须从学生的角度出发，行为的主体必须是学生，而不是教师。教学目标应该围绕“学生在学习之后，能干些什么，具备哪些素养”等内容，描述所期望的现行的教学成果，而不是很远的未来。对教学目标的陈述应该具体化，使其具有可观察性、可操作性、指向性、可评价性。

教学任务分析应把握“以学生的发展为核心”，不仅应该了解和掌握学科的概念、原理、思想方法，还应该对于知识的发生和发展有更多的了解和掌握。学生的学习不再是一种接受式的学习，还应该是创造性的学习，学习过程也是一种再创造的过程。此外，学生在学习中的情感发展、问题解决能力也是学习任务的一部分。因此，教师不仅应该分析教学内容，还应该关注学生情感发展和解决问题的能力。

不同的教学环境下的教学策略也有所不同。从师生关系到学生的学习心理、教师的教学心理，都是教学环境的组成部分。师生关系是教学环境中的一种软环境，而新课程理念下的师生关系，已从过去的“教师是绝对的权威”转向“平等中的首席”，教学是在一种更为平等、民主、合作的状态下进行的，说课应该关注这种软环境的营造。

2. 教学展开分析

教学展开分析就是展示整节课中教学过程设计的思路，关注的是课堂中的“教与学”活动的结构，以及为目标达成所采用的方法、手段（包括教学媒体的选择和运用）、措施，要体现出教师自觉的、有意向的、高效的教学行为。课堂教学行为是教学内容、师生行为、教学策略三个部分的有机结合。教学策略是教学目标落实的保证，也是课堂教学得以进行的前提。教学策略首先要求创设适合于学生认知差异的教学组织形式和使用适合认知差异的教学手段，通过教师提供的良好教学环境和采取的合适措施来完成个体的认知建构，同时必须对不同的课型和认识过程进行选择。

（三）情感策略

“感人心者，莫先乎情。”情感是决定人的活动效率的重要心理因素，对说课活动具有积极的情感，可激发教师说课的活力，活跃思维，使教师精神焕发、朝气蓬勃，从而提高说课水准。在说课中，适当地运用情感，能调动听课者和评课者的情绪，使其受到感染，产生共鸣效应。

1. 说课要有激情

激情是一种迅速强烈地爆发而时间短暂的情感。教师由于职业特点，具备冷静的理智、坚强的意志，如果能把对学科的态度转化为激情，合理地加以运用，就能克服困难，攻克难关，爆发出无穷的力量和巨大的创造性，成为说课活动的巨大动力。

2. 说课要有良好的心境

心境是一种微弱平静而持续的情绪状态，它能影响人在整个行动过程中的表现。在现实生活中，心境的作用是很明显的，积极向上、良好平和的心境可使人振奋，能把人的潜能最大限度地发挥出来。说课要求说课者具有稳定的情绪，不急不躁，在说课中树立起坚定的信心，相信通过自己的努力，能充分地展示备课效果。说课者必须具备良好的心境，否则，无论准备得多么充分，也有可能发挥失常。

3. 说课要有热情

热情是一种强有力的、稳定而深刻的情感，它可以左右整个人的身心，决定一个人思想行动的基本方向，成为一股巨大的推动力。巴甫洛夫指出，科学是需要人的高度紧张性和很大热情的。说课是一种新型教学研究活动，要求教师既要有深厚的专业文化知识，又要有较好的教育教学理论知识，还要有较强的理论联系实际的应用能力和研究能力。说课的难度大，年轻的说课者对此经验还不够丰富，必然会遇到这样或那样的问题，要想较好地解决说课时遇到的问题，没有热情是无法做到的。因此，热情是参与说课活动的必不可少的一种情感因素。

（四）语言策略

教师的教学活动主要是凭借语言来进行的。从这个意义上讲，教师语言的运用更多表现为教学语言艺术的运用。在教学活动中，科学文化知识的传授、学生智能的培养、思想品德的教育，都离不开教师的教学语言。教师的教学语言正确与否，生动与否，是否具有感染力、号召力、震撼力都与教师的教育教学密切相关。

教师教学语言艺术影响教学质量。从这个意义上讲，准确、鲜明、生动、富有感染力的教学语言是启发学生思维、激发学生兴趣、调动学生学习积极性的重要一环，从而直接影响到教学质量的好坏。

教学语言是教师主要的教学手段。无论教学手段多么先进，教学语言艺术的地位和作用都是难以被完全取代的。在传统的、正规的课堂中，平均约有70%的时间是教师在讲话。一般来说，教师在进行教与学的语言活动时主要包括讲授、解释、讨论、提问、回答、复述、概述、修正或纠正等。此外，还有一些为吸引学生注意的讲话，以及表现彼此关系的表达，也是教学语言的组成部分。

教师通过教学语言艺术可以影响师生之间的情感。师生之间良好的情感交流对教学效率的提高、学生心智水平的增长、学生学习兴趣的增强都有着积极的影响。教学语言艺术能促进学生能力发展，提升其思维、语言、审美等能力。

（五）列大纲策略

教师要认真钻研教师用书上的内容，了解编者意图，不能自己想当然地确定教学目标，草草列出。大纲是在教师详写教案之前列出的一个大概框架，其中描述了教学的重点内容、对整个教学过程的初步构思，以及讲课过程中所需要的素材。对于准备写教案的年轻的说课者来说，做这一部分工作不仅能使其对整个备课过程有明确的认识，还能使其避免在详细备课时落下细节内容。

四、说课稿的写作

从专业写作的角度来看，说课稿归属应用文中的说话稿，包括标题、称呼、正文、结束语等部分。下面以《鸟的天堂》为例文，设计一篇说课稿。

一、标题

标题直接由课题与说课稿构成，诸如“《鸟的天堂》说课稿”，课题必须加上书名号。

二、称呼

在面试中称呼的对象是评委。教师系列面试中的评委成员基本是由教育系统的领导和专业教师组成的，所以可以使用诸如“尊敬的各位领导、老师”“各位老师”“各位考官”等称呼。

三、正文

【开头语】

说课稿写作的目的是为了说课，因而完整的说课稿必须有个开头语。常用的开头语有以下几种：

1. 师："今天我说课的课题是《鸟的天堂》，下面我对本课题进行分析。"

2. 师：" 今天我说的课题是《鸟的天堂》，下面我就从以下四个方面来说说我这一堂课的教学设计。"

3. 师："我今天说课的题目是《鸟的天堂》，下面我将从教材、教学目标、教法与学法、教学过程、教学板书五个方面对本课进行说明。"

【教材分析】

这部分在说课中可以口语化表达，称"说教材"。在写作过程中，可使用概括性的语言，无须过多展开。在说课过程中，教师必须结合教材说理论依据。教材分析是确定教学方法、学法指导、设计教学程序的基础，说课前必须认真钻研教材，全面考虑教材内容，分析知识结构，合理安排教材内容与顺序，突出重点，抓住难点。教材分析包含以下几方面：

1. 教材的地位和作用。这部分需考虑到本课题在整册书和各单元中的意义。从编者的角度来说，教材是编者根据课程标准中规定的学科教学的整体目标和要求，以及学科教学规律和学生的认知发展规律而精心编写的。教师只有了解教材的编排体系，理解编写意图，才能合理、正确地使用教材。

《鸟的天堂》是部编版小学语文五年级上册第七单元的一篇记叙文，作者是巴金。本单元以"四时景物皆成趣"为题材和主题，要求初步体会景物的静态美和动态美，学习描写景物的变化。通过本课的教学，教师要引领学生感受大自然的魅力，让学生丰富自己的见闻，并学会真实地表达自己的感受。

2. 教材内容。它是指用准确的语言概括出本课题的内容。

《鸟的天堂》主要记叙了作者（巴金）和他的朋友们两次游历"鸟的天堂"时所见到的美丽的大榕树和群鸟欢闹的奇异景象，表达了作者对大自然景色的热爱和赞美。全文按游览顺序可以分为两个层次：先写作者和朋友们划船出去游玩，经过"鸟的天堂"时看到的情景；再写第二天又一次经过"鸟的天堂"时看到的情景，表现了作者对"鸟的天堂"的留恋和赞美。文章叙述和描写相结合，动静结合，遣词造句精妙准确，韵味十足，情感表达充沛，描写生动细致，充满诗情画意。

3. 教学目标。它是指教学活动实施的方向和预期达成的结果。

依据课程标准要求和以上对教材的分析，我将从以下三个维度来阐述本课的教学目标：

第一，知识与技能目标。

(1) 学会本课 14 个生字词，能正确读写。

(2) 有感情地朗读课文，积累优美的词语，背诵课文第七、第八自然段。

(3) 体会作者观察景物的方法，欣赏作者静态描写和动态描写相结合的方法，提

高阅读和写作能力 。

第二，过程与方法目标。

通过朗读、讨论、绘画、想象等过程，培养学生自主、合作、探究的好习惯。在教师引导下，认识大榕树的奇特与美丽，想象大榕树上众鸟纷飞的景象，提高语文素养。

第三，情感态度与价值观目标。

感受“鸟的天堂”那人与自然友好相处的和谐之美，增强学生的环保意识。

根据对课程标准的理解和学生学习基本情况的分析，在充分理解教材的基础上，我将本课的教学重点设定为理解文中描写大榕树的奇特与美丽及众鸟纷飞、幸福欢乐的景象。而本课的教学难点是理解文中含义深刻的句子，并学习其“静态与动态相结合”的描写手法。

4. 教学重难点。它是指学科或教材内容中基本的、重要的知识和能力，即基础知识和基本技能，简称“双基”。教学的难点是指教师较难讲清楚、学生较难理解或容易产生错误的那部分教材内容。

理解课文内容，学习作者静态描写和动态描写相结合的手法，体会作者的思想感情为本课的教学重点。理解课文中的关键句子，体会两个“鸟的天堂”的不同含义为本课的教学难点。解决的关键是反复朗读和体悟。

【学情分析】

学情是指学生在学习某一内容时已有的知识结构和在学习时的个性差异。

小学五年级的学生在阅读方面已经积累了一定的经验，正处于感性思维活跃的阶段，想象力丰富，对大自然充满好奇。在观察能力上基本了解静态观察和动态观察的差别，但描写景物的能力还很不足，特别是在如何用准确的语言来描绘变化中的景物这一方面还有待提高。因此，学生在学习课文、理解句子、体会感情等方面可能会有一定的难度。

【教学方法的使用】

这个环节相当重要，教师需综合考虑以下几个方面：选用怎样的方法、选择这种方法的根据、运用此方法应注意哪些问题、可否有改进和创新等。

针对本课特点及学生情况，我将采用以下的教学方法：

1. 创设情境法。上课时，出示相关图片，让学生结合文中的文字表达自己的感受。

2. 朗读法。阅读教学中，朗读是最重要的练习，因为在朗读的过程中，学生可以理解课文内容，体会作者的思想感情，还可以培养阅读的语感。因此，我还将采用教师范读、学生个性朗读、全班齐读、男女生赛读等方法组织学生进行朗读训练，加深其对课文的理解。

3. 讨论法。在教师的指导下，学生组成四人或六人小组讨论文中问题。这样可以更好地发挥学生的主动性、积极性，便于培养学生的思维能力，提升学生分析和解决问题能力。

【学法分析】

学法是指学生获取知识，形成能力的方法。说课中说的学法，实际上是指学法的指导。学法指导就是教师对学生进行学习方法的引导、传授，使学生逐步掌握科学的学习方法，进而形成独立的技能的过程。要说好学法，一是必须深入研究学生，处理好课堂教学中的师生关系，改变陈旧的课堂教学模式，实施素质教育；二是注重某一方法指导过程的阐述，诸如通过怎样的情景设计，学生在怎样的活动中，养成了哪些良好的习惯，体会、顿悟出何种科学的学习方法，通过哪些途径培养了学生的哪些能力（观察能力、想象能力、发现能力、归纳能力、实践能力、分析能力、概括能力、综合能力等）；三是注意表达要细腻，切忌粗放，否则容易和说教材中的教学目标或和说教法重复。

“转变学生的学习方式”已成为21世纪基础教育课程改革的主题。它的核心是抓住学生创新精神和实践能力的培养，使学习过程最大限度地成为学生发现问题、提出问题、分析问题、解决问题的过程。学习方法是多种多样的，不单是指教给学生多少种学习方法。教师在进行说学法活动时，不能只停留在学习方法这一层面上，必须把主要精力放在如何实施学法的指导上来。学法指导要想取得成效，关键在于实施。学法指导是渗透、糅合、交织在学习活动中的，学习活动是学生掌握学习方法的唯一途径。说学法要说清楚以下四个问题：

第一，本课要求学生掌握怎样的学习方法。

第二，学生为什么要掌握这个学习方法。

第三，怎样指导学生掌握好这个学习方法。

第四，在学习的过程中，要培养学生怎样的学习习惯。

在新课程标准的理念中，学生是学习和发展的主体，教师是学生学习的组织者和合作者，教师不仅仅是教给学生知识，更重要的是教给学生学习的方法，使他们在自主学习的过程中发现学习的快乐。在这堂课中，我将引导学生掌握以下几种学习方法：

1. 自主探究式学法。教师可以让学生结合课前收集的资料说说自己对《鸟的天堂》一课的理解。

2. 合作交流式学法。语文课堂是开放而有活力的，因此我将采用合作交流式学法，组织学生互相交流自己的独特感受，议一议文中的哪些词句用得好。

3. 读议结合法。教师可以引导学生边读书边抓住课文中的关键词句，学生通过联系上下文或结合生活实际等方法来想象画面，从而更好地理解课文内容。同时，教师可以鼓励学生将自己的阅读感受与他人交流。

【教学过程】

说课的出发点和落脚点是教学过程，是教学目标的实现。教学过程的内容主要包括教学思路与教学环节的合理安排、教与学的和谐统一、重难点的突破、恰当的辅助手段等。

传统的教学程序一般分为组织教学、复习旧知、导入新课、新课讲授、知识应用、巩固小结、练习（布置作业）。

在新课程改革中，教师应重视学生智力和能力的发展，强调发展教学的三个阶段：

1. 设置问题情境——非智力因素（学会参加）。

2. 引导信息加工——智力因素（学会学习）。

3. 设计实践活动——能力与技术（学会迁移）。

教学过程的写作应遵循理论与实践相结合、条理清晰、详略得当的原则，一般先写“做什么”，再写“怎么做”，最后写“为什么这样做”。

下面我详细阐述一下我的教学过程。

本课安排两个课时，第一课时主要学习生字词和梳理篇章脉络，第二课时主要探究重点段落，总结中心思想。现在给各位评委老师展示我第二课时的教学设计。

环节一　情境导入，衔接旧知，引入新知

我是这样导入的：通过上节课的学习，我们知道作者和朋友曾两次来到鸟的天堂，他们看到了美丽的榕树和纷飞的群鸟，那么，看过之后，作者最深的感受是什么？让我们再次走进课文。

通过再次创设情境，激发学生思考与学习兴趣，培养学生积极探索的精神。接着，利用PPT展示上节课的生字词，对学生进行抽查，并提醒学生注意文中的易错字。

环节二　自主学习，合作探究

学生自由朗读课文，找出自己喜欢的段落，同时圈出精美的词句，接着请学生分享喜欢的段落，并且说说喜欢的理由。之后，同桌合作交流，思考文中“新的生命的颤动”指的是什么，作者为什么会有这种感受。

在这个环节中，我会引导学生抓住关键句来理解课文，由浅入深地探究和质疑，体现以教师为主导、学生为主体的新课程改革的理念。

环节三　交流讨论，重难点突破

在这一环节，我会先提出本课的核心问题：“课文里五次提到‘鸟的天堂’，为什么有的加了引号，有的没加呢？”

学生代表主持交流，大家畅所欲言。之后，师生共同归纳，明确中心思想。

在教师的引导下，学生深入把握课文。学生在进行口语训练的同时，可以提高思辨能力和分析能力，在探究中突破重难点。

环节四　演一演，感悟主题

在这一环节，我会让学生演一演群鸟纷飞的热闹场面，使其体会和感悟作者当时的心情。学生用戏剧的形式演绎课文内容，活跃课堂氛围，升华课文主题。

环节五　拓展延伸，布置作业

在这一环节，我会播放《动物世界》片段，打开学生的视野。然后布置作业，让学生做一份《我与大自然》的小简报。由课内到课外，扩展学生思维，让学生把理论知识运用到社会实践中去，激发学生的创造力。

以上五个环节的设计环环相扣，由浅入深，突出重点，关注学生个体，能较好地完成教学任务。

四、[板书设计]

板书就像一份微型教案，它将课文内容系统化、条理化、形象化，有助于突出教学重点，突破教学难点。简明、清晰直观的板书，便于学生理解和记忆、理清文章脉络，体现了教学过程与教学目标的统一。

下面给各位评委展示我的板书。

鸟的天堂

树（静态）：大、茂盛——独木成林，生命颤动
鸟（动态）：欢、多——鸣叫飞扑，应接不暇
} 喜爱和赞美

我的板书简洁明了，紧扣课文的重点“大榕树”和“鸟”两幅画面来设计，体现了静态美和动态美，突出了重点，点明了作家的思想感情。

五、[结束语]

结束语一般是说课结束后对自己说课的一个概括性总结，梳理自己所说的知识点，再次回应开头的内容，起强调的作用。例如，《鸟的天堂》说课稿结束语：

我今天的说课围绕教材分析、学情分析、教法学法及教学过程展开，突出了重点，解决了难点，达到了新课程标准的要求。如果有不足的地方，恳请各位领导和同事批评、指正。我的说课到此结束，感谢大家的倾听！

第四章　小学语文识字与写字教学设计

汉字是世界上最古老的文字之一，是汉语的书写文字，也是“形、音、义”的结合体。汉字的演变经历了几千年的漫长历程，经历了甲骨文、金文、篆书、隶书、楷书、草书、行书等阶段。其生动而形象的造字机理，持续使用而保存下来的文化信息，从不同角度记录和展示了我国劳动人民的生活与观念，博大而厚重。

部编版小学语文一年级上册采用了先学汉字后学拼音的编排顺序，识字单元安排在拼音学习之前，教材编排突破了传统的借助拼音识字的模式。第一篇识字课文，就是“天、地、人、你、我、他”，六个楷体字扑面而来，给刚上学的小学生留下深刻的印象，接下来是“金、木、水、火、土”“云对雨，雪对风”，强化学生对汉字的最初感觉。这种把汉语、汉字摆到第一位，拼音只是辅助学汉字的工具的做法，对幼小顺利地衔接、培养学生认字读书的兴趣是有益的。

第一节　小学语文识字与写字的教学目标

课程标准明确指出，识字与写字是阅读和写作的基础，是学生学习文化的开始。小学语文的识字内容贯穿于小学语文的全部过程，一年级上下册各有两个独立的识字单元，二年级上下册各有一个独立的识字单元，但识字的任务是融在语文学习的整个过程中的，拼音课、阅读课、语文园地、口语练习等都有着不同的识字任务，需要随文识字。因此，在教学设计上我们必须兼顾不同的课型要求，合理安排识字任务。

一、学段教学目标

1. 第一学段（1—2 年级）

（1）喜欢学习汉字，有主动识字的愿望。

（2）认识常用汉字 1 600—1 800 个，其中 800 个会写。

（3）掌握汉字的基本笔画和常用的偏旁部首，能按笔顺规则用硬笔写字，注意间架结构。初步感受汉字的形体美。

（4）养成正确的写字姿势和良好的写字习惯，书写规范、端正、整洁。

（5）学会汉语拼音。能读准声母、韵母、声调和整体认读音节。能准确地拼读音节，正确书写声母、韵母和音节。认识大写字母，熟记《汉语拼音字母表》。

（6）能借助汉语拼音认读汉字。能用音序和部首检字法查字典，学习独立识字。

2. 第二学段（3—4年级）

（1）对学习汉字有浓厚的兴趣，养成主动识字的习惯。

（2）累计认识常用汉字2 500个，其中1 600个左右会写。

（3）会使用字典、词典，有初步的独立识字能力。

（4）能使用硬笔熟练地书写正楷字，做到规范、端正、整洁。用毛笔临摹正楷字帖。

（5）有条件的地方，可学习使用键盘输入汉字。

3. 第三学段（5—6年级）

（1）有较强的独立识字能力。累计认识常用汉字3 000个，其中2 500个左右会写。（表4-1）

（2）能用硬笔书写楷书，行款整齐，有一定的速度。

（3）能用毛笔书写楷书，在书写中体会汉字的优美（表4-2、表4-3）。

表4-1　各学段识字量及识字能力的要求

年级	认识的字（累计）	学会写的字（累计）	识字能力
1—2	1 600	800	学习独立识字
3—4	2 500	1 600	有初步的独立识字能力
5—6	3 000	2 500	有较强的独立识字能力

表4-2　各学段写字教学的要求

年级	能力目标	养成目标	情感目标
1—2	掌握汉字的基本笔画和偏旁部首，能按笔顺规则用硬笔写字，注意间架结构	1. 养成正确的写字姿势 2. 书写规范、端正、整洁 3. 养成良好的写字习惯	初步感受汉字的形体美
3—4	1. 能用硬笔熟练地书写正楷字 2. 能用毛笔临摹正楷字	书写规范、端正、整洁	进一步体会汉字的形体美
5—6	1. 用硬笔书写楷书 2. 用毛笔书写楷书	硬笔书写行楷整齐、美观，有一定的速度	在书写中体会汉字的优美

表 4-3 各学段书写训练规范

年级	书写训练重点	书写鉴赏与作品练习
1	汉字笔顺	
2	汉字结构	
3	单字书写	
4	句子、段落的书写及书写速度训练	写格言书签
5	古诗、短文等篇章作品的书写	毛笔书法欣赏
6	篇章书写，行楷书写，继续提高书写速度	书写作品展览，毛笔书法欣赏

二、关于识字与写字的实施建议

（1）识字与写字是阅读和写作的基础，是1—2 年级的教学重点。

（2）识字与写字的要求应有所不同，1—2 年级学生要多认少写。

（3）识字教学要将学生熟识的语言因素作为主要材料，同时充分利用其生活经验，注重传授其识字方法；运用多种形象直观的教学手段，创设丰富多彩的教学情境。

（4）写字教学要重视对学生写字姿势的指导，引导学生掌握基本的书写技能，并养成良好的书写习惯。

（5）汉语拼音教学尽可能有趣味性，宜以活动和游戏为主，与学说普通话、识字教学相结合。

三、部编版小学语文识字单元的特点

1. 单元构成

部编版小学语文低年级教材将识字内容编排分为集中识字（整个单元都是识字课）、课文识字（随着课文阅读识字）及“语文园地”识字三大板块。三个不同的板块，编排的意图不同，学生的任务也是不同的。（表 4-4）

表 4-4 部编版小学语文低年级教材课文内容编排表

出处	单元	课文	综合板块
一年级上册	一	《天地人》《金木水火土》《口耳目》《日月水火》《对韵歌》	语文园地一
一年级上册	五	《画》《大小多少》《小书包》《日月明》《升国旗》	语文园地五
一年级下册	一	《春夏秋冬》《姓氏歌》《小青蛙》《猜字谜》	1. 口语交际：听故事，讲故事 2. 语文园地一 3. 快乐读书吧

续表

年级	单元	课文	综合板块
一年级下册	五	《动物儿歌》《古对今》《操场上》《人之初》	1. 口语交际：打电话 2. 语文园地五
二年级上册	二	《场景歌》《树之歌》《拍手歌》《田家四季歌》	语文园地二
二年级下册	三	《神州谣》《传统节日》《“贝”的故事》《中国美食》	1. 口语交际：长大以后做什么 2. 语文园地三

2. 把识字放到不同背景中教学

有以大自然为背景的，诸如《场景歌》《树之歌》《动物儿歌》《小青蛙》等；有以文化为背景的，诸如《画》《传统节日》《“贝”的故事》《中国美食》等；有以日常生活学习为背景的，诸如《我的小书包》《升国旗》《田家四季歌》等。

3. 多种识字方法互相渗透

教材在编写时有意渗透多种识字方法，培养学生自主识字的能力。字理识字的有象形识字《日月水火》、会意识字《日月明》、形声识字《小青蛙》、偏旁来历《“贝”的故事》等课文。同时，教材还安排了多种识字方法：《口耳目》以学生常用的看图识字的方法，引导学生借助熟识的人体知识来学习“口、耳、目、手、足”等人体器官名称，并通过图文对照识记字形，理解字义；《对韵歌》将中国传统蒙学蕴含在韵语歌中，赋予识字吟诵的意境；《大小多少》利用反义词识字，《小书包》按照事物归类识字……教材经过精心编排，有机穿插多种识字方法。此外，在“语文园地”的《识字加油站》和《展示台》栏目中，特别鼓励学生从生活中的不同渠道识字，提供机会让学生交流课外识字的途径与成果，努力提高学生的识字效率。

4. 识字课内容以儿歌为主

课文内容以儿歌为主，诸如二年级上册的识字课《场景歌》《树之歌》《拍手歌》《田家四季歌》都是儿歌。

5. 生字书写练习配有笔顺笔画和偏旁部首提示

部编版小学语文一年级上册教材要求写的字，大多是字形简单、构字能力或构词能力强的独体字，也适当选择特别常用的合体字，大体按照由易到难、由简到繁、由独体到合体的顺序编排。笔画笔顺教学一直是一年级识字与写字教学的重点，但近年来这方面常被忽视。教材编写者在编写时关注到了这个问题，在每课要写的生字旁都明确标注了新出现的笔画，在每个要写的生字上方标注了跟随式笔顺，使笔画笔顺教学有了明确、科学的依据，使学生自学与复习有了凭借，非常方便。“语文园地”还安排了新栏目《书写提示》，以“学习小伙伴”的形式，在第一、第五、第八单元中分三次出现汉字书写的笔顺规则，具体编排见表4-5：

表 4-5　汉字书写的笔顺规则

编排位置	笔顺规则	例字
语文园地一	从上到下	二、三
	先横后竖	十、禾
语文园地五	从左到右	儿、林
	先撇后捺	本、天
语文园地八	先中间后两边	小、水
	先外后内	月、问

《书写提示》栏目的安排，也循序渐进地渗透了汉字书写的笔顺规则。

第二节　小学语文丰富多样的识字方法

一、随文识字，在语境中识字

随着教育观念的不断更新，我们已经清楚地认识和感受到，识字教学和阅读教学是不可能完全割裂开来的，二者的融合更有利于促进学生学习的发展。字词句段篇，字不离词，词不离句，句不离段，段不离篇，把字词放在课文的语言环境中学习，联系上下文，理解才会更透彻，才会更深入人心。教材将识字任务贯穿于课文的学习中，自始至终融合在第一、二课时的教学中，不断提高汉字在学生头脑中出现的频率。生字回归语境，它就不再是简单的符号，而是生动和灵性的。

1. 随文正音

例如，《神州谣》中有一句："各民族，齐奋发。争朝夕，兴中华。"其中有两个多音字"朝"和"兴"。朝（zhāo），朝阳、朝霞；朝（cháo），唐朝、朝代。兴（xīng），兴奋 、兴国安邦；兴（xìng），高兴 、兴致。放到语境里，一目了然。

2. 随文记字形

在语言环境中识字，大部分生字学生可以联系上下文猜测其意义，抛弃了传统识字方法的片面性与孤立性，这对于打好低年级的识字基础是十分有益的。部编版小学语文教材识字量增大，传统的集中识记字形会增加难度，最好的解决办法是在学习课文的时候分散识字。在初读课文时，就可以让学生利用拼读音节和听读的方法随文正音，教学中再着重强调，复现的机会多，印象就深刻。

3. 随文解义

例如，学习"岛"字、"隔"字，可以放到"台湾岛，隔海峡，与大陆，是一家"

这句诗中，借助图画的形式帮助理解。

二、音形义结合，多种方法识字

1. 图解识字法

所谓图解识字法，是指利用图画（简笔画、贴画等）帮助识记字形的一种方法。此方法主要适用于象形字。用此法识字，既有趣，又能培养学生的想象力。诸如“山”的简笔画（图4-1）、“水”的简笔画（图4-2）。

图4-1 “山”的简笔画

图4-2 “水”的简笔画

2. 猜谜识字法

猜谜识字法是利用编谜语和猜谜语帮助学生识字的一种方法。它用有韵顺口的语言，描述某个汉字所表示事物的特征，朗朗上口，易学易记。通过猜谜语来巩固已学的知识，既可调动学生的积极性，又可以培养学生的逻辑思维能力。如：

王子和白雪公主坐在石头上说悄悄话 （碧）
十四个人一条心 （德）
两人挤过独木桥 （丛）
户字左边加提手 （护）
美丽的鸟儿 （鹂）

3. 编儿歌和顺口溜识字法

通过简短、形象化、顺口的语言和口诀识字的形式，是容易被学生接受的，它能让学生兴趣盎然、轻松愉快地识字。小学一、二年级的识字单元有大半课文都采用这种形式，诸如《金木水火土》《小书包》《小青蛙》等篇目；又如“两人为从”“三人为众”“三木为森”“不正为歪”“小土为尘”“小大为尖 ”。再如“有水方说清，用言去邀请，丽人留倩影，日出天气晴，有目是眼睛，有心情更浓，有虫是蜻蜓，有米人精神”，对应“清”“请”“倩”“晴”“睛”“情”“蜻”“精”，简单好记又有趣，可谓是寓教于乐。

4. 联想识字法

所谓联想识字法，就是发挥汉字音、形、义互为结合的特点，使其在学生的头脑中建立起联系，牵一点而动全字，从而达到记忆汉字的效果。这种识字方式不仅增强了学习的趣味性，而且开阔了学生的眼界，提高了识字效率，是一种不错的识字方法。

如学习“花”这个字，可以联想到花的品种、用途、开放时间等，也可联想到写花的古诗，写菊花的有杜甫的“寒花开已尽，菊蕊独盈枝”，写荷花的有杨万里的“接天莲叶无穷碧，映日荷花别样红”，写梅花的有王安石的“墙角数枝梅，凌寒独自开”，写桃花的有白居易的“人间四月芳菲尽，山寺桃花始盛开”…… 几乎每一个生字，都可以联想到各式各样的问题。

5. 部件识字法

所谓部件识字法，即利用已学过的熟字部件，通过“加一加、减一减、换一换”等方法改变字的偏旁，帮助学生识字的一种方法。此方法主要适用于形声字和部件相同的字。

（1）加一加，就是用熟字加偏旁的方法来学习生字。用学生以前学习过的生字加上偏旁变成新的生字，这样记忆起来就比较简单。如青草的“青”字加上三点水就是“清”，加上日就变“晴”，加上人就变“倩”。

（2）减一减，同样道理，“清 - 氵 = 青”就是减一减识字法。

（3）换一换，通过换偏旁的方法来帮助学生分辨字和字的差别，理解字义。如“清、请、倩、情、晴、睛、蜻、精”“伸、婶、审、呻、畅”，偏旁换了，字就不同了。

6. 字理识字法

汉字的形体不是随便画成的，而是遵循一定的原则和方法的。在汉字教学中，把汉字的构形原理告诉学生，让学生知道某个字的构形原理及其演变过程，就是字理教学。

（1）象形字。象形字就是描摹实物形状的文字。“象形者，画成其物，随体诘诎。‘日’‘月’是也。”识字课《日月水火》（部编版一年级上册）就是讲解象形文字的一篇课文。（图 4 - 3）

图 4-3　日月水火

（2）指事字。“文字由指示性的符号构成指事者，视而可识，察而见意。‘上’‘下’是也。”指事字是一种抽象的造字法，也就是当没有或不方便用具体形象画出来时，就用一种抽象的符号来表示。大多数指事字是在象形字的基础上添加、减少笔画或符号而成的。例如“上”“下”两个字是用横线“一”为界，在横线上用一点或短线指出上方的位置，就是“上”字；而在横线下面画符号则是“下”字。“凶”字是指地上有一个深坑，走路的人没看见而踏空掉进坑里，“凵”代表深坑，中间的“×”符号象征在陷阱里放置的致命的危险物（交叉而置的箭）。

（3）会意字。“会意者，比类合谊，以见指㧑。‘武’‘信’是也。”也就是汇合两个或两个以上的字构成一个新字，它的意思就是这几个汉字的意思的组合。《日月明》（部编版一年级上册）一课主要学习的是会意字：“日月明，田力男。小大尖，小土尘。二人从，三人众。二木林，三木森。一人不成众，独木不成林。众人一条心，黄土变成金。”

（4）形声字。所谓“形声”，就是将表示意思的形旁和表示读音的声旁结合起来而造成新字的方法。如“忍耐”的“忍”：“心”是形旁，表示“忍”属于心理活动；“刃”是声旁，表示“忍”的读音。又如“三点水”与水有关，“两点水”与寒冷有关，“左耳旁”与山有关，“日字旁”与时间有关，“王字旁”与玉有关。

汉字的很多偏旁部首本身是独体字，变成部首后保留了它表意的特点（表 4-6）。

表 4-6　独体字变成部首后的表意特点

独体字	偏旁部首名称	字义	例子
广	广字旁	与房屋或场所有关	庙、库、庞、庄
囗	方框儿	指围起来	圆、团、回、园
禾	禾木旁	与庄稼（农作物）有关	秆、和、秋、种
巾	巾字旁	与布、织物有关	帆、帐、帜、带
雨	雨字头	与天气、气象有关	雷、霖、霜、雪
礻	示字旁	与祭祀、祝愿有关	神、祝、福、礼
贝	贝字旁	与钱财有关	财、货、贪、贫

续表

独体字	偏旁部首名称	字义	例子
宀	宝盖头	与房屋有关	宁、安、字、完、家
戈	戈字旁	与兵器有关	伐、战、或
夕	夕字旁	与夜幕有关	多、梦、岁

7. 游戏识字法

引入游戏，可以加快识字。在教师的指导下，多组同学对同一个主题进行表演练习，让学生在游戏中轻松准确地认识生字。随着识字量的增加，我们可以将“字谜迷宫”“山顶夺旗”“摘苹果”等有趣的游戏带入课堂中来。在轻松快乐的气氛中，学生的识字热情会非常高涨，识字效果也将随之提升。例如，《姓氏歌》（部编版一年级下册）课文的内容是问答的形式：“你姓什么？我姓李。什么李？木子李。他姓什么？他姓张。什么张？弓长张。古月胡，口天吴，双人徐，言午许。”教学设计中可以开展角色问答活动，轻松有趣，生词在朗读中多次复现，效果很好。游戏活动多种多样，教师可以依据教材的不同特点来选择活动。

（1）打牌游戏。学生自制牌形生字卡，在课后玩打牌游戏，边出牌边读出字音，再组词读（组词越多越好），谁先把手中的汉字牌打完，谁获胜。

（2）翻图片游戏。在自制的教学挂图背后写本课的生字，然后让学生乘着小小的船去翻一翻星星背后的秘密。

（3）戴头饰表演识字。把各种小动物的头饰戴在学生的头上，扮成小动物，并模仿动物的声音、动作、外形特征，识字教学时安排学生演一演，既给学生创造了施展才华的机会，同时又加深了学生对小动物的了解，更重要的是学生牢牢记住了动物的名字。如教《大小多少》这一课的生字时，可以让学生戴上黄牛、花猫、鸭子、鸟等动物的头饰表演。

（4）勇闯“红绿灯”游戏。学生通过“开火车”的方式认读生字卡片，由听读的学生充当“红灯”和“绿灯”。当“开火车”的同学读对了，大家就亮出“绿灯”，齐声喊“过过过”；如果“开火车”的同学读错了，大家则亮出“红灯”，并齐声说“停停停”。这个游戏能充分调动全体学生的积极性，也能在课堂上真实地反映出学生的识字情况，便于教师及时纠正，并有针对性地进行巩固练习。

8. 编故事识字法

编故事识字法是指把汉字的几个部件利用故事巧妙地联系起来，帮助学生识字的一种方法。此方法适用于识记字形复杂的字。多数汉字是由几个部件组成的，如果能发挥想象，把几个部件巧妙地联系起来，让一个个抽象的字变成一个个生动的小故事，则既使枯燥抽象的笔画变得富有灵气，又给识字增添了趣味性。如：“灭”字（发生火灾时，用水去浇灭）；“游”字（有一个戴着泳帽的小孩子正在方形的泳池里游泳）；“左”字（左边的人在认真工作）；“右”字（右边的人在大口吃东西）。这样一想象，这些字就会深深地印在脑子里，学生的想象力和创造力在这一刻也得到了发展。

第三节　小学语文教材的识字策略

一、教师教法

1. 明确各学段具体要求

在识字教学中，各年级的识字教学都要紧紧围绕课程标准的要求，努力实现三个维度的目标。第一学段需要教师细致耐心，一笔一画教到位。第二学段和第三学段的识字教学要把识字和课文阅读相结合，随文识字。

部编版小学语文一年级识字课，共四个单元十八篇课文，采用的识字方式多种多样，有蒙学识字、儿歌识字、看图识字、象形识字、韵语识字、归类识字等近十种。教师需要依据低年级学生特点开展情境教学，引导学生掌握多种记字的方法，诸如加一加、减一减、熟字换偏旁、编儿歌、猜字谜等，并及时巩固识字成果，诸如开火车、玩字卡、走迷宫等，让学过的生字反复出现。同时教师还要指导学生掌握音序、部首这两种基本的查字典、词典的方法，学习独立识字，详细指导每个字的笔画、笔顺、间架结构、在田字格中的位置，并且要边讲解边示范。在学生写字的过程中，如果教师发现问题了，要及时予以指导，严格要求，严格训练。

第二学段注重阅读和识字相结合，明确教学目标，合理进行识字与阅读的时间分配、环节衔接及识字运用。教师要鼓励、引导学生运用已掌握的识字方法，通过课前预习、课上的小组合作交流等多种方式、多种途径进行自主识字，增加识字量。课上要采用不同方式对学生的自主识字情况进行检查，按认读、写字的不同要求，对所学字的音形义予以强化，还可以通过多音字、多义字、形近字的拓展等增加识字的积累量，帮助学生理解字义。随着学生识字量的增加，教师要把识字的巩固作为识字教学的一个重点，力求通过阅读、小练笔、习作等让学生与所学字多接触、多见面，在读写过程中、在具体运用中进行巩固和积累。

第三学段的识字以自主识字为主，通过预习、联系生活识字等方法激励学生识字。课上要利用一定的时间对学生的自学情况进行检查，对生字中音形义的重难点予以强化。对较难理解的字义，可通过查工具书、小组研究等方式予以解决，从而把高年段的识字教学任务落到实处。

2. 掌握一定的识字教学原则

识字要将字的音、形、义三要素有机结合起来，使学生在头脑中将读准字音、认清字形、了解字义这三方面建立起稳固的联系，这样才能让学生在“听说读写”中准确运用所学汉字，达到识字目的。朗读是很好的识字方法。课程标准对小学三个学段的朗读都提出了明确目标：第一学段是“学习用普通话正确、流利、有感情地朗读课文”，第二学段是“用普通话正确、流利、有感情地朗读课文”，第三学段是“能用普通话正确、流利、有感情地朗读课文”。可见，三个学段都非常重视朗读，不只笼统地提出“朗读课文”，还针对文本个性，提出了不同的要求。如：《秋天》课后题“朗读课文，注意‘一’的不同读音”；《雨点儿》课后题“读下面的句子，注意读好停顿”；《青蛙写诗》课后题“青蛙写的诗句里有逗号和句号，请你圈出来”。这些朗读要求非常明确，需要教师在教学中落实。其实在学习朗读中，学生也及时巩固了所学的生字。

3. 突出字理，渗透汉字文化

部编版小学语文教材的单元识字，体现汉字规律，渗透汉字文化，能较好地培养学生的识字能力。教学时应充分体现教材的编写特点，发挥教材的编写优势。汉字的造字法，从汉朝以来，相沿有“六书”的说法。其中象形、会意和形声较容易为学生理解，教材对此做了相应的安排。《日月水火》以图文对照的方式学习八个象形字，让学生初步了解汉字的造字规律，感受到有的汉字就像一幅画，从而增强他们学习汉字的趣味性。《日月明》是根据会意字构字规律编排的识字课文，朗朗上口的短句，不仅揭示了会意字的构字特点，还能使学生在诵读中感受到汉字构字的有趣，让学生在识字的同时了解汉字的文化内涵，使学生体会到汉字不仅有用，还很有意思。(图4-4)

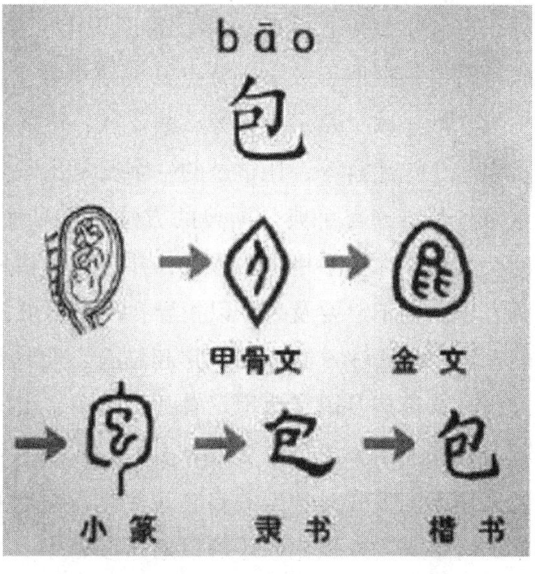

图4-4　教师为学生演示“包”字的来历

4. 教学活动必须尽量与生活密切联系

这是为了让学生感觉到识字的重要性和趣味性。拓展识字范围，鼓励、引导学生利用生活中的各种学习资源，如商品包装、电视屏幕、大街上的广告牌等，随时随地进行自主识字，把学生的语文学习引向生活这一广阔空间。

二、学生学法

学生需要培养识字兴趣，培养良好的识字和写字习惯，在掌握知识、形成能力的过程中，培养热爱祖国语言文字的情感。

（1）利用偏旁部首的变化记忆字形。许多字加上部首、去掉部首或者变换部首就变成另一个新字了。教师给学生演示某一个字是怎样由另一个字加、减或换部首得到的，可充分发掘学生头脑中的迁移、联想功能。例如，“京”加日字旁是“晾”，“座”去掉广字头是“坐”，“飘”去掉风字旁，换上三点水旁是“漂”。

（2）注重观察字形特点，强化记忆。例如，课本中的“山、石、田、土、井”这一类字是由古代的象形字演变而成的，都与实物有许多相似处，可让学生观察实物或实物图片后再识字。孩子们不懂什么是会意字，却觉得这样的字确实很有意思。如“歪斜”的“歪”，让学生仔细观察，看有没有特别的发现。“歪”这个字，上面是个“不”字，下面是个“正”字，既然“不正”，那当然是“歪”的了！汉字中有相当一部分字是形声字，部首表意，声旁表音。例如，“蜻”是蜻蜓的蜻，所以用虫字旁，右边表示读音，整个字也读“qīng”。像“泡、抱、炮”这样外形相似、形旁不同的字，学生称为“姐妹字”。在汉字中，这样的现象很多，换偏旁记便成了学生识记这类生字的主要方法。对于一些特殊的字，学生领会了其意，便很快记住了其形。

（3）在生动有趣的活动中乐学，提高识字能力。教室里的学习园地，校园中的告示牌，生活中的实物、图片等，都是识字的好平台。

（4）读和背是比较有效的方法。小学阶段的孩子记忆力最好，识字教学时，不一定要求他们把每个字都弄懂，可以让他们先读先诵，随着年龄增长慢慢就能理解字义、文意了。

附录　识字课教学案例

一、课文呈现

《姓氏歌》（部编版一年级下册）。

你姓什么？我姓李。
什么李？木子李。
他姓什么？他姓张。
什么张？弓长张。
古月胡，口天吴，
双人徐，言午许。

中国姓氏有很多，

赵、钱、孙、李，
周，吴、郑、王，
诸葛、东方，
上官、欧阳……

二、课文解读

这是部编版小学语文一年级下册的识字课文，是根据传统蒙学读物《百家姓》编写成的韵语，将一些常用姓氏寓于朗朗上口的儿歌之中。全文共两小节，第一小节前四行采用一问一答的形式，分别以自我介绍和介绍他人的方式引出姓氏“李”和“张”，后两行采用三字一句的形式介绍了两组音近姓氏“胡、吴”“徐、许”。第二小节列举了《百家姓》中排名靠前的八个姓氏，以及“诸葛、东方、上官、欧阳”四个复姓，说明中国姓氏之多，以及中国姓氏的多样性。全文读起来节奏明快，易于理解和背诵。本课渗透了中国传统姓氏文化，介绍的姓氏大多以民间约定俗成的方式称说，主要有分解部件和偏旁称说两种方法，体现了合体字的特点。课后练习中还提到了以组词来介绍姓氏的方法。教学时，要借助介绍姓氏达到识字的目的，同时鼓励学生将之运用于生活实践中。

三、设计要点

（一）传统文化的识字背景

课文是根据《百家姓》改编成的一首儿歌，其背后是对传统启蒙读物《百家姓》《三字经》《千字文》的肯定和继承。把识字与传统文化元素相结合，识字与姓氏文化相结合，达到既识字又了解传统文化的意义，提升了教材的厚重感。

（二）课文多以儿歌的形式出现

儿歌前段采用问答形式，非常生活化，便于朗读、背诵、理解，也显得有趣，对激发孩子们识字的兴趣有积极作用。

（三）文中暗藏识字方法

课文中的“木子李、弓长张、古月胡、口天吴、双人徐、言午许”恰好就是学生识字常用的“加一加”识字法。

四、案例展示

【教学目标】

［知识与技能目标］

能正确认读“姓、氏、李、张、古、吴、赵、孙、钱、周、王、官”等 12 个生字，正确认读新词语，会写“姓、什、么、双、国、王、方”等 7 个生字，认识弓字旁、走字底和金字旁 3 个偏旁；能正确、通顺地朗读课文，背诵课文；初步了解中国姓氏。

[过程与方法目标]

通过多种朗读、同桌合作学习、做游戏、练习等形式认读并书写生字，了解姓氏的相关知识。

[情感与价值观目标]

初步了解姓氏文化的博大精深，增强民族自豪感。

【重点难点】

[重点]

能正确认读 12 个生字，正确认读新词语，会写 7 个生字，认识“弓、钅”2 个偏旁。

[难点]

了解姓氏。

【教学过程】

第一课时

环节一　儿歌导入，揭示课题

1. 教师播放《百家姓》的表演唱视频，学生一同观看。

2. 介绍中国文化中的姓氏文化：每个人的姓名一般由两部分构成，就是姓和名。中国人的姓名构成是前面是姓，后面是名。

3. 教师介绍自己的姓氏，也让学生说说自己的姓氏。

4. 解题：学习生字“姓”和“氏”。

（1）姓：女 + 生（部首 + 熟字）；姓：妈 − 马 + 生（减一减，加一加）。氏：纸 − 纟（减一减）。

（2）书写：提示学生书写时记住口诀“一看二写三比较”，范写“姓”和“氏”，讲解笔顺和笔画。

5. 板书课题，指导朗读，教师提示课题的“姓”的韵母是后鼻音。

[设计思路] 课堂开始，诵读节奏感强的《百家姓》，一下子让学生充满好奇，充满兴趣，注意力完全集中在教学内容上，达到事半功倍的教学效果。顺势随文识写生字，有效地提高了识字的质量。

环节二　多种方式，随文正音

1. 教师范读，同学们认真听。

2. 学生自读，借助课文拼音读课文。

3. 同桌互读互评。

4. 读生字，正音，重点关注翘舌音“氏”“张”“周”“赵”和后鼻韵母“姓”“张”。

［设计思路］这首儿歌内容简单，一问一答朗朗上口，所以让同学们以多种形式朗读，加深对字词的印象，在朗读互动交流中获得对儿歌内容的大致了解，激发学习兴趣。之后随文正音，重点讲解朗读中常容易读错的翘舌音和后鼻音。

环节三　趣味诵读，游戏识字

1. 诵读第一小节。

2. 指名朗读第一小节。

3. 师生采用问答的方式朗读第一小节，相机利用课件出示：

什么李？木子李
什么张？弓长张。
古月胡，口天吴，
双人徐，言午许。

4. 读一读，说一说你发现了什么。（通过把字拆开的方式来介绍姓氏）

5. 拓展练习：为什么课文里要问“什么李？木子李”“什么张？弓长张？”因为“李”“张”还有同音字，为了准确介绍姓氏就加了这样的解释和说明。接着出示几个姓，让学生尝试拆解，诸如“章——立早章”“吕——双口吕”“林——双木林”“陈——耳东陈”等。

6. 同桌用玩拍手游戏的方式朗读第一小节，背诵第一小节。

7. 拓展：我们还可以采用哪些方式介绍我们的姓氏呢？

（1）课件出示：你姓什么？我姓方。什么方？方向的方。

（2）实践活动。

你姓什么呢？老师问，你来答！

你姓什么呢？同桌问，你来答！

8. 识记第一小节中的生字（李、张、古、吴），介绍部首“弓”。强调“弓”字作偏旁时，要写得窄一些。

9. 范写指导，书写训练。

（1）教师范写“姓”“什么”，引导学生观察。

（2）强调书写“姓”的女字旁时，横变作提，右侧不出头。

（3）书写动漫展示“什”“么”，学生仿写。

（4）教师巡视指导。书写训练，强调书写“对宽窄，比高矮，比穿插”。

（5）学生讨论交流。

［设计思路］语文教学应激发学生的学习兴趣，培养学生自主学习的意识和习惯。低年级学生注意力集中时间短，采用拍手游戏、互动交流、自我介绍等形式寓教于乐，可以让学生始终保持浓厚的学习兴趣。

环节四 随堂练习，巩固生字

1. 找词语朋友。

2. 介绍自己的姓氏。

3. 再读课文，读准字音，读出停顿。

[设计思路] 把巩固本节课所学知识，通过字词的反复出现来加深印象。

第二课时

环节一 诵读百家姓，衔接新知

师：“同学们，我们中华民族具有悠久的历史，灿烂的文化。我国的经典诗文有哪些，你们知道吗？”（出示课件：我国的经典诗文有《三字经》《百家姓》《弟子规》《千字文》等）

出示《百家姓》课件，集体齐读《百家姓》：“赵钱孙李，周吴郑王，冯陈褚卫，蒋沈韩杨……”

衔接：“在上节课中，我们学习了课文的第一节，介绍了‘李、张、胡、吴、许’等姓氏，接下来我们读第二节，看看还给我们介绍了什么姓氏。”

[设计思路] 第二课时的衔接从读百家姓开始，回应第一课时的中国姓氏介绍，突出了文化背景。

环节二 讨论交流，认识姓氏

1. 引读：“中国姓氏有很多——赵、钱、孙、李，周、吴、郑、王，诸葛、东方，上官、欧阳……”

2. 交流：“你在生活中遇到过这些姓氏吗？说一说，可以用我们刚才学过的两种方式来介绍。”

3. 教师针对学生在交流活动中没有提到的姓氏，运用介绍新朋友的方式来展现。

(1) 课件出示卡通女孩，做出打招呼的样子，教师配音：“大家好，我姓钱，金钱的钱。”

(2) 课件出示曹操、诸葛亮、东方朔、姚明、毛泽东等名人画像，读一读画像下面的名字，圈出名字中的姓，让同学们区分差别。趁机介绍生活中不常见的姓氏，比如文中的四个复姓。引导学生通过比较的方式，发现单姓和复姓的不同。

4. 拓展：在历史故事中，有一些人物姓的是复姓，你能举出例子吗？（司马光、诸葛亮、欧阳修等）出示复姓人物图片。

[设计思路] 这个环节主要是大概了解单姓和复姓，设计上兼顾朗读和思考讨论，在自主学习和谈论中探究新知。

环节三　合作交流，随文识字

1. 齐读第二小节并背诵。

2. 介绍自己知道的姓氏。

（1）用“开火车”的方式来介绍。

（2）评一评谁介绍得好。

3. 合作学习，识记生字。

（1）出示带有本课姓氏生字的字卡，做姓氏认读游戏。

（2）遮挡或折起字卡中“名”的部分，只留姓氏，“开火车”认读。

（3）重点讲解生字“赵”“钱”，学习新偏旁。强调“走”作偏旁时要写得细瘦，捺笔要平、长。介绍偏旁“钅”，说说一个字在作偏旁时和原来相比在写法上有什么不同。

4. 出示剩余四个要求会写的生字，引导学生在小组内交流，说说有什么好方法可以快速记住它们。

国：四四方方一个框，里面住着小玉儿。（猜谜法）

方：“放学”的“放”去掉反文旁，就是“方”。（熟字拆解法）

双：又又成双。（部件组合法）

王：王王王，王嘉成的王。（联系同学姓氏法）

5. 比一比，看谁组的词语多。

［设计思路］这个环节是重点，引导学生掌握识字的方法。通过小组互动交流，充分发挥学生的想象力，再通过对多种识记生字方式的肯定，激发学生自主识字的兴趣，从而达到对字形字义的整体识记。

环节四　巩固生字，指导书写

1. 课件出示要求会写的字。观察生字在田字格中的位置。

2. 重点示范指导比较难写的字。如：国——方框要稍微大一些，竖画要直；“玉”字要写得小，里面的竖写在竖中线上；双——两个“又”在写的时候要注意变化，左边的“又”捺要变成点，稍稍比右边的“又”小；王——笔画少，注意竖写在竖中线上，第二横要写在横中线上，稍短，第三横最长，稳稳托住上面的笔画。

3. 学生描红。

4. 教师点评。

［设计思路］本环节采用观察、集中讲解、教师示范、自由练写等方法指导学生书写，并对关键笔画进行了反复强调，使学生准确掌握每一个汉字的书写方法，为以后的书写打下坚实的基础。

环节五　布置作业，拓展知识

1. 总结本课学习内容。

2. 布置作业。

(1) 制作姓氏卡：用彩色笔写出自己知道的姓，注上拼音，写好后在小组内交流认读。

(2) 课后在家长的帮助下认读《百家姓》，了解姓氏背后的故事。

[设计思路] 识字不能单靠课堂来完成，所以课后跟家长一起制作写有自己名字的小卡片，能够把所学知识和自己的生活联系起来，并培养传承传统文化的意识。

第五章　小学语文汉语拼音教学设计

汉语拼音是认识汉字、学习普通话的工具和载体，是小学语文教学重要的组成部分。中国文字是表意文字，笔画繁多，字体结构非常复杂，不仅书写十分困难，认读也非常不方便。1958 年我国修订了《汉语拼音方案》，为促进汉字读音学习提供了重要的准则和保障。拼音内容抽象、枯燥，要把拼音教好，让学生读准、写准、拼准是一件非常重要的事。部编版小学语文一年级上册设置了 2 个拼音单元，共 13 课，注重结合学生的心理特点，在拼音设计上采用情景图片的方式，将字母、音节、词语、儿歌、识字、拼音书写等内容通过华美的画面、完整的故事等方式呈现，体现了拼音内容的实用性、趣味性、高效性，彰显了语文课堂的开放性。

第一节　小学语文汉语拼音的教学目标

拼音是识字、阅读、写作、口语交际等能力养成的前提和基础，因此，抓好拼音教学十分关键。

一、小学语文汉语拼音各学段教学目标

课程标准依据学生的实际情况和心理特点，在总目标中明确“学会汉语拼音，能说普通话”，在阶段目标中提出具体要求。

（一）阶段目标

拼音主要在第一学段（1—2 年级）教学，其阶段目标如下：

（1）学会汉语拼音，能读准声母、韵母、声调和整体认读音节。

（2）能准确地拼读音节，正确书写声母、韵母和音节。

（3）认识大写字母，熟记《汉语拼音字母表》。

课程标准要求学生掌握汉语拼音，可以从学段特点、拼音内容、技能要求、教学总目标、教学理念等方面进行分析，如表 5－1 所示。

表5-1　课程标准中关于“汉语拼音”的教学要求

学习对象	拼音内容	技能要求	教学总目标
第一学段	23个声母、6个单韵母、9个复韵母、5个前鼻音、4个后鼻韵母，以及yi、wu等16个整体认读音节、4种声调	1. 要读准音、记字形、书写字母，而且要掌握拼读音节，区分形近字母和音节	学会汉语拼音，能说普通话
		2. 培养学生拼音认读和拼读的能力，以及借助汉语拼音认读汉字、纠正地方音的能力	
		3. 认清字形，读准字音，掌握汉字的基本意义，以及在具体语言环境中运用汉字的能力，借助字典、词典等工具书识字的能力	
教学理念	拼音学习服务于汉字的教学		

（二）教学建议

课程标准提出，汉语拼音教学要尽可能有趣味性，宜以活动和游戏为主，与学说普通话、识字教学相结合。可见，拼音的学习要以“趣”为先，以“读”为主。（表5-2）

表5-2　汉语拼音内容板块及教学建议

拼音内容板块	教学建议
情境图	1. 引导学生自主观察情境图，使其在图画中自主发现拼音的音、形元素，以帮助学习
	2. 根据图画编故事，激发学生学习拼音的兴趣
拼音字母	注意结合游戏和活动，教师可激发学生的想象力，自编手指操、顺口溜、儿歌等强化学生记忆
音节	结合学生的生活经验和第一单元的学习内容，使音节拼读练习和具体的人、事、物进行意义对接
生字、词语	可以借助图画展开，注意音、义结合
儿歌	巩固汉语拼音知识和激发学习兴趣，教学时可采用多种朗读形式，不要求理解和背诵
拼音书写	重点指导学生对照四线格的位置进行拼音书写，注意培养学生正确的执笔和写字姿势以及良好的书写习惯

二、部编版小学语文教材拼音单元的特点

部编版小学语文教材拼音单元的编排，遵循综合性、实用性、便捷高效的原则，突出拼音服务于识字的教学理念，在编写上特别注重学生的心理特点，突出故事性、趣味性、实用性，让枯燥的拼音课堂变得生动有趣。

（一）拼音单元的编排特点

部编版小学语文一年级上册第二、第三单元为汉语拼音部分，安排了13课拼音和

2个“语文园地”，涵盖了23个声母、6个单韵母、9个复韵母、5个前鼻韵母、4个后鼻韵母，以及yi、wu等16个整体认读音节，在拼音学习中穿插安排儿歌、词语、认读字。

1. 识字先于拼音，拼音教学时间后置

部编版小学语文教材的编排打破了几十年来小学语文教材编写的固有模式，降低了开学就学拼音给学生带来的学习困难。学生有了汉字口语发音作为基础，再学拼音，就有了可借鉴、可参照的抓手，枯燥的字母符号和拼读规则也变得不再复杂。部编版小学语文教材这一创新编排，降低了拼音教学的难度，为拼音教学实实在在地减了负，突出了拼音是识字的载体与工具，为学生学好普通话奠定了基础。

2. 字母以情境图的形式出现，突出了故事性和趣味性

字母的呈现方式以情境图为主，情境图呈现的亮点主要有以下几个方面：

第一，画面精美。部编版小学语文教材中13课拼音教学还改变了以往单幅图呈现字母的方式，而是全部采用情境图的形式，选择的都是生活中学生熟悉的场景，画面柔美，内容直观。部编版小学语文教材还改变了以往以儿童画为主的画面形式，而采用以水墨画为主的画面形式，色彩更加柔和。

第二，故事完整。每幅图片都是一个完整的故事，如果融入学生的想象力，则可以变化出多种情景。此外，图片与图片之间还有一定的联系性。例如，课文z、c、s和zh、ch、sh、r存在着一定的联系，而这两幅插图也有一定的联系。

第三，示音示形。声母部分基本上是以示音、示形为主，音形高度融合，而在复韵母和鼻韵母中基本以读音带出韵母。在音节呈现上面，都是带调音节。每个音节都能对应一个汉字，做到音、形、义一体。部编版小学语文教材中除了b、p、m、f刚开始学拼读和j、q、x要揭示与ü相拼的规律外，其他的都不是以射线的方式呈现。例如，an、en、in、un、ün在部编版小学语文教材中呈现的拼读音节比较多，教师应当让学生在已有的拼音基础上拼读，将教本变成读本。

3. 拼音板块内容丰富，书写规范

拼音板块由字母、情境图、音节、词语、儿歌、识字、拼音书写等内容组成。具体特点如下：

（1）字母内容以情境图的形式呈现。通过设计有趣的故事情景，将拼音学习融入学生熟悉的、喜爱的看图讲故事活动中，与学生的生活实际建立联系，激发学生学习拼音的兴趣，培养学生的观察能力，利用学生的口语基础，发展学生的语言，并以相应事物示音、示形。

例如，j、q、x三个声母，部编版小学语文教材中配有一个小院子的情境图。院子里，一只母鸡正在追赶着空中的蝴蝶，地上还有几只小鸡。“鸡”提示j的音，鸡和蝴蝶组合的构形提示j的形。一棵枝繁叶茂的大树下有一张小方桌，桌上和桌边的西瓜提示 x 的音，桌上西瓜的刀切印提示 x 的形。一个小姑娘手里拽着气球的线，仰头数着拴在线上的 7 只彩色气球，“气”“7”提示 q 的音，气球的形状提示 q 的形。

（2）音节的内容以声母、韵母拼读为主。音节的学习强调带音调拼读，精选高频常用音节，优选呈现方式，注重拼读结果，紧密联系学生的口语交际，提高学生的学习效率。例如，教师在教 d、t、n、l 与带音调的单韵母 ɑ、e、i、u、ü 相拼时，需要引导学生运用学过单韵母及其四声知识为顺利拼读做好准备，调动学生已有的生活经验进行拼读。又如，d、t、n、l 与 ɑ 相拼的音节：dǎ，“打水”的“打”；tā，“他们”的“他”；ná，“拿苹果”的“拿”；lā，“拉手”的“拉”。教师引导学生自己熟练拼读，并把自己会拼读的音节读给同学听一听，另外还要注意分辨 n 和 l 与同一韵母组成的音节等内容。

（3）课文中的词语和儿歌内容，突出拼音服务于汉字的要求。部编版小学语文教材设计在词语中学习个别汉字，进一步体现拼音学习的价值，并在词语之间体现内在的逻辑联系。部编版小学语文教材中设计了不少儿歌，将音节复现，巩固学生所学的拼音，此环节能够增强趣味性，同时引导学生在朗读中积累语言，培养语感。

（4）拼音书写强调规范。课程标准要求学生正确书写声母、韵母、音节。部编版小学语文教材注重书写规范，也在四线格里增加了字母书写的笔顺。这样的编排体现了对书写的重视，包括对汉语拼音正确书写指导的重视。同时，正确的书写还有利于更好地识记这些拼音字母。每篇拼音教材后面都有每个字母的书写笔顺，教师应该严格按照课文中的书写笔顺来指导学生，引导学生观察字母的位置和书写的顺序，让他们自己去描几次红，去仿几次影，再到黑板上展示。

4. 拼音板块设计巧妙，突出语文要素

拼音板块集中呈现在 13 课拼音和 2 个“语文园地”中。每一课都选择了少而精的音节供学生练习拼读，精心选择使用频率高、与学生口语联系较为密切的生活常用音节作为学习内容。这些带音调的音节，都是有效音节，都有实际意义，可以与学生的口语建立起直接联系，使学生体会到拼音学习的价值。每一课都安排有词语，部分课程还有儿歌，要求学生结合词语和儿歌认识拼音。这些词语都是由学生学过的音节组成的，每课的多个词语之间都存在内在的逻辑关系，而所选的儿歌也都包含本课新学的音节，可以使学生初步感知语言的特点。这些词语和儿歌，为学生巩固拼音知识、复习本课内容及前面学过的字母和音节提供了语境，体现了拼音学习的工具价值，同时引导学生积累语言，形成初步的语感。

“语文园地”的活动设计重视对难点进行强化练习，集中解决读音易错、字形易混的字母和音节，特别强调在语境中复习拼音。在内容的具体安排上，突出重点，突破难点，保证学生有效、高效地学习拼音。“语文园地”中复习巩固拼音的活动形式丰富多样，引导学生在各种有趣的游戏活动中复习音节，将复习拼音与认识事物相结合，同时关注学生的思维发展，关注学生的成长，将拼音的学习植根于提高语文素养的大背景中，综合考虑育人的因素，而不仅仅着眼于拼音知识的学习。

（二）拼音学习的短期目标与长期目标

拼音的学习是贯穿整个小学阶段的，但每个阶段的教学任务不一样。一年级要求达到的最低的目标是准确拼读，正确书写；二至四年级要求在运用中巩固、熟练；五、六年级逐渐满足信息社会对拼音使用的要求。

第二节　小学语文汉语拼音的拼读和拼写规则

一、小学语文汉语拼音的拼读规则

对于刚入学的小学生来说，要掌握枯燥、抽象的汉语拼音是有一定难度的。根据《汉语拼音方案》的内容，从声母、韵母、声调的认读，以及音节的拼读方法两方面对小学语文汉语拼音的拼读规则进行介绍。

（一）声母、韵母、声调的认读

汉语拼音音节通常由声母、韵母、声调三部分组成，因此，学好汉语拼音，需要掌握声母、韵母、声调的发音方法和规律。

1. 声母的认读

声母是指音节中位于元音前头那部分，大多是音节开头的辅音。例如，“好”（hǎo），辅音 h 就是它的声母。有的音节不以辅音开头，元音前头那部分就是零，习惯上称为“零声母”，例如，“爱”（ài）。汉语拼音的声母共有 23 个，其中 21 个为辅音声母，外加 y（读作 ya）、w（读作 wa）2 个零声母。辅音声母的发音部位及发音方法，具体见表 5－3：

表 5－3　辅音声母的发音部位及发音方法

发音部位	塞音		塞擦音		擦音		鼻音	边音
	清音 不送气	清音 送气	清音 不送气	浊音 送气	清音	浊音	浊音	浊音
双唇音	b ［p］	p ［p‘］				m ［m］		
唇齿音					f ［f］			
舌尖前音			z ［ts］	c ［ts‘］	s ［s］			

续表

发音部位	塞音		塞擦音		擦音		鼻音	边音
	清音	清音	清音	浊音	清音	浊音	浊音	浊音
	不送气	送气	不送气	送气				
舌尖中音	d［t］	t［t‘］					n［n］	l［l］
舌尖后音			zh［t］	ch［tʂ‘］	sh［ʂ］	r［ʐ］		
舌面音			j［tɕ］	q［tɕ‘］	x［ɕ］			
舌根音	g［k］	k［k‘］			h［x］			

b（玻），双唇闭合，挡住气流，然后双唇突然打开，让气流爆发出来，声带颤动。

p（坡），发音部位与方法与 b 相同，但是气流较 b 强，声带颤动。

m（摸），双唇闭合，把气堵住，发音时，气流从鼻腔透出成声，声带颤动。

f（佛），上齿接触下唇，形成一条狭缝，让气流从狭缝中摩擦而出，声带颤动。

d（的），舌尖抵住上齿龈，挡住气流，然后舌尖突然离开，吐出微弱的气流，声带颤动。

t（特），发音部位与方法和 d 基本相同，不同的是送出的气流比较强。

n（呢），舌尖顶住上齿龈，挡住气流，让气流通向鼻腔，从鼻孔出来，声带颤动。

l（勒），舌尖顶住上齿龈，不顶满，让气流从舌头两边出来，声带颤动。

g（哥），舌根抬起抵住软腭，挡住气流，然后突然打开，吐出微弱的气流，声带颤动。

k（颗），发音部位与方法跟 g 大体相同，只是吐出的气流比较强。

h（喝），舌根靠近软腭，形成一条狭缝，让气流从狭缝中摩擦而出，声带颤动。

j（机），舌前部抬起贴紧硬腭前端，然后再将舌稍稍离开，与硬腭形成一条狭缝，让气流从狭缝里挤出来，声带颤动。

q（七），发音部位、方法跟 j 大体相同，只是送出的气流较强。

x（西），舌前部抬起靠近硬腭，形成一条狭缝，让气流从中摩擦而出，声带颤动。

z（资），舌尖向前平伸，抵住上齿背，憋住气，然后舌尖稍稍离开，形成狭缝，让气流从中挤出，声带颤动。

c（次），发音部位、方法跟 z 大体相同，只是吐出的气流较强。

s（思），舌尖向前平伸，靠近上齿背，形成一条狭缝，让气流从中挤出来，声带颤动。

zh（知），舌尖翘起，抵住硬腭前部（上牙床后面的部位），然后舌尖稍稍离开，让气流从狭缝中挤出来，声带颤动。

ch（吃），发音部位、方法跟 zh 大体相同，只是吐出的气流较强。

sh（师），舌尖翘起，靠近硬腭前端，形成一条狭缝，让气流从中挤出来，声带颤动。

r（日），发音部位、方法跟 sh 相同，但是发音时舌的两侧要卷起。

y 和 i 的音相似，只是 y 是声母，声母发音较轻快；i 是韵母，韵母发音时较响亮。

w 和 u 的音相似，只是 w 是声母，声母发音较轻快；u 是韵母，韵母发音时较响亮。

2. **韵母的认读**

韵母是指音节后面的部分，例如，“海”（hǎi）这个音节，ai 就是韵母。韵母又分单韵母和复韵母。只包含一个元音的，叫单韵母；包含几个元音或者由元音、辅音组合而成的，叫复韵母。汉字音节的韵母，由韵头、韵腹、韵尾三部分组成。韵头，称介音；韵腹，称元音；韵尾则有元音和辅音两种。以“卡”字而论，q 是声母，ia 是复韵母，其中 i 是韵头，a 是韵腹。部编版小学语文教材中，汉语拼音的韵母包括 6 个单韵母和 18 个复韵母。其发音特点和方法具体如下：

（1）单韵母。

a（啊），嘴巴张大，舌位较低，舌身后部微微隆起。

o（喔），嘴巴圆圆，舌身略向后缩，舌身后部稍微隆起。

e（鹅），嘴巴扁扁，舌位高低与 o 大体相同，只是嘴角向两边展开。

i（衣），牙齿对齐，口形扁平，舌尖接触下齿背，使舌面前部稍微隆起。

u（乌），嘴巴尖尖，双唇拢圆，留一小孔，舌头向后缩。

ü（鱼），发音与 i 基本相同，舌尖抵住下齿背，只是嘴唇撮成圆形，略向前突出，舌尖抵住下齿背。

（2）复韵母。

ai 先发 a 的音，这个 a 比单念 a 时舌位靠前。发 a 后，舌头慢慢上升，嘴慢慢闭合，快到 i 的舌位时停止。由 a 到 i 有一个滑动的过程。

ei 先发 e 的音，然后向 i 滑动。发 e 的音时，舌位要比单念 e 靠前，发音也更响一些。

ui 是 u 和 ei 的结合，发音时，先发 u 的音，接着发 ei 的音，口型由圆到扁。

ao 先发 a 的音，比单念 a 时舌位靠后，要发得长而响亮，接着舌头逐渐抬高，口型收拢，变圆，发出近似 u 的音，要轻短。

ou 先发 o 的音，接着嘴唇逐渐收拢，发出 u 的音，o 念得长而响亮，u 念得短而模糊。

iu 是 i 和 ou 的结合，发音时，先发 i 的音，然后逐渐把声音过渡到 u。u 要比单韵母 u 的口型大一些，舌位低一些，u 的响度比 i 的大。

ie 发音时，由发 i 的音开始，接着发 ê 的音，口腔半开，中间气不断。ie 中 e 的读音与单念的e不同，这里的e念ê，口半开，嘴角咧开，舌尖抵住齿背，舌头靠前，嗓子用力。

üe发音时，由ü开始然后向ê滑动，口形由合到半开，中间气不断。这里e也念ê。

er发音时，e表示发音时舌头的位置，r表示卷舌的动作。在发出单韵母e的音时，把舌头卷起来抵住硬腭，就成了er。

an、en、in、un、ün由母音和鼻尾音组成。鼻尾音是-n，发音时，要用舌尖抵住上齿龈，软腭下垂，让气流从鼻腔透出。

ang先发a的音，然后舌根抵住软腭，气流从鼻腔出来。

eng先发e的音，紧接着舌根后缩，抵住软腭，气流从鼻腔出来。

ing先发i的音，舌尖向下，舌头向后缩，舌根抬起并抵住软腭，气流从鼻腔出来。

ong先发o的音，紧接着舌头后缩，舌根向软腭靠拢，气流从鼻腔出来。

其中，需要注意的几个发音：

i音与y音、u音与w音相似，只是i和u是韵母，韵母发音时较响亮；y和w是声母，声母发音较轻快。

ye（叶），读作ie，ye不能拼读，只能整体读；yue（月），读作üe，和ye一样，不能拼读，只能整体读。

yi、yin、ying、wu分别读作i、in、ing、u。

yu、yue、yun、yuan分别读作ü、üe、ün、üan。

j、q、x、y的后面不跟u只跟ü，而且去掉两点，yu、qu、xu、yu。

标音调时，有a标a，没a标o或e；i和u在一起时，标在最后一个上面。

3. 声调的认读

声调是指音节中具有区别意义和作用的音高变化。声调表示字音的高低升降变化，是音节中不可缺少的部分，具有区别字义的作用。相同音节标上不同声调会产生不同的字音、字形、字义，诸如bāo（包）、báo（薄）、bǎo（保）、bào（报）。汉语拼音有四种声调，即第一声（ˉ）、第二声（ˊ）、第三声（ˇ）、第四声（ˋ），又叫阴平、阳平、上声、去声。它们的读法是一声平，二声扬，三声拐弯，四声降。

（二）汉语拼音的拼读方法

1. 拼读法

拼读时，前音轻短，后音重。拼读法包括双拼法、三拼法、整体认读法。例如，b + a = ba。

（1）双拼法，将声母和韵母两部分直接拼读。例如，g—uāng→guāng（光），m—íng→míng（明）。

（2）三拼法，将声母、韵头、韵身三部分连读。这种方法只适用于有韵头的音节。例如，j—i—ā→jiā（加），q—i—áng→qiáng（强）。

（3）整体认读法，先做好发声母的准备，然后读带声调的韵母。例如，“班”字，先摆好发 b 的架势，然后用 ān 冲开架子，连成音节，就发出了 bān。

2. 直呼法

直呼法是指直接一口呼出所要拼读的音节的方法。这种方法基本上适用所有汉字的发音。直呼音节的发音过程是，看到汉语拼音不需要拼读，能一下子读出音节，这是一种熟能生巧的技能。直呼音节的出现，是为了帮助阅读，实现拼音辅助阅读的功能。

二、小学语文汉语拼音的拼写规则

（一）笔画顺序规范书写

课程标准对汉语拼音的要求是不仅要会认读，还要会写。拼音的书写要求按照字母书写的规范进行，字母的书写由一笔到四笔不等的笔画构成，要求学生按照笔画顺序规范书写。在汉语拼音字母中，一至四笔写成的字母分别有：

一笔写成的字母有：o、e、c、z、s、l。

二笔写成的字母有：a、i、y、w、b、p、f、d、t、n、g、k、h、j、q、x、r。

三笔写成的字母有：m。

四笔写成的有：ü。

（二）音节规范拼写

根据《汉语拼音方案》，汉语拼音音节的拼写要遵循以下原则：

1. 标调规则

有 a 不放过，没 a 把 o、e 戴，i、u 并列标在后，最后再找 u。

2. 隔音符号使用规则

a、o、e 开头的音节连接在其他音节后边，如果音节的界限发生混淆，就要用隔音符号（’）隔开。如：

kù’ài（酷爱）→ kuài（快）　shàng’è（上腭）→ shāngē（山歌）

xī’ān（西安）→ xiān（先）　dǎng’àn（档案）→ dāngàn（单干）

3. ü 上两点的省略

音节中，若有元音 ü，ü 上两点只有与 n、l 相拼时需要加上，其余均要省略。声母 j、q、x、y 与 ü 相拼时，写成 ju、qu、xu、yu。如：

nǚ（女）— nù（怒）　lǜ（绿）— lù（路）

j—ü→jù（句）　q—üe→què（却）

第三节　小学语文汉语拼音课教学设计策略

课程标准中的“教学建议”提出：汉语拼音教学要尽可能有趣味性，宜多采用活动和游戏的形式，应与学说普通话、识字教学相结合，注意汉语拼音在现实语言生活中的运用。因此，在拼音课教学设计时，应围绕部编版小学语文教材中整合、轻松、有趣、弹性的情境图，将拼音知识内容与情境图有效整合，营造轻松、欢快、高效、有趣的拼音教学课堂。

在拼音教学中，要紧紧围绕课程标准的要求实施教学，虽然拼音教学内容主要集中在部编版小学语文一年级上册中，但拼音教学贯穿整个小学阶段。各学段的拼音学习要求和任务各有侧重。例如，第二单元中出现的生字词只要求会读、会认即可，不需要书写，也不需要进行具体的字形分析；儿歌的教学旨在巩固学生的拼音知识，激发学生的学习兴趣，教师在教学时可采用多种形式的朗读，不要求学生理解和背诵。同时，教师实施拼音教学需要有扎实的拼音基础知识，要把握好声母、韵母、声调的教学，也要把握好音节的拼读教学、词语和儿歌教学，以及识字教学，并处理好拼音与识字之间的关系。汉语拼音课常用教学设计方法有以下几种。

一、情境图示法

部编版小学语文教材在拼音板块的设计上，特别注重情景图的设计。因此，在教学中应充分应用情境图示法。

1. 利用插图引导学生认识字母

拼音情境图具备示音、示形的特点，教师可以通过插图让学生快速、有效地掌握字母的形状和发音。

2. 利用情境图培养学生的观察能力

例如，在《zh ch sh r》拼音课的一幅图中，粗看只有长颈鹿、狮子、刺猬、猴子，但是仔细观察，我们就可以发现长颈鹿的脖子上挂着牌子，上面写着“值日”，包含本课中的“zh”“r”，小猴子的旁边还有一只蜘蛛，这些只有细心观察的学生才会发现。因此，在教学中，教师要鼓励、引导学生去观察和发现。

3. 利用情境图引导学生学拼读

课文中的插图内容十分丰富，当学生发现图中的事物后，教师可以出示音节词，让学生去拼读，这样就把音节词和情境图中的事物联系在一起了。

4. 利用情境图引导学生练习说话

教师可以引导学生先单句练说，再连句说话，然后创编说话，层层递进。部编版小学语文教材中的拼音部分充分体现了这一特色。教师可以选择接近生活、寓于情趣的插图，利用插图表音、表形的特点，启发学生掌握字母。例如，女孩唱歌“ɑ、ɑ、ɑ”，公鸡啼叫“o、o、o”，鹅在水中倒影“e、e、e”。

二、儿歌、游戏教学法

低年级的学生天真活泼、喜唱好跳，根据这一特性，教师应不失时机地利用学生智力发展的最佳时机，克服“满堂灌”的教学方式，积极挖掘教材本身所蕴含的快乐因素，把欢乐引进课堂。主要做法如下：

（1）深入理解教材，挖掘教材固有的快乐因素。

（2）努力做好直观教具，充分开展直观教学。

（3）针对学生注意力集中度低、好动好玩的特点，把游戏引进课堂。

（4）根据学生好胜心、进取心强的心理特点，组织课堂学习竞赛。

教师可以用“比一比”“赛一赛”“争红花”“夺红旗”“看谁的伙伴找得快”等方法，诱发学生的学习动机，激发他们对学习活动始终保持浓厚的兴趣，引导他们保持积极的态度和高度集中的注意力。

例如，为了把声母、韵母的音和形留在学生的记忆里，提高学生记忆的准确率、发音的正确率，教师可揣摩声母、韵母的形态特点，予以形象化的比拟，自编儿歌、口诀。比如教学单韵母 ɑ，教师可以用自编的两句口诀：张大嘴巴“ɑ、ɑ、ɑ”，小豆芽“ɑ、ɑ、ɑ”。前者可以帮助学生记住单韵母的发音和口形特点，后者可以引导学生学习和掌握字形特点。

三、实物演示法

教师可以用直观的办法来帮助学生准确发音，记住字形。例如，教学声母 f 和 t 时，先可以拿一根拐杖做教具，进行直观演示，拐杖朝下“t、t、t ”，拐杖朝上“f、f、f”，再在问答中揭示 f 和 t 的读音及写法，然后通过实物演示来检验发音的方法是否正确。

四、联系生活法

从学生的生活实际出发，使用熟悉的物品来教拼音。例如，在教 ge 时，教师可以联系哥哥、鸽子等。又如，在教 he 时，教师可以联系荷花、小河等事物来引导学生学习拼音。再如，在教 huɑ、guɑ 时，由于学生是第一次接触三拼音，对他们而言拼读有一定的难度，教师可以让学生先认识图片中的事物，让他们不断地朗读带有花和瓜的事物，并慢慢地学会拼读；还可以联系学生已学的生字来拼读音节，大大降低学生学习的难度；拼音学到一定程度后，可以先让学生用拼音来写日课表，再让他们写同学的名字。这样既加深了学生对拼音的印象，又让学生了解拼音在实际生活中的作用。

五、表演对比记忆法

部编版小学语文教材中有丰富的情景图。学生通过观察情景图，能够找到学习的拼音字母和拼读音节，借助情景图准确发音，记住字形。因此，学生要注意辨别形近字、不易辨认的字母发音。例如，区分 b、m、f 与 d、n、t 的读音和字形；区分 z、c、s 和 zh、ch、sh、r 的读音方法和写法；区分 p 与 q、n 与 l、g 与 k、h 与 w 的读音；区分韵母 ei、en、un、ui 的读音；等等。这些都是容易混淆的一些音节和字母。教师应充分利用部编版小学语文教材中的情景图，结合情景故事，引导学生学习拼音的形状和发音。

教师让学生仔细观察形近、易混的字母或字母组合的形体，找出它们的相同点和不同点进行对比记忆，并加入表演的元素，可以给学生留下深刻的印象。例如，b 和 d 两个声母，学生很易混，教师可以让两名学生盘腿相对而坐，让其他学生观察他们盘腿的样子，就像 b 和 d，再让其他学生分辨 b 和 d 半圆的方向，借此加深学生的记忆。

六、诵读法

拼音的学习以“读”为主，字母的学习、音节的拼读、词语和儿歌的学习都离不开朗读。通过朗读，学生可以掌握发音的方法，并掌握拼音的内容。因此，在教学中，教师应当尽可能地让学生开口朗读，增强其记忆力，并培养学生口语交际的能力。

好的教学设计是课堂实施的关键。拼音是学生识字和阅读的基础，抓好拼音课的教学尤为关键。在实际授课中，教师应灵活利用多种教学策略，为学生营造快乐、有趣、有效的拼音课堂。

附录 汉语拼音教学案例

一、课文呈现

《j q x》（部编版一年级上册，课文略）。

二、课文解读

本课由五部分内容组成：第一部分是 3 个声母，配有一个小院子的情境图。院子里，一只母鸡正在追赶着空中的蝴蝶，地上还有几只小鸡。“鸡”提示 j 的音，鸡和蝴蝶组合的构形提示 j 的形。桌上和桌边的西瓜提示 x 的音，桌上西瓜的刀切印提示 x 的形。另有 7 只彩色气球，“气”“7”提示 q 的音，气球的形状提示 q 的形。

第二部分是 j、q、x 和韵母组成的两拼音节、三拼音节。左边是 j、q、x 与韵母 i

组成的 2 个带调的两拼音节，以及与介母 i 以及韵母 a 组成的 2 个带调的三拼音节。右边呈现 j、q、x 和 ü 相拼且 ü 上两点要省略的拼写规则，并用拟人化的漫画表现了这一规则。

第三部分是“搭积木、下棋”两个词语，其中“棋”是本课要认的生字。左边是两幅图，一幅图中的小兔正在搭积木，另一幅图中的猩猩和瓢虫对坐着下棋。

第四部分是儿歌《在一起》，其中 qǐ、jī、xǐ、xì 是本课新学的音节，“鸡”是本课要认的生字。

第五部分是本课要求会认的生字“棋、鸡”，要求书写的字母 j、q、x 的笔顺及其在四线格中的位置。

三、设计要点

1. 通过看图想象、结合生活实际等方式，认识 j 、q 、x 三个声母，并读准音，认清形。

2. 借助教材情境图设计情境故事，让学生在情境中掌握 j、q 、x 的音形和拼读音节。

3. 通过游戏、儿歌等教学环节让学生在玩中学、学中玩，快乐地学习。

四、案例展示

【教学目标】

［知识与技能目标］

1. 认识 j、q、x 三个声母，读准音，认清形。

2. 拼读 j、q 、x 的二拼音节与三拼音节。

3. 借助四线格，正确书写 j、q、x。

4. 让学生在生活中寻找学习过的拼音，增加其对拼音的理解。

［过程与方法目标］

1. 通过观察画面的方式，引导学生在图画中寻找字母。

2. 借助情境，感知 j、q、x 与 ü 相拼时，ü 上两点要省略的规则。

［情感态度与价值观目标］

1. 充分借助插图的情境激发学生的兴趣，使之在美的熏陶、自我探索、自我发现过程中愉快地认读、书写。

2. 通过创设情境、读儿歌等环节，激发学生学习拼音的兴趣。

【重点难点】

［重点］

j、q、x 与韵母的拼读。

［难点］

j、q、x 与 ü 组成音节时，ü 上两点要省略的规则。

【教学过程】

第一课时

环节一 整体感知

1. 复习导入。

师："在前面的几次旅行中，我们已经认识了好多拼音王国中的小伙伴。大家还记得这些小伙伴吗？"

2. 复习巩固。

师：（出示课件，认读声母）"瞧，老朋友来了，快点喊出大家（b、p、m、f、d、t、n、l、g、k、h）的名字吧！"

3. 创设情境。

（1）介绍情境。

师："刚刚和老朋友打过招呼了，大家还想认识新朋友吗？你们来得真凑巧，明天就是小红的生日，她的爸爸妈妈正准备帮她开个热闹的家庭生日会呢！"

（2）出示图片：书中关于 j、q、x 的情境图。

（3）看图说话：小红的爸爸妈妈做了哪些准备。

（4）认识新声母：小红的爸爸妈妈准备了很多东西，这里面藏着三个新朋友，就是 j、q、x。

（5）板书课题，学生齐读。

[设计思路] 在复习所学声母的基础上，教师利用学生喜欢听故事的特点，创设情境，自然过渡，引导学生在画面中观察和思考，激发学生学习的积极性。

环节二 情境学习

1. 学习 j。

（1）认清形：教师带领学生认识生字词。

（2）读准音：教师带读，"开火车"读。

（3）用口诀：小鸡，小鸡"j、j、j"，请学生编口诀。

（4）读音节：教师教读 jī、jí、jǐ、jì，并带领学生齐读。

2. 学习 q。

（1）引出形：小红的爸爸妈妈准备了好多气球呀！我们一起来数一数，一共有 7 个气球。

（2）读准音：气球的"气"把声调去掉，读得轻一点、短一点，就是 q 的读音。教师指名读，让小组齐读。

（3）用口诀：7 个气球"q、q、q"。

（4）巧比较：q 和 p，仔细观察这两个声母，有没有更好的办法来区分？右上半圆“p、p、p”，7 个气球“q 、q 、q”，q 半圆的方向和 7 横的方向是一样的。

（5）拼一拼：qī、qí、qǐ、qì。

（6）课间操。

qī：1234567。（数数动作）

qí：121 真整齐。（踏步动作）

qǐ：懒虫懒虫快起来。（伸懒腰动作）

qì：别惹我，我很生气！（生气的表情）

3．学习 x。

（1）巧记形。

师：“妈妈招呼弟弟到树荫下吃西瓜，她右一刀，左一刀，一下手，就把西瓜切好了。右一刀，左一刀，就是声母 x。”（板贴：半个西瓜的图片）

（2）发准音。

师：“把西瓜的‘西’读得轻一点、短一点，就是声母 x 的读音。”

（3）编口诀。

师：“刀切西瓜‘x、x、x’。”

（4）拼一拼。

师：“xī、xí、xǐ、xì。”

4．玩游戏。

（1）区别形。

师：“j、q、x 这三个小家伙非常调皮，正躲在老师的手指里呢。看，这是谁？”（教师手指摆一摆形状，让学生猜一猜）

（2）玩一玩。

师：“同学们，你们想不想和老师一起来玩一玩手指游戏？请大家和我一起摆个 j。”

生：“我就跟你摆个 j。”

师：“大家和我一起摆个 q。”

生：“我就跟你摆个 q。”

师：“大家和我一起摆个 x。”

生：“我就跟你摆个 x。”

5．指导书写。

（1）观察 j、q、x 的位置。

（2）学习拼音字母书写笔顺。

（3）教师范写，学生练写。

（4）教师讲评，学生练习。

［设计思路］教师利用图片与生活中的词语发音，帮助学生读好j、q、x四声音节；利用手指游戏吸引学生注意力，引导学生区别字形，并练习书写，为下一步三拼音节的读和写打下基础。

环节三　儿歌总结

1．做小结。

师："这节课，同学们表现得特别棒，我们不但认识了j、q、x三个声母，还一起做了游戏。"

2．读儿歌。

师："j、q、x，j、q、x，爱和i、ü在一起。小鸡、蝴蝶'j、j、j'，七个气球'q、q、q'。刀切西瓜'x、x、x'，大家吃得很甜蜜。"

［设计思路］最后的儿歌既让学生复习了新授的j、q、x三个声母，又让学生联系了生活中的事物帮助其正确地发音。这样更符合低年级学生喜欢儿歌的特点，帮助学生巩固了拼音知识，还激发了学生的学习兴趣。这是一节课内容的总结和再现。

第二课时

环节一　知识复习

1．复习拼读。

师："请翻开课本第30页，大家一起拼读。"

2．随机检测。

师："打乱顺序'开火车'读j、q、x与i的四声音节。"

［设计思路］此环节既是上一节课内容的小结，又是新课的开始。教师让学生简单地复习拼读，为接下来的二拼音节与三拼音节的学习做准备。

环节二　拼读音节

1．三拼音节。

（1）直接过渡。

师："j、q、x这三个'声母宝宝'只有小i一个朋友，我们的小i可是非常热情哟！小i说：'你们得去认识更多的新朋友。'可是j、q、x很害羞，热情的小i就带着j、q、x一起去交朋友了。"

（2）三拼音节。

师："小i先带着j来和ɑ交朋友了，小i站在中间，左手牵着j，右手牵着ɑ，组成了一个三拼音节。"（拼音卡片演示）

（3）带调拼读。

师："jiā、qiā、xiá。"

2. ü 的拼读。

（1）趣味规则。

师："看到小 i 和 j、q、x 玩得这么开心，小 ü 也来了。（出示板贴画卡通 ü）你们看，戴着帽子的小 ü 真可爱。小 ü 也想和 j、q、x 交朋友。小 ü 特别有礼貌，走到 j、q、x 面前（把卡通小 ü 贴到 j、q、x 边上），轻轻地把帽子摘下来（把板贴画上小 ü 的帽子取下），然后彬彬有礼地说：'我可以和你们交个朋友吗？'这一次，有人主动来交朋友，j、q、x 就不觉得害羞了。于是，小 ü 就和 j、q、x 手拉着手，一起做起了游戏，嘴里还唱着：'小 ü 见到小 j、q、x，摘掉帽子还是 ü。'"

（2）练习拼读。

（3）游戏巩固。

师："小 ü 真调皮，一会儿戴帽，一会儿脱帽，害得我们差点认不出来，我们一起去找一找吧。"（出示音节，请学生找出有 ü 的音节，拼一拼）

（4）教师总结。

师："藏在 j、q、x、y 后面的，看着像 u 的韵母，都是 ü。"

［设计思路］在情境中练习 j、q、x 三拼音节，在游戏中巩固 j、q、x 与 ü 相拼时 ü 上两点省略的规则。这样既可以节省时间，又可以给学生一个挑战自己的平台。

环节三　看图认字

1. 看图说话：图上画着谁？

2. 拼读词语："搭积木""下棋"。

3. 认读"棋"字，口头组词。

4. 学习儿歌。

5. 齐读儿歌。

师："小红家的小鸡很淘气，它们到哪儿去了？配上动作读一读，同桌合作读一读。"

6. 认读"鸡"字，组词。

［设计思路］联系画面和生活经验，教师让学生认读"搭积木""下棋"两个词语，同时适当拓展带"棋"和"鸡"两个字的词语，通过词语指导学生准确发音。

环节四　巩固练习

师："丰收的季节到了，快看，树上挂满了新鲜的'苹果'！谁能把'苹果'上的拼音读准确，'苹果'就送给他。"

［设计思路］在课件中，教师把所有音节打乱顺序放在苹果图上呈现，以游戏的方式帮助学生复习与巩固知识点，并以此作为一节课的收尾。

第六章　小学语文阅读课教学设计

第一节　小学语文阅读课概述

阅读是运用语言文字来获取信息，认识世界，发展思维，并获得审美体验的活动。它是一个从视觉材料中获取信息的过程。视觉材料主要是文字和图片，也包括符号、公式、图表等。阅读又是一种主动的过程，由阅读者根据不同的目的加以调节和控制。依据阅读内容及阅读目的的差异，阅读可以分为信息式阅读、文学作品阅读、经典著作阅读、麻醉性阅读等几种情况。

语文课程兼具工具性与人文性，通过课内课外阅读的开展和指导，培养学生多方面的能力，提高学生的品德修养和审美情趣，积淀学生的人文底蕴，使其逐步养成良好的品性和健全的人格，促进其和谐发展，这是语文课程的目的之一。语文课外阅读是学生语文学习的有机组成部分，对提高学生的人文素养起着至关重要的作用。

一、小学语文课程标准的阅读目标

关于阅读，课程标准设置了总目标和学段目标。总目标是具有独立阅读的能力，注重情感体验，有较丰富的积累，形成良好的语感，学会运用多种阅读方法，能初步理解、鉴赏文学作品，受到高尚情操与趣味的熏陶，发展个性，丰富自己的精神世界，能借助工具书阅读浅易文言文。一至六年级学生的课外阅读总量应在400万字以上。小学阶段的学段阅读目标，具体见表6－1：

表 6-1　小学阶段的学段阅读目标

目标项	第一学段	第二学段	第三学段
阅读方式	借助图画阅读；结合上下文和生活实际了解课文中词句的意思	联系上下文，理解词句的意思，体会课文中关键词句在表达情意方面的作用。能借助字典、词典和生活积累，理解生词的意义；学习略读，粗知文章大意	借助词典理解词语在语言环境中的恰当意义，辨别词语的感情色彩；联系上下文和自己的积累，推想课文中有关词句的意思，体会其表达效果；学习浏览
内容把握	向往美好的情境，关心自然和生命	初步把握文章的主要内容，体会文章表达的思想感情	揣摩文章的表达顺序，体会作者的思想感情，初步领悟文章基本的表达方法
文章体裁	童话、寓言、故事、儿歌、童谣和古诗	叙事类作品	说明性文章；叙事类作品；阅读诗歌
朗读方式	正确、流利、有感情地朗读课文；学习默读	能用普通话正确、流利、有感情地朗读课文；学会默读并提出质疑。诵读优秀诗文	能用普通话正确、流利、有感情地朗读课文。默读有一定的速度。背诵优秀诗文 60 篇
积累	词语；成语和格言警句	优美词语、精彩句段；课外阅读材料	扩大知识面，根据需要搜集信息
标点符号	认识常用标点符号；体会句号、问号、感叹号所表达的不同语气	体会句号与逗号的不同用法，了解冒号、引号的一般用法	体会顿号与逗号、分号与句号的不同用法
课外阅读量	不少于 5 万字	不少于 40 万字	不少于 100 万字

二、部编版小学语文教材的阅读设置特点

（一）采用更加灵活的单元结构体例

1. 教材采取“双线组织单元结构”编排内容

部编版小学语文教材各单元内容按隐线“人文主题”和明线“语文要素”来组织。每个单元的若干篇课文大致体现一个主题，但不明确命名；而将“语文要素”的各种基本因素（包括基本的语文知识、必需的语文能力、适当的学习策略和学习习惯，以及写作、口语训练）分成若干个“点”，由浅入深，由易及难，由知识到能力，分布在各单元的“单元导读”（或“思考题和拓展题”）“综合性学习”“写作”“名著选读”等中间，使语文知识的学习、语文能力的培养等得到落实。

2. 教材提供一个框架，将各类知识课型融入一个板块，构成阅读单元

从三年级开始，每一单元基本上由教读课、自读课、口语交际、习作和语文园地构成。有的单元按文体来组织，有的单元按主题来组织，各不相同。教学实践中可以

大致依照几个板块的顺序进行，也可以灵活安排。

（二）倡导课内外大量阅读

1. 设置以阅读策略为主线组织的单元内容

集中学习某些阅读策略（包括预测、提问、阅读速度、有目的地阅读等），教学生怎样阅读。这类单元的编排体例不同于普通单元，不是以双线结构的方式来编排的，而是以阅读策略为主线进行编排的。具体安排如下：三年级上册——预测，四年级上册—— 提问，五年级上册——阅读速度，六年级上册——有目的地阅读。阅读策略单元的结构体例与阅读单元基本相似，由教读课文、自读课文、识字写字、课后思考练习题、习作、语文园地（三年级有口语交际）组成。这类单元与普通阅读单元不同的是：人文主题一线不明显；以一个阅读策略为教学目标，把三四篇课文紧密联系起来，作为一个整体呈现，后一篇课文是前一篇课文的提高，以突出单元阅读策略教学目标的层次性、递进性和发展性。

例如，部编版小学语文三年级上册第四单元，是以“预测”为主线编排的阅读策略单元；部编版小学语文四年级上册第二单元阅读策略是“提问”，围绕这个阅读策略精心安排每一篇课文，如表 6-2 所示。

表 6-2 部编版小学语文四年级上册第二单元课文及其内容设置

第二单元	课文内容设置
第一篇，教读课文	大胆提问；分类整理问题清单
第二篇，教读课文	尝试从不同角度提问；旁批、尾批和课后题示范
第三篇，教读课文	学习筛选问题；旁批、尾批、课后题示范
第四篇，自读课文	提出问题；问题分类；筛选有价值的问题；尝试解决

2. 倡导大量阅读，把课外阅读纳入教材体系

部编版小学语文教材采取“教读”“自读”和“课外阅读”三位一体的编排方式。将“精读”改为“教读”，“略读”改为“自读”，明确“教读，主要是教师教，一般要求讲得比较细，比较精。教读就是教师给例子，给方法，举一反三，激发学生读书的兴趣”；“自读”课文强调学生自己读，明确“自读，主要不是教师讲，而是学生自己读，把教读课学到的方法运用到自读课中，很多情况下，自读课就是自主性地泛读”。部编版小学语文教材从三年级开始安排自读课文，指向“粗知文章大意”的教学目标。自读课文的呈现方式与教读课文有所不同，不安排写字，不设课后练习，而是在文前安排“阅读提示”，提出要求学生思考的问题，或提出相关的学习建议。自读课文可以迁移运用在教读课文中学到的方法，比如《不懂就要问》的阅读提示：把有新鲜感的词句画下来和同学交流。这既可以体现本单元的学习重点，也可以引导学生自主交流阅读体验，并交流自己感到新鲜的词句。课型不同，功能也就不同，只有配合进行，才能更好地完成阅读教学。教材还着重解决“两个问题”：一是如何强化运用阅读策略方法进行阅读；二是如何提高学生的阅读速度，让学生有方法有速度地阅读，合力提高阅读质量。根据教学需要，一些课文后面安排有文字或图片形式的“资料袋”和“阅读链接”，提供与课文内容相关的背景资料和一些知识，引导学生更加主动地了解与课文相关的信息，拓宽学生的视野，加深其对课文的理解，增强其学习的趣味性。

把课外阅读纳入教材体系也是部编版小学语文教材的一大特色。课外阅读课程化，“书香社会”有了真正的落点。小学一年级学生先识字、读儿歌童谣、听故事，再学拼音，最后学《和大人一起读》栏目。每册教材中的课文篇数减少了，阅读量却增加了。《快乐读书吧》《和大人一起读》等栏目让亲子阅读、“无压力”阅读、自主阅读、全民阅读的“读书线”贯穿始终。

另外，本套教材还特别重视阅读策略、阅读技能，诸如朗读、默读、快读、浏览、跳读等训练，使学生有方法地阅读。

（三）以立德树人为核心，选文坚持“经典性、文质兼美、适宜教学、时代性”四个标准

部编版小学语文教材重视学生语文核心素养的培养和语文知识体系的构建。以语文核心素养为统领，从以下六个方面循序渐进、潜移默化地体现“国家意识”：社会主义核心价值观教育、革命领袖和革命传统教育、中华优秀传统文化教育、民族团结教育、海洋与国家主权教育、法治教育。具体体现为增加和保留传统经典篇目、革命传统篇目和古诗文。

教师授课时，对语文知识点、能力点、训练点要做到心中有数，做到“一课一得”。

（四）加强文体意识的培养

弱化策略，淡化文体，是造成阅读教学效益低的重要原因。一些教师不管课文是什么文体，基本上是按记叙文的模式去教学。本是虚构的小说，比如《桥》，却当纪实作品教学；本是神话的《普罗米修斯》，孩子却真以为人间的火是“盗来的”。树立文体意识，就是对不同文体运用不同的教学方法，进行不同的解读，如小说教学时关注的是人物形象、环境描写和情节发展等。这套教材编排的文学作品超过历套教材，很多单元都以文学体裁来编排。教学时关注什么、怎么教，教师要认真研究，要教出这一文体的特点。教师要加强文学修养，大量阅读文学作品，诸如寓言、童话、神话、民间故事、小说、诗歌、散文等。《快乐读书吧》栏目，每学期一两次，每次安排某一种文体的阅读，如儿童故事、童话、寓言、民间传说、科普读物等的阅读，让学生接触各种文体，具备基本的文体知识，激发他们阅读各种类型读物的兴趣，有意识地让他们掌握一些读书方法。

（五）重视打好阅读的基础

1. 朗读能力的培养

这点要求和以往的人教版教材一样，几乎每篇课文的练习都是“用普通话正确、流利、有感情地朗读课文”，落实课程标准的要求。

2. 随文识字

每篇教读课文后一般有要求认读和要求会写的字，要求认识的字排在横条里，要求会写的字排在方格里。教读课文中学生不认识的字，出现一次注一次拼音。课后练习、资料袋、阅读链接里学生不认识的字，只在全册第一次出现时注音，后面出现均不注音。生字注音用圆括号标出，多音字随文注音，用方括号标出。

3. 重视词句的积累和运用

每篇教读课文后一般编排2—4道练习题。第一题常常是提出朗读要求，帮助学生整体感知课文内容；第二题或第三题一般以不同方式引导阅读，启发学生思考，帮助其理解课文内容、体会思想感情、揣摩关键词句含义、学习遣词造句的方法、领悟表达效果、学会合作学习等；最后一题常引导学生注重知识积累，通过背诵、摘抄、有感情地朗读等形式积累课文中的好词佳句。

4. 标点符号的运用

有一则轶闻，说的是20世纪30年代鲁迅先生在上海从事文学期刊编辑出版活动时，收到一青年文学爱好者一份没有标点的投稿，并附了一篇文章说明称：我对标点符号向来不大在乎，请编辑先生代为补上好了。鲁迅当即回书一封说：我们对文字向来是不大在乎的，请把标点符号寄来，文章由我们代为补上即可。这则轶闻不见于今天已出版的鲁迅书信集，但它在社会上传播开来了，说明标点对于文章来说，的确是不可忽视的构成要件之一。部编版小学语文教材很重视标点符号的运用这一基础训练，在课后练习、语文园地及作文训练中都做了安排。

5. 重视阅读和表达的关系

在语文教学中，阅读是表达的基础，表达是阅读的运用和延伸，二者之间互相影响，互相促进。教材部分课文后面安排《选做题》《小练笔》（或《综合性学习》）栏目，把阅读和语言表达及阅读和写话、习作结合起来，引导学生结合课内外知识，加强实践与探究，使学习内容与形式更加丰富。

6. 连环画课文的编排

多数课文中有与课文内容密切相关的插图，这些图画形象、直观地再现了课文情境，有利于激发学生的阅读兴趣，帮助学生理解文章内容。

第二节　小学语文阅读课文的体裁与教学

文体，即文章的体裁。广义的文章的体裁可分为两大类：一是应用文，二是文学作品。常见的应用文有书信、启事、通知、消息、电报、广播稿、申请书、合同等。文学作品主要是指小说、诗歌、散文、戏剧四大类，其中散文的范围最广，包括杂文、小品文、寓言、童话、随笔、札记、报告文学、游记、读后感、演说辞、评论等。

一、文体与教学的关系

作家创作时选择的文体，决定着这篇文章的谋篇布局和语言形式。古人说“定体然后可以言工拙”，意思是说，对文体有了确认之后才可以研讨文章的优劣。应用到我们的教学中来是“定体然后可以言策略”。不同的文体，需要选择不同的教学策略，以便最大限度地引导学生了解其文体特征，感受其语言特色。教师应该不单具备文体意识，还应该了解各类文体的特点，以及文体之间的差异，在文本阅读和教学中引导学生开展阅读和写作。只有尊重文体特征，才能选择正确的教学方法，有针对性地提高学生的语文素养。

文体意识淡薄，是小学语文教学一个突出的问题，无论什么文体，基本上按照同样的方法展开教学，很多文学作品因此失去了其独有的魅力。部编版小学语文教材主编曾在新教材培训讲座上针对这个问题说：不管学什么文体，无论小说、散文、诗歌、童话、议论文、科技文，全都用差不多的程序和讲法。有的上诗词课，也要分析主题意义，上童话课，就和小说差不多，还是人物性格、艺术手法等。不同的文体课型应当有变化。造成这样的原因有三：一是部分教师弄不清楚各文体的归类及特点；二是有的教师习惯某一种教学思路，无论哪一篇课文都是同样的教法；三是部编版小学语文教材编排时是沿着主题和语文常识双线安排和选择课文的，不一定以文体为单元组织，文体被许多教师忽略了。

实践证明，精彩高效的阅读课堂，必然有意无意地契合文本的文体特征。因此，循着文体的特征去教学，尊重文本的文体特征，把童话教成童话，把小说教成小说，把散文教成散文，才能使语文教学朝着更为本真自然、更为生气勃勃的方向发展。

二、课程标准要求掌握的文体

课程标准中各学段要求掌握的文体见表6－3。

表 6-3 课程标准中各学校要求掌握的文体

学段	文体
第一学段	童话、寓言、故事、儿歌、童谣、古诗
第二学段	叙事类作品
第三学段	说明性文章、叙事类作品、诗歌

小学三个学段，课标给出了阅读课涉及的文体，低年级主要是适合儿童阅读和朗诵的儿歌、童话、寓言、古诗等，到了第二学段和第三学段，逐渐提高对各类文体的认知和应用。这些文体之间也有一些交叉，比如叙事类作品，具体是哪一种没有明确，说明性的文章也只是一个类别，至于诗歌一类，包含了儿歌、童谣和古诗，这说明高年级的文件学习更注重文体的表现形式，诸如叙事类的叙述顺序和描写方法、说明类的说明顺序和说明方法。

教师应该遵循课程标准，根据不同的文体、不同年龄阶段的学生，给出不同的教学目标，依据文体本身的特点和学生自身的特点来实施教学，使阅读教学更加丰富、更加多元。

三、部编版小学语文教材的文体编排特点

部编版小学语文教材阅读课安排的文体包括文学类和非文学类，文学类主要有诗歌、散文、小说、童话、寓言、故事等，非文学类主要是说明文类和应用文类。

1. 按学段有层次地安排各类文体的文章，循序渐进地推进文体认知

依据小学三个学段不同的学情，教材中各类文体根据学生的认识特点由浅入深、循序渐进地推进。第一学段主要是儿歌和民谣等韵文类文章。这类作品内容浅显有趣，篇幅短小，节奏明朗，易于教学和学习，成为学生学习字词、掌握拼读的载体和平台。同时还安排大量童话故事类文章，有趣有故事，符合学生的认知特点。

第二学段开始加强文体意识的培养，不少单元导读直接说明单元的文体，课文和习作都围绕某种文体进行。比如部编版小学语文三年级上册第三单元的单元导读的学习提示是“乘着想象的翅膀，游历奇妙的童话王国，看花儿跳舞，听星星唱歌”，语文要素是“感受童话丰富的想象，试着自己编童话，写童话”。第二学段逐渐增加寓言及写景、写人和拟物散文，同时在小练习和语文园地中练习应用文，创造多元的儿童阅读环境，增强学生不同的阅读体验。值得关注的是，这个阶段出现了以普及科学常识为目标的科学小品文，运用散文的笔法来介绍科学知识和美景美地，诸如《美丽的小兴安岭》《日月潭》等篇目。

第三学段以叙事性、说明性的文章为主，穿插文学名著单元，引导学生积累文学知识、了解名家名篇、学习优秀文章的表达方式。

2. 在双线结构安排阅读课文的框架下，独立设置文体单元

这是部编版小学语文教材提高教师和学生文体意识的具体体现。这种突出文体的单元，可以让学生在学习中把握同一种文体在不同课文中的表现，展开对比，再运用到习作中，产生比较好的效果。(表6-4)

表6-4 部编版小学语文教材中同一种文体在不同课文中的表现

文体类别	出处	题目
故事	三年级上册	《总也倒不了的小屋》《胡萝卜的长胡子》《不会叫的狗》
童话	三年级上册	《去年的树》《那一定会很好》《在牛肚子里旅行》《一块奶酪》
民间文学	五年级上册	《猎人海力布》《牛郎织女》
说明文	五年级上册	《太阳》《松鼠》
小说	五年级下册	《草船借箭》《景阳冈》《猴王出世》《红楼春趣》
散文（游记）	四年级下册	《海上日出》《记金华的双龙洞》
神话	四年级上册	《盘古开天地》《精卫填海》《普罗米修斯》《女娲补天》
小品文	三年级上册	《富饶的西沙群岛》《美丽的小兴安岭》
寓言	三年级下册	《守株待兔》《陶罐和铁罐》《美丽的鹿角》

3. 叙事类作品依然是教读课和自读课的重心

小学语文阅读课的重头戏还是叙事类作品，主要包括叙事性散文、小说和故事等。既有名家名篇，也有普通文章，以叙事散文（记叙文）为主，包括记人、记事和写景拟物类，重点培养学生的观察能力，能够把握叙述六要素并运用到习作之中。

4. 增加一定数量的古诗文篇目

小学一年级开始就有古诗，整个小学6个年级12册共选有古诗文132篇，平均每个年级20篇左右，占课文总数的30%左右，比以往的人教版小学语文教材增加了很多篇幅，增幅达80%左右。其中古体诗有汉乐府诗，近体诗有唐绝句和律诗、宋诗和宋词，以唐绝句为主，从三年级开始每册的古诗词安排在两个阅读单元里，以及语文园地里的《日积月累》板块。

部编版小学语文教材所选用的古诗文，大多是意境深远、内容丰富、文字凝练、诵读起来朗朗上口的典范之作，能够丰富学生的文化底蕴，提升学生的传统文化素养，提高学生的语言文字运用水平。古诗词用词精准凝练，语言优美，能对学生的审美观念产生潜移默化的影响。例如，在《望庐山瀑布》这首诗里，李白借助“香炉”的紫烟描写了香炉峰的奇丽景观。用“挂”字把瀑布描写得既传神又壮观，用银河比喻瀑布又让人产生无限遐想。读了这首诗，既能培养学生的审美能力，又能丰富学生的想象力。

5. 重视学习生活中常见常用的应用文

应用文是日常生活、学习、工作中为解决实际问题而使用的一种常用文体，诸如书信、通知、请假条、留言条等，这些与小朋友的日常生活和学习也有很大关系。

教材中的应用文涉及书信、通知、留言、请假条、日记、启事、感谢信、表扬信、决心书、申请书、倡议书、观后感、读后感等。例如，部编版小学语文三年级下册第二单元语文园地“学写通知”，第七单元语文园地“学写寻物启事”。全套教材对常见的应用文进行了统筹安排，体量较大的“日记”“书信”等安排在单元习作中，“通知”这类体量较小的应用文以小练笔的形式呈现，有的还出现在口语交际中。

6. 说明类的文章贯穿各个年级

说明文是一种以说明为主要表达方式的文章体裁。小学教材每一册中都会有一个由一组知识性比较强的科普类说明文组成的单元，就内容而言，几乎占了小学语文阅读教材的八分之一，是小学语文教学内容的重要组成部分。第一学段以科普类小品文为主，诸如《植物妈妈有办法》《我是什么》《大自然的声音》。五年级时出现比较经典的说明文，诸如《太阳》《松鼠》，要求掌握说明顺序和说明方法，学习说明文严谨准确的语言。

7. 注重名家名著的文学阅读

小学阶段的中外文学著作多以节选为主。对于名家名篇的深入解读，主要从人物形象、情节、环境三要素来理解和把握。

部编版小学语文五年级下册第二单元是中国四大名著阅读策略单元，初步学习阅读古典名著的方法。由教读课《草船借箭》（《三国演义》片段改编）、《景阳冈》（《水浒传》改写）、《猴王出世》（《西游记》节选）和自读课《红楼春趣》（《红楼梦》节选）构成，配合习作“写读后感”。

部编版小学语文六年级上册第八单元“走进鲁迅”以认识名家鲁迅来组织单元，包括两篇教读课《少年闰土》（小说节选）和《好的故事》（散文），自读课文《我的伯父鲁迅先生》（散文）和《有的人——纪念鲁迅有感》（诗歌）。本单元以人物为中心组织学习内容，旨在引导学生透过鲁迅的笔触和别人眼中的鲁迅，初步认识和了解鲁迅，感受鲁迅这位“文学巨匠”“民族旗帜”高尚的品格和伟大的成就。通过本单元课文的学习，学生能比较全面、深刻地了解鲁迅其人，从中受到感染、熏陶和教育。

部编版小学语文六年级下册第二单元为世界名著阅读单元，教学目标是了解故事梗概，把握名著的主要内容，交流人物和情节。由教读课《鲁滨逊漂流记（节选）》（小说）故事梗概加片段节选，自读课《骑鹅旅行记（节选）》（童话）和《汤姆索亚历险记（节选）》（小说），以及习作“写故事梗概”构成一个单元。

第三节　小学语文诗歌教学设计

诗歌是一种用高度凝练的语言，形象表达作者丰富的情感，集中反映社会生活，并具有一定节奏和韵律的文学体裁。在形式上，诗歌不是以句子为单位，而是以行为单位。在各种文学体裁中，诗歌的抒情性最强。《毛诗序》记载："诗者，志之所之也。在心为志，发言为诗。"南宋严羽《沧浪诗话》云："诗者，吟咏性情也。"

诗歌起源于上古社会，是因劳动生产、两性相恋、原始宗教等而产生的一种有韵律、富有感情色彩的语言形式。早期诗、歌与乐、舞联系在一起，诗即歌词，在实际表演中总是配合音乐、舞蹈而歌唱，后来诗、歌、乐、舞各自发展，独立成体。劳动号子、歌谣、《诗经》《楚辞》、汉乐府诗、魏晋南北朝民歌、唐诗、宋词、元曲、明清诗歌、现代诗是诗歌发展的基本脉络。

一、诗歌的特点及教学策略

我国现代诗人、文学评论家何其芳曾说：诗是一种最集中地反映社会生活的文学样式，它饱含着丰富的想象和感情，常常以直接抒情的方式来表现，而且在精练与和谐的程度上，特别是在节奏的鲜明上，它的语言有别于散文的语言。这个定义性的说明，概括了诗歌以下几个基本特点。

1. 集中概括性

诗歌是指用高度凝练的语言，集中地反映现实生活和诗人的独特感受。由于诗歌分行排列，篇幅短小，所以诗歌内容高度集中、高度浓缩，经常选择有代表性的场景来承载诗人的思想感情。针对这个特点，教师在教学时要多感受诗歌的整体画面，把握这个画面的景物组合，借助联想和想象，将诗歌的意象和表达的意境加以合理的扩展，使其表现的内容情感得以充实和丰富，这样才能更好地理解诗人的感情和意图。

以《清明》为例。"清明时节雨纷纷，路上行人欲断魂。借问酒家何处有，牧童遥指杏花村。"诗的前两句描绘的是整体画面，它既写出了当时的天气状况，又描绘了人事活动和人们的心情。后两句则是一个特写画面，其中主人公与牧童一问一答的情形跃然纸上。它对现实的描写是凝练的、概括的，给读者以无尽的想象空间。

2. 形象性

诗歌在塑造形象方面也很有特色。这个形象包括诗中所描绘的诗人自我形象和诗中的景物形象。诗人的自我形象常常包括一些肖像、行动、神态、心理的描写，景物形象则融入社会环境和自然环境中加以描写，常从形态、声音、颜色、动态与静态等方面展开描写，为强化形象效果使用修辞手法。

例如，张继的《枫桥夜泊》：“月落乌啼霜满，江枫渔火对愁眠。姑苏城外寒山寺，夜半钟声到客船。”全诗以景物描写为主，秋夜的江边，月落乌啼，清霜满天，满怀乡愁，孤卧客船，只有残败的江枫、明灭的渔火相伴，让人彻夜难眠，再加上深夜苏州城外寒山寺传来的钟声，更衬托出游子的孤寂怀乡之情，此时诗人形象跃然画中。

3. 抒情性

诗歌具有强烈的抒情性。诗人可以借助诗歌的各种意象和手法，充分地表达自己的主观感受和联想。就其抒发的情感而言，是丰富多彩的，大致有如下一些情形。

思乡之情：诸如王维的《九月九日忆山东兄弟》、李白的《春夜洛城闻笛》、高适的《塞上听吹笛》等。

离别之情：抒写离愁别绪、对友人的留恋、劝慰之情的。诸如王维的《送元二使安西》、李白的《赠汪伦》等。

黍离之悲：多抒发感时伤世、物是人非之感。诸如刘禹锡的《乌衣巷》、姜夔的《扬州慢》。这类作品均表达对时境变迁的无限惋惜、悲叹之情。

怀古之情：这类诗歌很多，且大多借怀念古人或述古迹而言己志。诸如杜牧的《赤壁》、苏轼的《念奴娇·赤壁怀古》及辛弃疾的《永遇乐·京口北固亭怀古》等。

报国之情：这类诗歌大多直接或委婉地抒写自己的爱国之情或报国无门的苦闷之情。诸如王翰的《凉州词》、王昌龄的《出塞》、陆游的《书愤》。

讽喻社会、同情百姓生活：诸如白居易的《观刈麦》《卖炭翁》及李绅的《悯农》等。

咏叹自然、寄情山水田园：这类诗歌多描绘自然风光的优美、田园生活的惬意，或抒写诗人渴望归隐的情感。诸如陶渊明的《饮酒》《归园田居》、孟浩然的《过故人庄》、王维的《山居秋暝》等。

4. 音乐性

诗歌是一种非常优美的文学表达样式，节奏感是诗歌最独特的外在表现形式之一。教学时，教师要教会学生把握好节奏、音韵，增强对诗歌节奏、韵律及美妙音乐的感受力，还需要通过合作读、齐读的方式，让学生读出诗的气韵和气势，读出诗歌的深层情感与个人理解。

二、诗歌的分类

（一）古诗分类

1. 按格律分类

按格律分类，古代诗歌可分为古体诗和近体诗。

古体诗：包括古诗（唐以前的诗歌）、楚辞、乐府诗。“歌”“歌行”“引”“曲”“吟”等古诗题材的诗歌也属古体诗。古体诗不讲对仗，押韵较自由。古体诗的发展轨迹：《诗经》《楚辞》、汉赋、汉乐府、魏晋南北朝民歌、建安诗歌、陶诗等文人五言诗、唐代的古风、新乐府。

近体诗：与古体诗相对的近体诗又称今体诗，是唐代形成的一种格律体诗，分为绝句、律诗两种，其字数、句数、平仄、用韵等都有严格规定。

绝句：每首四句，五言的简称五绝，七言的简称七绝。

律诗：每首八句，五言的简称五律，七言的简称七律，超过八句的称为排律（或长律）。

2. 按题材分类

按题材分类，古代诗歌可分为怀古诗、咏物诗、山水田园诗、边塞诗、送别诗、行旅诗、闺怨诗、悼亡诗、讽喻诗、现代诗等。

怀古诗：一般是怀念古代的人物和事迹的。

咏物诗：以某一物为描写对象，抓住其某些特征着意描摹，托物言志。

山水田园诗：以描写自然风光、农村景物及安逸恬淡的隐居生活见长，诗境隽永优美，风格恬静淡雅，语言清丽洗练。

边塞诗：以边塞、战争为题材，体现盛唐那种积极用世、昂扬奋进的时代气氛。

送别诗：主要抒发离情别绪，有的直接抒写离别之情，有的借以一吐胸中积愤或表明心志，有的重在写离愁别恨，有的重在劝勉、鼓励、安慰，有的兼而有之。

行旅诗和闺怨诗：或写羁旅之思，或写思念亲友，或写征人思乡，或写闺中怀人。写作上或触景伤情，或感时生情，或托物传情，或因梦寄情，或妙喻传情。

（二）新诗分类

1. 按表达方式分类

按表达方式分类，新诗可分为叙事诗和抒情诗。

叙事诗：诗中有比较完整的故事情节和人物形象，通常以诗人满怀激情的歌唱方式来表现。史诗、故事诗、诗体小说等都属于这一类。

抒情诗：主要通过直接抒发诗人的思想感情来反映社会生活，不要求描述完整的故事情节和人物形象。诸如情歌、颂歌、哀歌、挽歌、牧歌及讽刺诗。

2. 按音韵格律和结构形式分类

按音韵格律和结构形式分类，新诗可分为格律诗、自由诗、散文诗。

格律诗：按照一定格式和规则写成的诗歌。它对诗的行数、诗句的字数（或音节）、声调音韵、词语对仗、句式排列等有严格规定。

自由诗：近代欧美新发展起来的一种诗体。它不受格律限制，无固定格式，注重自然的、内在的节奏，押大致相近的韵或不押韵，字数、行数、句式、音调都比较自由，语言比较通俗。

散文诗：兼有散文和诗的特点。作品中有诗的意境和激情，常常富有哲理，注重自然的节奏感和音乐美，篇幅短小，像散文一样不分行、不押韵。

三、部编版小学语文教材中的诗歌类别

部编版小学语文教材中的诗歌见表6-5。

表6-5 部编版小学语文教材中的诗歌

出处	代表作品	类别	题材	主题
一年级下册	《动物儿歌》	儿歌	用拟人手法表现蜻蜓、蚂蚁、蝴蝶、蚯蚓等动物的世界	对动物的喜爱
一年级下册	《摇摇船》	童谣	坐船去外婆家	对亲人的依恋之情
一年级上册	《江南》	汉乐府诗	江南采莲、鱼儿嬉戏的场景	歌唱江南劳动人民采莲时愉快的心情
二年级上册	《敕勒川》	南北朝民歌	敕勒大草原的风光和游牧民族的生活	歌唱游牧民族的勇敢豪爽
三年级下册	《绝句》（杜甫）	五言绝句	描绘初春灿烂阳光的照耀下，浣花溪一带明净绚丽的春景	表现诗人对初春时节自然界一派生机、欣欣向荣的欢悦情怀
三年级上册	《山行》（杜牧）	七言绝句	描绘秋山林景，通过枫叶写秋天的景色	赞美秋色之美
六年级上册	《七律·长征》	七言律诗	概述二万五千里长征的艰难历程	赞扬中国工农红军的革命英雄主义和乐观主义精神
四年级下册	《四时田园杂兴》其三十一（范成大）	宋诗	描写农村夏日男耕女织的生活场景及孩子们喜爱劳动的情景	歌颂劳动人民热爱劳动的勤劳朴实
四年级下册	《清平乐·村居》	宋词（小令，双调）	描绘农村一个五口之家的环境和生活画面	表现人情之美和生活之趣
二年级下册	《雷锋叔叔，你在哪里》	现代诗	用优美的语言和流畅的音韵，娓娓述说雷锋事迹	歌颂雷锋精神，呼唤人们都要向雷锋同志学习
六年级下册	《采薇》（节选）	《诗经》四言诗	描写征人在还乡路上饱受饥寒的情形，表现从军将士的艰辛生活和思归情怀	对家乡和亲人热切思念，急切盼望重归故里与亲人团聚的思想感情

四、小学语文诗歌教学策略

（一）重视诗歌三美，多读多诵

经典古诗词需要我们用声音来表达。诵读分为很多种，有吟诵、朗读、朗诵等。小学生的认知水平毕竟有限，体味诗歌的韵味还需要教师有针对性地引导。

1. 诗歌的音韵美

部编版小学语文教材里的诗歌有不同类型，但都有音韵美这一共同点。教师备课时需要了解每一首诗歌的特点，可以通过听录音、范读等方式，引导学生体会诗歌的音韵美。学生则可以开展各种朗读：个人读、集体读、同桌互读互评等。例如，李白的《望天门山》一诗，教师在示范朗读时请学生说说他在什么地方停顿了。这时，教师引入节奏划分的方式，帮助学生理解为什么要停顿，停顿都有什么规律。在古典诗歌教学中，教师可用音乐来配合诗歌的朗诵，在悠扬的音乐声中激发学生对诗歌的感悟。除此之外，教师在备课时，可以事先依据诗歌内容选择图片或者录制声音来制作视频课件。在课堂上，教师采用直观的方式播放课件，穿越古今，搭建文字和现实的桥梁，从而帮助学生领会诗歌凝练语言后的丰富内涵。

2. 诗歌的画面美

诗歌篇幅短小，语言具有高度的概括性。短短的诗句里凝聚着丰富的内涵，大多借景抒情，情景交融，一首诗就是一幅画，画面中有景色有人物有事件。例如，古诗《泊船瓜洲》这首诗，空间感非常强，诗中的三个地名和岸边的诗人构成一幅画，表达对故乡的思念之情。“春风又绿江南岸”一句，可借助多媒体展现一片新绿瞬间来到眼前的画面，让学生对江南春景的印象更为深刻，从而理解诗人“明月何时照我还”，希望尽快回到家乡的心情。

3. 诗歌的人文美

诗歌抒情性最强，每一首诗歌都包含诗人内心深处浓郁的情怀，那是一种沉淀在中华民族深厚的文化传统基础上的感情，有强烈的社会责任担当和道德至上的追求。以诗歌为载体对学生进行人文素养的熏陶，感知人文情感、体会人文情怀是诗歌教学不可缺少的环节。例如，部编版小学语文三年级下册第一单元三首古诗《元日》《清明》《九月九日忆山东兄弟》，分别写了三个传统节日：大年初一、清明节、端午节，表现诗人们在这些节日里的感情流动，契合单元的主题提示“深厚的传统文化，中国人的根”。《元日》中过春节燃爆竹、饮屠苏酒、换新桃符，《清明》中人们扫墓踏青，《九月九日忆山东兄弟》中重阳节独在异乡思念亲人，饱含着浓浓的文化情怀。学习中进行恰当的拓展，让学生感受这些传统节假日的特殊含义，激发他们对美好生活的憧憬，并积淀文化底蕴。

4. 学会品古诗

学会品古诗的要求比较高。古诗词的学习，部编版小学语文教材一年级放到学习园地“日积月累”板块中，先让学生读与背，慢慢积累，二年级开始放到阅读课文中教读细讲。对于小学生来说，古诗词的内容比较难懂，诗人蕴藏其中的思想感情比较含蓄，更增加了理解的难度。即使教材所选篇目大多简单易懂，但在教学设计上还是不能忽略对他们的引导。教师可以通过了解作者背景，联系现实生活引发思考、发挥想象力等途径，引导学生品读古诗。

5. 了解作者背景

年代总会产生距离感。教学古代诗歌时，教师必须给学生介绍这些诗歌的作者是哪个朝代的人，是在什么背景下写出这些诗歌的。教学的方法方式很多，可以看图识诗人，也可以教师口头介绍，还可以让学生自己查阅相关信息。例如，《望天门山》是唐代大诗人李白于开元十三年（725）赴江东途中行至天门山时所创作的一首七绝。此诗描写了诗人舟行江中顺流而下远望天门山的情景。教师需要让学生了解唐代伟大诗人李白，了解诗人是乘舟从西边往东边走的，一旦将方位弄错了，学生对这首诗歌的理解就会有偏差。至于天门山，也需要借助多媒体让学生了解后才能理解诗人奇特的想象。

6. 联系现实生活，引发思考

诗歌是诗人对生活的感悟，必然涉及当时的社会背景、诗人的人生境遇等方面。而对学生来说，由于生活经验较为不足，生活感悟便显得单薄。如何帮助学生感悟和体验诗中的内容和诗人情感呢？教师可以围绕学生的学习和生活，对他们进行引导。在众多的古典诗歌中，一些作品的题材类似，其表达的思想感情也有相通之处。部编版小学语文教材选入的古诗题材大多为自然之美、田园风光、思乡、传统风俗等，表达情感的方法大多是借景抒情、融情于景，以托物言志的方式来表达诗人自己的志向。教师需要对学生多加引导，帮助他们养成良好的阅读习惯。

7. 展开想象力，体会作者情感

诗歌为了表达情感，在写法上大多虚实结合，在有限的文字里容纳无限的时间和空间，让情感跃动飞翔。例如，《望天门山》一诗中的“天门中断楚江开”，天门山位于安徽省和县与当涂县西南的长江两岸，在江北的叫西梁山，在江南的叫东梁山。两山隔江对峙，形同天设的门户，所以叫“天门”。天门并非由江水冲开，但诗人这样一写，既把天门山的特点给勾勒了出来，又对江流的水势做了交代，还把诗人的豪迈之情也渲染了出来，可谓一石三鸟。

8. 感悟语言美，举一反三

诗歌是由语言组成的，简洁、准确、形象是诗歌的特点。教师要尽可能多地向小学生展示诗歌的语言美，让他们体验诗歌语言的美妙。“欲穷千里目，更上一层楼”，“更”字用得巧妙至极，含义深远，若换成其他的词，则表现不出作者想要看得更远的心情，这也正是诗歌语言美的体现。

（二）活泼多样的课堂形式

艺术各个门类是相通的，古诗教学时可以把跟诗歌相通的门类合并，以各种方法促进教学。电教媒体集声、色、画、乐于一体，色彩丰富的画面、生动可感的声音，有利于创设特定的意境，学生置身其中，其景、其物、其人仿佛触手可及，唤起学生强烈的探索欲望。

1. 诵读指导

可以示范读、跟读、仿读、互读、点评等穿插进行。

2. 巧妙背诵经典古诗文

可以配合适当的语气和动作，为学生的表演提供画面背景和音乐，也可以采取两人赛、小组赛等竞赛形式，还可以用限时背、接龙背、轮换背、听记背、问答背等多种灵活变化的形式。

3. 古诗文充满了诗情画意，诗不离画，画可赋诗

诗与画之所以能够相通，是因为二者都具有色彩美、结构美、韵律美、意境美等。一首诗本身就是一幅画。根据诗的内容去绘画，帮助学生理解诗意，是古诗教学中常用的手段之一。

4. 唱一唱

中央电视台的《经典咏流传》给我们很大的启发。诗歌本身就有“歌”的因素，教师和学生都可以依据诗歌的内容给它谱曲，并尝试唱一唱。

附录　诗歌教学案例

一、课文呈现

《惠崇春江晚景》（部编版三年级下册，课文略）。

二、课文解读

苏轼的七言绝句《惠崇春江晚景》是一首题画诗，为他的好友惠崇所作的画《春江晚景》题诗。惠崇是位和尚，宋代画家。诗的前三句咏画面景物，抓住桃花、水鸭、蒌蒿、芦芽、河豚的特点，呈现早春的画面。最后一句是由画面景物引起的联想，不仅再现了原画中的江南春景，还融入了合理的想象，以细致、敏锐的感受，捕捉季节交替时的景物特征，抒发对早春的喜悦和礼赞之情。全诗语言生动，构思独特。

三、设计要点

（一）交代背景，紧扣题画诗，读出诗人思想感情，品出文化底蕴

题画诗根植于古代艺术的沃土，诗、书、画三种艺术融为一体，把无声的画和有声的诗巧妙地融为一体，从而使画意与诗情相映成趣、相得益彰。好的题画诗，既能紧扣绘画主题，又不拘于画面内容；既能再现画境，又能跳出画外，别开生面，离开绘画而不失其独立的艺术生命。苏轼这首诗可以说做到了这一点。

（二）激发学生想象，再现画面

题画诗的共同特点往往是将静止的画面写得活灵活现，写得画中之物如在眼前，没见过画的人也能想象画面的图景，诗与画交相辉映。读苏轼《惠崇春江晚景》，仿佛看到：一片竹林，三两枝桃花，几只鸭子在江面上嬉水，河岸上满是蒌蒿，芦芽刚刚破土。写了要凭触觉才能感到的水之“暖”，要用思维才能想出的鸭之“知”和要靠经验才能预言的“河豚欲上”，这是绘画难以甚至无法表达的。这些想象和联想点活了画面，使画面中的景物变得生机勃发、情趣盎然。

（三）多读多诵，把握诗歌的语言美

这首七言绝句由四句组成，虚实结合，远近有序，动静交替，语言精练，意蕴深厚。七言绝句全诗四句，每句七字，押韵不是很严格，多以“四/三”音节成句，最基本的押韵要求是第二、第四句最后一字的韵母相同（平仄也相同），若按节奏可划分为“二二二一”或“二二一二”。本首诗歌的节奏如下：竹外/桃花/三两/枝，春江/水暖/鸭/先知。蒌蒿/满地/芦芽/短，正是/河豚/欲/上/时。第二、第四句韵尾相同。

四、案例展示

【教学目标】

［知识目标与技能目标］

认识课文中的生字词“惠崇”“蒌蒿”“豚”等，并正确书写；了解古诗所描写的景色，体会作者所表达的思想感情；有感情地朗读诗歌，培养想象力。

［过程与方法目标］

通过看图、联系上下文及生活实际学习课文生字词，经历朗读、讨论、练习等环节理解诗意，体会语言美。

［情感态度与价值观目标］

感受诗中蕴含的春天的情趣，激发学生对自然的热爱之情。

【重点难点】

［重点］

理解诗歌描写的景色，体会作者所要表达的思想情感。

［难点］

感受古诗语言的精炼和深远的意境。

【教学过程】

环节一　介绍背景，导入新课

1. 介绍背景。

惠崇，北宋著名画家、僧人，他能诗善画，特别擅长画鹅、雁、鹭鸶，小景尤为拿手。《春江晚景》是他的画作，共两幅，一幅是鸭戏图，一幅是飞雁图。苏轼的题画诗也有两首，这首是题鸭戏图的诗。

苏轼（1037—1101），字子瞻，号东坡居士，北宋著名的文学家、书画家，“唐宋八大家”之一。他学识渊博，多才多艺，在书法、绘画、诗词、散文等方面都有很高的造诣。

2. 书写题目。

读好和并理解题目，学习生字词。

［设计思路］古诗课堂的开始需要介绍背景和诗人，帮助学生理解课文，把握诗意。

环节二　反复朗读，随文识字，初步感受诗意

1. 初读古诗，感知诗意。

可以通过教师范读、听录音、自读、同桌互读等方式反复朗读，再借助课文注释和提示，说说诗歌大意。

2. 随文识字。

在读的过程中解决生字词，可以借助诗歌语境、上下文的意思帮助理解。教师可以重点讲解“暖”“竹”“芦”“芽”等字的文化背景，激发学生识字的兴趣。

3. 交流反馈。

学生先朗读古诗，教师评议并指导朗读；接着师生探究诗意，教师让学生自由发言谈自己的理解，并讨论交流。

［设计思路］这个环节在朗读的基础上放手让学生自主读诗和理解，培养学生自主学习的能力。

环节三　品读诗句，品味诗句，把握诗人感情

1. 看图品读。

（1）理解特点：诗歌描写了什么季节？诗歌中描绘了春天哪些景物？

（2）读诗想象：边读边想诗中的画面，哪几句是画中的内容？哪一句是诗人的想象？

（3）再读诗歌，深刻领悟。

2. 品味语言。

（1）再读诗歌，体会语言。

通过散文句式表达和诗句表达进行对比，还原诗歌的画面。“竹外桃花三两枝，春江水暖鸭先知”，用散文的写法就是“竹林外两三枝桃花初放，鸭子在水中嬉戏游玩，好像它们最先察觉了初春江水的回暖”，从而理解诗句的精练。

（2）交流感受。

诗人在这首诗的景物中寄托了怎样的情思？这些景物呈现出什么特色？引导学生把握好诗意，体会诗人的思想感情。

［设计思路］本环节三个步骤，环环相扣，让学生体会古诗遣词造句的精当和妙处，引导学生学习诗歌语言的表达，提高学生的语言表达能力。

环节四　练习巩固，拓展思维

1. 设计单字飞花令练习，巩固字词句。

2. 名句书写比赛。

3. 跟第一首绝句对比，感受不同的写景抒情方法。

［设计思路］认字、识字不能一次过，需要经常反复出现及强调，从而达到识字的良好效果。扎扎实实地学习既能完成基础目标，又能提高自主学习的能力，体现教师的引导能力。

第四节　小学语文童话教学设计

童话是具有浓厚幻想色彩的虚构故事作品，它是通过丰富的想象、幻想、夸张、象征等手段来塑造形象，反映生活的一种文学体裁。童话故事最初是传统口述民间故事的一部分，通常以口耳相传的方式世代相传。最初童话故事的听众除儿童之外也包括成人，进入19世纪后，童话故事开始渐渐转变成儿童文学的一部分。

“童话”一词在《现代汉语词典（第7版）》中的解释是“儿童文学的一种体裁，通过丰富的想象、幻想和夸张来编写的适合于儿童欣赏的故事”。在《辞海》中的基本解释是“儿童文学的一种，经过想象、幻想和夸张来塑造艺术形象，反映生活，增进儿童性格的成长”。著名儿童文学作家金近说：孩子们的思想感情，最突出的一点是幻想，幻想贯穿着整个童年的生活。童话作为儿童文学的一种特殊样式，具有一些不同于其他文学作品的特质，是童年不可或缺的精神食粮。童话表现人类对美好事物的向往和追求，能让人长知识，让人快乐。

一、童话的特点

童话是比较适合幼龄学生阅读的一种文学体裁，它更能引起学生的兴趣，是小学语文教学中的重要组成部分。在语文教材中，编入了大量的童话作品，诸如《海的女儿》《小蝌蚪找妈妈》《小猴子下山》《乌鸦喝水》等。低年级学生理性思维尚未发育成熟，但他们的感性思维丰富，他们爱唱、爱跳、爱动、爱表现，喜欢富有神奇色彩的童话故事，喜欢在故事中寻找自己的快乐，希望自己也能拥有童话故事中白马王子的英勇、白雪公主的美丽、魔镜的魔力、圣诞老人的智慧和法力。教师在教学实践中应积极探索，结合具体实际创新童话教学方式，以求得高质、高效的语文阅读教学成果。

1. 幻想丰富奇特，夸张强烈动人

童话根据儿童的特点，通过丰富的想象、幻想和运用夸张手法编写故事，塑造形象，情节适合儿童的想象，有生活的情趣，从而对儿童进行知识教育、思想教育。诸如我们所接触过的《神笔马良》《东郭先生和狼》《卖火柴的小女孩》《白雪公主》等。当然，这种幻想从根本上讲不能脱离现实生活。它是将生活的本质方面通过幻想的形式加以集中、概括、提炼、升华，并给予艺术化的处理。这种幻想必须符合儿童的心理特征，情节虽然离奇可笑，但必须使人感到合乎情理。

2. 自然界“社会化”，社会生活“童话化”

它以儿童理解的人或事物为描写对象，往往把自然界“社会化”，把社会生活“童话化”。童话往往采用拟人的方法，举凡鸟兽虫鱼、花草树木、整个大自然及家具、玩具都可赋予生命，注入思想感情，使它们人格化。在童话世界里，牛羊会说话，木偶能旅行，人死能复生，咒语会变出金银珠宝，桌布可生出山珍海味，衣服能刀枪不入……

3. 故事性强，情节完整曲折，形象生动鲜明

童话故事大多是浓厚幻想色彩的虚构故事，多采用夸张、拟人、象征等表现手法去编织奇异的情节。《神笔马良》的故事，说的是穷孩子马良，凭着顽强刻苦的精神，得到了一支神笔，他拿着这支笔，帮助贫苦大众，智斗财主、皇帝，使人读后无不称快。这篇童话的情节生动，马良的形象鲜明，具有一定的教育意义。

4. 语言简洁活泼，表现手法多样

从语言风格上来讲，童话的语言要求简洁、活泼、准确、朴素。从表达效果上来讲，童话多用拟人、对照、反复等表现方法。普希金的《渔夫和金鱼的故事》中，善良的渔夫和贪婪凶残的老太婆构成鲜明的对比，一些情节、景物的反复叙述，形成了有节奏的反复。这样的语言突出了人物的性格特点，又使情节曲折有趣。

二、童话的分类

1. 拟人体童话

拟人体童话是将动植物或没有生命的东西赋予人的生命，模拟人的言行，成为童话中的人物，诸如小猫钓鱼、小溪唱歌等。

2. 超人体童话

超人体童话是童话中的人物形象属于一些超自然的、幻想的、想象的形象，所描写的是超自然的人物及其活动，主人公常为神魔仙妖、巨人侏儒之类，他们大都有变幻莫测的魔法和种种不平凡的技艺。这类童话多见于民间童话和古典童话之中，如《巨人的花园》。

3. 常人体童话

常人体童话是以普通人作为主人公的童话。这类童话中的人物，看起来与常人完全一样，但其性格、行为、遭遇都极度夸张，往往具有某种讽刺性和象征性。代表作有《皇帝的新装》。

4. 知识体童话

知识体童话也就是科学童话。与一般童话相比，科学童话具有一定的知识性，它以科学知识为内容，所表现的主题也与自然科学有关。科学童话与一般文学童话的区别在于，它把科学内涵和童话构思结合起来，即把科学的理性概念化作幻想的感性形象，用童话故事表现出来，以引起学生浓厚的兴趣，诸如《小蝌蚪找妈妈》《我是什么》《雾在哪里》等。

三、童话的教学策略

1. 创设情境

授课时，教师要利用音乐或画面，渲染气氛，创设教学情境，营造宽松自由的课堂氛围，带领学生进入情境，理解课文。

教材里的童话大多放在第一学段，符合学生爱听故事的特点，在教学设计中可以多营造氛围，把学生带进故事情境中。例如，《蜘蛛开店》一课，教师可以猜谜语的形式导入新课，接着出示蜘蛛在网上织网的视频，使学生对蜘蛛的本领啧啧称赏。教师再借此提问：“可是蜘蛛却过腻了这样的生活，想换一种生活方式，于是决定开店，以他的身手，你觉得他会开什么店？”简短的几句话，激起了学生阅读的兴趣，为课堂的展开做了良好的铺垫。

《寒号鸟》一课，教师以讲故事的方式导入：很久很久以前，在一座高高的山上，有一道崖缝，一到冬天，寒风凛冽，离山脚很远都能听到哭叫的声音：“哆啰啰，哆啰啰……”人们给这种小动物取了名字，叫“寒号鸟”。“号”在这里读第二声，从它的名字中，你能猜出“号”的意思吗？（表示大声叫唤、大声哭）这个名字真不好听，听起来可怜兮兮的，寒号鸟为什么在寒冷的夜晚号哭呢？

2. 多读多讲

教师要善于指导学生朗读，读那些语言优美、情感丰富的段落，读出各种角色的特点，诸如狐狸的狡猾、大灰狼的凶狠、小白兔的活泼、老牛的善良等。教师也可以将童话课文改编成课本剧，让学生进行表演，既提高学生学习语文的兴趣，又提高学生的语言表达能力。

每一篇童话都有故事情节，引导学生按时间、地点、人物、起因、经过、结果来复述故事，既熟悉了课文又可以锻炼口语。例如，《风娃娃》这一课，课文第二、第三、第五自然段结构相似。在指导复述故事时，教师指导学生按照“风娃娃来到哪里，看到什么，他怎样做，结果怎样”的提示进行。有了主体框架，就降低了讲故事的难度，学生讲起故事来条理清晰。在讲故事时，还应注意防止学生照搬照抄地背诵课文，在理解课文的基础上，鼓励学生尽量用自己的话来讲故事，训练学生的口语表达能力。长此以往，相信学生的表达能力会更上一层楼。

3. 角色表演

童话作品一般具有较强的故事性，角色形象鲜明生动，符合学生好奇好动的特点，能激发学生的热情和兴趣。在教授童话作品时，教师可以让学生扮演其中的角色进行表演，有助于他们理解其中的形象；还可以在课内外阅读的基础上，有步骤地引导学生练习讲童话。教师可以先从复述入手，指导学生先学会合理地展开故事情节，进而融入情感，加入表情色彩，在此基础上，启发、引导学生根据已有的情节去续讲童话，引导学生发挥想象独立编（讲或写）童话。

《青蛙卖泥塘》课文在写青蛙前两次卖泥塘时结构是相同的：先写青蛙吆喝着卖泥塘，再写谁来了，指出泥塘不足之后离开了，最后写青蛙怎样改造泥塘。教学时重点指导青蛙与老牛、野鸭的角色语言，联系生活实际，让学生模仿商贩的吆喝，帮青蛙吆喝着。学生要读出老牛的慢条斯理、野鸭的挑三拣四，读出每个角色的语气。

4. 赏与评

教师可以组织学生对课外阅读（或观看）过的童话作品进行初步的赏析与品评，并在此基础上指导他们去阅读一些优秀童话作品，通过讨论与正确的引导，使他们感受丰富多彩的生活美，进而逐步认识社会，认识生活的意义与生命的价值。

例如，部编版小学语文四年级上册第八单元是世界著名童话单元，所选篇目都是节选，诸如安徒生的《海的女儿》、我国著名作家张天翼的《宝葫芦的秘密》。教师可以在课堂中给学生介绍安徒生童话，让学生进行课外阅读，并听一堂专题欣赏课，让学生在交流和分享中体验生命和生活的真谛。

5. 续编故事，展现童话的神奇

在童话类文本中，有不少故事是没有结果的，需要学生插上想象的翅膀来续编故事。如：《小猴子下山》中一无所获的小猴子后来怎样了？《巨人的花园》里后来是什么情景呀？都种上什么花了？等等。

四、部编版小学语文教材中的童话类别及其分布

部编版小学语文教材入选的童话保留了许多经典的童话故事，在第一学段的教材中，有11篇是从老教材中选用的，诸如《小猴子下山》《小壁虎借尾巴》等，一些经典的童话故事又重新入选，诸如《小公鸡和小鸭子》《咕咚》《寒号鸟》《雪孩子》《小马过河》等。在第二学段的教材中也适度引进了国外的一些经典童话，诸如俄罗斯谢尔古年科夫的《雾在哪里》、匈牙利民间故事《狐狸分奶酪》等。(表6-6)

表6-6 部编版小学语文第一、第二学段教材中的童话

<table>
<tr><th>类别</th><th>代表作品</th><th>出处</th><th>题材与主题</th></tr>
<tr><td rowspan="4">拟人体童话</td><td>《小公鸡和小鸭子》《树和喜鹊》
《动物王国开大会》
《小猴子下山》《棉花姑娘》
《咕咚》《小壁虎借尾巴》</td><td>一年级下册</td><td rowspan="4">基本上以各种动物为故事主角，给予这些角色生命，通过有趣简单的情节表现角色之间的关系，赞扬真善美，批评假恶丑。比如《小猴子下山》讲述了小猴子在下山途中先后经过玉米地、桃树林、瓜田，并遇上了一只小兔子，最后一无所获回家的故事，引导学生懂得做任何事都要坚持，不要三心二意、半途而废，否则只能空手而归的道理</td></tr>
<tr><td>《寒号鸟》《雪孩子》
《狐狸分奶酪》《纸船和风筝》
《风娃娃》</td><td>二年级上册</td></tr>
<tr><td>《开满鲜花的小路》《小马过河》
《大象的耳朵》《蜘蛛开店》
《青蛙卖泥塘》《小毛虫》</td><td>二年级下册</td></tr>
<tr><td>《去年的树》《那一定会很好》
《在牛肚子里旅行》《一块奶酪》
《总也倒不了的老屋》《胡萝卜先生的长胡子》《不会叫的狗》</td><td>三年级上册</td></tr>
<tr><td>常人体童话</td><td>《卖火柴的小女孩》</td><td>三年级上册</td><td>讲述一个卖火柴的小女孩在富人合家欢乐、举杯共庆的平安夜冻死街头的故事，揭露了社会的贫富不均，给予小女孩深深的同情</td></tr>
</table>

续表

类别	代表作品	出处	题材与主题
超人体童话	《宝葫芦的秘密》（节选） 《巨人的花园》《海的女儿》（节选）	四年级下册	超自然想象的故事。比如丹麦作家安徒生的童话故事《海的女儿》，讲述海的第六个女儿与王子的爱情故事，歌颂海的女儿为追求纯真美好的理想放弃生命也在所不惜的高尚情操
知识体童话	《小蝌蚪找妈妈》《我是什么》 《植物妈妈有办法》《雾在哪里》	二年级上册	用童话的方式讲解科学知识，比如小蝌蚪如何变成四条腿的青蛙

附录　童话教学案例

一、课文呈现

《卖火柴的小女孩》（部编版三年级上册，课文略）。

二、课文解读

《卖火柴的小女孩》是世界著名的儿童文学大师安徒生的童话作品之一。文章通过平静的语言，讲述了一个凄美动人的故事。课文先叙述残酷的现实（平安夜，天下着雪，又黑又冷，小女孩还在街上卖火柴）。接着，写小女孩看到的五幅美丽的幻景：第一幅，闪亮的大火炉；第二幅，喷香的烤鹅；第三幅，美丽的圣诞树；第四幅，温和慈祥的奶奶；第五幅，搂着自己的高大美丽的奶奶。最后讲小女孩被冻死街头。课文在写作上注重合理想象与残酷现实的对比，深刻揭露了资本主义社会贫富不均、弱肉强食的社会现实，表达了作者对小女孩悲惨遭遇的深切同情。

三、设计要点

（一）情节结构的安排特点

这篇童话故事按时间顺序来叙述，叙述六要素（时间、地点、人物、起因、经过和结果）齐全，先交代故事发生的背景，接着叙述小女孩上街卖火柴，卖不掉，接着五次擦火柴取暖，最后死在街头的悲惨过程。文章情节简单，内容安排层次比较清晰。应该引导学生把握好故事发生发展的脉络，复述故事大概情节，提高叙事类作品的阅读能力。

（二）五次擦火柴，虚实结合

童话总是充满了幻想，没有幻想就没有童话，学习童话应该学会区分哪里是写实哪里是幻想。故事讲述的是一个在平安夜卖火柴的小女孩的悲惨命运。因为没有卖掉一根火柴，小女孩一天没有吃东西，她又冷又饿。她擦亮第一根火柴，看见了温暖的火炉；她擦亮第二根火柴，看见了喷香的烤鹅；她擦亮第三根火柴，看见了美丽的圣诞树；她擦亮第四根火柴，看见了久违的奶奶；她想让奶奶留在自己身边，擦亮了一整把火柴。然而，当火柴熄灭的时候，这所有的一切都不见了，小女孩就这样在圣诞之夜悲惨地死去了。这是文章的重点，引导学生理解五次擦火柴的差别，可以通过朗读和结合画面的形式，加深对课文的理解。

（三）现实与想象的强烈对比

一是“大”拖鞋与“小”女孩的对比，二是小女孩光头小脚与美丽的金黄的长发对比，三是过节的热闹氛围和又冷又饿的卖火柴的小女孩的对比，四是四个幻想片段和冰冷现实的对比，突出了小女孩的可怜和命运的悲惨。作者正是通过这样的对比，表达了对穷苦人民悲惨遭遇的深刻同情和对当时社会的不满。

四、案例展示

【教学目标】

［知识与技能目标］

认读本课 13 个生字及多音字“挣、几、喷”；通过语境、语感展开合理的想象，描绘幻想；抓住关键词句理解课文内容，关注课文中主人公的命运，体会作者的思想感情。

［过程与方法目标］

通过看图、联系上下文及生活实际学习课文生字词，经历阅读、朗读、想象、讨论、练习等环节理解课文，把握情节发展，体会作家思想感情。

［情感态度与价值观目标］

感受小女孩在困境中内心对幸福生活的向往，懂得如何面对苦难，汲取生活的勇气和力量。

【重点难点】

［重点］

理解文中五次擦火柴引发的五次想象，体会作者的用意。

［难点］

对比方法在课文中的使用。

【教学过程】

第一课时

环节一　设置情境，导入新课

1. 出示圣诞节与小女孩在寒冷中死去的画面，引发关注，引出课题。

2. 板书课题，介绍作者。

［设计思路］直击悲惨结局，给学生一种视觉冲击，再通过交流质疑，激发学生阅读文本的兴趣。

环节二　自主阅读，随文识字；合作学习，整体感知

1. 自由读课文，注意生字词的读音，边读边思考课文讲了一个什么故事。

2. 随文识字，阅读课文时认读生字，教师重点指导“饿、燃、烛”这三个字的读音及多音字“挣、几、晃、喷”；指导书写，重点指导“焰、裙”的字形。

3. 出示阅读提示题，同桌合作完成：“课文写一个圣诞节晚上，(　　　　)，一个小女孩(　　　　)，再写小女孩(　　　　)，最后写小女孩(　　　　)。”之后汇报，划分层次。

［设计思路］文章主要内容的划分与概括是三年级学生学习的一个难点。设计时要特别注重层次性，给学生搭设一个梯子予以攀爬，采用填空式的阅读梳理方式，目的是逐渐培养学生的整体感知能力，使学生完成对课文主要内容的把握。由易到难，使读书与说话训练得到有机统一。

环节三　再读课文，感受形象

1. 教师出示问题：文中小女孩都经历了什么？她是怎样的一个小女孩？

2. 学生自读课文，划出关键词句。

3. 学生复述故事。

4. 师生交流。

师：“同学们在阅读课文时都读出什么了？结合相关语句，谈谈自己感受。”

(1) 这是一年的最后一天，平安夜。特定的环境跟人物之间形成什么关系？(强调平安夜这个特定的环境，小女孩的可怜与平安夜的热闹氛围形成鲜明对比，为小女孩的死奠定基调)

(2) 文中什么地方描写了小女孩的肖像？(主要从她穿的一双大拖鞋、那头美丽的金黄色的卷发来感受作者对她的同情和喜爱)

(3) 为什么她不能回家？(因为没有卖掉一根火柴，没有挣到一分钱)

5. 教师针对重点的段落和句子指导朗读，体会小女孩的可怜，之后进行交流，谈读后的感受。

［设计思路］通过朗读、勾画、谈感受，帮助学生体会小女孩的可怜，教会学生学会抓关键词句理解课文，加深对作品的理解，提高阅读能力。

第二课时

环节一　复习旧知，导入新课

先出示小女孩图片，再次激发学生内心的怜悯之心。

师：“披着一头美丽金发的小女孩就这样在大年夜离开人世了，她在死前，手上还紧握着一把火柴，脸上带着微笑。同学们，谁能告诉我，这是为什么？”

［设计思路］以问题入手，既对上节课学习内容进行了回顾，又引出了本节课的学习重心，为下面的朗读、感悟、迁移奠定良好的基础。

环节二 感悟幻象，把握重点

1. 研读课文。

（1）带着问题快速默读第5—9自然段，思考：小女孩共擦燃了几次火柴？每次擦燃火柴时她看到了什么？

（2）画一画描写小女孩的句子。

（3）合作分享，小女孩擦燃火柴看到那些事物的原因，共同完成表格。（表6－7）

表6－7 小女孩擦燃火柴看到那些事物的原因

次数	看到的幻想	原因
1		
2		
3		
4		
5		

2. 理解句子。

师："她们俩在光明和快乐中飞走了，越飞越高，飞到那没有寒冷，没有饥饿，也没有痛苦的地方去了。"

（1）学生谈自己的理解，以小组为单位进行汇报。（预设：对小女孩来说"没有寒冷，没有饥饿，也没有痛苦的地方"就是死亡，说明小女孩在那个现实世界中只有寒冷、饥饿和痛苦，死了才能摆脱寒冷，摆脱饥饿，摆脱痛苦）

（2）师："为什么死后的小女孩嘴上带着微笑？可见她活着的时候十分可怜与悲惨，说明社会的黑暗与不公。"

（3）自由选择，练习朗读。

［设计思路］语文教学倡导自主合作探究学习，培养学生自主学习的意识和习惯，引导学生掌握语文学习的方法。本环节让学生在交流、分享中掌握学习方法，学生既理解了课文内容，也感悟了小女孩生活的痛苦和命运的悲惨。借助图片和朗读，更加深了学生对小女孩的同情。

环节三 角色扮演，深化理解

1. 选学生上台片段表演（可以选开场时小女孩走在街头的情景）。

2. 分别出示五幅图画，让学生对照课文用自己的语言描绘这五幅图景。

3. 理解文中句子。

师："'谁也不知道她曾经看到过多么美丽的东西，她曾经多么幸福，跟着她奶奶一起走向新年的幸福中。’句子中的两个‘幸福’怎么理解?”

生:“第一个‘幸福’较明确，指小女孩死之前，幻想到火炉、烤鹅、圣诞树和奶奶这些美好的东西;第二个‘幸福’指小女孩活在世上遭受饥饿、寒冷、他人的欺负，得不到亲人的疼爱，没有快乐和幸福，她的命运是悲惨的，她这样痛苦地活着不如死了幸福，但这不是真正的幸福。作者不说‘她曾经多么痛苦，她是在大年夜被冻死了’，是‘以喜写悲’。”

4. 指导练笔。

师:“如果小女孩来到我们身边，你会怎样关心、帮助她呢?把你想说的话写下来。”(让学生自主选择情境，诸如大年夜、儿童节、过生日等)

[设计思路] 本环节穿插两个课堂活动，即课本剧和口语练习，以此活跃课堂，让学生积极踊跃参与到课堂中，体验文中人物的内心感受，之后让学生对句中的两个“幸福”谈自己的理解，再回顾整篇文章，引导学生明白小女孩一次次点燃火柴，其实是在点燃心中的希望，是对美好生活的向往和追求。最后通过一个小练笔，学生学会去关心和同情一些弱势群体，增加其应对困难的勇气。

第五节　小学语文寓言教学设计

“寓言”一词最早见《庄子·寓言》篇:“寓言十九，藉外论之。”“藉外论之”的意思是假托其他事物来说理，言在此而意在彼。《说文解字》中将“寓”解释为“寄”和“广”，“寄”有托意，“广”有空间大的意思，由此可推，“寓”的本意和“寄托”有关，且具有空间的包容性，寓言即是某些被寄托之意的寓所。可见寓言是一种用比喻性的故事来寄托意味深长的道理，给人以启示的文学体裁。“寓”是“寄托”的意思，作者把自己认为正确的道理、有益的教训，运用虚构的简短故事加以譬喻，让人们从故事中领会这些道理，获得教训。故事的主人公可以是人，也可以是拟人化的动植物或其他事物。

寓言早在我国春秋战国时代就已经盛行，当时一些思想家把寓言当成辩论的手段。为了在政治主张上战胜对方，为了阐明自己的观点，他们互相责难、辩论，往往取材于古代神话、传说、民间故事或谚语。在先秦诸子百家的著作中，经常采用寓言阐明道理，保存了许多当时流行的优秀寓言，诸如《揠苗助长》《自相矛盾》《郑人买履》《守株待兔》《刻舟求剑》《画蛇添足》等。世界各国的寓言作品也很多。

一、寓言的特点

1. 寓言的篇幅一般比较短小

故事内容一般简洁而短小，语言精辟简练，是叙事性文学中篇幅最简短的一种，往往是从生活或自然之中截取一个精彩片段加以呈现。部编版小学语文教材结合学情，选编的都是篇幅简短、结构简单的作品，短的几十字，长的不过数百字。例如，三年级下册教材中的《守株待兔》一文："宋有耕者。田中有株，兔走触株，折颈而死。因释其耒而守株，冀复得兔，兔不可复得，而身为宋国笑。"仅有三十多个字。

2. 寓言大多表现概括的主题

寓言具有鲜明的讽刺性和教育性，主题思想大多借此喻彼、借远喻近、借古喻今、借小喻大，题材大多讽刺和嘲笑揭露敌人的丑恶残暴，也讽刺和嘲笑某些人的自私、虚伪、愚蠢、懒惰等，使人在笑声中受到深刻的道德教育。有的主题在作品的最后直接说出来，有的则隐含在故事中间，让读者加以思索找出来。例如，《南辕北辙》的最后一段中就直接点明了主题："车上的朋友不明白，方向错了，马好、旅费多、车夫技术高，这几个条件越好，他离要去的楚国就会越远。"寓言假托故事寄以寓意一般有以下两种情况：第一，寄寓深刻的哲理，诸如《揠苗助长》《自相矛盾》《画蛇添足》；第二，寄寓鲜明的教训，诸如《农夫和蛇》《刻舟求剑》。

有的通过否定、讽刺反面角色达到正面说教的目的，诸如《坐井观天》；也有的从正面经验出发启示人们，诸如《亡羊补牢》《揠苗助长》。

3. 单一的虚构故事

寓言故事一般没有比较深刻的背景交代，几乎没有铺垫性的环境描写，主人公可以是人，也可以是物。不少寓言故事以动物为人物形象，采用拟人化的手法结构故事，这无疑是寓言虚构特征的直接表征。有时，同一种动物在同一位作家笔下也可能表现为不同的性格或言行特征，不同动物也可能被赋予差不多的思想性格。因此，阅读寓言必须注意故事的虚构性。一些熟悉的寓言故事常以如楚国人、宋国人等作为主要人物形象展开故事，例如，《揠苗助长》中的宋人，都不能当历史故事来读，那只是作者为了阐述道理或教训的方便所假托的。

4. 多样的创作形式

寓言的写作形式比较多样：可以是散文体，比如二年级下册教材中的《寓言两则》，即《亡羊补牢》和《揠苗助长》；也可以是诗歌体，比如三年级下册教材中的《池子与河流》。常用手法有比喻、夸张、象征、拟人四种。

（1）比喻。每则寓言故事，都是一个喻体，而其中的寓意，则是寓言的本体。比喻从头到尾贯穿在寓言中。

（2）拟人。寓言里的拟人只要求能为寓意服务，讲清所要表达的训诫之意就可以了。因此，只需对所拟对象做大致的描写，不必过多地考虑物性，也不必过多地考虑人与动物、动物与动物、动物与植物之间在生活中的真实关系。

（3）夸张。寓言中夸张的目的是为了把哲理、教训、讽刺放大，以便给读者留下强烈而深刻的印象。因此，寓言中的夸张有时可以达到惊人的程度。

（4）对比。通过此事物和彼事物的对比，可以突出事物的本质属性。如：好对比坏，善对比恶，大对比小，高对比低，等等。

二、寓言和成语故事、童话的联系与区别

1. 成语故事和寓言都来自民间文学

成语故事和寓言是兼容关系，成语故事里包括寓言故事、历史故事和神话故事，所以有时一则寓言也就是一则成语故事。

2. 童话与寓言有很多相似之处

它们的故事都是假托的、创造的、幻想的，都可以采用各种生物或非生物来充当故事的角色，多采用夸张、拟人、象征等表现手法，也都富有教育意义。但有很多地方还是有差异的。

（1）在篇幅上，寓言短，童话长。

（2）在形式上，童话的结构比较曲折，能细致地刻画人物形象，童话的幻想比寓言中的丰富、奇特。

（3）在表现重点上，寓言着力表现内含的讽喻和教训，童话则重在刻画形象，教育意味不那么强。

（4）在情节结构上，寓言的故事比较简单，一般没有完整的故事情节，也不要求塑造性格鲜明的拟人化形象，童话在故事情节的安排和人物形象的塑造上则有较高的要求。

（5）在幻想法则上，童话的幻想必须以现实生活为基础，与现实的结合也必须和谐、自然，使事物按照自然的规律发展；而寓言则不那么严格，比如《狐狸和葡萄》中的狐狸，垂涎于葡萄，改变了原来食肉的习性。

三、部编版小学语文教材中的寓言类别及其分布

寓言可以按主人公的类别分为生物（动植物）寓言、人物寓言、事物寓言、抽象概念寓言（表6－8）；可以按功能分为讲道理或教训的哲理寓言和讽刺或劝诫的现实寓言；可以按篇幅长短分为长寓言、短寓言和微寓言；可以按写作手法分为诗歌体寓言、小说体寓言、散文体寓言和戏剧体寓言；也可以按内容分为社会寓言、自然寓言和神

话寓言。

表6-8 部编版小学语文教材中按主人公的类别分类的寓言及其分布

出处	标题	类型	主题
一年级上册	《乌鸦喝水》	动物寓言	明理
二年级上册	《坐井观天》《狐假虎威》	动物寓言	讽刺明理
二年级下册	《亡羊补牢》《揠苗助长》	人物寓言	讽刺明理
三年级下册	《守株待兔》	人物寓言	讽刺明理
	《陶罐与铁罐》	事物寓言	教训
	《美丽的鹿角》	动物寓言	教训
	《池子与河流》	事物寓言	明理
五年级下册	《自相矛盾》	人物寓言	哲理

四、寓言的教学策略

1. 疏通文义，把握故事内容

小学阶段有不少寓言故事课文，诸如《亡羊补牢》《南辕北辙》《井底之蛙》等，常常用假托的故事或自然物的拟人手法来说明某个道理。教学时需要让学生了解这则寓言讲了一个什么故事，弄清故事的情节，也就是故事的发生、发展和结果。例如，《亡羊补牢》一文中“亡”和“牢”的意思，这两个字所表达的意思和现代汉语有所不同，教师应该引导学生读书讨论，加强朗读指导，启发学生把故事中表达的意思读出来。

2. 揭示寓言的寓意

由于缺少生活经历及受思维水平的局限，小学生往往不容易从具体情节和形象中去准确理解、概括寓意，因此，寓言教学中寓意的揭示就成了教学的难点。例如，有的学生读《坐井观天》后，得出青蛙应当跳出井口去看看的结论，就未能理解寓言的深层含义。

教师可以先向学生讲清寓言的写作特点，使他们明白寓言的针砭所指，讽喻所在；再启发和引导学生联系自己的生活实际，展开类比联想，列举一些与故事相类似的实际例子；然后引导学生分析寓言故事和生活实例相类似之处；最后让学生归纳和概括其中的道理，从而理解寓意。这样可以引导学生逐步实现由形象思维到抽象思维的过渡，将感性认识上升到理性认识，由表及里、由浅入深地概括出寓意。

3. 把握好因果关系

寓言故事反映的现象、揭示的道理，存在着内在的因果关系。如果教师能在教学过程中，帮助学生揭示事物与事物之间、现象与现象之间的因果关系，引导学生或推因求果，或溯果寻因，让学生更好地掌握故事内容、准确地理解寓意，培养和提高学生的逻辑思维能力。

4. 开展丰富的课堂艺术活动

在课堂中开展诸如漫画、戏剧表演、角色对话、续编等艺术活动，能在激发学生兴趣的同时加深他们对寓言的理解。如：《守株待兔》一文，教师可以设计角色扮演；《井底之蛙》一文，教师可以让学生在进行对话后动笔画一画；《守株待兔》一文，教师可以让学生续编故事。

5. 抓住关键语句

寓言故事中的关键语句，有的直接揭示寓言中心思想（寓意），有的带有强调意味的重复句式，比如《自相矛盾》一文中，“我的矛锐利得很，不论什么盾都能戳得穿！”“我的盾坚固得很，不论什么矛都戳不穿它！”有的表现人物行为，比如《掩耳盗铃》一文中，“他就掩住了自己的耳朵，伸手去偷那个铃铛。”有的表现人物神情和言谈，比如《会摇尾巴的狼》一文中，“狼终于露出了凶相，它咧开嘴，龇着牙，对老山羊恶狠狠地叫嚷：‘你这该死的老山羊！不快点过来，我就吃掉你！’”等等。讲清警语对发掘寓言的寓意有直接帮助，讲清描绘形象的关键语句，可以在学生头脑中形成鲜明的印象，以便使学生受到深刻的教育。

附录　寓言教学案例

一、课文呈现

《守株待兔》（部编版三年级下册，课文略）。

二、课文解读

“守株待兔”是一则成语，原比喻企图不经过努力而得到成功的侥幸心理，现也比喻死守狭隘经验，不知变通。课文中这则寓言出自《韩非子·五蠹》，文章以文言文的形式出现，全文一共 39 个字，说战国时宋国有一个农民，看见一只兔子撞在树桩上死了，便放下锄头在树桩旁等待，希望再得到撞死的兔子。这则寓言启发人们不能死守狭隘经验、墨守成规，批判了狭隘的经验主义思想。

三、设计要点

（一）通过朗读把握好文言文，了解故事内容

部编版小学语文教材里的文言文数量不多，对于小学生来说有一定难度。小学阶段的文言文大多篇幅简短、内容简单，以初步积累文言语感、初识文言常用字和大致了解一些古代文化常识为主要任务。教师在教这篇课文时，要让学生结合注释理解字词句的大概意思，理解故事的主要内容，引导学生明白文中所讲的道理，并受到一些启发。学生可以先通过多读来感受整篇文言文的四言、五言句式特点，再结合注释慢

慢读通，读出节奏感。

（二）把握故事的因果关系，分析课文，理解寓意

故事中的人物，为什么捡到了一只撞死的兔子，就傻到天天坐在树桩边等其他兔子再来撞死呢？追溯内因，这应该是一个好吃懒做、好逸恶劳的家伙。炎炎热日下的劳动太辛苦，偶然获得一只撞死的兔子让他心花怒放，接着他异想天开，天天守在树桩边，希望天天有兔子来撞树桩，幻想不劳而获。这则寓言告诫人们不要把偶然的事情当作必然，只有踏踏实实地劳动，才能有收获。

（三）多种方法开展课堂教学，随文识字

教师可以借助图文了解文言文大意，可以通过课本剧体会文言文语言，可以给人物设计漫画，可以改写故事，可以与人物对话，还可以把关键字列出来。在这些过程中，教师相机指导学生识字，学生在情境中学习生字，把握古文翻译成现代文的方法。

四、案例展示

【教学目标】

［知识与技能目标］

认识“宋、耕”等四个生字，会写“守、株、待、兔”等九个生字；正确、流利、有感情地朗诵课文，背诵课文。能借助注释读懂课文，说出农夫被宋国人笑话的原因。

［过程与方法目标］

通过引导学生借助注释、插图，读懂寓言内容，并通过多种形式的朗读，联系生活实际等，感悟寓言的寓意。

［情感态度与价值观目标］

让学生懂得只有付出劳动，才会有收获的道理。

【重点难点】

［重点］

让学生把课文读通顺，并借助注释理解课文的基本意思。

［难点］

引导学生联系生活实际，并明白这则寓言的寓意。

【教学过程】

第一课时

环节一　单元导入，揭示课题

1. 引导学生看单元导读，让其谈谈自己的发现。（单元章节页由两个部分构成，上部分提示本单元的人文主题，下部分的文字提示本单元语文学习要素）

2. 指导看图，文图结合，把文学和其他艺术结合起来理解寓言这种体裁。接着，

出示图片，让学生看图猜故事，所给出的故事是学生在一、二年级学过的《画蛇添足》《坐井观天》《亡羊补牢》等。这样既可以复习旧知，又可以导入新课。

3．揭示课题，解释课题。

［设计思路］本课是这单元的第一课，引导学生学会关注单元导读，可以帮助学生明确阅读目标。课题的介绍也很重要，本篇课文既是寓言，也是成语故事，需要跟学生交代清楚，避免其产生困惑。

环节二　借助注释，随文识字，研读课文

1．借助拼音，通读全文。

自由轻声朗读课文，借助拼音读准生字词，读通课文，读准句子，难读的地方多读几次。

2．结合注释，理解全文。

师："请同学们结合课文中的注释，说一说课文的意思，并在课文中找一找，画一画，能不能用图来解释文中的词语。"（株：图中的树桩；释：放下；耒：图中的农具）

3．研读品味，体会文言特点。

（1）宋人有耕者。

第一，学习"耕"字。结合上下文，想一想"耕"是什么意思？（左边"耒"旁，是耕的工具，右边是"井"，指古代的井田，合起来表示用耒这种工具翻松田里的泥土，本义是犁田。"耕者"是指种田的人）

第二，"宋人有耕者"是什么意思？（宋国有一位种田的人，"者"就是"……的人"的意思）

第三，模仿练习：楚国有猎者，齐国有渔者。

（2）兔走触株，折颈而死。

第一，自由读，读出节奏。

第二，义理识字："颈"字。（看图说一说"颈"字的来源。教师引导："颈"指头颈，它是个形声字，左边为声，右边属部首。"页"本义是指头。《说文解字》："页，头也。"甲骨文是一个人形，突出了人的大脑袋和眼睛。金文以后就变得"面目全非"了。凡属页部的字都与人的头部有关，如：颜——脸上的神色，额——人的额头，颊——人的脸颊，颔——人的下巴）

（3）因释其耒而守株。

第一，读一读，自由说一说句子的意思。（于是，放下农具去守住树桩）

第二，想一想，这句话里还要补充一些什么内容？［（谁）因释其耒而（去什么地方）守株（干什么）］

第三，再读一读，把握好停顿。

第四，总结：同学们，文言文常常会省略某些内容，不写出来，我们也能读懂，这样会使句子更简洁。

［设计思路］本环节从字到词到段，安排了三个步骤，先解决字，再借助注释解决句子，落实部编版小学语文教材识字的要求。文言文的“言”之美，在于它的精练，在于它的节奏感，采用读一读、说一说、仿一仿的方法让学生整体品味文言文之美。

环节三　指导书写，巩固练习

1. 学生书写“株、耕、释、颈、守、待、宋、触、其”。先观察，寻找规律，再下笔。

2. 填空，巩固练习。

3. 再朗读。

［设计思路］引导学生在下笔之时先观察字形特点。本课需要书写9个生字，其中有6个字是左右结构，有4个字需要左右穿插，教师的引导非常重要。

第二课时

环节一　旧知导入，有感情地朗读

1. 教师导入，带读课文。

2. 教师指导朗读，把握节奏；接着范读，学生练习诵读。

3. 师生合作，配乐朗读。

4. 背课文。

［设计思路］文言文的音韵美、节奏美，需要大声朗诵将之表现出来。而熟读能成诵，成诵能积累。学生不必把熟读成诵当成课后作业，可以在课上有层次地朗诵，读着读着就背诵下来了，而且朗读的质量也很高。

环节二　课堂活动，理解寓意

1. 小组活动。

讨论：“农夫为什么会被宋人笑话？请小组讨论，并找出理由。”

2. 教师引导，深入农夫内心世界。

师：“农夫看到兔子‘折颈而死’会怎么想？农夫为什么会‘释其耒而守株’？”

3. 演一演。

4. 写话练习。

5. 交流反馈，总结寓意。

生活中的偶然不代表必然，幸福的生活需要艰苦劳动得来。

［设计思路］本环节三个步骤，先讨论再明确，再演一演亲自感受，这样才能自然体会这则寓言的寓意，而不是教师包办。最后的练习配合了习作要求，也锻炼了学生

的思维能力。

环节三　阅读链接，拓展学习

1. 阅读链接：《南辕北辙》。

学生自由阅读，同桌讨论交流。

教师引导：这个故事告诉我们，无论做什么事，都要首先看准方向，才能充分发挥自己的有利条件；如果方向错了，那么有利条件只会起到相反的效果。

2. 总结归纳。

师："两则寓言是通过什么方式来讲道理呢?"（借助一个虚构故事来讲道理，这就是寓言的特点，即篇幅短小、语言精练，具有鲜明的讽喻性，有时比较夸张）

［设计思路］寓言这种文体的特点对于三年级的学生来说，不易理解。但通过两篇课文的学习，只要把握共同点，学生就容易理解了。

第六节　小学语文故事教学设计

故事是指通过叙述的方式讲一个带有寓意的事件，是叙事性文学作品。故事侧重对事情经过的描述，强调情节的生动性和连贯性，适用于口头讲述，从而阐发道理或者价值观。"故"指以前的、以往的、旧的，"事"是事情、事件、事物，这个事可能是真实的事，也可能是虚构的事。一个故事基本的构成是时间、地点、人物、起因、经过和结果。

某些故事是人类对自身历史的一种记忆行为，人们通过多种故事形式，继承和传播着一定社会的文化传统和价值观念，引导着社会道德的形成。如今"讲故事"成为政治和商业传播领域的流行观念。

一、故事的特点

1. 以叙事为主是故事最大的特点

故事总是向读者展示事件不断展开的"场景画面"，作者始终注意保持故事情节不断地向前推进，故事情节的进展高于情境性。部编版小学语文教材中入选的故事一般主题集中，情节单一，篇幅短小，情境的推进比较简单。例如，《扁鹊治病》设置扁鹊四次见蔡桓公，对于扁鹊的提醒，蔡桓公的反应先是不在乎，之后是不理睬，最后浑身疼痛，派人寻找扁鹊，扁鹊已经逃到秦国去了，于是，蔡桓公就死去了。以时间为序，依次推进，传神地再现两人见面时不同的神态、语言和性格，画面感非常强，捕捉了蔡桓公"不应""不悦"等态度，表现了蔡桓公的骄横自信、讳疾忌医。

2. 好的故事需要有故事核

所有的故事都会围绕一条核心原则运转，这条原则就是故事的内核，它体现的是故事发生发展的核心逻辑关系。它是故事中的核心情节或细节，也就是所谓的“点子”，是整个故事的闪光所在，是故事精彩的要求。中国神话故事的内核就是中华民族特征。例如，《大禹治水》写到大禹的父亲鲧治理洪水没有成功，到了大禹这一代克服各种困难战胜了洪水，与灾难做斗争就是我们中华民族一贯的民族特征。《夸父逐日》《后羿射日》表现夸父、后羿敢于和看起来难以战胜的力量做斗争的勇气和力量。在中国的神话里，他们成为英雄，被后人传颂。

3. 一般按时间顺序来架构故事情节

故事的基本环节包括开端—进一步铺垫—故事的发展—转折—迂回—高潮—结局，层次明了，结构简单。故事中的人物比较少，着重于笔下的人物怎么说和怎么做，而不是怎么想。例如，《猎人海力布》写的是善良、诚实的海力布救了龙王的女儿，得到一块宝石，使他听得懂动物的语言，为了拯救乡亲们的生命，他把可怕的消息告诉了乡亲们，乡亲们得救了，而他自己却变成一块石头的故事。情节曲折生动，情感丰富动人，情节的推进是救白蛇（不求回报，不要珠宝）—得宝石（打得更多猎物分给大家）—危险逼近（从鸟的交谈中听到自己家乡的大山要崩塌、洪水要淹没大地）—救乡亲（乡亲们不信他的话）—变石头（说出真相），故事结构按情节推进来安排。

4. 优秀的故事应该具备画面、悬念、角色、情绪四个要素

故事保留了口头文学的特点，即易听、易记、易讲、易传。细节丰富，有画面感；多以提问的方式，留有悬念；从对方的角度引导听众参与，有带入感；有丰富的情感，激发听众情绪。以童话故事《去年的树》为例，文中变换了几个场景：小鸟唱歌大树听歌的场景，小鸟跟树根对话的场景，在山谷跟大门对话的场景，在村子里跟小女孩对话的场面，既有悬念，又有角色的变换，激发学生的好奇心，便于他们理解和记忆。

二、部编版小学语文教材中的故事种类

依据不同的标准，故事有不同的分类。部编版小学语文教材中的故事主要包含以下种类（表6-9）。

表6-9 部编版小学语文教材中的故事种类

种类	内容	出处	代表作品
童话故事	表现社会生活的真善美和假恶丑	三年级上册	《去年的树》《那一定很好》《在牛肚子里旅行》《一块奶酪》
寓言故事	侧重阐述道理和教训	二年级下册	《亡羊补牢》《揠苗助长》

续表

种类	内容	出处	代表作品
神话故事	表达对自然的猜想和解释	四年级上册	《盘古开天辟地》《精卫填海》《普罗米修斯》《女娲补天》
民间故事	表达对美好生活的向往	五年级上册	《猎人海力布》《牛郎织女》
名著故事	名著改编的以塑造典型人物为主的故事	五年级上册	《将相和》
历史故事	以历史人物或者历史事件为题材，真实再现民间风俗和生活	四年级上册	《王戎不取道旁李》《西门豹治邺》《扁鹊治病》《纪昌学射》
成语故事	成语的来历	二年级上册	《坐井观天》《狐假虎威》
老百姓的故事	讲述社会中普通人的酸甜苦辣	三年级下册	《慢性子裁缝和急性子顾客》《方帽子店》《漏》《枣核》
名人故事	中外名人的事迹	五年级下册	《军神》《青山处处埋忠骨》《清贫》

三、故事教学设计策略

1. 把握好故事的要素和故事核

一则故事的构成离不开叙事，所以教师需要提醒学生把握故事要素。故事核能揭示故事的主题，授课中必须对之归纳总结。部编版小学语文教材中编选了不少脍炙人口的历史故事，其中大部分是从我国一些著名的古典历史小说中节选改编而成的。这类课文由于体裁所限，不可能对人物活动的环境做详细的介绍和描写，因此，在分析人物形象时，教师适当介绍历史背景，就十分必要，否则将削弱这些形象的感染力。可采用教师介绍或学生课前收集，上课时交流的方式进行。

2. 故事强调事件的发生发展过程，注意引导学生把握情节的发展变化

有的故事人物较多，人物关系较复杂或人物前后有变化，教师可抓住人物关系来梳理情节，之后引导学生通过讲一讲、演一演等方式来把握人物特点，并理解课文内容。

3. 体会语言的生动性和形象性

故事的语言浅显、生动、形象，对于发展学生特别是低年级学生的语言有积极的作用。例如，《小马过河》一课，小马和妈妈、牛伯伯、小松鼠的对话，非常符合小学生的口语特点。授课时，教师可通过不同方式的朗读，依据角色的特点开展角色扮演活动，学生既能理解课文也能提升语言表达能力。

4. **营造氛围**

创设情境，营造氛围，精心设计语文综合性实践活动，在语言实践活动中让学生读懂故事，理解语言，培养语感，陶冶情操，丰富积累。学生的表演欲极强，学生喜欢带有故事性的课堂，小学阶段的此类故事性课文恰好能满足学生这个愿望。教师可以适时地为学生搭建一个让其展示自我的表演舞台。在学完课文后，让学生再创造性地复述这个故事，也就给学生提供了一个想象和再创造的空间。

5. **拓展学生的思维，发挥想象，续编故事**

引导学生在充分、有感情地朗读的基础上进入文本、大胆想象，让学生把对文本的理解与自己的感受融为一体，既锻炼了学生的思维，又提高了他们的语言表达能力。

附录 故事教学案例

一、课文呈现

《大禹治水》(部编版二年级上册，课文略)。

二、课文解读

本单元围绕“伟人”这一主题安排了三篇课文，承载着让学生理解英雄的奉献精神与智慧之重任。本篇课文是一个流传千古的神话故事，讲述了大禹十三年坚持治理洪水，三过家门而不入，最终开通河道，治水成功，为百姓造福的故事，赞扬了大禹心系百姓、无私奉献的精神。这个故事语言极其精练，全文只有400多字，按照事情发生发展的顺序展开情节：第一自然段讲治水前洪水经常泛滥，百姓生活在苦难之中；第二自然段讲鲧治水九年没有成功，他的儿子禹继续治水；第三自然段讲禹治水三过家门而不入，文中“十三年、三次、一次、到处奔走”等词句集中体现了大禹的奉献精神；第四自然段讲禹带领人们采用疏导的办法制服了洪水，百姓过上了安居乐业的生活。全文结构清晰，语言精练。

三、设计要点

(一) 故事按时间顺序来架构内容

教师引导学生关注课文如何按时间顺序，借助四个场景来一步步深化、丰满人物形象：洪水肆虐，百姓遭难，大禹决心治水，初现英雄形象；治水过程异常艰辛，大禹不畏艰难，吃尽辛苦，英雄的顽强意志使人震撼，人物形象丰满起来；为了治水，大禹三过家门而不入，这种献身精神让人感动，进一步深化了人物形象；治水成功，百姓讴歌，此时大禹的形象已经不再是停留于纸上，而是立体地呈现在学生眼前，根植于学生心中。教师可以借助语言描绘、多媒体再现、现场表演等多种方法创设“受命于危难—艰辛治水—三过家门而不入—感激英雄”四个小情境。

(二) 抓住重点词句品读，读中明理、悟情

本篇故事语言精练但内容丰富，可以让学生读读、想想、画画哪些词句让他们感

受到了大禹治水的艰辛，将抽象的词语直观化、形象化、情节化，并深刻体会治水的艰辛。这时再引导学生进行有感情地朗读，并读出治水的艰辛、大禹的顽强，进一步深化大禹的英雄形象。

（三）灵活掌握故事中的对比手法

故事中两处用了对比手法：一是治水前的洪水泛滥和治水后的安居乐业，二是大禹和他父亲的对比。这样安排是为了突出大禹高大的形象，突出他治水的艰辛和智慧。通过画网络思维图的形式，抓住关键词句，学习生字词，巧妙掌握对比手法。

四、案例展示

【教学目标】

［知识与技能目标］

认识“洪、毒”等15个生字，会写“洪、灾”等9个字，积累“洪水、经常”等11个词语。正确、流利地朗读课文；能梳理课文层次，按照提示讲大禹治水的故事。

［过程与方法目标］

引导学生借助插图读懂故事内容，并通过多种形式的朗读，联系上下文理解重点词句，感悟故事的内容。

［情感态度与价值观目标］

体会大禹心系百姓、无私奉献的精神。

【重点难点】

［重点］

通过理解四个场面深入体会大禹治水的艰难。

［难点］

抓住重点语段的重点词句理解大禹为何是人们世世代代敬仰和爱戴的英雄。

【教学过程】

第一课时

环节一　关注单元体裁，了解大禹治水的来历

1. 引导学生看单元导读。

说明本单元围绕“伟人”这一主题，安排了三篇课文，分别给学生介绍了三位伟人：大禹、朱德、周恩来。

2. 让学生思考问题。

师：“什么样的人被称为伟人呢？”（伟人是指功绩卓著、受人尊敬的人。伟人，是在一定的历史条件下，在某个领域或几个领域，通过自身和团队的奋斗，做出了普通人不能做出的伟大业绩的人）

3. 出示自然灾害（地震、火灾、水灾）的图片。

师："远古的时候出了一位治理洪灾的伟人，他就是禹。同学们，禹是我国古代的一位治水英雄，他的父亲是鲧。禹是我国古代传说中与尧、舜齐名的贤圣帝王。他为治理洪水，三过家门而不入，为后人世世代代所传颂，后人称他为大禹，也就是'伟大的禹'的意思。今天，我们一起来学习他的故事吧。"

4. 读课题及板书课题。

［设计思路］本课为单元首篇，所以先安排学生看单元导读，把握好本单元的主题及语文要素。然后就"伟人"的主题引出大禹这个形象，也让学生懂得伟人的出现离不开特定的时代背景。

环节二　阅读课文，随文识字

1. 播放洪灾视频，在这个情境中让学生三读课文。

第一遍：边读边勾画生字，借助拼音完成整体阅读。

第二遍：再读，勾出自己喜欢的句子。

第三遍：再读，想想这个故事讲了什么，塑造了什么样的伟人。

2. 教师串讲故事情节，板书故事情节的脉络。

起因：洪水经常泛滥，使人们生活痛苦。

过程：大禹的父亲鲧治水，但没有成功，大禹为了治水三过家门而不入。

结果：大禹终于制服了洪水。

3. 随文识字。

这个故事的背景就是发大水，人们处在危难之中。请学生再读课文，找出跟洪水和洪水肆虐有关的字、词、句。

（1）学习生字。

洪：传说古代有名的水神"共工"，生气时就会喷水，所以"洪"是"共"字加上三点水。

滥、淹、没："滥"和"淹"都是形声字，三点水表示水流漫出。"滥"本义是大水漫出。后也引申为不加选择、不加节制，诸如宁缺毋滥、乱砍滥伐。"淹"本义是浸没。"没"是会意字，篆书表示用手打捞沉物。

灾：形象感受"灾"。"滥"指大水漫出，"淹"指被水覆盖，"没"是多音字，在这里读"mò"，指沉入水底。教师边用寥寥几笔勾出农田，边说："在平日，水都在农田下，发洪水时，（画大水盖过农田）洪水就淹没了农田。人们世世代代耕种、赖以生存的田地全被水给淹没了，意味着人们就没有粮食吃了。（继续画房子）大水把人们的房子也冲毁了，又意味着人们也没有房子住了。可恶的洪水，使人们失去了宝贵的粮食，失去了温暖的家，人们只好到处流浪，过着痛苦的生活。洪水给百姓带来了无数的灾难，这就是‘灾’，本义指火灾，大火烧了房子，后泛指水、火、旱等所造成的祸害。”

（2）学习关键词语。

师：“洪水灾难给人们带来什么伤害？让我们一起找一找这些词语。”

读词语：洪水泛滥、淹没田地、冲毁房屋、伤害牲畜、伤害百姓、带来灾难。这些词语都体现了洪水的泛滥对老百姓造成的伤害。

［设计思路］通过洪水录像的观看、简笔画板书的辅助和对课文中“滥、淹、没”等生字词的学习，再探究关键词，学生调动各种感官充分了解洪水的凶猛、洪水对百姓生活造成的危害之大，从而为理解下文大禹的英雄之举做好铺垫。

环节三　合作讨论，理解治水的重要性

1. 朗读课文，讨论并思考问题。

洪灾使百姓民不聊生，如何摆脱困境使百姓安居乐业？（必须治理）。顺势理解“必须”这个词。可以仿照课文句子做句型练习“如果____________,就____________”。

2. 讨论问题。

故事里是怎样叙述大禹治理洪水的？治水难吗？引导学生阅读教材，找出关键词和句子，诸如“继续”“连续”“九年”等。

3. 复述故事。

［设计思路］这环节的主要任务是在前面阅读识字的基础上整体感知课文。承接上两个环节，从阅读到识字再到整体感知，识字与阅读相结合，相互推进。

4. 巩固字词，书写生字。

（1）出示课件，跟学生一起做口头填词练习。

（2）出示句子，用课文中的词语来填空造句。

（3）指导“产”字和“认”字的书写。

教师范写，学生观察，描红书写，同桌互评。

（4）认识衣字偏旁。

“被”字左右结构，左边是衣字偏旁，右边是“皮”字。

［设计思路］第一课时的最后环节是巩固所学的知识，最后的步骤就是生字书写。

第二课时

环节一　复习旧知，导入新知

1. 出示大禹治水的图片，跟学生一起再次朗读课文，进入情境。

2. 课件出示生字词，全班朗读。

3. 复习内容，按照这则故事的写作思路复述故事。

［设计思路］出示汉字图片，让学生认读，然后让他们回忆课文主要内容，为其后

面更好地朗读课文奠定基础。

环节二　品读重点段落，体会治水之艰难

1. 出示问题，让学生抓住重点句品读，探究人们敬仰、爱戴大禹的原因。

师："大禹为什么会成为人们世世代代敬仰和爱戴的英雄？请同学们默读第2—4自然段，画出描写大禹治水的句子。"

2. 全班交流。

预设一：大禹改变了父亲的做法，带领人们开凿了龙门，挖通了九条河，垒起了堤坝，把洪水引到东边的大海里。

（1）请学生圈出描写大禹治水的动词。

（2）自由读句子，体会一下大禹治水的方法。

（3）指名说大禹是怎样治水的，教师随机引导。

（4）用文中的一个词概括大禹治水的方法。

（5）把大禹和他父亲的做法进行对比。

（6）大禹吸取了父亲治水失败的经验，变堵为引，你觉得大禹是个怎样的人？（智慧的人）

（7）齐读这句话，一起来夸夸大禹。

预设二：晚上，他常常睡在草丘山冈，天蒙蒙……只好拄着棍子走路。

（1）自由读句子，看看从句中体会到了什么。（很辛苦、很累）

（2）哪些词能体现大禹治水的艰辛？（自由发言）

（3）自由练读，读出大禹治水的艰辛。

（4）小组赛读。

（5）请大家想象一下，大禹还会遇到哪些困难呢？用一个成语来概括。

（6）积累成语。

（起早贪黑、早出晚归、披星戴月、翻山越岭、跋山涉水、风餐露宿、吃苦耐劳、顶风冒雨、坚持不懈、严寒酷暑、不辞劳苦等）

预设三：为了治水，大禹三十岁结婚，在家住了四天，告别了妻子。大禹治水十年，曾经三次路过家门，顾不得进去看一看。

（1）自由读句子，你发现少了哪些字？

（2）自由读文中的句子，你从中体会到了什么？

才——三十岁结婚迟吗？补充：古人往往十三四岁就结婚了。为了治水，耽误了自己的婚姻大事。仅仅，就——住的时间很短。十年大约是3 650天，对比之下，4天很短很短。却——只有三次路过家门，但一次都没有进去，他只顾得上干什么？

教师点拨：这段话就是"三过家门而不入"这个成语的由来，你们想听听这个感

人的故事吗？

［设计思路］课文重点就是通过治水的艰难来树立大禹伟人的形象。伟人都做了哪些事，这些事是怎样和伟人联系上的，通过阅读课文第2—4自然段就可以明了。设计上，先提出问题，再让学生针对问题去思考、寻找答案，体现自主阅读、自主发现的理念，同时明白一则故事的故事核离不开体现主题的那些材料。

环节三　课堂活动，深化故事

1. 我来讲讲大禹的故事。

2. 我来夸夸大禹三过家门而不入。

3. 我来演一演大禹为了治水，吃尽了千辛万苦，走遍了千山万水，仔细查看水流和地形的情形。

［设计思路］这个环节主要是设计一些课堂实践活动，结合课文内容，突出主题，让学生在活动中体验故事主人公形象，也能锻炼学生的口语表达能力，拓展其思维，活跃课堂气氛。

环节四　总结升华，神话故事拓展

1. 小结课文。

师："同学们，百姓是多么感激大禹呀！大禹治水是发生在四千多年以前的故事，一直流传到今天，而且还会一代又一代地流传下去，这就是代代相传！此时此刻，让我们带着对他的无比感激之情齐读最后一个自然段。"（课件出示最后一个自然段）

2. 升华主题。

师："同学们，大禹的精神代代相传，在当今社会，像大禹这样一心为公的人还有很多。"（课件依次播放英雄群像图：偷偷卖血只为藏族孤儿读好书的西藏阿里书记孔繁森，全心全意为人民服务的雷锋，被病痛折磨仍坚守岗位的焦裕禄……）

3. 朗读故事。

师："请同学们自读补充有关大禹治水的小故事，读后交流体会。"

［设计思路］树立大语文观，打通课内外的联系，拓宽视野，丰富知识，提高综合素养。

第七节　小学语文说明文教学设计

说明文是一种以说明为主要表达方式的文章体裁，属于应用文一类。它一般介绍事物的形状、构造、类别、关系、功能，解释事物的原理、含义、特点、演变等。说明文实用性很强，可广泛应用于广告、说明书、提要、提示、规则、章程、解说词等。

说明文作为部编版小学语文教材中科普面广、知识性强、应用全面的知识载体，在部编版小学语文教材中具有重要的价值。小学阶段说明文数量多，文章的内容涉及人们生活的方方面面，内容丰富，具有极强的知识性、科学性和趣味性，文章呈现形式多样，具有很强的现实意义，可以培养学生爱科学、学科学的精神。

一、说明文的特点

1. 以说明为主

说明文的特点是“说”，具有一定的知识性和科学性。这种知识，或是来自有关科学研究资料，或是亲身实践、调查、考察所得，都具有一定的科学性。为了要把事物说明白，就必须把握事物的特征，进而揭示出事物的本质属性，即不仅要说明“是什么”，还要说明“为什么”。应用性说明文一般只要求说明事物的特征，阐述性说明文则必须揭示出问题的本源和实质。

2. 采用合适的说明方法

常见的说明方法有举例子、分类别、做比较、列数字、下定义、做诠释、打比方、摹状貌、引用、画图表（做图表）等。写说明文要根据说明对象和写作目的，选用合适的方法。

3. 以说明文为主，运用多种表达方式

以说明为主的同时需要其他表达方式（诸如叙述、议论、描写等）的恰当配合，完成向读者介绍事物、解释事理的任务，使说明文写得有声有色，文采斐然。

4. 按一定说明顺序进行说明

说明文具有条理清楚、结构严谨的特点，篇章层次很清晰，大多采用总分的结构形式。在段落的安排上遵循以下原则。

（1）时间顺序。按说明对象的自身条理性来安排结构。一般来说，运动、变化、发展的事物，它的条理性表现在时序上，不同时间有不同的形态，说明时可按时间顺序安排结构。

（2）空间顺序。处于静止状态的事物，诸如建筑群、名胜古迹、物品等，常常从空间位置上体现它的条理性。说明这类事物，宜按空间顺序，先表后里、先外后内进行说明。例如，《故宫博物院》一课，讲述了一个古代建筑群，这个建筑群处在一定的空间方位上，排列有序，内部建筑有主有次。文章按照空间位置，先写外部城门，后写城内建筑，写内时先写主，后写次。整篇文章层次井然有序。

（3）逻辑顺序。对读者感到陌生及读者难以理解的说明对象，说明时常常由具体到抽象，由表面现象到内在事理，由个别推及一般。在具体说明中，宜先写状态，后写功用或成因，最后揭示事物特征，符合人们对说明对象的认识规律。

5. **语言文字一般简单明了、准确周密**

说明文要忠实于事物的客观性和知识的准确性，说明文内容的科学性、客观性也决定了其语言的准确性和严密性。第一学段的文艺性说明文，教学价值的确立点不一定在文体知识上面，主要在于体会文本语言之美，学习作者遣词造句的技巧和布局谋篇的匠心。

二、文艺性说明文

小学语文第一学段的教材中有不少说明类的篇目，这些篇目内容生动有趣、浅显易懂，融知识性和趣味性于一体，大多都篇幅短小，结构清晰。这样的文体称为文艺性说明文，又称科学小品文或者知识小品文，它常常用较形象的手法来说明事物，使被说明的事物具有生动性和形象性，易于引起读者的兴趣。文艺性说明文的特点体现为以下几个方面：第一，常常使用比喻和拟人的修辞方法，使被说明的事物形象性增强；第二，常利用生活感受，使文章在准确性的基础上增添真实性和生活情趣，易于让人接受；第三，适当运用叙述和描写的手法，使被说明事物栩栩如生，在给读者知识的同时，又强调文章的生动性。

三、部编版小学语文教材中的说明文类别

说明文贯穿整个小学阶段，课程标准在第三学段中明确提出说明文的阅读目标：阅读说明性文章，能抓住要点，了解文章的基本说明方法。实际上在部编版小学语文教材中，一年级开始就陆续安排说明文了，只是第一学段的说明文和第三学段的说明文还是有一定差别的。

（一）常见类别

事物说明文旨在介绍某一事物的状态、性质、功能。比如《赵州桥》，以赵州桥为例，说明中国石拱桥“不但形式优美，而且结构坚固”的特征。

事理说明文是为了阐明事理，解释事物本身的道理或内部的规律，诸如《纸的发明》《大自然的声音》。

（二）部编版小学语文教材中的说明文类别

部编版小学语文教材从二年级开始继续安排以说明和介绍为主的文章。第一学段主要是小品文，行文活泼，生动形象，易于接受。三年级以后逐渐往偏抽象的理性说明文倾斜，加强学生的理性思维，让他们学会发现、观察周围和世界，树立正确的科学观。（表 6 – 10）

表 6－10　部编版小学语文教材中的说明文类别

类别	课题	出处
文艺性说明文	《黄山奇石》《日月潭》《葡萄沟》《太空生活趣事多》	二年级
	《富饶的西沙群岛》《美丽的大兴安岭》《花钟》《我们奇妙的世界》	三年级
	《圆明园的毁灭》	五年级
	《京剧趣谈》《北京的春节》《藏戏》	六年级
事物说明文	《赵州桥》《一幅名扬中外的画》《海底世界》	三年级
	《琥珀》《飞向蓝天的恐龙》	四年级
	《太阳》《松鼠》	五年级
	《故宫博物院》	六年级
事理说明文	《纸的发明》	三年级
	《蝙蝠和雷达》《呼风唤雨的世纪》《纳米技术就在我们身边》	四年级
	《什么比光的速度更快》	五年级
	《宇宙生命之谜》《只有一个地球》《真理诞生于一百个问号之后》	六年级

四、小学语文说明文的教学策略

1. 抓住课文主线，理清篇章层次

说明文的层次结构是有规律的，通常是根据事物的特征，分层次、逐步进行说明。大多数的说明类文章都按照逻辑思维来安排篇章，体现为总分关系，也有按照空间结构来写的，比如《故宫博物院》。《我们奇妙的世界》则是按时间来安排段落，从上午写到晚上，又从春天写到冬天。教学时，教师先要指导学生理清课文的层次结构。例如，《富饶的西沙群岛》一课，“富饶”是课文的主线。第一自然段先总写“风景优美，物产丰富”，接下来写海水、海底、海滩、海岛的富饶。因此，抓住标题中“富饶”一词，课文的层次结构就清楚了。理清段落也能帮助学生把握好说明层次，很多课文通常在段首提出说明重点，然后再进行具体说明。《富饶的西沙群岛》一课，第二自然段写海水，第三自然段写海底，第五自然段写海滩上……每一段的第一句话都揭示了这一段要说明的中心。

2. 说明文中的语言文字一般具有简单明了、准确周密的特点

除了使用各种说明方法外，说明文语言的准确性更多地体现在文中的一些起修饰或限制作用的副词或形容词上。教师可以用多种方法引导学生去关注，并掌握方法。例如，教师可采用比较方法，训练学生体会说明文语言的周密性，也可采用加词、换词、去词的方式进行。例如，在《赵州桥》一文中，“它是隋朝石匠李春设计和参加建造的”一句，如果把“设计”和“参加”的顺序对调，或者去掉“参加”一词，表达的意思就和事实不符了。

3. **利用现代技术，提高课堂效率**

学习说明文的目的是为了普及科学常识，而有些知识相对于学生的认知水平来说显得抽象、高深、难懂。教师可以将说明文中比较抽象的内容或概念通过多媒体演示的方法变得形象化、具体化、生动化，带给学生视觉冲击，激发他们的学习兴趣；也可以营造教学情境，或者适时补充与教学内容相关的资料，加大课堂教学的容量。

4. **学习科学的思维方法，逐步养成实事求是、崇尚真知的科学态度**

激发学生阅读科学类文本的兴趣，是培养学生创新能力的重要方法。教材中的不少篇目，比如《宇宙生命之谜》《纳米技术就在我们身边》两篇课文的时代感非常强，对从小培养学生的科学精神有很大的帮助。

5. **体会说明方法的作用**

为了清楚地说明事物的特点，作者会采用不同的说明方法。说明文的教学，教师应致力于引导学生理解作者是怎样把事物的特点说清楚的。

例如，《鲸》一课中的第一自然段，作者为了说明鲸很大这一特点，综合运用了多种说明方法。在教学时，教师要引导学生思考作者为什么要用这么多的方法来说明鲸很大这一个特点。如果把文中“我国发现过一头近四万公斤重的鲸，约十七米长，一条舌头就有十几头大肥猪那么重。它要是张开嘴，人站在它嘴里，举起手来还摸不到它的上腭，四个人围着桌子坐在它的嘴里看书还显得宽敞”几句话去掉，与原文的表达效果有什么区别。学生在对比中明白，作者着墨于此的目的不仅仅是要告诉读者“鲸很大”，更是通过一次次的强调，让这个特点一次次撞击读者的内心，从而明白说明方法在说明事物特点时的独特作用。

6. **获得提取信息的方法**

说明文文本信息含量大，怎样迅速地从中获得准确的信息，提高自己的科学素养，是学习说明文的目的之一。例如，教《花钟》时，教师可以布置学生按照花开放的时间提前自制表格，课中交流体会，这样不仅能让学生获得阅读的方法，也能提升其阅读说明文的能力。

附录　说明文教学案例

一、课文呈现

《花钟》(部编版三年级下册，课文略)。

二、课文解读

这篇课文是原人教版五年级上册教材中的一篇略读课文，部编版将其放到了三年级下册，使其变成第四单元第一课的文艺性说明文。在课文中，作者细心观察，发现一天之内不同的花开放的时间是不同的，列举了牵牛花等九种花不同的开放时间来说明这个发现，并使用了拟人的手法描写了不同的花开放时独有的姿态。作者怀着一颗好奇心，进一步探索了开花的时间为什么不同，分析回答了不同的植物开花时间不同的两个原因：开花时间与温度、湿度、光照有关，与昆虫的活动时间有关，又在文章最后写出了花钟是怎样做成的。全文结构清晰，叙述精当。

这篇课文为我们展现了隐藏在“花朵”中的无穷奥秘，激发学生的观察兴趣，初步培养学生留心周围事物、认真观察和思考的习惯。

三、设计要点

（一）把握好文章的逻辑结构形式

课文思路清晰，按照“归纳现象—揭示原因—实际运用”的思路，说明不同的花会在不同的时间开放及其原因，按照人们对事物认识的习惯来写，特别合适学生阅读。

（二）学习课文语言表达的生动形象性

作为文艺性说明文，课文既有说明文语言的严谨，又有散文语言的生动性和形象性。课文在介绍不同的花在不同的时间开放的时候，运用了不同的词语和句式，比如“左右、有……的危险、往往、大致”，准确反映客观事物的真实状况。为了形象表现花开放的特点，运用了拟人的修辞手法，描写了不同种类的花开放的美好姿态，词句表达丰富多样，有理有趣。教师既要让学生把朗读、理解、感悟紧密结合起来，又要让学生自由、充分地读，读出对花的喜爱，读出对修建奇妙的“花钟”的赞叹。

（三）文图结合，帮助理解

“花钟”这个词很抽象，但花是形象的，教师可以借助图画、网络思维图等方式引导学生理解作者表达的意图。

四、案例展示

【教学目标】

[知识与技能目标]

认读生字，正确读写“争奇斗艳”等词语；正确、流利、有感情地朗读课文，结合语境理解词语的意思，了解“不同的花开放的时间不同”及“为什么不同的花开放的时间不同”等知识；读懂课文内容，初步培养学生留心观察周围事物的习惯。

[过程与方法目标]

通过引导学生看单元导读把握本课目标，经历多种形式的读、评、讲、议及联系生活实际等，感悟课文内容，提高观察能力。

[情感态度与价值观目标]

培养学生对自然、对科学的兴趣。

【重点难点】

［重点］

让学生在理解课文内容的基础上，理解不同的表达句式对形象说明事情特征的作用。

［难点］

引导学生理解什么是花钟。

【教学过程】

第一课时

环节一　情境导入，关注单元

1. 运用多媒体出示大自然中植物的图片（树的生长、花开花落等）。

教师带领学生走进花的世界、欣赏鲜花、感受鲜花的芬芳迷人："这么多的花争着开放来比美真是美不胜收呀！这么美的花的身上还蕴藏着许多奥秘呢！"教师引导学生观察大自然，引出本课课题。

2. 了解单元教学内容（留心观察），明确单元训练目标（借助关键语概括一段话的大意，学会观察并记录发现），简单介绍本单元的内容。

3. 读课题，引出质疑：什么是花钟？花和钟为什么能联系在一起？为什么不同的花开在不同的时间？

［设计思路］现实生活中，学生对于花并不陌生，但对于"花钟"这种新奇的事物是充满兴趣和疑问的。因此，循着学生的情感起点，先引导学生进入情境，进而让其看单元要求，使其明白课文的内容性质，并快速地朗读课文。

环节二　阅读课文，随文识字

1. 学生带着以下问题阅读课文，自由读或同桌互读，难读的字多读几遍，可以查字典解决生词。

2. 全班探究以上三个问题分别出现在哪一段落？师生探讨："花和钟为什么能联系在一起"出自第一自然段，写作者的观察发现（一天之内，不同的花开放的时间是不同的）；第二自然段探究"为什么不同的花开在不同的时间"的原因；第三自然段则回答"什么是花钟"。（板书）梳理课文段落之间的关系。

3. 随文识字。

朗读第一自然段，解决生字词。花是怎样陆续开放的呢？学生自读，教师再指名读，正音。

朗读第二自然段，解决生字词。为什么不同的花开在不同的时间？学生自读，教师再指名读，正音。

朗读第三自然段，解决生字词。花钟长什么样呢？学生自读，教师再指名读，正音。

［设计思路］这个环节是整体感受课文，阅读的同时解决识字。随文识字，把生字放在具体的语言环境中，便于学生理解字义。

环节三 再读课文，积累交流好词、好句

1. 自由读课文，圈出自己认为的很重要的词语和句子。

2. 分享活动，谈谈都圈了哪些词句，并说说理由，完成优美词语收藏。

争奇斗艳 芬芳迷人
艳丽 苏醒 暮色 舒展
湿度 娇嫩 适宜 花蕾
昆虫 传播 淡雅 吻合
花圃 陆续 修建 大致
欣然怒放 含笑一现

3. 巩固练习。指名读句子，注意读准生字。（出示含有8个生字的句子）

下午三点，万寿菊欣然怒（nù）放；傍晚六点，烟草花在暮（mù）色中苏醒。

昙花的花瓣又大又娇嫩，白天阳光强，空气干燥（zào），要是在白天开花，就有被灼（zhuó）伤的危险。

还有的花，需要昆（kūn）虫传播（bō）花粉，才能结出种子，它们开花的时间往往跟昆虫活动的时间相吻（wěn）合。

长期以来，它适应了晚上九点左右的温度和湿度，到了那时，便悄悄绽（zhàn）开淡雅的花蕾（lěi）。

你只要看看什么花刚刚开放，就知道大致（zhì）是几点钟。

［设计思路］本篇课文语言优美，形象生动，用词准确，表达清楚。所以设置这个环节让学生多读多练，既反复接触生字词，又对课文有更深的印象。

环节四 找一找，画花钟

1. 出示并欣赏课文中出现的花的图片，说出花的名称（蔷薇、睡莲、午时花、万寿菊、烟草花、月光花、夜来香、昙花）。

2. 这些花分别是在什么时间开放的呢？找出课文中相关的句子读一读。你读我写。（教师在黑板上贴钟的演示图，学生读课文，教师用不同颜色的粉笔在相应的位置写花名，字的色调与花的特点相符）

［设计思路］师生合作探究，设计“你读我画”的环节，培养了学生的合作意识，也增加了学习的趣味性。

第二课时

环节一 旧知导入，解决重难点问题

1. 衔接上节课，提出问题：这个花钟，作者是怎么发现的呢？课文哪一个句子体现出来了？引导阅读第一自然段并思考。

2. 预设学生回答：仔细观察，课文说“要是我们留心观察，我们就会发现”。请同学说说“留心”该怎样理解。只有留心观察，才能了解到自然界花开的奥秘。

3. 师：“这些花开的样子，各不相同。作者在描写的时候，写法也不一样。你喜欢哪个句子？找到这个句子，好好地读一读。边读边想：为什么喜欢?”（段落中用拟人的手法描写花开的句子）

4. 师：“花儿特别有意思，他们不仅会吹喇叭、会笑，他们还会睡觉、会醒来，还会跳舞呢！原来把花当作人来写了（拟人手法）。作者真厉害呢，同样描写花开，可是每一个句子都写得不一样。同学们再读一遍，注意这些句子。”

5. 找一找。教师请学生找找花开的时间。

（凌晨四点，牵牛花开了；五点左右，蔷薇开了；七点，睡莲开了；中午十二点左右，午时花开了；下午三点，万寿菊开了；傍晚六点，烟草花开了；月光花在七点左右开花；夜来香在晚上八点左右开花；昙花却在九点左右开放……）

教师点拨：作者是按时间顺序来写的，这样显得条理非常清晰。同学们可做个对比，体会语言表达的差别。

6. 教师引导学生赏析重点句子，通过品词“暮色、欣然怒放、艳丽、争奇斗艳”等，再关注一些词语“左右”“大致”，理解说明文语言表达的准确性。

[设计思路] 这一环节关注三个问题：留心观察、观察发现、语言表达。由浅入深，引导学生完成说明类文体的教学目标。

环节二 探寻原因，把握思维

1. 教师提问：作者只是观察了花开的现象，够了没有呢？大家说说看。对，还得探究为什么花开的时间会不同。

2. 引导自由读第二自然段，找找原因。

3. 学生交流后汇报，教师小结：昙花在九点左右开花原来是由周围条件决定的。看来，课文举了昙花这个例子就一下子讲清楚了植物开花时间与温度、湿度、光照有密切关系的科学道理。继续引导：而有的花开放时间又与昆虫活动时间相吻合，怎样“吻合”？为什么会“吻合”？接着，教师随机出示照片“牵牛花”“睡莲”“夜来香”“午时花”“万寿菊”，这些花开放的时间究竟与温度、湿度、光照有关，还是跟昆虫有关，甚至跟其他因素相关，可以在课后查阅资料进一步研究。

4. 请学生谈谈在生活中自己的发现。教师出示课件，让学生了解课文之外的花开放的时间。

5. 口语练习。教师课件出示花朵，让学生按照思路来说说“不同的植物开花时间不同的原因”，同桌互说。

［设计思路］本环节主要针对问题产生的原因展开分析，引导学生读课文、思考，寻找答案，理解花开在不同时间可以通过观察、记录、归类而得出科学结论，树立做学问的科学态度。

环节三　画画思维图，把握全文的逻辑关系

1. 略读第三自然段，花钟的制造。

师：“请大家自己读这一段，有一些词语如果去掉了，表达的意思就与原文完全不同了，由此产生的科学性错误，快用你的火眼金睛找出来吧。”

生：“陆续、刚刚、大致。陆续，表示先后出现；刚刚，表示观察时间要恰当；大致，表示不是非常精确的时间。”

师：“这些词语使文章的表述更具有科学性，现在全班一起朗读，让我们知道花钟是怎样制造出来的。再读课文，体会段落之间的关系。”

2. 依据阅读结果把本篇课文的关系画个思维网络图。汇报、交流、点拨（现象、原因、应用的关系），进一步理解科学小品文的逻辑关系。

3. 教师梳理课文结构，引导学生回答问题。

（1）善于观察，用心观察。

（2）观察后进行归类，找共同点。

（3）学会分析原因。

教师总结，升华主题，谈及学习这篇课文的意义，并告诉学生只要认真观察、积极探索，就会发现身边的事物有着无穷的奥秘。

［设计思路］通过网络思维图，帮助学生领悟“整体—具体—整体”把握课文内容，明白花钟的由来及领悟本篇课文的启示。

环节四　知识拓展，爱上小品文

1. 欣赏瑞士有名的大花钟，体会自然给我们的生活带来的巧妙创意。

2. 展示更多的文章，告诉学生读文艺性说明文的收获。

3. 布置作业，观察家中（小区、公园）鲜花，做个记录。

［设计思路］从知识中来到知识中去，对于学习文艺性说明文来说，最终的目的除了完成语文工具性的任务外，剩下的就是培养学生的科学素养了。只有多看多实践，才是硬道理。

第八节　小学语文散文教学设计

散文是一种抒写作者所见所闻、写作方式灵活的文学体裁。散文常常被人们称为文学中的“轻骑兵”，除少数传记文学、报告文学、特写之外，散文的篇幅都比较短小，适宜及时地反映社会生活，表达作者的点滴感受，是一种现实性相当强的文学体裁。广义的散文是相对于韵文的所有文章。狭义的散文是指和小说、诗歌、戏剧等文学体裁并称的文学体裁。

一、散文的特点

1. 形散神聚

（1）“形散”主要指笔法散、章法散和文法散。

① 笔法散。它是指散文取材十分广泛自由，可以描摹现实生活中的真人真事，也可以再现优美动人的自然景色；可以抒发作家的感受、体会，也可以论社会上的各种人和事；可以谈古，也可以说今。凡是实际生活里一切有意义的事物，都可以用散文的形式表现出来。比起其他文学体裁来，散文的题材确实更为广泛。

② 章法散。它是指结构形式上的自由灵活，行文自由，不受时间和空间的限制。与小说、戏剧文学相比较，散文一般不要求有完整的情节和人物形象，而是通过某些生活片段的描述，来表达作者的生活感受与思想情感，也不像诗歌那样讲究语言的格式，可以灵活地进行抒写。

③ 文法散。它是指散文在表现手法上，很少受到拘束。它可以抒情，可以叙事，可以议论，也可以将几种手法融合在一起，夹议夹叙。常常采用比喻、拟人、夸张、排比、引用、对偶、借代等修辞手法。

（2）“神聚”主要是指散文所要表达的主题必须明确而集中。无论散文的内容多么广泛，表现手法多么灵活，都是为了更好地表达主题。一般会有一条主线贯穿全文，可以是核心人物，可以是核心事物，有时以时间、地点为线索，有时以作者的情感变化为线索。

2. 真实自然，贴近人心，贴近生活

散文的题材和作者所抒发的感情都来自生活真实，在内容上，可以写人，可以记事，可以写景，也可以状物，但所写的总是作者的自我感悟，是自我生活经验的一部分，看似平常的事物，经作者从深处开掘，便有了新颖的深意。散文中的情贵真、贵深、贵实，忌假、忌浅、忌浮。散文之所以能产生迷人的艺术魅力，就在于作者在文中精心描绘的诗情画意和自然流露的真情实感，所写内容往往从细处用笔，小中见大，把情思贯穿在细致的描述中。大多数的散文采用第一人称来叙述，真实可信。

3. 优美动人

散文素有“美文”之称，有着深厚的人文情怀，洋溢着浓烈的诗情画意，在人物对象、地方风土人情、唯美的风景画中倾注很多中国传统文人的情感和济世关怀。散文除了有精神的见解、优美的意境之外，还有清新隽永、质朴无华的文采。一般来说，散文的语言简洁、凝练、自然、优美，在遣词造句上讲究朴实而不贫乏，华丽而不做作，丰富而不堆砌，既追求文采斐然，又崇尚天然，使读者看不出雕琢的痕迹，表现一种闲适的诗性魅力，一切都是如闲话家常，娓娓道来，如小桥下的流水，浅吟低唱，充满着生活的灵动。经常读一些优美的散文，不仅可以丰富知识、开阔眼界，培养高尚的思想情操，还可以从中学习选材立意、谋篇布局和遣词造句的技巧，提高自己的语言表达能力。

二、散文的分类

散文这类体裁，本身就包括许多各具特色的文学样式。广义的散文是指诗歌、小说、戏剧以外的所有具有文学性的散行文章。除了以议论、抒情为主的散文外，还包括通讯、报告文学、随笔杂文、回忆录、传记等文体。常见的有三类：偏重于叙事的叙事性散文、偏重于抒情的抒情性散文，偏重于说理的议论性散文。

（一）叙事性散文

叙事性散文，或称记叙文，是在叙述中以记人、叙事、写景或状物为主要内容的一种文学文体。这类散文叙事情节不求完整，往往从一个角度选取题材，从叙述人物和事件的发展变化过程中反映事物的本质，表现作者的思想感情。人物、事件、环境是叙事类作品的三要素，时间、地点、人物、起因、经过、结果是叙述的六要素。

1. 偏重于记人的散文

这类散文全篇以人为中心，但所写人物比较抽象，只是着重突出人物的某一侧面，而不需要塑造典型人物。写人为主的记叙文，主要是通过对人物外貌、语言动作、心理活动的描写和典型事例的叙述，来反映人物的思想、性格、品质等；注重细节描写，常对人物动作、语言、神态、心理、外貌及自然景观、场面气氛等细小环节或情节进行描写。以写人为中心的记叙文重点在于人而非事，最终由事及人，旨在揭示人物的思想、性格、品质等。人物形象是否真实是散文与小说的区别。

2. 偏重于记事的散文

这类散文侧重对事件的叙述，往往截取几个生活片段，或一两个场景，把人物和事件放到环境中去叙述和描写。侧重点在于事而非人，由人及事，旨在揭示事情的价值和意义。以记事为主的记叙文也要写到人，目的是通过人物的交代和细节的描写使事件的记叙更具体、更完整，深刻地揭示事件意义，表现文章主题；以记事为主的记叙文，以事件发展为线索，叙述事情一般要点明事情的时间、地点、人物和事情的起因、经过和结果，并且特别强调把事件的过程具体表现出来，它可以是一个有头有尾的故事，比如《落花生》，也可以是几个片段的剪辑，比如《忆读书》。偏重于记事的散文在叙事中倾注着作者真挚的感情，这是与小说叙事显著的区别。

（二）抒情性散文

抒情性散文是指注重表现作者的思想感受，抒发作者的感情的散文。它虽然有对具体事物的记叙和描绘，但通常没有贯穿全篇的情节。它或直抒胸臆，或触景生情，一般都洋溢着浓烈的诗情画意。优秀的抒情性散文感情真挚、语言生动，作者常常运用象征和比喻的修辞手法，将思想寓于形象之中，因而具有强烈的艺术感染力。

1. 写景抒情，咏物言志

抒情性散文就是以抒写人的生活和生命的感受与感悟为主旨，写景抒情，咏物言志，从而与叙事或其他文体区分开来。既可以直接抒情，又可以间接抒情。大多是在描绘景物的同时抒发感情，或借景抒情，或寓情于景。通过抓住景物特征（即此事物与彼事物的区别，既有形状、色彩等外在方面，又有气质、神韵等内在方面）写形状物。抒情性散文大多以空间的转换为顺序，景中融注作者的思想感情，常用象征、比兴、拟人等修辞手法。

2. 诗情画意，意境优美

抒情性散文大多有一个特定的情景、画面或事物，这些情景、画面、事物作为行文线索或中心场景在散文的文本建构中起着重要的作用。抒情性散文非常注重追求意境，通过情、景和想象空间的交融，实现虚实相生的形象系统，给人以美的享受。

与其他散文相比，抒情性散文情感更强烈，想象更丰富，语言更具有诗意，或直抒胸臆，或触景生情，洋溢着浓烈的诗情画意，即使描写的是自然风物，也赋予其深刻的社会内容和思想感情。

3. 语言优美，情文并茂

散文的语言比小说多几分雕琢和雕饰，比诗歌多几分清淡和自然。它简洁朴素又优美，自然中透着情韵。优美是指语言清新明快，形象生动活泼，富于音乐美，读起来能给人以美感。当作者用恰当的词语准确地表现事物的特征，传达人物的精神特点的时候，透过文字就会传来一种情调和气氛。散文作者对于生活，不仅要静观细察，而且要咀嚼品味，带出作者的个性。

（三）议论性散文

议论性散文即以议论为主的散文。从“议论”的角度来看，它是“议论文”，阐明一个论点；从“笔法”的角度来看，它是“散文”，不像一般议论文那样注重理性和逻辑，它侧重的是形象描绘和情感抒发。它具有抒情性、形象性和哲理性的特点，给读者一种富于理性的形象和情感，提供一个广阔的思索和联想的空间。它既有生动的形象，又有严密的逻辑；既要以情动人，又要以理服人；融形、情、理于一体，合政论与文艺于一体。诸如鲁迅的杂文、陶铸的《松树的风格》等都是典型的议论性散文。

1. 蕴含哲理性

议论性散文的立意除了要具备鲜明准确的特点外，还应具有思辨性，使文章折射出理性的光芒，带有人生感悟性质，寄寓于人生百态、家长里短，引发出对人生对生活的慨叹。“外师造化，中得心源”。由于作者对生活的感悟过程中有情感参与，理解的结果有情感及想象的融入，因此，这类散文中的思想，就不是一般干巴巴的议论语言，而是蕴含着生活情感的思想，是蘸满了审美情感液汁的思想。

2. 运用联想思维

议论性散文往往从一人一事中选择比较能表达自己理念的观点，通过想象和联想，描绘出动情的画面，把观点渗透到画面中去，从自然、社会、人生多个角度进行融合。

3. 文艺笔法

议论性散文经常是议论文的框架、散文化的笔法，广泛地选取材料，联系话题，融情感、哲理、形象于一体，彰显文学色彩与文化底蕴，说理时常常运用文学语言，需要读者透过文字的表面，领悟内蕴，阅读起来不像常规议论文那样枯燥，而是在品味散文的优美韵律中体味说理的精警有力。

三、部编版小学语文教材中的散文类别

以部编版小学语文五年级上册为例，来介绍教材中的散文，如表6－11所示。

表6－11　部编版小学语文五年级上册中的散文

种类		代表作品	特点
叙事性散文	记人	《父爱之舟》《“精彩极了”和“糟糕透了”》	通过事件的叙述、描写突出人物的性格，记事为记人服务。人物描写比较细致，从肖像、动作、语言、心理活动等方面展开。但受篇幅影响，一般侧重突出人物某一方面来描写
	记事	《落花生》《桂花雨》《月迹》《忆读书》《我的“长生果”》	叙述一件事情的来龙去脉，叙述六要素要清楚，在叙述中一般安排波折，表现冲突。事件中的人物不做细致刻画
	写景	《搭石》《鸟的天堂》	叙述中以描写景色为目标，对景色展开绘声绘色的描写，注重观察景色的角度和远近
	状物	《珍珠鸟》	叙述中以状物为主，对动植物从形状、颜色、声音和动静等方面展开描绘

续表

种类	代表作品	特点
抒情性散文	《白鹭》《四季之美》	对动植物从形状、颜色、声音等方面展开描绘，以表达作者的情感。叙述六要素不一定要完整
议论性散文	《中国少年说》	运用散文的笔法发表议论，其特征是侧重形象的描绘和情感的抒发

四、小学语文散文的教学策略

散文是我国中小学阅读教学中的主导文类，一直是小学第三学段语文阅读教学的重难点所在，其优美的语句和精巧的结构能够提升学生的审美能力和语文素养。小学阶段，我们不提倡在教学中讲文体特征，但是面对不同文体的课文，显然要有不同的教法，要有清晰的文体意识。因此，教师必须对散文阅读教学的有效策略进行深入研究，进而提高自己的散文阅读教学的质量。

（一）依据散文内容特点，使用合适的教学策略

1. 朗读策略

朗读是一种出声的阅读方式，它是小学生完成阅读教学任务的一项重要的基本功。朗读是阅读的起点，是理解课文的重要手段。课程标准对朗读一直非常重视，三个学段都把“用普通话正确、流利、有感情地朗读课文”放在第一位。跟韵文不同，散文总是从作者主观视角来观察世界万物，从中有所感悟，于是有感而发，抒发自己的感想。读散文需要跟着作者去看去想，最终和作者的思绪合为一体。所以散文朗诵的基调是平缓的，没有太大的起伏，即使是在作品的高潮中，也不会像演讲那样异峰突起，慷慨激昂。在朗诵时，要用中等的速度、柔和的音色，一般用拉长而不用加重的方法来处理、强调重音。例如，《落花生》一课，文中陈述种花生、收花生、品花生的过程，用轻缓的语气朗读；父亲和孩子们的语言可以让学生模拟，那是一种对待生活很认真的态度，语气要自然而轻柔。

2. 咬文嚼字

散文语言优美、凝练，富于文采，要想深入了解、体会其所要表达的内容、内涵，就必须要从语言、文字分析入手。教师要引导学生将散文内容中的人、事、物、景等与生活内容、生活体验联系起来，以生活内容、生活经验为基础，体会散文所要表达的情感。例如，郭沫若的状物散文《白鹭》开篇就写“白鹭是一首精巧的诗”，紧扣“精巧”一词描写白鹭的外形：“那雪白的蓑毛，那全身的流线型结构，那铁色的长喙，那青色的脚，增之一分则嫌长，减之一分则嫌短，素之一忽则嫌白，黛之一忽则嫌黑。”从整体写到细节，用了三种颜色，还运用了对比的修辞手法，真是精细无比。

“在清水田里，时有一只两只站着钓鱼，整个的田便成了一幅嵌在玻璃框里的画面。田的大小好像是有心人为白鹭设计的镜匣。”一个“嵌”字把画面的美感勾画了出来，富有空间想象力。

3. 抓线索

抓线索是对散文内容进行整体把握并深入领会作者情思的一条好途径。线索包括文本的思路、结构和文脉，时间、地点、物体、作者思想感情都可以是文本的线索。例如，《桂花雨》一课中，香飘十里的桂花就是在教学中需要引导学生关注的线索。我们可以通过朗读想象、结合经验、感受体味、移情入境等各种方式引导学生直面桂花本身，与作者实现心灵的共振，触摸桂花雨独特的意境。

（二）掌握有效阅读技巧

散文虽然在形式、题材、情感表达等方面有极大的灵活性，但依然有规律可循。教师在具体的教学实践中，通过把握散文的特点，引导学生掌握其规律，能够使学生在具体的学习实践中，通过有效的阅读方法，获得良好的阅读体验效果。“书读百遍，其意自见”，散文的阅读也离不开多读，可以将浏览、快读、精读相结合。散文的阅读技巧常见的有以下几种。

1. 抓关键句子

例如，《搭石》一课，围绕着“搭石，构成家乡一道风景”，描绘了摆搭石、有序过搭石、谦让过搭石等几幅画面，把搭石和对乡亲们的赞美联系在一起。

2. 看篇章结构

虽说散文形散，但依然是一篇有序安排篇章的文章。文章的结构安排不外乎时间、空间、逻辑三种方式。小学阶段的散文篇幅相对比较短，叙事类散文大多按时间先后和事件发生前后的顺序来进行描写，例如，《珍珠鸟》从朋友送“我”一只鸟开始写。

3. 看线索

散文的线索常见的有：以情为线索；以理为线索；以物为线索；以时间、空间为线索；以行为为线索；以文眼为线索。仔细阅读，通过段落安排的思路，就能找到那条线索。例如，《月迹》这篇课文的题目就告诉读者它的线索是月亮的足迹；又如，《父爱之舟》要沿着父爱的“爱”去找线索；再如，《鸟的天堂》要关注事件的变化，第一天所见所闻，第二天所见所闻，所以以时间为线索。

教师要逐步培养学生探究性阅读和创造性阅读的能力，提倡多角度的、有创意的阅读，利用阅读期待、阅读反思和批判等环节，拓展学生的思维空间，提高学生的阅读质量。

（三）体会作者个性化的抒写

散文跟小说的区别就是它的真实性。散文的真实是指它的写实性，题材来自生活本身，而不是虚构的，这跟小说有着本质的区别。但是，散文依然要对生活进行加工选择和提炼，是“语言所营造的世界”，散文叙写作者的所见所闻，呈现的是“这一位”作者极具个人特性的感官所过滤的人、事、景、物，散文中谈论的所思、表达的所感，是“这一位”作者依其独特的境遇所生发的极具个人色彩的感触、思量。作者之所以写散文，是要表现眼里的景和物、心中的人和事，是要与人分享一己之感、一己之思。我们阅读散文，是感受作者所见所闻，体会作者所感所思。教师应该引导学生去感受、体会作者独特的观察角度，提高自己的审美情趣。

（四）关注散文的类别与特征

在散文教学中，要形成与“散文”文类相匹配的解读方式，把握重点。部编版小学语文教材中的散文大多篇幅短小，以叙事、记人、写景、状物为主，教师需要积极引导学生在阅读中把握不同类别的重心，完成每一课的教学任务。散文的题材变化万千，但万变不离其宗，究其根本不过是对景、事、人的叙述、描写、抒情和议论。例如，《鸟的天堂》一课，以写景为主，文中运用了叙述、描写、抒情相结合的方法，在阅读中可以非常明显地感受作者三种表现手法的娴熟运用：“榕树正在茂盛的时期，好像把它的全部生命力展示给我们看。那么多的绿叶，一簇堆在另一簇上面，不留一点缝隙。那翠绿的颜色，明亮地照耀着我们的眼睛，似乎每一片绿叶上都有一个新的生命在颤动。这美丽的南国的树。”

附录　散文教学案例

一、课文呈现

《搭石》（部编版五年级上册，课文略）。

二、课文解读

这是一篇叙事性散文，作者通过描绘乡亲们摆搭石、走搭石等生活中的几个平凡场景，来赞扬家乡人们美好的情感，以及那些无私奉献、一心为他人着想的人。

本单元是阅读策略单元，围绕“快速阅读”主题安排了《搭石》《将相和》《什么比猎豹的速度更快》《冀中的地道战》四篇教读课文，体裁各不相同。本单元的单元导读有两部分内容：一部分是“阅读要有一定的速度”，主要点明了本单元的主题是要求学生提高阅读速度；另一部分是“学习提高阅读速度的方法”“结合具体事例写出人物的特点”，提示了本单元的语文要素。

三、设计要点

（一）把握叙事性散文的特点

本文是一篇叙事性散文，体现了情景交融的特点。作者通过描绘乡亲们摆搭石、走搭石的情景，赞美了乡亲们无私奉献的精神和一心为他人着想的传统美德。有以物喻人，通过静静地躺在溪水中被人踩踏的一块块搭石，赞扬乡亲们默默无闻、无私奉献的精神，搭石也是乡亲们相亲相爱、友好互助情感的纽带；也有借助描绘温馨情境画面和细腻的刻画增强画面的美感，表现家乡的民风淳朴、人与环境的和谐美好。

（二）学习本文形散神聚的结构特色

课文篇幅不长，全文仅600多字，但结构非常清晰、合理，分别写了“说搭石”“摆搭石”“走搭石”“赞搭石”四个部分。对应课文的五个自然段，用中心句“搭石，构成了家乡的一道风景”来统领，体现散文的行文特点。

（三）文中凝聚着浓厚的思乡情怀

一是“搭石”这个物的选择，意味着思念家乡的“情”，很好地把景与情相融在一起；二是描绘山区的风景，一条条小溪、一块块石头、一个个行人构成家乡一幅风情画，很有共性，是羁旅之人心中故乡的画面；还有家乡亲人的淳朴善良，弘扬了人与人之间、人与环境之间的和谐，体现出对理想境界的追求。

四、案例展示

【教学目标】

［知识与技能目标］

认读、书写生字，摘抄喜欢的句子，与同学交流；有感情地朗读课文，感受文中事物的美；学习作者仔细观察、生动描写事物的方法，培养学生留心观察、用心感受的习惯；理解文中重点词句，体会“搭石”中蕴含的美。

［过程与方法目标］

运用边读边想象画面、联系上下文、创设情境、联系生活体验、表演课本剧等方法，体会乡亲们淳朴、勤恳、老幼相敬的可贵品质和一心为他人着想的美好感情。

［情感态度与价值观目标］

使学生从中受到熏陶，培养学生无私奉献、团结礼让的好品质。

【重点难点】

［重点］

把握关键句“搭石，构成了家乡的一道风景”统领的画面美，体会关键词句在表情达意上的作用。

［难点］

理解“搭石”是如何联结着乡亲们美好的感情的。

【教学过程】

第一课时

环节一　情境导入，揭示课题

1. 课前谈话：同学们去过哪里旅游？觉得哪儿的景色最美？

2. 播放家乡美景图片，解题“外面的风景再美也比不上家乡美”。

3. 出示家乡搭石图片，介绍文章背景。作者刘章是当代著名诗人，他也觉得自己的家乡是最美的。刘章的家乡，有一条无名小溪，溪水潺潺。进入秋天，天气变凉，家乡的人们会根据水的深浅，从河的两岸找来一些平整方正的石头，按照二尺左右的间隔，在小溪里横着摆上一排，让人们从上面踏过，这就是搭石。（在轻音乐中边叙述，边在黑板上画上小溪、搭石）搭石，构成了家乡的一道风景。让我们和作者一起，走进小村庄。

［设计思路］采用情境导入课文，比较符合本课写景抒情的特点。再通过出示课文的中心句，导入新课，把“搭石”和“风景”联系起来的同时，把作者和课文联系起来，学生能产生阅读兴趣和阅读期待。

环节二　四读课文，感知课文

1. 一读课文，读准生字、难字。

教师重点讲解“绾”（把裤子卷起来）字，引导学生关注这个字和搭石的关系。（因为上工、下工、赶集、上学都得“脱鞋绾裤”）

2. 二读优美词语，并说一说喜欢的理由。

(1) 教师课件出示：协调有序、清波漾漾、人影绰绰（个别读、齐读），在课文中找出它们分别出现在什么段落里。

(2) 再出示：招手示意、相背而行、理所当然（个别读、齐读），在课中找出用在什么段落里。

(3) 再出示：紧走搭石慢过桥。

师：“谁能说说这句俗语的意思?”（教师解释俗语的含义，即民间流传的通俗语句。它具有简洁、形象的特点，用在文中使文章更生动了）

3. 三读优美句子，交流感受。

4. 四读课文，读出感情，感受文字传达出来的美感，一起走进这美妙的画卷中。

(1) 仿佛看到树的影子倒映在小溪中，随着水波荡漾。

(2) 好像看到水清得可以看见水底的石头，一阵风吹来，水面漾起了波纹，人影倒映在水面上，美丽极了。

(3) 仿佛看见清清的溪水漾起了粼粼的波纹，姿态柔美的人影倒映在水中，像画一样。

［设计思路］结合本单元的设置任务，提高学生的阅读能力，特别设计“三读三思”，从字到词到句子再到课文，在提高学生阅读能力的同时有效解决生字的读音问题。

环节三 合作讨论，把握篇章

1. 什么是搭石？文中怎样介绍搭石？

2. 在乡亲们摆搭石前，你看到了几幅感人的画面？引导学生了解课文是如何安排段落的。

预设：第一幅，摆搭石；第二幅，协调有序过搭石；第三幅，谦让过搭石；第四幅，背老人过搭石。

3. 教师引导学生理解，板书本课段落安排的层次：话搭石—摆搭石—走搭石—赞搭石。

［设计思路］这篇课文最能体现散文形散神聚的特点，五个段落看似没有关联，实际上都紧扣中心句展开。本环节的设计，能帮助学生学会快速看课文，提高阅读能力。

环节四 巩固生字词，进行练字训练

1. 教师出示填字游戏课件，四幅画面对应相关的字词，让学生抢答填写。

2. 书写生字。

［设计思路］第一课时结束时，一般会进行综合识字训练，巩固学生所学的字词，同时完成课文的书写要求。

第二课时

环节一 有感情地朗读课文，感受画面美，体会语言美

师："一幅幅的画面那么美，同学们一幅一幅地读，带感情地读。"

1. 摆搭石的感人场景。

（1）出示"上了点年岁的人……直到满意了才肯离去"。

（2）指名朗读，质疑：读着读着，哪些词语最让你感动？（善良）

（3）理解"踏"字：这个小心的"踏"，踏了几个来回的"踏"，踏了又踏的"踏"，踏出这位老人的善良。

（4）体会淳朴乡风。

师："上了年岁的老人如此善良，你觉得中年人会怎样做呢？青年人呢？像我们这样大的孩子呢？（一身风霜的中年人，无论怎样急着赶路，只要发现哪块搭石不平稳，一定会放下带的东西，找来合适的石头搭上，再在上边踏上几个来回，直到满意了才肯离去）这真是淳朴乡风，代代相传啊！'无论''只要'这几个词读得比较好，像这样的词还有很多。读一读，你从这句话、这些词中体会到了什么？"（替他人着想）

2. 协调有序过搭石：一行人走搭石的情景。

（1）指名朗读。

（2）理解"协调有序"。

（3）师生配合朗读。

（4）想象画面，体会意境。

师：“这样协调有序的画面，真是让我们久久沉醉，请大家闭上眼睛（播放音乐，范读），你似乎听到了什么？看到了什么？又想到了什么？”（体会两个比喻：“像轻快的音乐”“画一般的美感”）

3. 围绕走搭石，作者又描绘谦让过搭石、背老人过搭石两幅画面，角度各不相同，读一读，感受那里的人们是那样的热爱生活，尊老成风，表现出人与环境的和谐之美。

4. 作者描绘的画面使用了优美的语言，具有音乐美、节奏美。学生感受画面的意境，配着音乐再一起读好这几个片段，像唱歌一样读出音乐美，像走搭石一样读出节奏美。

［设计思路］这个环节是课文需要解决的重点，写景散文的情境是由一幅一幅画面构成的，画面中有人物、景物，动静结合。作者运用优美的语言来描绘画面，注重节奏，能启发想象力，有着诗一般的意境。这也是叙事性散文的特点。

环节二　课堂活动，我来走走搭石

1. 让学生把课前准备的石头来搭成一条路，并分成四个小组上台体验文中四幅画面，加深其对课文的理解。

2. 结合生活中的遭遇，谈谈体会。

［设计思路］从生活中来到生活中去，课文的内容来自现实生活，所以学会体验才知真假。课堂活动有助于学生参与课堂，有助于学生理解课文主旨。

3. 把握中心句，升华主题。

（1）课文哪几个自然段写出了“搭石，构成了家乡的一道风景”？（第2—4自然段）

师：“所以作者深情地写道——（搭石，构成了家乡的一道风景）这是一道画满谦让、尊老的风景。搭石，构成了家乡的一道（　　）的风景。你是从哪些句子读出来的？把这些句子画下来。此情此景，多么感人，让我们情不自禁地要表达自己的赞美之情。如果你当时正站在岸边，你准备用怎样美好的语言来赞美他们呢？”

（2）师：“搭石，仅仅是一块石头吗？不是。它们联结着故乡的小路，也联结着乡亲们美好的情感。搭石，连同蕴藏在搭石背后的为人着想美、谦让美、尊老美等，构成家乡的一道风景。这仅仅是自然风景吗？不是。这样的美看得见吗？看不见。也许有一天，这里会架上桥、通上路，但不变的是淳朴的乡风、浓厚的乡情。也许有一天，搭石会在家乡消失，但乡亲们走搭石的美，会永远地留在我们的心中。”

［设计思路］叙事性散文描绘的景物也围绕一定的主旨来选取，围绕中心句展开学习，达到“提领一顿，百毛皆顺”的目的。通过构建阅读话题，学生可以有更大的学习空间进行思维训练、语言积累。

环节四　关注写法，总结拓展

1. 师："本文的作者刘章，出生在河北的一个山村，他觉得搭石上有情，有爱，有美，于是在1980年，他写出了这篇情真意切的精美散文——《搭石》。你能说说作者是如何把搭石的美呈现出来的吗？"

作者写出了看得见的美，即一道风景；看不见的美，即美好的情感。

在我们的生活中，也有许许多多像搭石上发生的那样平平常常的小事。它们虽小，却时时温暖着我们。

2. 作业设计。

(1) 摘抄文中你喜欢的句子。

(2) 写一写你发现的生活中的美。

[设计思路] 小学低学段可以淡化文体意识，但是对高学段的学生来说，需要提高自己的作文水平。因此，教师设计此环节能帮助他们理解文章的脉络，提高其写作文的能力。

第九节　小学语文小说教学设计

小说是文学体裁四分法中的一大样式，和散文、诗歌、戏剧并列。小说是以塑造人物形象为中心，通过完整故事情节的叙述和深刻的环境描写反映社会生活的一种文学体裁。小说起源于先秦的街谈巷语，是一种小知小道的纪录。班固《汉书·艺文志》将小说家列为十家之后，他认为："小说家者流，盖出于稗官，街谈巷语，道听途说者之所造也。"小说的发展经历先秦、两汉、魏晋南北朝几百年的积累和沉淀，到唐代小说才正式形成。小说跟寓言故事、史传散文、文人笔记、话本有很深的渊源。小说讲求虚构，植根于生活。

课程标准规定小学阶段要达到不少于145万字的阅读量，培养学生广泛的阅读兴趣，扩大学生的阅读面，增加学生的阅读量，提倡少做题，多读书，好读书，读好书，读整本的书，鼓励学生自主选择阅读材料。教材选择的小说大多是古典白话文，现代小说所占的比重非常小。部编版小学语文教材中的小说教学可淡化文体方面的专业知识，但教师必须掌握小说的特点，才能有针对性地展开教学，特别是古典白话小说，是我国传统文化的精髓，承载着厚重的中华文化。小学阶段合理地实施小说教学，可以激发学生的学习兴趣，陶冶他们的情操，滋润他们的心灵，提升他们的阅读能力。

一、小说的特点

小说的三要素包括生动的人物形象、完整的故事情节、具体环境的描写。这三者中，人物形象是小说的核心，完整的故事情节是小说的骨架，具体环境的描写是小说的依托。

1. **细腻传神的人物形象刻画**

小说偏重于对客观生活的描述，在文学作品中，唯独小说能够多角度、全方位地刻画人物。它可以凭借各种艺术手段，从各个角度对人物进行描写。人物的核心是思想性格，人物描写的角度有正面描写和侧面描写。正面描写包括外貌、语言、动作、神态、心理等，侧面描写通常以他人或事物来反映该人物，又叫侧面烘托。小说塑造人物，可以以某一真人为模特儿，综合其他人的一些事迹。正如鲁迅所说：人物的模特儿，没有专用过一个人，往往嘴在浙江，脸在北京，衣服在山西，是一个拼凑起来的角色。一部优秀的小说，总有使人难忘的典型人物。

（1）肖像描写。它是指对人物的容貌 、神情、身体形态、衣饰、姿势、风度等方面的某一部分或几个部分，用生动具体的语言描述出来，体现人物性格的特征，对塑造人物的性格和形象可以起烘托作用。

（2）动作描写。行动是人物性格的具体表现，最能显示人物的内心世界及性格特征。人物的一举手、一投足、一个姿势都能很好地表现人物的性格。因此，人物行动描写是展现人物性格、塑造人物形象的主要方式。

（3）语言描写。由于时代、职业、身份、年龄等因素造成的差异，人们说话的内容、方式各有不同，语言描写就是要抓住能表现人物个性的语言，写出“这一个”来，使读者如闻其声，如睹其容。

（4）心理活动描写。心理活动描写直接表现人物思想和内在情感（矛盾、焦虑、担心、喜悦、兴奋等），表现人物思想品质，刻画人物性格，推动情节发展。

（5）细节描写。细节描写能细腻地展示人物某一特征，比如对人物活动的场景细节或人物的服饰、动作、心理、语言展开特写式描写，增强艺术感染力。

2. **丰富完整的故事情节**

情节是指小说中用于表现人物性格发展变化的事件，是小说中矛盾冲突发生、展开、发展的过程。引人入胜的情节和尖锐紧张的矛盾冲突最能凸显人物的性格、展现人物的内心世界，而人物性格的变化发展往往又是在情节的推进中逐步完成的，所以把握情节能为人物形象的分析提供依据。

故事情节是指作品中事件发展、演变的全过程，一般结构包括序幕、开端、发展、高潮、结局、尾声六个环节。

故事情节来源于生活，它是对现实生活的提炼，比现实生活更集中，更有代表性。现实生活中的事件和矛盾是有始有终、有起有伏，并有一定发展过程的，因而小说情节的展开，也是有段落、有过程的。这个过程一般分为开端、发展、高潮、结局四个部分，有时还有序幕和尾声。在作品中，情节的安排取决于作者的艺术构思，并不一定按照现实生活中的事件发生、发展的自然顺序，有时可以省略某一部分，有时也可以颠倒或交错。

3. 详细的环境描写

小说通常通过对典型环境的具体描写，展开情节，刻画人物，通过展示人物所处的独特环境，表现人物的个性和精神面貌。

环境描写是指对人物活动的环境和事情发生的背景进行描写。环境描写分为自然环境描写和社会环境描写。自然环境描写是指对人物活动的时间、地点、季节、气候及花草鸟虫的描写，作用是渲染故事气氛，烘托人物形象，推动情节发展，暗示社会环境，深化作品主题；社会环境描写是指对人物活动的具体背景、处所、氛围及人际关系等进行描写，作用是交代人物的生存环境、人物的社会关系、作品的时代背景。

二、小说的分类

1. 按篇幅分

按篇幅划分，小说可分为长篇小说（深刻地反映社会生活）、中篇小说（展示人生长河中的一个阶段）、短篇小说（截取一个生活片段）和小小说（也叫微型小说，聚集生活的一个小片段或者场面）。

2. 按题材分

按题材划分，小说可分为历史小说、现代小说、科幻小说、推理小说、神魔小说、言情小说、侦探小说、武侠小说等。

3. 按体制分

按体制划分，小说可分为章回体小说、日记体小说、书信体小说、自传体小说。

4. 按表现手法分

按表现手法划分，小说可分为现实主义小说、浪漫主义小说、革命现实主义小说。

5. 按语言形式分

按语言形式划分，小说可分为文言文小说、白话文小说。

三、部编版小学语文教材中的小说类别

部编版小学语文教材中的小说具体见表 6－12。

表 6－12　部编版小学语文教材中的小说

类型	代表作品	作者	人物	情节	环境
微型小说（全文）	《在柏林》	［美］奥莱尔	疯女人、战时后备役老兵、两个小女孩	一列从柏林驶出的火车上的小插曲，以极小的篇幅来深刻地反映战争这个人类永恒而又沉重的话题	二战背景下，一列从柏林使出的火车上
短篇小说（全文）	《桥》	谈歌	老汉（村里的党支书）、小伙子（老汉的儿子）	一位普通的老共产党员面对狂奔而来的洪水，以自己的威信和沉稳、高风亮节、果决的指挥，将村民们送上跨越死亡的生命桥	黎明前，山洪暴发
	《穷人》	［俄］列夫·托尔斯泰	桑娜和她的丈夫	写桑娜和丈夫在自家十分艰难贫穷的情况下，收养因病去世的邻居西蒙的孩子，反映了俄国时期人民的悲惨生活和穷人的善良	沙皇黑暗统治时期贫富分化严重，民不聊生
	《盼》	铁凝		一个小朋友妈妈送她一件雨衣，她一直盼望下雨能够穿上新雨衣	小朋友快到家时，街上下起了雨
中篇小说（节选）	《少年闰土》（《故乡》节选）	鲁迅	我（大户人家的孩子）、闰土（长工的儿子）	我和闰土相处的过程中，闰土给我讲了四件事，刻画了一个机智勇敢、可爱活泼、聪明能干的农村少年形象	乡下过年大祭祀
长篇小说（节选）	《草船借箭》（《三国演义》节选）	罗贯中	周瑜（吴国大都督）、诸葛亮（蜀国丞相）	心胸狭窄的周瑜看到足智多谋的诸葛亮处处比自己高出一筹，心怀嫉妒。他以军中缺箭为名让诸葛亮十天内造出十万支箭。诸葛亮却满口答应下来，趁着大雾漫天，用草船向曹营“借”了十万支箭，提前七天顺利地完成了任务，使周瑜的阴谋彻底失败	曹魏、蜀汉、东吴三国的纷争，吴国和蜀国联合对付曹魏
	《景阳冈》（《水浒传》节选）	施耐庵	武松（梁山好汉、打虎英雄）	武松进店饮酒，不听店家劝告，连喝18碗酒出门就倒，然后又执意要过景阳冈，上冈后见了官府榜文，才知真的有虎，但决定继续上冈。最后武松赤手空拳与猛虎搏斗，打死了老虎	阳谷县城东，沙丘起伏，莽草丛生，林荫蔽日，一片荒野

续表

类型	代表作品	作者	人物	情节	环境
	《猴王出世》（《西游记》节选）	吴承恩	孙悟空（护送唐僧西天取经的大徒弟）	花果山上一块仙石孕育了一只石猴，这只石猴与群猴玩耍时，因敢于第一个跳入水帘洞，被群猴拜为猴王。表现了石猴活泼可爱、敢作敢当的特点	作者虚构的花果山
	《红楼春趣》（《红楼梦》节选）	曹雪芹	贾宝玉（贾政和王夫人之子，温和善良）、黛玉（林如海和贾政的妹妹贾敏之女，聪慧、敏感、忧郁）	记叙了贾宝玉和众姐妹、丫头们在大观园放风筝的经过，突出了他们放风筝时的自由快乐，表现了大观园儿女的童真童趣和充满青春朝气的活力	春天的院子里

四、部编版小学语文教材中小说体裁的教学策略

小学生虽然读过一些小说，但并没有建立起对相关文体的认知，只是将这些小说当作故事来对待。教材选择的小说节选主要是古典白话文小说，短篇的大多为现代小说。这些古典白话文小说都是我国传统文化的精髓，承载着厚重的中华文化。小说的教学设计要遵从小说的文体特征，从人物塑造、情节、环境三要素出发，让学生理清情节、学习描写、感悟主旨，帮助他们形成较为完善的小说认知体系。

1. 结合小说的要素展开教学，引导学生掌握正确的小说阅读方法

在新课程改革中，部编版小学语文教材应运而生，其最大的特色就是强调阅读的积累。小说是一种叙事性比较强的体裁，其一波三折的故事情节、鲜明的人物形象刻画、细致真实的环境描写，使小说有比较强的可读性。教师有必要让学生了解小说的特点，把握小说的三要素，教师引导到位就能提高学生阅读小说的能力。教师可以设计讲故事、表演片段、讨论人物形象的意义等方式开展教学。例如，梁晓声的《慈母情深》中写到贫穷辛劳的母亲不顾同事的劝阻，毫不犹豫地给“我”钱让“我”买《青年近卫军》的事，重点刻画了无私奉献、善良、慈祥、辛劳的母亲形象。作者主要通过对人物外貌、神态、动作、语言的描写来反映人物的特点，诸如“瘦弱”“弯曲”“凑”“疲惫”“吃惊”“龟裂”“塞”“立刻”“俯”等字词，都生动形象地描写出了为孩子任劳任怨的母亲形象，慈母的深情跃然纸上。作者在一个“七八十台缝纫机发出的噪声震耳欲聋”的车间里描写她的母亲：“我穿过一排排缝纫机，走到那个角落，看见一个极其瘦弱的脊背弯曲着，头和缝纫机挨得很近……背直起来了，我的母亲。转过身来了，我的母亲。褐色的口罩上方，一对眼神疲惫的眼睛吃惊地望着我，我的母

亲……”文章把环境描写和人物刻画结合在一起，真实地反映出当时的社会生活。

2. 课内外结合，课外进行小说的拓展阅读

小说作为一种典型的叙事类作品，其叙事的典范性及古今中外优秀作家创造出来的优秀的、适合小学生阅读的作品，使之自然成为教科书编者用以培养小学生语言文字运用能力的优质资源。教师在小说教学当中可以用多元化的教学方式，引导学生在课外阅读经典的小说作品。部编版小学语文教材中的两个名著单元（部编版五年级上册第二单元，中国四大名著；部编版六年级下册第二单元，外国名著）中的课文都是节选，教师应当适当引导学生进行课外阅读，再通过写读后感、分享小说人物等活动，鼓励学生完整阅读名著。这样做有利于学生进一步了解小说的背景及故事情节，从而更好地分析人物的形象。

3. 体会作者的思想感情，提高自身体察社会的认知能力

学生读小说大多是看热闹，只是对小说情节感兴趣，对小说的思想内涵缺少感知，教师要根据小说的内容特点进行点拨。小说是虚构的，但其思想性、教育性是显而易见的。教师在小说解读中，要注意渗透教育意识，要让学生通过故事情节和环境描写感受人物命运与社会的关联，通过对小说各种维度的把握，体察小说的思想性，在阅读思考中形成具体认知。例如，《少年闰土》节选自鲁迅的《故乡》，课文所选的片段刻画了一个聪明活泼的英勇少年，是作者心中向往和崇拜的少年。而三十年后再见面时，他完全变成了另外一个人，一个被生活重负压得喘不过气来的男人。作者就是通过强烈的对比让读者看到是什么让一个男人变成一个木偶，揭露了社会的黑暗，对农民的生存境遇给予深深的同情。这些跟小学生讲解有些太深，但作为教师需要了解，只有这样才能把《少年闰土》一课讲好。

小说对生活的反映是冷静客观的，不需要主观明确的自己的观点。例如，《慈母情深》对母亲的赞扬是通过叙述母亲对儿子的关心爱护，通过母亲工作环境的衬托来体现的。《桥》中村支书的高尚行为也是通过他让乡亲们先过桥，自己和儿子留在最后，最终被洪水冲走来体现的。教师要做的是引导学生去阅读、去欣赏，每一处描写都有什么用意，为什么这样写，产生什么效果，等等。正如课程标准里所强调的：欣赏文学作品，能有自己的情感体验，初步领悟作品的内涵，从中获得对自然、社会、人生的有益启示。对作品的思想感情倾向，能联系文化背景做出自己的评价；对作品中感人的情境和形象，能说出自己的体验；品味作品中富于表现力的语言。

4. 介绍作者与创作背景是必不可少的

小学阶段的小说基本是名家、名篇，选入小学教材的目的是让学生了解中外文学长廊里的小说创作的成就，认识名家名篇在文学历史中的地位和作用，激发文学阅读兴趣，拓宽视野。比如中国四大名著的节选，课堂内外都需要让学生认识作者、关注创作背景，了解本篇小说在小说史上的地位。教师可以借助多媒体，让学生直观认识更多的名家名篇，还可以让其开展交流分享活动，激发学生课外阅读的兴趣。教材里有不少当代作家的作品，比如梁晓声的《慈母情深》、铁凝的《盼》，都带有作家个人的生活痕迹，设计上需要多做拓展，介绍作家的其他作品，或者把作家一系列的作品联系起来，给学生更多的信息，帮助他们理解课文。

附录　小说教学案例

一、课文呈现

《少年闰土》（部编版六年级上册，课文略）。

二、课文解读

本文节选自鲁迅的短篇小说《故乡》。课文通过“我”的回忆，刻画了一个活泼可爱、聪明能干又见识丰富的农村少年闰土的形象，叙述了“我”与他儿时短暂而又珍贵的友谊，表达“我”对他的思念之情。课文先描绘了记忆中看瓜刺猹的闰土，接着写与闰土相识、相处的过程，重点写了闰土给“我”讲雪地捕鸟、海边拾贝、看瓜刺猹、看跳鱼儿四件事，最后写了两人的分别和友谊。鲁迅的文章对小学生来说有一定的挑战性，因为鲁迅生活的年代离他们较为久远，内容又大多与当时复杂的社会现实有关，作品表达的思想也比较深刻，因此，教师的教学设计需要考虑学生的接受能力，并给予合适的引导。

三、设计要点

围绕这篇课文，我们的课堂设计可以多关注以下几点。

（一）作者及创作特点介绍

本单元围绕着“走进鲁迅”这一主题，安排了《少年闰土》《好的故事》两篇精读课文。单元导读写着，“有的人活着，他已经死了；有的人死了，他还活着”，点明了本单元的主题。教师可以通过课前查资料、课中交流分享的方法来了解和认识鲁迅的生平、创作、思想及成就。

（二）把握作者描绘人物的方法，体会闰土这个人物的特点

本单元的语文要素是感悟课文借事写人、表达情感的方法。小说是以刻画人物为主的文体，通过人物的肖像、行动、语言、心理活动来刻画形象，反映社会生活。《少年闰土》节选自小说《故乡》片段，没有完整的故事情节，课文先重笔墨描绘了记忆中看瓜刺猹的闰土，接着写与闰土相识、相处的过程，重点写了少年闰土的外貌、动作和语言，特别是文章开头，塑造了闰土月下瓜田刺猹的形象，突出了他英勇少年的精神面貌。对闰土展开语言刻画也是文章的一个重点，语言准确生动，富于个性化。

（三）理清少年闰土讲述的四件事情，把握作者叙述的顺序

小说常用的表现手法就是客观冷静地叙述和描写，小学六年级的学生应该掌握叙

事类文章叙述和描写的方法，提升阅读能力和写作能力。

（四）关心人物命运，体会作者思想感情

课程标准对第三学段阅读有这样的要求：能复述叙事类作品的大意，初步感受作品中生动的形象和优美的语言，关心作品中人物的命运和喜怒哀乐，与他人交流自己的阅读感受。小说《故乡》写的是“我”“回乡寻梦”，却又带着失望与悲凉而离开故乡，字里行间体现出一个出走异乡的现代文明人对于故乡的眷恋，表达了一种难以割舍的深沉的乡土情怀。作者叙述中提到的一些内容，诸如故乡特别讲究的祭祀风俗、大户人家忙于做工的规矩、农村孩子捕鸟和看瓜的经历等，都充满了浓郁的乡土文化气息。特别是少年闰土形象，他见多识广，活泼可爱，勇敢，聪明，能干，无拘无束，自由自在，正是“我”理想中的阳光少年。

四、案例展示

【教学目标】

［知识与技能目标］

会写 11 个生字，重点理解“祭器、伶俐、潮汛”等词语；有感情地朗读课文，背诵第一自然段，体会闰土在作者心中的美好形象；理解含义深刻的句子，体会作者思想感情的变化；通过闰土的外貌、语言、动作，了解闰土这个人物的特点。

［过程与方法目标］

经过自主学习、课堂朗读、分享、交流讨论、复述表演等过程，掌握作者刻画人物的方法，体会作者的思想感情。

［情感态度与价值观目标］

培养学生珍惜儿时友谊，热爱劳动人民的情怀。

【重点难点】

［重点］

掌握作者塑造少年闰土的方法，分析闰土这一人物的性格，体会作者的思想感情。

［难点］

第一自然段的描写方法及作用。

【教学过程】

第一课时

环节一　教师导入，揭示课题

1. 看图片，听描述，猜人物。

师：“今天，我想给大家介绍一位年龄有点大的朋友，想认识他吗？请看图片。同学们认识他吗？他时常穿一件朴素的中式长衫，短短的头发刷子似的直竖着，浓密的胡须成一个隶书的‘一’字……他是谁？大家知道吗？（学生回答）大家了解鲁迅吗？

请大家把课本翻到单元导读页，上面有鲁迅的照片和简介，我们先来读一读，对鲁迅有个大致的了解。”（学生将课本翻至单元导读页，自主阅读）

2. 引入本课课题。

师：“今天我们就来学习鲁迅的一篇作品《少年闰土》，这是鲁迅的小说《故乡》中的一部分。在这篇课文中，鲁迅向我们介绍了他儿时的一位朋友，名字叫闰土。他和我们年纪相仿，是一个健康、活泼、可爱的少年。请大家跟着我一起书写他的名字（板书：少年闰土），和他打个招呼吧。”（学生齐读）

［设计思路］这个环节的设计需要考虑单元导读的学习引导，整体把握单元学习的要点，了解跟鲁迅相关的知识点，拓宽学生的视野，激发学生对文学大师的敬仰。

环节二 导学案反馈，交流感受

1. 教师出示提前交给学生的预习导学案。

（1）闰土是怎样一个少年？

（2）少年闰土给你印象最深的是什么？

（3）作者是怎样刻画少年闰土的？

2. 学习委员主持分享交流会，教师点拨。

3. 学生自己提出较难理解的词语，随文理解或者查字典解决：允许、窜了、祭祀、忙月、五行、便是、无端、仿佛。

［设计思路］可以先给第三学段的学生设计导学案，让他们可以在课前完成，也可以在课中完成，提高其自主学习的能力；再通过分享让学生看到自己所长和所短，打开其思路。

环节三 再读课文，把握篇章

1. 快速读课文，感知课文的写作顺序。

师：“疏通了文章中较难理解的词语后，请大家快速阅读课文，思考一下文章的写作顺序。”

2. 朗读课文，按照课文写作的顺序把下面的四个词语进行排序。

（回忆）—（相识）—（相处）—（离别）

［设计思路］这个环节的主要任务是朗读，按课程标准要求朗读并提高朗读速度，在反复朗读中整体感知课文，把握叙事类文章的写作顺序，理清作者的写作思路。

环节四 读批并重，感知文字画面美

1. 自由朗读，感受画面美。

师：“通过梳理文章的脉络，我们知道作者对闰土的描写是从回忆开始的。这段回忆，对于作者来说可谓刻骨铭心，难以忘怀。请大家轻轻地读文章的第 1 自然段，感知环境描写的特点。”

师：“朗读就是要读着眼前的句子，脑海中同时浮现出句子所描绘的景象。这一句为我们呈现了一幅色彩鲜明、优美无比的画面。大家感受到了吗？说说画面中描写了哪些景物和人物，画面是怎样的色彩？”

生：“景物有天空、圆月、大海、沙地、西瓜，色彩是深蓝、金黄、碧绿，人物是刺猹少年闰土，这些构成了一幅美轮美奂的月下英勇少年图。”

2. 感知人物描写，学习批注。

（1）找一找第1自然段中描写人物的句子，思考作者从什么角度来描写。（提醒学生抓住句中的动词来感受，“捏”“刺”两个动词写出了闰土刺猹时动作的有力和迅速，“扭”“逃”不仅写出猹的狡猾，而且反衬出闰土的机敏与勇敢）

（2）结合图片，交流文中少年闰土给你的感受，用几个词来形容。

（3）学习批注。把阅读感受写在句子的旁边，这就是批注。

师：“我有自己的阅读感受，可以用这两个词来形容。（板书：机敏、勇敢）你可以写我写的词，也可以写刚才同学说的或者自己说的词，就写在句子旁边。”（学生自由选择批注的词语）

（4）体会少年闰土在“我”心中的美好形象。

美好之美景：月下（金黄）、沙地、西瓜（碧绿）。

美好之少年：（银）圈、钢叉。

美好之刺猹：刺、扭、逃。

（5）再次自读，读出少年闰土的机敏、勇敢。

（6）对比朗读，感受环境的动态和静态美。

师：“下面，我们合作朗读这一自然段。你们读写景的句子，我来读写人的句子。景物是静态描写，用舒缓的语调；人是动态描写，用稍快的语调。动静相生，我们就来比比谁读得好。”

（7）看插图，同桌互相背诵这一自然段。

［设计思路］课文第1自然段是一段环境描写，在环境描写中刻画闰土少年英雄的形象，这是作者记忆中最深刻的印象。在设计上以读为主，通过多次朗读感悟画面之美，捕捉人物的动作，感受人物非凡的英勇。在朗读中穿插看图片和批注，提高小说阅读的能力。

第二课时

环节一　衔接导入，再识闰土

1. 衔接导入。

师：“三十年前的画面，在作者的脑海中依然清晰无比，可见这份真挚的友谊在他的心中有着多么珍贵的意义。是什么原因，让那份回忆在经历时间长河的冲刷后，依然历历在目呢？又是什么，让两个地位悬殊的孩子，变成了无话不谈的好朋友？我们继续学习。”

2. 课件出示生字词，朗读巩固。

3. 找一找文中闰土的肖像描写，品味句子。

他紫色的小圆脸，头戴一顶小毡帽，颈上套一个明晃晃的银项圈。

（1）他紫色的小脸，头戴一顶毡帽。

（2）他苍白的小脸，头戴一顶毡帽。

4. 教师点拨，课文的描写塑造了年少、健康、天真、活泼的少年闰土形象，描写人物外貌时要结合人物特点。

［设计思路］第二课时先做衔接，再提出问题，从而引出第二课时的内容，之后找出作者对闰土的肖像刻画，跟第1自然段中的形象吻合。

环节二　有感情地朗读，找找四件事

1. 闰土到底知道哪些事？“我”不知道哪些事？自由读课文第5—18自然段，完成表格（表6-13），对比学习“新鲜事”。

表6-13　闰土知道的事情与“我”不知道的事情

闰土	闰土说	鲁迅	“我”说
雪地捕鸟	上城之后，见了许多没有见过的东西	而“我”却不知道	这许许多多的“新鲜事”，“我”从来都不知道
海边拾贝		而“我”不知道海边有如许五色的贝壳	
看瓜刺猹		而“我”不知道西瓜有这样危险的经历	
看跳鱼儿		而“我”从来没有听说有这样的鱼儿	
……		……	
闰土是一个：		“我”内心：	

2. 复述闰土给“我”讲的“新鲜事”。

（1）注意抓住描写动作、神态的词语。

（2）注意说话的语气，可以加上手势、微表情等。

3. 自选伙伴，合作演一演。

教师让学生自由选择伙伴组成学习小组，分角色朗读“我”和闰土的对话，有兴趣的学生还可以边读边做表情、演动作，从中揣摩人物的内心和情感，用动作、语气、神态等表现出“我”的好奇、佩服、自叹不如，闰土的聪明、热情、纯朴。学生交替朗读、表演，互相评议。

4. 课堂讨论。

师：“为什么闰土知道的，‘我’不知道？‘我’会怎么想？”

（1）借助资料：闰土生活在农村，“我”生活在城市。

（2）我对少年闰土的态度：羡慕、佩服。

（3）少年闰土的特点：机智、勇敢、见多识广。

5. 总结少年闰土的形象。

（1）见识丰富，重点体会并朗读雪地捕鸟、海边拾贝的话语。

（2）聪明能干，重点体会并朗读看瓜刺猹、看跳鱼儿的话语。

（3）活泼可爱，重点体会并朗读话语中带有“你”的部分，与相识才一天的小伙伴亲密无间、亲如一家的感觉，甚是可爱。

6. 体会作者的思想感情。

[设计思路] 这个环节的步骤比较多，主要针对“我”叙述跟闰土交往时闰土谈起的四件事。作者叙述中运用多种描写的修辞手法，刻画了少年闰土的形象。设计时采用朗读、填表格、讨论分享、角色表演等形式感受体验主人公的形象，加深对作者情感的理解。

环节三　整理线索，学习叙事写法

学生自己寻找、发现文中线索，梳理文章脉络。

1. 文章从“月下看瓜刺猹的闰土”开始，接着写“初次相识时的闰土”“给‘我’讲新鲜事的闰土”，最后写分离。

2. 发现：这其中有重合的地方，就是“月下看瓜刺猹的闰土”，出现在开头也是闰土给我讲的“新鲜事”之一。为什么这样安排呢？

3. 教师出示课件资料，介绍本课和《故乡》的关系。

（资料：短篇小说《故乡》是鲁迅 1919 年从北京回故乡的见闻，但它深刻概括了 1921 年前三十年内，特别是辛亥革命后十年间，中国农村经济凋敝、农民生活日益贫困的社会现实。这次回到故乡，鲁迅幼年的伙伴、农民章闰水特地从海边农村进城来探望鲁迅。此时，章闰水已年过三十，满脸皱纹，面容憔悴，讲述了自己的悲惨处境，引起鲁迅深切的同情。鲁迅先生于是将这次回乡经历艺术地再现于小说《故乡》之中，并以章闰水为原型，塑造了“闰土”这个深刻隽永的人物形象，通过“少年闰土”和“中年闰土”的强烈对比，揭露当时社会对最底层劳苦大众的无情摧残，彰显出“一个用笔战斗的无产阶级革命战士”的本色。本篇课文是小说中的一段插叙，题目《少年闰土》是编者加的）

4. 教师引导学生理解课文倒叙的写法。

本篇课文节选的是小说《故乡》里的一段插叙。而我们研读的课文是从作者二十年后再次见到闰土以后所写的，先回忆少年闰土的形象，再写自己与闰土相识、相交，最后写分别的情景。

课文开头写美好的印象，是一种形象描写，结尾部分是作者的感受，是对闰土的印象、认识，做到了首尾呼应。

［设计思路］倒叙的运用是本课难点。方法是让学生自己去发现问题，教师再加以点拨。

环节四　拓展阅读，课外延伸

1. 后来，闰土走了，那么“我”和闰土所建立起来的友谊还能持续下去吗？“我”和他还会见面吗？会的，确实见面了，在三十年后。

2. 出示小说《故乡》中的中年闰土形象的图片及文字片段，激发学生课外探讨闰土变化的原因，并读一读小说。

［设计思路］对于名家名篇的阅读课，需要培养学生广泛的阅读兴趣，扩大其阅读面，增加其阅读量，提倡少做题，多读书，好读书，读好书，读整本的书。

第七章　小学语文口语交际教学设计

口语交际是指在一定的情境中，人们运用口头语言，凭借听说，进行交流沟通、传递信息、联络感情、处理问题的一种双向互动的动态的语言事件活动。在新的时代背景下，人们的口语交际显得格外重要，无论是面试求职还是日常的工作生活，都离不开口语交际。具有良好口语交际能力的人，往往在职业发展等方面更具优势。

在小学语文教学中，口语交际活动是语文课程的重要组成部分，是培养学生听说能力的重要载体。部编版小学语文教材区别于以往的教材编排模式，将口语交际活动作为独立板块，设置于“习作”和“语文园地”前面，更体现了新课程改革下口语交际教学的重要性。

第一节　小学语文口语交际的教学目标

口语交际是语文课程的重要组成部分，明确口语交际教学的课程目标和内容，能使教师更有针对性地开展教学活动。

一、小学语文口语交际在课程标准中的要求

（一）总目标

具有日常口语交际的基本能力，学会倾听、表达与交流，初步学会文明地进行人际沟通和社会交往。

（二）阶段目标

1. 第一学段（1—2 年级）

（1）学讲普通话，逐步养成讲普通话的习惯。

（2）能认真听别人讲话，努力了解别人讲话的主要内容。

（3）听故事、看音像作品，能复述大意和自己感兴趣的情节。

（4）能较完整地讲述小故事，能简要讲述自己感兴趣的见闻。

（5）与别人交谈，态度自然大方，有礼貌。

(6) 有表达的自信心。积极参加讨论，敢于发表自己的意见。

2. 第二学段（3—4 年级）

(1) 能用普通话交谈。在交谈中能认真倾听，养成向人请教、与人商讨的习惯。

(2) 听人说话能把握主要内容，并能简要转述。

(3) 能清楚明白地讲述见闻，并说出自己的感受和想法。讲述故事力求具体生动。

3. 第三学段（5—6 年级）

(1) 与人交流能尊重、理解对方。

(2) 乐于参与讨论，敢于发表自己的意见。

(3) 听人说话认真耐心，能抓住要点，并能简要转述。

(4) 表达要有条理，语气、语调要适当。

(5) 能根据对象和场合，稍做准备，进行简单的发言。

(6) 注意语言美，抵制不文明的语言。

(三) 教学建议

口语交际能力是现代公民的必备能力。应培养学生倾听、表达和应对的能力，使学生具有文明和谐地进行人际交流的素养。

口语交际是听与说双方的互动过程。教学活动主要应在具体的交际情境中进行。努力选择贴近生活的话题，采用灵活的形式组织教学，不必过多传授口语交际知识。鼓励学生在各科教学活动及日常生活中锻炼口语交际能力。

(四) 评价建议

评价学生的口语交际能力，应重视考察学生的参与意识和情意态度。评价应在具体的交际情境中进行，让学生承担有实际意义的交际任务，以反映学生真实的口语交际水平。

二、部编版小学语文教材口语交际的内容及特点分析

部编版小学语文教材在口语交际的编排上有着非常鲜明的特点和优势。有别于以往的教材，部编版小学语文教材将口语交际作为一个独立板块进行编排，在1—6 年级中建构了清晰的目标体系，更加突出了“交际”的功能，更重视学生交际能力与交际习惯的养成。

(一) 口语交际的内容编排

在话题设置上，基本是每册教材安排 4 个（六年级下册为 3 个话题）话题，小学阶段共设置 47 个交际话题，具体如表 7 - 1 所示。与旧版教材把口语交际作为“语文园地”的一部分不同，部编版小学语文教材把它明确地列入教材目录，成为一个独立板块。

表 7-1　部编版小学语文教材中口语交际话题分布情况统计

口语交际	一单元	二单元	三单元	四单元	五单元	六单元	七单元	八单元
一年级上册	我说你做			我们做朋友		用多大的声音		小兔运南瓜
一年级下册	听故事、讲故事		请你帮个忙		打电话		一起做游戏	
二年级上册	有趣的动物		我爱做手工		商量	看图讲故事		
二年级下册	注意说话的语气		长大以后做什么		图书借阅公约			推荐一部动画片
三年级上册	我的暑假生活			名字里的故事			身边的“小事”	请教
三年级下册	春游去哪儿玩	该不该实行班干部轮流制					劝告	趣味故事会
四年级上册	我们与环境		爱护眼睛，保护视力			安慰		讲历史故事
四年级下册	转述	说新闻				朋友相处的秘诀	自我介绍	
五年级上册	制定班级公约		讲民间故事			父母之爱		我最喜欢的人物形象
五年级下册	走进他们的童年岁月	怎么表演课本剧					我是小小讲解员	我们都来讲笑话
六年级上册	演讲			请你支持我		意见不同怎么办	聊聊书法	
六年级下册		同读一本书		即兴发言	辩论			

教材呈现上，口语交际一般由情境图、对话框、小贴士三部分组成。尤其是小贴士，对训练的要点进行了明确提示。以前的教材中，口语交际只是以“畅所欲言”的形式用几行字描述，而在部编版小学语文教材中每个话题都给了一个页面，这体现了教材编写者对口语交际的重视。

（二）口语交际的编排特点

1. 话题选择更加贴近学生生活，突出育人的功能

话题的类型大体分为介绍类、对话类、独白类、交往类等。不同类型的训练侧重点会有所不同。例如，部编版小学语文三年级上册“我的暑假生活”属于独白类话题，侧重培养学生当众表达、条理表达的能力；而“身边的‘小事’”作为讨论交流的话题，侧重培养学生的应对能力。以三年级口语交际话题类型为例，如表7－2所示。这些话题大多来源于学生的生活，也用以指导学生的生活。因此，在小学的口语交际教学中，“我说”与“说我”是主要的材料来源，就是在这样的听说、交流之中，语文学习积极地影响着孩子们的生活，这既体现了一种“大语文观”，又体现了教材对将学生培养成一个全面发展的人的重视。

表7－2　三年级口语交际话题类型统计表

独白类	对话类（交流讨论）	对话类（功能性话题）
我的暑假生活（三年级上册）	身边的“小事”（三年级上册）	请教（三年级上册）
名字里的故事（三年级上册）	春游去哪儿玩（三年级下册）	劝告（三年级下册）
趣味故事会（三年级下册）	该不该实行班干部轮流制（三年级下册）	
当众表达，有条理表达	应对能力	无交往

2. 呈现方式多样

情境图用来创设课堂交际情境，激发学生说的欲望；对话框，为学生的口语交际提供直观生动的范例；小贴士，清晰呈现教学目标和训练要点，使学生明确口语交际的方法策略。每册四次口语交际均链接一个小贴士，既阐明了本次口语交际的要求，也明确了训练的目标取向。例如，部编版小学语文一年级下册中，“听故事，讲故事”的训练要求有两个：“听”的同时看图记内容，“讲”的时候要大声清楚。这样清楚明白的要求不仅让教师明了训练应达到的程度，同时告诉学生交际过程中的做法。在“请你帮个忙”的小贴士中列出了礼貌用语，提示学生请人帮忙要有礼文明、尊重对方。“打电话”的关键要求是“没听清时可以请对方重复”，这是个新出现的训练要求，因此要作为练习的重点。“一起做游戏”则提醒学生，一边说一边做动作更容易让人明白，这是动作第一次作为口语交际的训练目标列入教材，教师应予以重视。这样的呈现方式避免了口语交际教学的模糊与朦胧，给教师的教与学生的学提供了实实在在的指导。

3. 注重交际实质，梯度递进，关注言语表达的内容

部编版小学语文教材突出“交际”，并关注不同阶段的交际特点，以此提出不同的要求。一年级，着重解决学生不会听、听不清、不敢说、说不响、不知道跟谁说、不懂得区别场合、不容易说清楚的问题。二年级，着重解决学生不会问、说话无序、听人讲话抓不住要点、不会应对等问题。三年级，着重培养学生要有对象意识，引导学生成段表达，避免对生活场景的简单重复。四年级，着重培养学生听要有筛选，判断出哪些是重要的，及时做出应对；说要有主题，说完整，有情感，通过语调、手势等增强表现力和感染力。五年级，话题选择上更关注口语交际对现实生活的指导意义，方法策略上强调有依据、有条理地表达。六年级，由感性地动情表述向理解深刻的表述过渡，强调有要点、有条理地表达，以理服人。例如，部编版小学语文一年级上册安排了四次口语交际，训练的目标要求分别为：大声说，让别人听得见，注意听别人说话——“我说你做”；有时候要大声说话，有时候要小声说话——“我们做朋友”；说话的时候看着对方的眼睛——“用多大的声音”；大胆说出自己的想法——“小兔运南瓜”。

对刚进入小学阶段的学生进行口语交际训练时，教师应主要从交际的态度、习惯、礼仪等方面加以指导，尤其要鼓励学生有表达的自信心。在教学中，要特别重视交际方法与策略的学习。

由于部编版小学语文教材有明晰的目标体系，有具体的方法策略，例如，四年级上、下册教材特别凸显口语交际话题及对应的方法策略（表7-3），因此，在教学的过程中，教师先要循纲扣本，一课一得，再把每一个话题的训练都落在实处，做扎实。

表7-3　四年级上、下册教材中的口语交际话题及对应的方法策略

口语交际话题	方法策略
我们与环境	围绕话题发表看法，不跑题； 判断别人发言是否与话题有关
爱护眼睛，保护视力	小组讨论时，注意说话的音量，避免干扰其他小组； 不重复别人说过的话，如果想法接近，可以先表示认同，再继续补充
安慰	选择合适的方式进行安慰； 借助语调、手势等恰当地表达自己的情感
讲历史人物故事	用卡片提示讲述内容； 使用恰当的语气和肢体语言，可以让讲述更生动
转述	弄清要点，转述时不要遗漏主要信息；注意人称的转换
说新闻	准确传达信息；清楚、连贯地讲述
朋友相处的秘诀	根据讨论的目的，记录重要信息； 分类整理小组意见，有条理地汇报
自我介绍	对象和目的不同，介绍的内容应有所不同

4. 口语交际的话题内容与本单元的主题大多有一定的关联

体会教材的编排意图，不光要看一册书中的目标要求，更要把不同年级的教材放在一起，梳理出交际目标循序渐进的梯度序列，这样在教学的时候才能做到心中有数。比如三、四、五年级对于倾听、表达、交际素养的要求就不同。

第二节 小学语文口语交际与课文内容的整合

口语交际的话题在教学单元中不是孤立的，往往跟单元教学内容相关联。在教学中，一方面，关注口语交际的“交际”目标，联系单元内容同步进行；另一方面，也应落实在日常的课文教学中，实现口语交际与课文内容的教学整合，真正将“听说”训练贯穿语文课堂始终。

一、识字课与口语交际整合教学

在识字课堂教学中，要落实识字的教学目标和任务，让学生辨认字形、读准字音、晓得字义，必须让学生多“说”多“读”，在说与读中，识得汉字，提高学生的口语交际能力，同时也为学生说好普通话奠定基础。

以部编版小学语文二年级下册的《神州谣》为例。本篇课文是识字单元的第一课，通过教学要激发学生对祖国的热爱情感，培养他们对祖国方块字的独特情感。其教学目标：会认 10 个生字；会写“州”“奔”“湾”等 9 个生字；正确、流利、有感情地朗读课文，理解课文内容。为了更好地完成教学目标，同时训练学生的语言表达等口语交际能力，可以通过以下途径来完成。

1. 设置提问环节

教师提问：“你怎么理解课题中的‘谣’字？（通过组词，理解‘谣’的意思）课题中有一个我们本课的生字朋友，它是谁？（州）有哪位同学有什么好主意能记住‘州’字？给‘州’字组词，并试着造句。结识了课题中的生字朋友，我们再去课文中找一找还有哪些生字新朋友吧。把生字朋友送回到课文中，谁能把课文读好？（指名学生读）通过课文朗读，你知道了什么？中国地图像什么？（昂首挺胸的雄鸡）我们学习了第一节，哪位同学能给大家背诵第一节呢？”

在一问一答中，学生通过观察、阅读、讨论、思考等过程寻找答案，通过大脑组织语言对问题进行即时回答，有效锻炼了学生的语言表达能力。

2. 设置朗读环节

在《神州谣》中，教师可以让学生把本节课的生字多读几遍，然后将生字放到课文中，让学生通过多读课文，把课文读流利。对于一些重点字词，要特别强调，如“奋”“繁”都是前鼻音韵母，“耸”“峰”“融”“涌”“荣”都是后鼻音韵母，可以让学生在辨认之后多读几遍。“州”“谊”是两个容易读错的字，更需要学生辨认。在认识完生字后，要让学生进入课文的学习，并通过朗读和背诵掌握学习方法。

3. 设置合作探究环节

《神州谣》的识字教学中可以设置讨论问题：你有什么办法认识这些汉字呢？引导学生探究合作讨论。学生会针对不同的字给出自己的识字方法，这样，学生在讨论发言中就能通过多种方法熟记生字了。诸如“加一加”“减一减”“偏旁归类识字”“熟字识字法”“字理识字”“归类识字”等，都可能是学生自己发言或者是倾听同学回答得到的答案。

二、阅读课与口语交际活动整合教学

小学语文课程中学生的“听说读写”能力训练贯穿在每一节语文课堂中，而“听”“读”“说”即是口语交际活动所需要培养的学生的能力所在。因此，在课文教学中，巧妙结合教学目标，有意识地培养学生的口语交际能力，是语文课教学的应有之义务。阅读课中各类文体诸如散文、诗歌、童话、寓言、说明文等的教学在口语交际能力训练方面也应有所侧重，不能一概而论，笼统照搬。下面以叙事性散文及故事类课文、诗歌类课文及说明文类课文为案例进行口语训练教学融合分析。

1. 叙事性散文及故事类课文教学中的口语交际训练

复述是用自己的话把故事内容讲出来，是语言表达的一种综合能力表现。叙事性散文及故事类课文都承载着学生复述能力训练的功能。在课程标准中，在阅读能力方面，要求学生要能复述叙事类课文的大意，要有复述作品、故事情节的能力或者较完整地讲述故事的能力。部编版小学语文教材编写对复述故事内容的要求十分突出，在教材中循序渐进地安排了各种各样的复述内容，不同年级各有侧重。比如二年级教材安排借助图片等讲故事，三年级教材安排完整详细地复述，四年级教材安排简要复述，五、六年级教材安排创造性复述。因此，在具体的课文中落实“复述”的能力目标训练，也是加强口语交际训练的过程。

以部编版小学语文三年级下册第八单元为例。本单元主要以故事类课文为主，单元的语文训练点是教给学生完整复述故事的方法：一是按故事时间顺序和任务要求变化提示复述；二是按地点转换和故事内容提示讲述。教读课《慢性子裁缝和急性子顾客》是掌握复述方法，自读课文《漏》是复述实操训练篇目。第八单元的训练则是“选最意想不到的部分讲述”，再到全文完整复述，倡导续编故事。《枣核》作为本单元最后一篇，复述要求是“完整复述故事和续编”。由此可见，本单元是“复述”能力的集中训练，在复述能力训练课堂教学设计中，应让学生根据不同的任务要求，通过讨论、发言、小组汇报等多种形式让每个学生参与到复述能力的训练中，培养学生的逻辑思维、语言的归纳概括、口头陈述等表达能力，最终实现口语交际能力的提升。

2. 诗歌类课文教学中的口语交际训练

诗歌是抒情性较强的一种文学体裁，分行排列，情景交融。在诗歌教学中，诵读是理解内容、把握思想感情最好的方法。部编版小学语文教材共有147首古诗词，古诗词的教学重点是让学生朗读、背诵，积累优秀诗句，培养学生的语感。教师应该有意识地训练学生朗读的停顿节奏和情感表达之间的关系，还可以在教学中增设互动环节，让学生在听说、对话中获得知识，并提高自己的听说能力。

以《黄鹤楼送孟浩然之广陵》古诗为例。“故人/西辞/黄鹤楼，烟花/三月/下扬州。孤帆/远影/碧空尽，唯见/长江/天际流。”教师通过划分停顿和轻重音，学生有节奏地朗读，在诵读和情景理解中体会友人的离别之情。

3. 说明类课文的口语交际训练

根据课程标准的要求，阅读说明性文章，要能抓住说明的要点，了解文章的基本说明方法。说明文是一种以说明为主要表达方式的文章体裁，它通过对实体事物科学地解说，对客观事物做出说明或对抽象事理做出阐释，使读者对事物有科学的认识，从而获得相关知识。这与口语交际要求学生具备介绍人物或者事物的表达能力是相吻合的。在说明文的课文教学设计中，可以让学生运用相关的说明方法来介绍人物或者描述事物。

以部编版小学语文五年级上册第五单元的课文为例。此单元以“说明性文章”为主题，包括《太阳》《松鼠》两篇教读课文。本单元的语文要素是“阅读简单的说明性文章，了解基本的说明方法。搜集资料，用恰当的说明方法，把一种事物介绍清楚”。这其中的语言训练就是用说明方法把事物介绍清楚。例如，《太阳》这篇说明文，综合运用了列数字、举例子、做比较、打比方等说明方法，恰当地说明了太阳的特点及与人类的密切关系。教师可以设计让学生以一个讲解员的身份运用这些说明方法进行讲解。在讲解第二部分太阳与人类的关系时，采用自主、合作、探究的方法，在小组中分享交流自己的意见，并进行小组汇报，最终教师点评。这都是提高语言表达很好的方式，既锻炼了口语，又很好地提升了学生的总结概括能力。

第三节　小学语文口语交际活动模式探究

新时期，社会经济、文化和科学技术得到了高速发展，形成了多渠道、多形式、灵活开放、自由竞争的态势，人们学习科学文化知识与劳动技术，交流工作经验与研究成果，乃至自由择业、事业竞争、开展多样的文化生活等，都具有广阔的空间。与之相对的是，社会对每个公民的口语表达有了更高的要求。较强的口语交际能力也成了每个社会人适应现代交际的基本的能力需要。顺应时代要求，完成义务教育阶段的口语交际训练，提高国民素质教育，是语文教学义不容辞的责任。我们必须探究更多方式方法，以提高学生的口语交际能力。

一、小学口语交际教学方法的借鉴

世界各国对口语交际的教学都非常重视。西方国家的口语交际教育重视开展综合性学习和跨学科的活动，通过给学生真实的任务，促使学生主动运用口头语言理解、探讨观点和概念，提出和解决问题，组织自己的知识和经验，表达和澄清自己的想法、感受和见解，以此来培养学生的口语交际能力。

1. 在教学目标设计上，既重视口语交际的方式和技能，也重视策略能力的培养

西方学者认为，口语交际是人类特有的一种社会活动，它同时受语法规则和社会文化规则的双重制约，不仅牵涉语音、词汇、语法等语言学因素，而且还牵涉交际目的、交际手段、交际形式、交际对象、交际内容、交际环境、交际规律等诸多社会学因素。美、英、德、加等国不仅把指导学生根据交际目的、场合和对象，使用适合主题、目的和听众的口头语言，进行恰当、得体、有效的交际作为口语交际课堂教学的重点，同时也关注口语交际的社会性含义，把培养学生的口语交际能力作为口语交际教学的重点。

美国语用学家格赖斯在 1967 年提出了口语交际中的合作原则，包括四个具体的准则：数量准则、质量准则、关系准则、方式准则。其中质量准则就是要求说话人的话是真实的，至少他本人认为是真实的、有根据的，不能自相矛盾。真实与否，自然就体现出说话人的“情感态度与价值观”。能根据不同的交际场合和交际目的，恰当地进行表达。作为格赖斯合作原则的补充，1983 年，英国语言学家利奇提出了礼貌原则，在合作原则的基础上，做出了更具体的六条准则：得体、宽容、称赞、谦逊、赞同、同情。根据这六条准则，在口语交际的过程中，不能总是以自己的知识、爱好、语言习惯为中心，在特定的交际场合，为了交际的顺利进行，在一定程度上要敢于“损己利人”，也就是课程标准中所说的能“恰当”“有风度”地进行表达，“恰当”就不一定是自己在第一反应时间内要说的，而是经过自己的思维筛选过的，更有利于交际双方进一步发展下去的。

2. 在教学要求和内容上，重视层次性和效用性

美国国家交际协会 1990 年推出的一份新的研究报告认为，对大多数学生而言，中小学是他们的基本生活环境，有可能直接学习和掌握口语交际能力。由于中小学有可能是绝大多数学生接受口语交际能力培养的唯一环境，因此，中小学的口语交际课程必须尽可能完整，尽可能全面，尽可能系统。报告提出了编制完整的、渐进的每个年级的具体要求：一年级学习活动应该为学生提供机会，增进他们选择使用口头语言的能力；二年级学习活动应当为学生提供机会，使他们辨别角色，规范选择口头语言；

三年级学习活动应当为学生提供机会，使他们理解在多元文化背景下小组活动时，选择口头语言的必要性和可能性；四年级学习活动应当为学生提供机会，使他们体会口头语言如何反映和传递价值观，特别是在口语交际中需要做出选择、变革和承担价值观带来的一系列结果时；五年级学习活动应当为学生提供机会，使他们理解规范口语交际的社会习俗；六年级学习活动应当为学生提供机会，让他们正式地完成一些任务要求，有效地听。

3. 在教学方法和手段上，重视口头表达、模仿和学习的综合性

德国教育家第斯多惠指出：学生必须毫无例外地用自己的话口述一切领会的东西。传统的语文教学在低年级忽略了学生口语表达的训练，这是非常不妥当的。“说”是引导“写”的必然阶梯，低年级“说”的训练，直接为中年级的“写”打下了基础。美国一项实验表明，儿童初期学写作，通常是把想说的话先喃喃自语一遍，然后才在纸上写下来。苏联专家相类似的研究也证实，儿童写作特别需要借助口说，如果不让他们动嘴说，就是勉强写出来，也是错误甚多。在法国，一年级语文课上教师只教字母和练习口语表达。美英等国也基本如此。

4. 在教学评价上，以能力标准进行达标评价，但也重视过程评价

国外的口语交际教学将口语交际教学训练和口语交际能力的评价结合起来。比如美国国家交际协会编制的《K-12 年级口语交际课程指南》就非常详尽地提出了学生在完成学业后作为有交际素养的人应当具备的一些特征。评价的内容分有效交流的基础和媒体素养两大部分。第一部分包括：有能力的信息交流者应有的知识和理解力，有能力的信息交流者应有的表现，有能力的说话者应有的表现，有能力的听话者应有的表现。第二部分包括：拥有关于使用媒体方式、受众和媒体内容之间关系、媒体内容在社会和文化背景下如何产生及媒体的商业本质知识和理解力，使用媒体同特定受众交流的能力。

英国国家课程也为听说教学制定了十分细化的达标目标，其目的不仅是让学生学会说，学会交流，而且通过说和交流增进他们的思维能力，增加他们的知识，培养他们的技能。因此，国家对每一级口语达成的标准的规定十分宽泛，学生可以通过多种途径达到标准要求，体现口语交际能力。学生口语达标至少根据他们一年的表现来评价，每个阶段结束后，教师可根据每一年的达标情况对学生不同阶段的口语水平进行评价。其判断原则是依据学生在一段时间内的学习情况，考虑学生个人的优点和弱项。决不可以凭一次课业得出评价结果，因为单独某次课业不可能覆盖达标要求的所有方面。但它可以为学生达到标准要求提供依据，即为学生提供机会展示他们的口语交际能力。

二、小学语文口语交际创新思路探究

培养学生口语交际能力是素质教育和新时代对高素质人才的需要。在教学中，教师要发掘口语交际的丰富素材，在生活实践中巩固和延伸。要鼓励学生利用各种机会，争取多说话，尤其是当众说话。

（一）课内口语交际活动创新思路

1. 明确口语交际的教学目标和任务

口语交际包含话题和功能两部分，主要培养学生倾听、表达、应对的口语交际能力。

（1）倾听。

① 第一学段：能认真听别人讲话，努力了解讲话的主要内容。

② 第二学段：听人说话能把握主要内容，能简要转述。

③ 第三学段：听人说话认真、耐心，能抓住要点简要转述。

（2）表达。

由第一学段讲简单的故事，到第二、第三学段讲复杂的故事，讲见闻，谈看法，着力培养学生敢于表达的勇气，以及成段地讲述所见所闻、所思所想的口头表达能力。逐步提升要求，让学生敢于表达。

（3）应对。

侧重于功能性口语交际话题，精选学生在生活中可能遇到的问题或存在困难的交际内容，设计不同的情境，引导学生反思怎样的交际是有效的、恰当的，指导学生解决生活中的问题。较简单的请教、劝说与劝阻安排在第二学段，较有难度的演讲、辩论则安排在第三学段。

2. 熟悉编排特点，充分挖掘教材内容

（1）首先，熟悉口语交际活动的性质，明确口语交际具有以下特点：

① 明确醒目的交际目标。

② 功能性强的交际话题。

③ 具体可行的交际内容。

④ 真实可感的交际情境。

⑤ 多向互动的交际方式。

（2）其次，熟悉教材的编写布局。

① 交际话题——贴近生活。

② 文字说明——任务驱动。

③ 情境创设——泡泡框。

④ 小贴士——训练目标。

3. 链接生活，在活动中创设真实自然的交际情境

口语交际来源于生活，口语交际教学也必须从课堂回归生活。以“商量”为例，在教学时，教师可以创设符合学生生活实际的交际情境。

师：“遇到下面的情境，你会怎么办？”

今天我值日，可今天刚好是我生日，想早点回家，于是找小丽调换时间。

小丽不同意调换。

这里有两重情境：一是你需要得到别人帮助时，要与别人商量；二是交际愿望未达成时如何应对。这双重情境都再现了学生的真实生活。这样的情境，有利于调动学生的交际经验和生活体验，让学生体会到学会商量的重要性。

此外，还可以让学生在小组内交流，说说最想与什么人商量什么事，再请学生分享自己的真实生活事例。例如，想跟妈妈商量，每天做完作业后看一会儿动画片，或者想跟同学商量周末去踢球的时间，然后选择其中一个最感兴趣的话题，跟同桌合作表演。在表演中实践如何用商量的语气把自己的想法说清楚。这样的情境源于学生真实的生活，能充分激发学生参与的热情，主动投入交际活动中，习得交际的方法。

4. 注重培养学生的交际意识

起步阶段的学生在口语表达上常常不考虑场合、对象、角色，讲话随意。部编版小学语文教材从一开始，就着力培养学生的交际意识，一年级上册“用多大的声音”引导学生关注在不同的场合应该用多大的声音说话，一年级下册“打电话”引导学生面对不同的对象要有礼貌地应对，二年级上册“商量”引导学生学习怎么跟不同的人商量不同的事。通过这些多样的情境应对，逐步培养学生的场合意识、对象意识、角色意识。

（二）课内课外口语交际整合实施创新思路

口语是日常生活中必不可少的语言交际，不仅体现在课内校内，也体现在课外校外。探究课内课外口语交际活动的模式，在教学设计中巧妙地将二者有机统一，充分挖掘校内外资源，通过开展丰富多彩的课外活动来创设语文实践的空间，诸如举行古诗文诵读赛、书画比赛、故事大王比赛、读书交流会等，更好地提升学生的综合口语交际能力。

课程标准指出：要在课内外创设多种多样的交际情境，让每个学生无拘无束地进行口语交流；要鼓励学生在日常生活中积极主动地锻炼口语交际能力。社会是口语交际的大课堂，现实生活中蕴涵着取之不尽、用之不竭的口语交际资源。因此，在口语交际活动设计中，应走出课内校内，实现课内外的有机融合，真正提高学生的口语交际水平。以下活动模式可供借鉴。

1. 诵读比赛

诵读比赛是学生提高口语交际的一条重要途径。当前，全国上下举办各种大大小小的诵读比赛，诸如中华经典诵读、古诗词诵读比赛、全民悦读会诵读活动等。诵读不仅是对中华文化经典的传承，也是一次次口语训练的过程。在口语交际活动训练中，应充分将诵读比赛与口语交际活动任务有机结合起来，在比赛中有效提高学生的口语交际能力。例如，广西每年举办的中华经典诗文诵读大赛，就是一次学生训练口语交际能力的实战机会。比赛分预赛、复赛和决赛，时间前后持续 3 个月左右。各地市、各学校单位先在本校开展经典诵读活动，并通过比赛选举表现优秀的选手，录制诵读视频并上传，参与初赛，胜出者将有资格参与复赛，以个人或者集体的形式参与市区的角逐，最终在全国进行朗诵大比拼。通过班级、学校的经典诵读活动，学生能在活动中激发学习的热情，激发朗读的兴趣，为口语交际营造良好的活动氛围。

以桂林龙脊镇小学开展中华经典诗文诵读比赛为例。2017 年 12 月 28 日下午，桂林市龙胜县龙脊镇小学开展迎新年“中华经典诗文诵读”比赛。全校 800 余名师生共同参与此次活动。全校 19 个班级逐个上台进行诵读比赛，参赛者采用将诗词配上音乐、道具等多种形式进行朗诵、表演，师生们真切领略到诗歌的意境。“中华经典诗文诵读”比赛，进一步丰富了学生们的精神世界，促进校园文化的健康发展，使得读经典诗文成为学生们学习生活中必不可少的组成部分。

小学生口语交际能力训练应以此为契机，充分利用各种比赛活动，积极有效地培养学生的口语交际能力。在每一次比赛活动中，每个学生都得到口语交际能力方面的训练。在日常的活动设计中，应有意识地将比赛等活动形式纳入活动内容设计的组成部分，作为落实完成活动任务的途径之一。

2. 读书分享会

学习在交流互动中方能更好地进步。为提升学生的口语交际能力，学校可以通过开展学生读书交流会等形式，让学生在读—思—说中获得进步，在分享交流中获取知识，激发学生的学习兴趣，提升其表达能力。目前全国上下盛行读书交流会，比如图书馆经常开展读书分享会，说说你读了什么书，与大家一起分享。这都是很好的口语练习活动。

全国图书馆界开展全民阅读系列活动，在世界读书日期间，围绕“读经典、学新知、链接美好生活”这一主题，各地、各系统图书馆结合自身特点和优势，纷纷组织开展系列特色阅读活动。

在口语交际活动设计中，学校应创造更多机会与平台让学生参与到具体的活动实践中，经典诵读比赛、知识竞赛、辩论赛、戏剧表演等都是学生训练口语交际的好机会。因此，教学应突破传统模式，让口语交际走出课堂，走出校外，鼓励学生参与校内外的比赛活动，提高自己的表达能力，并获得学习的成就感。

3. 社区活动

社区是每个家庭孩子的生活学习环境，小学生的口语交际可以通过社区的书画展示、亲子读书活动、写作比赛、朗诵比赛、故事会等形式来开展，让更多家庭的孩子参与到实践活动中，在实际的交流中提高自己的语言表达能力及应对能力。例如，大连市甘井子区泉水街道龙园社区开展以“爱读书·读书好”为主题的青少年读书交流活动。在图书室，来参加活动的青少年被种类繁多的图书深深吸引，在阅读过程中，相互交流书中的精彩内容。活动包括选取自己喜欢的书本阅读并为大家朗读一段、分享自己对所读内容的所知所想、推荐好书好文等环节。通过自己品读和分享交流等方式，青少年的阅读兴趣被极大地激发，大家认真阅读书中的内容并积极分享了自己的感受。此次阅读活动为辖区青少年搭建了一个读书交流的平台，同时通过阅读有效引导青少年树立正确的人生观和价值观。

因此，在口语交际能力活动设计中，要充分利用社区资源，将社区与口语交际目标融合，可以通过学校与社区连接互通的方式，促进社区小学生口语交际能力的提升。学校、社区可以根据学生的口语能力需要有针对性地开展朗读比赛、辩论赛及读书交流会、故事会等丰富多彩的主题活动，全面提高社区中小学生的综合素养。

4. 网络链接读书会

现在社会正处于高速发展时期，科技化、信息化走入寻常百姓家。教师应充分利用“云端”科技，利用线上网络平台实现资源利用、资源共享；整合教育资源，链接乡村学校，实现口语交际线上线下融合。例如，可以通过 QQ、微信等平台分享，通过直播、语音、图片、视频等形式上传读书、表演、朗诵等内容，借助线上平台互相交流、学习；也可以通过网址链接、讲座、直播、课件视频、专家点评、成果展示等形式组织展开活动，学生在线上参与学习与实践，也有利于让偏远地区的学生也参与到读书实践活动中。例如，郑州市管城回族区十八里河街道办事处南刘庄社区举办“云端”阅读活动，伴随孩子快乐成长。管城回族区十八里河街道办事处南刘庄社区党群服务中心“读书，使童年更快乐”阅读系列活动的第一天，社区社工和志愿者同时在“云端”为孩子们提供了精神营养，送去缕缕书香。志愿者教师在微信群内朗读了《小王子》的第一节后，获得了家长和小朋友们的热烈支持，小朋友们也纷纷朗读自己喜欢的书籍。这一系列丰富多彩的阅读活动，让孩子带动父母，进而带动家庭、带动社区，营造出全民阅读的良好氛围。

目前，很多的朗诵、书画比赛都是通过网上上传视频或图片参与比赛，扫除了空间障碍，学生在交流、参与中获得口语交际的训练。因此，在口语交际的教学中，教师要充分发挥有利的网络资源，为学生的口语交际能力搭建更多的实践平台，把口语交际训练贯穿在日常生活和学习中。

附录　口语交际活动设计

一、活动名称

《我的暑假生活》活动设计（部编版三年级上册）。

二、活动分析

《我的暑假生活》让学生回顾自己在暑假生活中感兴趣的一件事情，并讲给同学听。在活动中，应鼓励学生把自己的感受与同学分享，敢于表达。可以通过情境设置的方式让学生参与活动。

三、设计要点

（1）结合学生的暑假生活实际，引导学生和同学分享自己的暑假生活。

（2）通过设置情境，小组合作交流，把自己的经历讲清楚，再听听同学的建议。

（3）引导学生选择别人可能感兴趣的内容讲，会借助一些图片和实物分享自己的故事。

四、案例展示

【活动目标】

[知识与技能目标]

有表达的兴趣和自信，愿意把自己的感受与同学交流。

选择别人可能感兴趣的内容分享，态度自然大方。

认真听别人讲话，了解讲话的主要内容。

提高现场组织语言并表达的能力。

[过程与方法目标]

借助本次练习，掌握如何选择别人可能感兴趣的内容讲。

通过实践演练，知道如何借助图片或实物讲述。

[情感态度与价值观目标]

在交际展开的过程中，体会分享交流的乐趣。

【活动展示】

环节一　课前热身，谈话导入

1. 课前要求。

（1）梳理资料，做好准备。在开学前一周布置相应任务：和家人交流，选择新鲜事，准备相关照片、图片或实物，试着讲给家长听一听，再听听家长的意见或建议。

（2）认真试讲，听取意见。在开学前与家人交流，并完成下面的评价表。（表7-4）

表 7-4　《我的暑假生活》交流评价表

评价内容	完成情况	建议或者意见
有新鲜感		
借助了图片或实物		
交流清楚得体		
评价人：	评价时间：	

2. 兴趣导入。

（1）播放影片。

播放动画片《大耳朵图图》，让学生思考图图在假期都做了什么事情。（学生交流，引出话题）

（2）交流引导。

师："同学们，你们已经度过了小学阶段的第二个暑假了，有什么感受呢？前一周你们在家里和爸爸妈妈已经进行了交流，今天我们就要在班级中再进行一次交流。"（板书：我的暑假生活）

（3）前测反馈。

根据评价表进行分析反馈。

（4）明确要求。

师："这节课，我们就去学一学怎样向别人分享你的暑假生活。"（学生齐读课题）

［设计思路］这是一节非常特殊的口语交际课。它的交际内容来源于学生开学前的暑假生活，为了能更好地进行交流，前期的家庭交流是铺垫，不仅有助于学生提高本次口语交际的效率，还能通过亲子交流来促进亲子关系，一举多得。课堂用动画片导入，激发学生兴趣，接着提出这节课的学习要求，为下文的学习奠定了基础。

环节二　学习范例，交流表达

1. 简单交流。

师："丰富的暑假生活结束了，暑假里，你都经历了什么事？相信大家在家里都和爸爸妈妈交流过了，那现在请你们与同学交流。"

（1）指名学生"开火车"，用一句话讲清楚经历了什么事。

（2）利用电子教学辅助设备，现场将学生说的事展示出来。

（3）全班学生当评委，对"新鲜事"进行评价。通过的，就将这件事的文字显红。

2. 直面"兴趣"。

（1）师："仔细看看这些事，为何你会觉得这些新鲜事是你感兴趣的呢？它们有什么共通之处？"（板书：没有经历过的、比较有趣的事）

（2）师："看来找好相应的话题，是成功交流的第一步。思考怎样调整表达方式，继续用一句话概括暑假生活。”

3. 学习范例。

（1）观察图片。

师：“看看书上这两幅图片，小朋友在暑假里都做了什么事情？”（板书：做简单的农活、去游乐场）

（2）具体交流。

师：“简单的农活你们可能没有接触过，一定觉得很新鲜、很感兴趣。这位小朋友选择了你们可能感兴趣的‘如何给菜地锄草’这一部分进行详细的描述，你们就知道了锄草的具体步骤。可见，选择别人感兴趣的话题讲是非常重要的。”

（3）关注特点。

师：“那去游乐场不是很平常吗？如何吸引别人，让人感兴趣呢？读一读，发现什么了吗？原来小朋友是抓住第一次坐摩天轮来说的。”

（4）小结说法。

师：“两段范例的共同之处是，先讲清楚一件事，再具体讲做了什么。要吸引别人，不仅仅要讲清楚这件事，还要看这件事你是怎么介绍的，你具体做了什么。”

（5）角色模拟。

师：“假设你就是图上的这两个小朋友，结合插图，介绍一下你的暑假生活。”

［设计思路］**这个片段的教学是为下一个环节做的铺垫。通过对书本上图片内容的讲说，借助图片上的说话提示，学生基本了解了如何分享自己的暑假生活，有了范例和方法，学生也就有了明确的方向。**

环节三　从学到说，实践表达

1. 导学练说。

学着书中的样子，试着将自己的暑假生活说清楚、说有趣。

（1）独立练习。

先自己练习，厘清思路，做好准备。如果可以的话，借助图片或实物来展示会更好。

（2）组内互说。

结合评价表，组员当堂评分，推荐班内交流。

（3）上台讲述。

组内推荐，上台来与大家分享自己的暑假生活。

（4）师生评价。

师：“请大家对同学的讲说评一评，你们觉得他们可以得几颗星呢？”

2. 学习小结。

看着板书，说一说这节课的所学所得。

3. 后续学习。

没有交流过的同学，接下来在每天的语文课开始前 5 分钟，轮流上台交流。分享的内容可以是暑假生活，也可以是最近这段时间在学校的生活。

[设计思路] 这个片段的教学是本节课的重点。通过小组合作练说、学生上台讲述、集体评价、后续分享等方式，学生明白如何清楚地讲述自己的暑假生活，并且还能选择别人可能感兴趣的内容来吸引别人的注意力，同时也知道了借助图片或者实物来讲述会更好。在最后的环节，让学生聊聊自己的收获，既是对课堂的回顾，也是对方法的巩固，让口语交际发挥了实际的效用。更重要的是，这节课并没有就此结束，而是一直将这个交流延续到后续的语文课中，并从暑假生活延伸到校园生活，使每个学生都拥有展示、表达的机会，充分体现了以生为主的教学理念，关注到每一个学生。

第八章　小学语文作文教学设计

致力于培养学生的语言文字运用能力是语文课程的实施目标。课程标准提到“全面提高学生的语文素养”这一理念时明确指出：语文课程应培育学生热爱祖国语文的思想感情，指导学生正确地理解和运用祖国语文，丰富语言的积累、培养语感、发展思维，使他们具有适应实际需要的识字与写字能力、阅读能力、写作能力、口语交际能力。写作是运用语言文字进行表达和交流的重要方式，是认识世界、认识自我、创造性表述的过程，对小学生来说，也是语文素养的综合体现。

第一节　小学语文作文的教学目标

一、小学各学段作文教学要求

1. 第一学段（1—2 年级）：写话

（1）对写话有兴趣，写自己想说的话，写想象中的事物，写出自己对周围事物的认识和感想。

（2）在写话中乐于运用阅读和生活中学到的词语。

（3）根据表达的需要，学习使用逗号、句号、问号、感叹号。

2. 第二学段（3—4 年级）：习作

（1）留心周围事物，乐于书面表达，增强习作的自信心。

（2）能不拘形式地写下见闻、感受和想象，注意表现自己觉得新奇有趣的或印象最深、最受感动的内容。

（3）愿意将自己的习作读给他人听，与他人分享习作的快乐。

（4）能用简短的书信便条进行书面交际。

（5）尝试在习作中运用自己平时积累的语言材料，特别是有新鲜感的词句。

（6）根据表达的需要，使用冒号、引号。

（7）学习修改习作中有明显错误的词句。

（8）课内习作每学年16次左右。

3. 第三学段（5—6年级）：习作

（1）懂得写作是为了自我表达和与人交流。

（2）养成留心观察周围事物的习惯，有意识地丰富自己的见闻，珍视个人的独特感受，积累习作素材。

（3）能写简单的记事作文和想象作文，内容具体，感情真实。能根据习作内容表达的需要，分段表述。

（4）学写读书笔记和常见应用文。

（5）能根据表达需要，使用常用的标点符号。

（6）修改自己的习作，并主动与他人交换修改，做到语句通顺，书写规范、整洁。

（7）课内习作每学年16次左右，40分钟能完成不少于400字的习作。

二、教学建议

写作是运用语言文字进行表达和交流的重要方式，是认识世界、认识自我、进行创造性表述的过程。写作能力是语文素养的综合体现。写作教学应贴近学生实际，让学生易于动笔、乐于表达，应引导学生关注现实、热爱生活、表达真情实感。小学生学习写作的“认识自我”，就是在自己学习写作实践的过程中认识到“我是小学生”“我要学习写作文”“我能学会写作文”，不断增强学习写作的自信。“认识自我”对儿童健全人格的发展十分重要，是每一个儿童成长的标志。

在写作教学中，应注重培养观察、思考、表现、评价的能力，要求学生说真话、实话、心里话，不说假话、空话、套话。鼓励学生写想象中的事物，激发他们展开想象和幻想。

教师应当为学生的自主写作提供有利条件和广阔空间，减少对学生写作的束缚，鼓励学生自由表达和有创意的表达，提倡学生自主拟题，少写命题作文。

写作知识的教学务必精要，应抓住取材、构思、起草、加工等环节，让学生在写作实践中学会写作。重视引导学生在自我修改和相互修改的过程中提高写作能力。

三、部编版小学语文教材作文的编排特点

部编版小学语文教材在“阅读与表达均衡推进”的理念引领下，强调“读写分编，兼顾读写结合”的原则和理念，打破了原有教材的编排思路，加大了习作内容的比重，按照“随文学习中的小练笔”“阅读单元中的大作文”“习作单元专项作文训练”三条路径编排习作内容，提高习作教学的操作性、针对性、系统性。使用部编版小学语文

教材进行教学时，教师要准确把握这一编排特点，从三条路径出发，加强书面表达的训练力度，使习作训练由量的增加达到质的提升。

小学各个阶段的习作也有明确的指向性：二年级写话训练，重点在于结合课文的小训练；三年级属于起步阶段，侧重于指导观察，激发想象，为练好习作奠定基础；四、五年级着力于指导不同类型的习作；六年级总结梳理小学阶段的两个习作要点，为写好初中作文打下坚实基础。

第二节　小学语文写话教学设计

写话是指把自己想说的话写下来。写话教学作为低年级语文教学的重要组成部分，是培养学生写作的基础工程，对于提高小学生的作文水平具有重要作用。“对写话有兴趣，写自己想说的话，写想象中的事物，写出自己对周围事物的认识和感想，在写话中乐于运用阅读和生活中学到的词语”。这是课程标准对写话教学的要求。从语言发展的顺序看，先有口头语言，再有书面语言；从学生学习的心理特点看，刚入学的儿童口头语言占优势，且有一定的表达能力，但书面语言水平较低。这种学情决定了小学第一学段的教学思路是以口头语言为中心，借助口头语言促进书面语言的发展。

一、部编版小学语文教材第一学段“写话”课安排的特点

为了落实课程标准第一学段的目标要求，部编版小学语文教材基于对学生写字量和阅读量的考虑，依据第一学段学生的心理发展特点，遵循学生认知发展和语言发展规律，对第一学段的写话做了合理安排，一年级上册主要是口头语言的训练，一年级下册主要是写句子的初步训练，重在培养写话兴趣，重在对词语的运用。二年级上、下册主要是写话训练，在阅读单元中跟“语文园地”构成一个板块，依次是“识字加油站”“字词句运用”“写话”“展示台”“日积月累”，训练思路是从识字到运用，之后把所见所思用所学字词写下来，之后练习书写，再进行拓展阅读，积累更多字词句，构成一个“学习—运用—再积累”的良性循环，达到课程标准的要求。(表 8-1)

为了帮助学生顺利进入主题写话，教材在一年级和二年级都安排了一些铺垫性、基础性的辅助练习，诸如写句子、读句子、抄句子、补充说句子、扩展说句子、用词说句子及借鉴课文的语言形式进行的仿写练习等。

表 8－1　部编版小学语文二年级上、下册的“写话”课特点

出处	内容要求	书写（格式）要求	指导形式	相关文体训练要素
园地三（二年级上册）	跟同学们交流自己最喜欢的玩具的样子和玩法，再在方格本上写下来	1. 写在方格纸上 2. 标点符号也要占一格	1. 图示（七种玩具） 2. 指导语	生活真实
园地四（二年级上册）	学写留言条（提供两种情境）	留言条书写格式三要素：称呼、正文、落款	1. 示例（一份详细的书写解说） 2. 提示语	生活应用
园地七（二年级上册）	看图展开想象，编写关于猫和老鼠的故事	按问题依次写下来	依次三个问题	展开想象
园地二（二年级下册）	照样子，写你的一个好朋友	有序介绍姓名、模样和事件	1. 示例 2. 依次三个问题	写人、记事的关键要素
园地四（二年级下册）	观察四幅图片，想象动物的经历并写下来	1. 四幅图的顺序 2. 加上自己的想象 3. 用上四个词语	1. 图片 2. 文字和图片提示	事件发生的先后顺序
园地六（二年级下册）	读了一首“为什么”的诗歌后把心中的疑问写下来	1. 范围是大自然 2. 把问题做成卡片 3. 跟同学交流	1. 示例 2. 导语提示	学会思考
园地七（二年级下册）	假如可以养小动物，你想养什么	多写几条理由	1. 养什么 2. 为什么	逻辑思维的方式

从上述话题的选择上可以看出，教材十分注意与学生的经验世界和想象世界的联系，写玩具、看图编故事，都是学生愿意写、容易写的话题。学写留言条，更是生活的必需。在写话的要求上，除了一些基本的行文和格式规范外，其他基本不做具体规定，学生能写几句就是几句，不限篇幅字数，自由地写。其目的在于营造无压力的写话氛围，让学生无拘无束，放开胆量，把想说的话都表达出来。

二、写话教学策略

（一）正确理解写话课的内容和指导要点，耐心到位地展开指导

部编版教材在作文指导方面有比较明确的提示，在写话的内容和要求方面也会给出示例。学生可根据示例提示模仿写话，并从提示中摸清写话的顺序。例如，“写一写你的一个好朋友”，提示了写话顺序是名字、样子和事情。

书写形式包括正确书写标题，合理安排段落，正确使用逗号、句号、问号、感叹

号等。比如二年级上册“语文园地四”中在《写话》栏目中安排了“学写留言条”，依据提示，学生一要写清楚要素，二要注意行文格式。如：称呼要明确是写给谁的，正文段前空两格，名字和日期要单独各占一行，写在右下角。格式书写要求也说明得很仔细，如：要求写在方格纸上，标点符号占一格；题目居行中，学过的字要会写，无错别字；段前空两格，语句通顺，语意清楚；等等。

（二）开展各种教学活动，激发写话兴趣

调动学生对写话的兴趣，激发他们的表达欲望，是写话教学的关键所在。可以依据写话的内容开展多样的活动，诸如游戏、竞赛、表演、对话、画画、填图等，营造愉快轻松的氛围，让学生在有趣的活动中积极地参与并用语言表达出来。

小学第一学段的学生活泼好动，以直观、动作、形象思维为主。这时的写话教学要少理性分析、多形象感悟，提倡游戏精神，使写话教学“游戏化”。先游戏后写话，一边游戏一边写话。比如“我喜欢的玩具”的话题写话是学生喜闻乐见的，但学生感兴趣的是玩具本身，而不是说话、写话活动。针对这个内容我们可开展“我说你猜”的游戏活动，让学生把自己最喜欢的玩具带来，通过自己的介绍让同学猜一猜，教师需要引导学生从玩具的外形、颜色和玩法等方面来介绍，最后用几句话写下来，目标就完成了；还可以举办一个“小小玩具展览会”，把同学带来的玩具分组摆放，分小组在组内进行玩具介绍，锻炼学生表达和倾听的能力。

教师可以联系生活设置学生熟悉的生活情境。例如，“学写留言条”，可以先让学生观看动漫视频，引导学生明白留言的重要性，之后分享自己生活中的事例，最后再让学生将自己的感受写下来。

（三）结合阅读课文和课外见识来帮助写话

低年级学生的阅读积累和生活经历都很缺乏，也很少进行有意观察，因此，写话的基础应该是课文。

1. 抄写

课文中好的句子段落、报纸杂志上的好文章、名著等都是可选择对象，让学生读读抄抄，积累多了就会模仿运用。

2. 仿写

模仿是儿童的天性，模仿也是儿童学习语言的基本途径之一。我们使用的教材大多选文优美，很多文段都可以作为写话教学仿写的例子。为了二年级的写话，一年级已经做了很好的铺垫。例如，《四季》（部编版一年级上册）的课后练习 2，“你喜欢哪个季节 ，仿照课文说一说”，可以提示学生仿其内容，仿其思想，仿其格式，逐步提高仿写的水平。

3. 读中想象

课程标准强调要在写话及作文教学中培养学生的想象力。低年级学生的思维没有具体形象性，他们往往借助于想象和幻想来理解他们的生活世界。教师可以借助学习课文引导学生进行想象，诸如续编、扩编、改编等。二年级上册“语文园地七”在《写话》栏目中安排了“学写故事”。写话的导语有：“同学们一定看过猫和老鼠的故事，这些故事妙趣横生，带给我们许多乐趣。这一次猫和老鼠又发生了什么有趣的故事呢？看看下面这幅图，想想小老鼠在干什么，电脑屏幕上突然出现了谁，接下来会怎样……快将你想到的故事写下来。”这是一个看图想象写话的训练。想象力的培养对于二年级学生来说难度较大，可利用思维导图帮助学生联想和想象，给学生写作思路的引导，按事物的时间发展顺序写下来。

4. 看图写话

课文插图是文本内容的浓缩，它直接诉诸人的视觉，是语言文字形象直观地反映。低年级的教材大多图文并茂，进行写话教学时，可充分利用这一资源。可以看图说话，也可以给图配文。一年级上册“语文园地七”中的“字词句运用”第2题“看图写词语，再说一两句话”就配有一幅插图。《动物王国开大会》（部编版一年级下册）的课后练习2，要求学生对“通知”“读一读，说一说”，先进行模仿说话训练再进行写话。“读读背背”中的插图、口语交际的情境图、课文的插图等都可以给它们配上一句话或一段优美的文字，这是学生最感兴趣的练习。

（四）引导学生学会观察和积累

大艺术家罗丹有一句名言：美是到处都有的，对于我们的眼睛，不是缺少美，而是缺少发现。写话教学应该引导学生学会观察生活，要让学生走进大自然，用自己的听觉、视觉、触觉、味觉等，去感受大自然、发现大自然、倾听大自然，丰富学生写话的素材储备。

例如，教师要引导学生全面细致地观察图画，引导学生看清楚图画内容，让学生弄清楚每一幅图画的内容（包括人物、事件、景物），让学生看图说话的时候说清楚谁在干什么，弄清时间、地方、人物，每次观察图片时学生脑子里要先有这些知识。教师要把这些写作规律告诉学生，他们才能准确地理解图意。经过多次训练，再进一步培养他们有步骤地、按一定顺序观察画面的能力。例如，方位顺序就是高低、左右、前后、里外。对于相互之间有关联的连续图画，意味着有一个相对完整的情节，先一幅一幅细致地看，再找出图画之间的关联点，诸如人物、动作、时间、地点变换等，几幅图连在一起看，把表达的主要情节抓住，这样才能掌握观察几幅图的方法，把分散的图画变成一个完整、连贯的故事。接下来让他们把观察到的内容说一说，说的时候要按照一定的顺序，最后才是写。

（五）先说后写，循序渐进地进行写话练习

从语言发展的顺序看，先有口头语言，再有书面语言。从学生学习的心理特点来看，刚入学的儿童口头语言占优势，且有一定的表达能力，但书面语言水平较低。这种学情，决定了小学第一学段的教学思路是以口头语言为中心，借助口头语言促进书面语言的发展。从说一句话、一句完整的话、几句话逐步过渡到说一段话，由浅入深，从简入繁，逐步提高。字—词—词组—句子—段落—文章是一个循序渐进的过程，从识字课所学的字和积累的词语，到运用到自己所写的句子中，是一个跃进。在这个过程中，学生会有成就感，所以教师的设计需要有步骤地推进。

先从造句开始。例如，用“书包”造句，可以先写一个简单的句子：“我有一个书包”，在这基础上引导学生“是什么样的书包”，以扩句的形式训练学生写话，由浅入深，逐步提高。部编版小学语文一年级下册阅读课文《端午粽》《彩虹》的课后练习1都是“朗读课文，注意读好长句子”。这样的安排旨在引导师生对长句子的关注，加深对句子的认识和理解，由短句到长句，值得学生好好比较和体会。《小公鸡和小鸭子》（部编版一年级下册）的课后练习2是“读一读，比一比”。

第一组：小公鸡跟在小鸭子后面，也下了水。

小公鸡偷偷地跟在小鸭子后面，也下了水。

第二组：小鸭子游到小公鸡身边。

小鸭子飞快地游到小公鸡身边。

教师要引导学生理解两组句子有什么不同的地方，让学生学会用生动的词语来填充和完善句子。

写日记是写话训练比较好的方法，它能满足学生有自己秘密的心理需求。日记的内容不限，所见、所闻、所想都可以写下来，学校里、家里、路上、公园里发生的事都是写日记的好题材。

主题写作是比较高的要求。例如，识字课《春夏秋冬》《四季》都是介绍自然界的四季，我们可以设计类似的贴近学生生活学习的情境，引导学生观察，让他们说一说，写一写，诸如春天你有什么发现（天气的变化、动植物的变化、人们穿着的变化）。通过这样的训练，学生便能把句子恰当地联系起来，集中表达一个主题。

附录　写话教学案例

一、写话内容

部编版小学语文二年级下册的“语文园地”安排了六个板块，其中第三板块是写话。“写写你的一个好朋友”。这部分通过范例，引导学生有序介绍人物的姓名、模样和事件。

二、设计要点

（一）明确写话的要求

一是姓名，部编版小学语文一年级下册中《姓氏歌》的写话训练可以运用所学过的姓氏知识；二是好朋友的外在特点，引导学生理解怎样介绍一个人的外在特点，可以通过范例或者图片加以引导；三是两个好朋友经常在一起做什么事情，紧扣“经常”和“一起”。

（二）书写要求必须指导到位

书写的顺序是先介绍姓名，再介绍他（或她）的外在特点，最后再写事件。书写格式前面有过训练，这里依然要提醒学生，让学生模仿示例来写，包括开头空格、标点符号占一格、三个要求可以分行书写等。

（三）开展生动活泼的教学课堂活动

例如，同桌之间互相介绍，看图找人物特点，谈一谈跟好朋友一起玩的事情等，一般先看，再说，最后写。

三、案例展示

【教学目标】

［知识与技能目标］

懂得从姓名、样子和事件三个方面介绍好朋友；会抓住人物特征，并运用恰当的词语来组成一句话；正确使用标点符号；书写格式正确。

［过程与方法目标］

经过观察、游戏、口语练习等过程完成目标。

［情感态度与价值观目标］

鼓励学生珍惜同学之间的友谊。

【重点难点】

［重点］

按顺序介绍一个人物。

［难点］

如何抓住人物的特征。

【教学流程】

环节一　找朋友游戏，激发兴趣

1. 教师出示《西游记》唐僧师徒四人的图片：孙悟空、猪八戒、沙僧、唐僧，让学生抢答这四个人分别是谁。

2. 教师表扬表现好的学生并总结，点明可以根据人物身上的特征来确认身份。

［设计思路］导入部分设计“猜一猜”游戏活动，把学生熟悉的名著人物带到课堂

中，让学习变得有趣，让学生乐意并主动地参与到学习过程中来，同时解决难点。

环节二　学一学，找特征

1. 观察同学外表，学会抓住每个人的特征。

师："每个同学都有自己的特点，假如在很短的时间向别人介绍自己该怎么做呢？我们选几个同学上台给大家观察，同学们试着找出他们的特征。"

教师点评表扬表现好的同学，说明介绍好朋友需要有主有次，把好朋友最突出的特点当作重点来写。

2. 观摩、学习课文案例是如何抓住特征来介绍朋友的。

名字：张池。

特征：掉了一颗门牙；脸圆圆的；笑起来有个小酒窝。

3. 链接《妈妈睡了》中妈妈的样子，引导学生选择合适的词汇来描写人物。

4. 联想书写好朋友的样子。

教师出示格式指导：开头空两格，一个标点占一格。之后，教师选出优秀的写话共享。

[设计思路] 这个环节主要是引导学生描写人物特征，先观察，再选择，最后写话。用学过的课文做案例让学生感到熟悉。

环节三　联系生活，写事例

1. 小组交流，谈自己跟好朋友在一起时都做些什么事。

2. 抽小组汇报，选出优秀案例分享。

3. 写一写与好朋友一起做的事情。

[设计思路] 这个环节主要是引导学生写事件，通过小组交流让大家发言，再总结汇报。要注意联系生活，拓展思路。

环节四　我来试一试

1. 把好朋友介绍给大家，让学生试着把自己的朋友介绍给其他人。

2. 请学生就刚才的介绍谈谈感想。

3. 请全班学生按描写人物特征的顺序来写话。

4. 总结。

[设计思路] 这个环节训练介绍的顺序。做法是让学生自己去展示再对比，自己发现正确的表达顺序的重要性。

第三节 小学语文习作教学设计

一、第二、第三学段习作的编排特点

1. 设置独立的习作单元、阅读单元作文、小练笔，构成习作训练网

（1）增加习作单元，提升学生的阅读和表达能力。为了加大习作在小学语文教学中的分量，使习作教学更具系统性、针对性和可操作性，除了在阅读单元有序地安排习作训练外，部编版小学语文教材还按照学生习作能力发展的规律、序列，在三至六年级的每册教材中安排了一个习作单元，即在每一册教材中安插了一个似乎是重复而螺旋式上升的“协作流程图”，以突破习作教学的重难点，加重习作在教材中的分量，使学生的阅读与表达同时进行。习作单元自成体系，紧密围绕培养学生的某一习作能力这一主线，由两篇精读课文、一个交流平台和初试身手、两篇习作例文和一次习作组成，形成一个各项内容之间环环相扣，体现出整体性和综合性的单元整体。（表 8－2）

表 8－2 各册习作单元具体安排表

册次	习作要素	册次	习作要素
三年级上册	留心观察	三年级下册	展开大胆的想象
四年级上册	把一件事情写清楚	四年级下册	按一定的顺序写景物
五年级上册	运用说明方法介绍一种事物	五年级下册	学习描写人物的方法
六年级上册	围绕中心意思写	六年级下册	表达真情实感

例如，部编版小学语文三年级上册第五单元，语文要素的要求是训练观察能力，围绕这个要求先安排了两篇教读课文《搭船的鸟》《金色的草地》，为学生展示了作者是如何观察的。接下来两个小板块“交流平台”“初试身手”，对如何观察进行小结，指出要留心观察和细致观察。再提供两篇习作例文《我家的小狗》《我爱故乡的杨梅》。短小的课文旁边配有批注，引导学生进一步体会如何把观察到的事物写下来。最后的单元习作练习，写一个事物或者一个场景，是对整个单元学习成果的应用和检验。整个单元围绕训练学生的观察能力组织，步步深入，帮助学生提高观察能力，并养成观察的好习惯。

（2）阅读单元习作与阅读课文、口语交际、语文园地等配合，推进习作训练。教材每册设置一个独立的习作单元，每册每单元都安排习作训练，构成习作学习的骨架，突出习作的重要性。例如，三年级上册第三单元是童话单元，习作是“我来编童话”，

第四单元是故事单元，习作安排的是“续写故事”。

（3）为了配合习作设置一系列小训练。教材设计的小练笔很有特色。以部编版小学语文三年级教材为例，小练笔多位于课后，也有位于语文园地的“词句段运用”，还有一些习作单项练习，内容涵盖标点符号的用法、习作分享修改、语言积累等多个方面，是部编版小学语文教材习作训练的有机组成部分。例如，部编版小学语文三年级上册《美丽的小兴安岭》课后题：“你的家乡哪个季节最美？为什么？仿照课文写一段话。”《美丽的小兴安岭》一课，描写了小兴安岭的四季，为学生描写家乡的四季打开了思路，可以作为学生练笔的范例。

2. 注重写实性与想象性习作的同时强化应用文的学习

记事类作文的任务是写真实的人和事，教材对此循序渐进地安排训练，第二学段要求写清楚事件，第三学段要求写具体、写出情感，8 次习作都以学生熟悉的各种人物为写作对象，注重基本写作方法的引导，写作要求逐步提高。记事类作文话题从自己到他人，从亲身经历的事到看到的、听说的事，范围逐步扩大。

第二学段同时注重培养学生的想象力，鼓励学生大胆想象，根据事物的特点展开想象，想象作文话题范围逐步扩大，从无拘无束地想，到奇思妙想，到畅想二十年后的家乡，再到尝试写科幻故事，等等。如：“小小动物园”“二十年后的家乡”。

应用文训练主要是让学生初步了解、学习不同文种的表达技巧，如：通知、日记、书信、解说词、演讲稿、倡议书、简单的研究性报告。教材对常见的应用文进行了统筹安排，体量较大的“日记”“书信”等安排在单元习作中，而“通知”这类体量较小的应用文以小练笔的形式呈现。如：三年级下册第二单元语文园地“学写通知”、第七单元语文园地“学写寻物启事”。

3. 写作题材生活化

部编版小学语文教材编制习作素材覆盖了绝大多数学生的生活经验，让他们一看题目就能唤醒已有的生活经验。翻看三年级的单元习作，“猜猜他是谁”“我们眼中的缤纷世界”“我有一个想法”“身边那些有特点的人”等，都是基于学生生活经验出的题目。还有一部分题目，让学生先做再写，比如“我的植物朋友”“我做了一项小实验”。对于距离学生略远的素材，比如“国宝大熊猫”，教材中则提供了有关熊猫的一些基本资料。

4. 指导具体化

部编版小学语文教材在习作指导上力争提供写法上的支持。有的直接提供例文，更多的是进行写作思路的指导。例如，小学语文三年级上册第一次习作“猜猜他是谁”，习作的重点是要写出“印象深刻”的地方，可以从哪些方面来想？教材给出一个例子，从外表、习惯、爱好、典型事例四个方面描述一个人，给学生思路上的启发，同时提示写作时不必面面俱到，“选择一两点写下来”即可。

二、习作教学策略

1. 依据阅读单元的习作板块内容编排习作指导与训练

仔细研究阅读单元中的写作板块编排，会发现其中的规律：大多先提供一个习作案例，然后是习作内容和格式、分享交流和评价，前后排序各不同，有时先交流再写，有时先写再交流分享。

例如，小学语文三年级上册第一单元的习作“猜猜他是谁”中，我们可以看到，习作训练要素呈现清晰，习作方法的指导建议明确，过程展示清晰。针对这个特点，教师在引导学生进行训练时，要运用读写结合的策略，先阅读长见识，交流沟通后再下笔。教师指导习作内容和格式时必须明确到位。

每一册阅读单元中的习作任务各不相同，训练要点也不一样，因此，教学方法也需要有针对性。以部编版小学语文四年级上册为例，如表 8－3 所示。

表 8－3　部编版小学语文四年级上册习作内容及其训练要素

单元	习作内容	训练要素
一	推荐一个好地方	概括特点，梳理介绍内容
二	小小“动物园”	想象、突出人物特点
三	写观察日记	连续观察
四	我和________过一天	按时间顺序写清楚
五	生活万花筒	选取典型事例
六	记一次游戏	写清楚事情的经过、感受
七	写信	书信的格式、内容
八	我的心儿怦怦跳	心情、经过、感受

2. 结合习作专题单元主题和语文要素展开指导

部编版小学语文教材从三年级开始每册安排第五单元做专题的习作单元，习作单元是教材编写体例上的一次创新，它直观展现了“读写结合”的完整样态，呈现出一次习作教学从发生到终结的训练全过程，这是以往教材所未有的。一般由两篇教读课文和“交流平台”“初试身手”“习作例文”和“习作”构成。单元导读是一张跟主题相关的图画，上面有两组文字：上半部分的文字是单元主题语提示，下半部分是相关语文要素。例如，三年级上册第五单元：主题是罗丹的名言“生活中从不缺少美，而是缺少发现美的眼睛”，美和发现是关键词。语文要素是体会作者是怎样留心观察周围事物的，仔细观察，把观察所得写下来。这个单元先安排两篇精读课文《搭船的鸟》《金色的草地》，旨在引导学生从阅读中学习如何观察和展开描写，紧跟其后的“交流平台”归纳梳理，提炼方法，启示学生“留心周围的事物，我们就会有新的发现”，引导学生学会主动观察周边的事物，之后在“初试身手”中初步尝试运用“你在生活中观察到了什么？用几句话和同学们交流吧!”在“习作例文”中进一步感知方法，在“习作”中迁移运用、积累内化，形成单元学习成果。这个过程由浅入深，步步推进，为习作的完成做了层层引导。

3. 多种方式开展教学活动

小学语文教学活动中，习作教学关系小学生人文素养的培养和小学生书面表达能力的强化，要加强对习作教学的重视，创新多种不同的教学方法，激发学生进行习作练习的兴趣，使学生养成良好的习作训练习惯。

（1）有效指导。教师认真研读教材习作内容，准确把握习作训练的重点。观察事物时要细致，不仅要用眼睛看，用耳朵听，还可以用手摸，用鼻子闻，在确保安全卫生的前提下还可以尝一尝。

（2）自我评价和修改。教师要引导学生自评、同学互评，最后教师点评，让学生学会修改文章，并在修改中提高写作能力。

4. 观察生活，积累写作素材

开展各种有效的语文实践活动，丰富学生的生活，为学生提供更多的写作素材。教师可组织学生经常开展丰富多彩的课外活动，诸如“六一”联欢、国庆歌咏比赛、故事会、主题班会、优秀作业展、手抄报比赛等，并要求学生写作文，这样学生便觉得有话可写，写出来的文章真实、具体。

5. 教师的批改讲评是提高小学生作文能力的重要环节

作文批改可采取详批细改和简单批改相结合的方法，也可采用面批和师生一起评改习作相结合的方法。

（1）学生方面，在评改学生作文时，教师可以采取两种方式：自主评改和交互评改。在修改习作的过程中既培养学生自改作文的习惯，又使学生在自改作文过程中看到自改成果，并产生浓厚的写作兴趣。

（2）教师方面，教师要坚持精批与面批，多用激励性的语言，使学生感受到成功的欢愉，产生强烈的求知欲望，明白自己文章的好与差，知道应该怎么调整。教师要针对不同层次的学生写出不一样的评语，充分调动学生写好作文的积极性。教师可以开展分享活动，选出有代表性的习作，展示在黑板上，鼓励学生大胆发表自己的看法，指出习作中的优缺点，然后由学生本人提出修改意见，教师加以评改、归纳小结，再让学生对原作和修改后的习作对照，谈谈原作与修改的习作有什么不同，哪些地方值得学习。

附录　习作教学案例

一、习作呈现

《生活万花筒》习作出自部编版小学语文四年级上册第五单元，这是部编版小学语文教材独有的一个习作策略单元。整个单元围绕“按顺序写一件事”这一习作中心，设置两篇教读课文《麻雀》《爬天都峰》和两个为习作做准备的“交流平台”“初试身手”板块、习作例文《我家的杏熟了》《小木船》，最后是习作《生活万花筒》。围绕习作核心任务，一个核心，五项安排，环环相扣，逐步推进。

二、设计要点

（一）结合整个单元的设置把握好本次习作的重点

本单元是专题的习作单元，教师在教学这个单元时需要把整个单元做一个整体设计。本单元五项内容的安排可谓环环相扣，步步紧跟。《麻雀》《爬天都峰》两篇教读课文在习作训练上各有侧重。《麻雀》这一课文不仅要求学生了解事情的起因、经过和结果，还需要体会只有按照事情发展的顺序来写，才有利于把整件事情写清楚。《爬天都峰》一课按照“爬山前、爬山中、爬山后”的顺序来安排篇章，引导学生明白，要把一件事写清楚，必须注意叙述顺序，为向写作的迁移做铺垫。

“交流平台”归纳梳理了两篇精读课文，总结出写清一件事可以按事件发生前后顺序来写，也可以按事件先后顺序来写，需要交代清楚叙述的六要素（时间、地点、人物、起因、经过和结果），还需要把场面写得丰满，有声有色，调动视觉、听觉、味觉，还有想象。

“初试身手”鼓励学生尝试运用前面环节中归纳总结出来的方法，进行口头和书面的练习，为完成最后的习作做铺垫。这一板块安排了两部分内容。第一部分训练“说”：提供“运动会”和“过生日”两幅图，要求学生看图发挥想象，把看到的、听到的、想到的、怎么想的、怎么说的和怎么做的说出来，展现当时的情境和场面，把图片的内容说清楚，重在练习怎样把一个场面说清楚。第二部分训练“写”：观察家人炒菜、擦玻璃或者做其他家务的过程，用一段话把这个过程写下来，注意用上表示动作的词语，重在练习按照一定顺序，把一件事写清楚。

习作例文则换另一个题材来感知习作核心。《我家的杏熟了》是对教读课文中学习方法的迁移，让学生清楚了解奶奶给小伙伴分杏的起因、经过、结果，并注意奶奶“打杏”“分杏”的动作和语言描写。《小木船》重在提示“把一件事写清楚”的方法，即重要的环节可以写详细些而不重要的内容可以略写。

从以上分析可看到，教材围绕核心要求循序渐进，落实了习作需要完成的目标。

（二）合理安排课堂进度，应该把重心放在写作及修改上面

经过前面几个环节的安排，到了写作这个环节，教师把重心放在习作内容及形式

的指导上，以及修改调整环节的具体操作上。

（三）紧扣单元主题和单元语文要素

课程标准第二学段要求“能不拘形式地写下见闻、感受和想象，注意表现自己觉得新奇有趣的或印象最深、最受感动的内容”，本次习作落实了这个目标。结合本单元的人文主题“我手写我心，彩笔绘生活”和两项语文训练要素（一项是“了解作者是怎样把事情写清楚的”，另一项是“写一件事，把事情写清楚”），可知道“我手写我心”的意思是要写出真实的生活和真实的内心世界。“彩笔绘生活”是告诉学生生活丰富多彩，亲自经历的、看见的、听说的、想到的都可以成为习作的内容。但是哪一件印象最深刻呢？为什么深刻？教师要帮助学生把这些内容挖出来。

三、案例展示

【教学目标】

［知识与技能目标］

能按照一定的顺序把一件事写清楚；把握一件事发生发展的过程的叙事要素；把一个场面尽可能写得丰富。

［过程与方法目标］

重温单元核心内容，独立写作并在他人帮助下修改、调整习作。

［情感态度与价值观目标］

在学会记一件事并体验成功的喜悦。

【重点难点】

［重点］

按事件发生前后或者时间推进先后来记一件事。

［难点］

丰富一个场面，把最精彩的部分写好。

【教学过程】

环节一　情境导入，激发写作欲望

1. 教师出示视频。

师：“视频中有孩子们上学放学、做游戏、跟爸爸妈妈去公园、过生日、跟好朋友在一起玩的画面。”

2. 教师语言引导。

师：“孩子们，我们的生活多么美好，多么快乐，这些视频记录了我们的真实状况。这些也可以用文字来表达，例如，我们学过的《麻雀》《爬天都峰》。大家想不想也把我们精彩的学习生活记录下来呢？”

［设计思路］习作课也需要激发学生的兴趣，角度就是用语言记录自己真实的生活

与快乐，每个人都可以做到。

环节二　重温单元课文，理出习作要点

1. 教师出示问题，让学生根据这个单元所学的课文来总结。

(1) 怎样写清一件事？

(2) 重要的环节该怎么写？

2. 师生共同明确。

(1) 课件出示：按事件发生的先后顺序（时间先后）：起因—经过—结果。

(2) 叙述要素：时间、地点、人物、起因、经过、结果。

(3) 丰富重要的环节（或场面）：亲身经历、看到、听到、想到。

［设计思路］本单元的五个板块都为这次习作做了铺垫，所以习作之前再理一遍，能强化关键要点。

环节三　审题，选材，构思，列大纲

1. 选一件让你印象深刻的事情，想一想那件事情在什么方面让你印象最深刻。

捉蚊趣事　　一件烦心事　　她收到了礼物　　爷爷戒烟了

照片里的温暖　　家庭风波　　教室里的掌声　　信不信由你

2. 列出事情的经过：时间—地点—人物—起因—经过—结果。

3. 用网络图的形式把自己要写的画出来。

环节四　习作实践（书写），讲解格式要求，巡堂个别指导

这个环节是必不可少的，从内容到形式两方面，帮助学生克服陌生感，方便学生很快上手。

环节五　习作交流修改，再调整

1. 出示评价标准。

(1) 内容方面：写了什么事情？可否按先后顺序构思？（时间、地点、人物、起因、经过、结果交代清楚）事情写得精彩吗？

(2) 格式方面：标题居中；开头空两个；分段；标点符号。

2. 教师示范一篇中等偏上的文章，之后学生自己修改，同桌再修改；同桌互相写评语。

3. 教师讲解习作中出现的主要问题，学生修改自己的习作（语句通顺，行款正确，书写规范、整洁）。

4. 根据评语和教师讲解再进行修改。

5. 习作分享与欣赏阶段。学生之间互相分享自己的习作，互相评点；教师指导学生反思、回顾，谈收获。

6. 学生编写《彩笔绘生活》习作集，全班家长相互传阅，并由教师、家长、同学共同点评。

[设计思路] 这个环节的任务是修改调整。课程标准重视对作文修改的评价，指出要注意考查学生修改作文的态度、过程、内容和方法。学生通过自改和互改，取长补短，促进相互了解和合作，共同提高写作水平。

第九章　小学语文综合性学习活动设计

语文课程是一门学习语言文字运用的综合性、实践性课程，致力于学生语文素养的形成和发展。语文知识要转化为语文能力与素养，不仅需要课堂上的听讲学习，更需要学生的实践活动参与，在实践活动中将课本所学知识内化，提升综合能力。因此，语文的综合性学习不仅体现语文学科的工具性与人文性，更是实现学生语文素养形成和发展的重要载体和手段。

部编版小学语文教材在编写时突出以学生为中心，呈现“自主、合作、探究”的学习模式。在口语交际、综合性学习专题、语文园地等板块的编排设计上也充分体现了语文实践教学的重要性。

第一节　小学语文综合性学习概述

一、小学语文综合性学习的含义及意义

小学语文综合性学习是在教师的指导下，立足小学生的生活和经验，以实践活动为主要形式，有意识地综合开发和利用学生生活、社会生活及其他学科的课程资源，运用自主、合作、探究等学习方式，在自主活动中全面提高学生语文素养的一种语文学习方式，是语文课内教学的有效补充。语文综合性学习主要体现为语文知识的综合运用、听说读写能力的整体发展、语文课程与其他课程的沟通、书本学习与生活实践的紧密结合。课程标准对语文综合实践学习的目标和任务做了明确的规定，其功能如下。

1. 语文能力养成的前提保障

语文知识的学习最终是为了提高学生的语文能力，即听说读写的综合能力，因此，学生不仅要学习知识与理论，更要培养自己运用知识发现问题、分析问题、解决问题的能力。教育的目标不是培养只会读书的孩子，而是要培养能应用知识解决问题，运用聪明才智服务社会的综合性人才。因此，小学语文综合实践活动特别重要，这也是

时代发展的需要。

2. 提升学生语文素养的重要途径与方法

综合性学习不仅仅是知识的应用，更是培养学生情商的重要途径。研究表明，情商高的人更容易在社会中生存与发展。特别是高速发展的当前社会，对人才的要求越来越高，机关企事业单位，甚至是小型私人企业，不再只看重考试分数，更看重人的综合能力与综合素质，而这些要从小学阶段开始抓起，提高他们的语文素养。从某种程度来说，小学生的素养提升了，我们国家的整体文明水平也就提高了。

3. 语文人文性的再现与落实

在语文课程学习中，很重要的一个任务就是完成考试、升学，掌握汉字学习、课文阅读、写作的技巧与方法，这是语文的工具性。与此同时，语文具有人文性的特点，要求教师用文本的人文内涵对学生进行文化熏陶，教会学生做一个具有健全人格和高尚品德的人。因此，在语文教学中，教师要加强对学生综合实践活动的设计与指导，让学生在实践中提升自己的语文素养，养成良好人格。

二、小学语文综合性学习的教学目标

1. 第一学段（1—2 年级）

（1）对周围事物有好奇心，能就感兴趣的内容提出问题，结合课内外阅读，共同讨论。

（2）结合语文学习，观察大自然，用口头或图文等方式表达自己的观察所得。

（3）热心参加校园、社区活动。结合活动，用口头或图文等方式表达自己的见闻和想法。

2. 第二学段（3—4 年级）

（1）能提出学习和生活中的问题，有目的地搜集资料，共同讨论。

（2）结合语文学习，观察大自然，观察社会，书面与口头结合表达自己的观察所得。

（3）能在教师的指导下组织有趣味的语文活动，在活动中学习语文，学会合作。

（4）在家庭生活、学校生活中，尝试运用语文知识和能力解决简单问题。

（5）有条件的地方，可学习使用键盘输入汉字。

3. 第三学段（5—6 年级）

（1）为解决与学习和生活相关的问题，利用图书馆、网络等信息渠道获取资料，尝试写简单的研究报告。

（2）策划简单的校园活动和社会活动，对所策划的主题进行讨论和分析，学写活动计划和活动总结。

(3) 对自己身边的、大家共同关注的问题，或电视、电影中的故事和形象，组织讨论、专题演讲，学习辨别是非善恶。

(4) 初步了解查找资料、运用资料的基本方法。

三、部编版小学语文教材综合性学习的呈现方式及编排特点

(一) 呈现方式

语文的综合性学习活动指向学生语文综合能力及核心素养的养成，贯穿在语文教学中，而不只存在于某一次的集中实践训练。在实践活动中，教师应该抓住实践活动的有利因素进行活动设计。在部编教材中，综合性学习以口语交际、单元专题和每个单元后的语文园地为呈现方式。

1. 综合性学习专题板块

部编版小学语文教材十二册共设置了四次综合性学习，分别安排在三、四、五、六年级下册教材中，主题分别为“中华传统节日”“轻叩诗歌大门”“遨游汉字王国”“难忘小学生活”。其中，三年级“中华传统节日”和四年级“轻叩诗歌大门”的这两个综合性学习主题穿插安排在普通单元中，而五年级“遨游汉字王国”主题、六年级“难忘小学生活”主题这两个综合性活动编排设置的是单元整组的综合性学习内容。

2. 语文园地板块

语文园地板块一般由交流平台、识字加油站、字词句运用、日积月累等基本模块组成。不同的年级和单元内容，在模块设计上会有适当的增加、删减或者调整，如有些单元有“书写提示”，有些单元是“词句段运用”等。部编版小学语文教材各年级的语文园地的编写依据学段特征和语文素养的序列，呼应每个单元的语文要素。教材鲜明地彰显出语文要素和人文主题双线并进的姿态，特别是从三年级起，每个单元都有导读，包含人文诗意的导语和简洁清晰的语文要素两个部分，构成单元的核心语文内容，以单元为单位，将语文的工具性和人文性和谐统一，协同推进。语文园地内容与板块设计往往与单元课文、课后问题等形成一个有机的整体，在教学中应结合单元目标任务及语文要素展开语文园地的教学。

3. 口语交际板块

口语交际训练的是学生表达、倾听和应对的能力，能力的养成需要实践活动做载体。因此，口语交际也是综合实践活动的一个重要组成部分，在一至六年级教材中专门有独立的口语交际板块。关于口语交际内容，可以参见口语交际活动设计章节内容，此处不再赘述。

(二) 综合性学习专题板块的编排特点

综合性学习单元自成体系，以活动贯穿始终，以任务驱动的方式带动整个单元的

学习。部编版小学语文教材在综合性学习板块的编排和设计具有以下几个特点。

1. 围绕单元主题，分步骤编排学习活动

部编版小学语文教材共设置四个专题的综合性学习单元，综合性学习紧紧围绕单元内容主题进行设计，活动目标任务明确。其主题大多跟中华优秀传统文化内容相关，旨在通过实践活动，学生在获得综合性技能的同时提高语文素养。

以四年级下册“轻叩诗歌大门”为例。单元导读提出了这样的语文要素：合作编小诗歌，举办诗歌朗诵会。本单元从单元导读到课文内容、课后练习再到综合性学习，都与诗歌有关。在课文教学中，教师对诗歌进行精讲与略讲，让学生对诗歌有了一定的认识，在此基础上，给学生安排活动任务。课文第一篇诗歌《短诗三首》的课后练习设计有活动提示，紧紧扣住课文的知识内容以任务驱动的形式让学生去收集、摘抄相关诗歌，为下一步的综合活动做准备。而综合性学习专题，就是围绕诗歌学习和创作来开展的。在主题活动中，出示活动提示：

诗歌的海洋里有无数珍宝。让我们开始综合性学习，感受诗歌的魅力。可以通过阅读报纸、杂志、图书等方式，收集喜欢的现代诗。再准备一个摘抄本，把它们工整地抄写下来，注意写清楚作者和出处。

这段时间，我们阅读、收集了许多诗歌，还做了自己的诗歌摘抄本，大家可以交流一下。我们还可以试着当个“小诗人”写写诗，把自己的感受表达出来。写的时候要注意分行。写完后和同学交流。

教师让学生通过阅读报纸、杂志、书籍等方式，收集自己喜欢的现代诗，在此基础上，提出“小诗人”“写写诗”的任务。在收集、摘抄、写诗、交流等活动过程中让学生对诗歌有更深的认识和把握，同时也提高了学生诗歌创作的技能，提高了他们的语言表达能力，学生的综合能力也在这一过程中得到锤炼和升华。

2. 综合性学习目标明确

综合性学习板块编排的每一次实践活动，目标都十分清晰，不仅在单元导读中出现，课文的课后活动提示及活动过程都有明确的任务，这方便学生根据目标有针对性地开展活动，并获得技能的提升。同时，根据不同的年级特点，四次综合性学习专题活动目标各有侧重，如表 9－1 所示。

表 9－1 综合性学习专题活动目标

单元	主题	篇目	语文要素	活动目标任务
三年级下册	中华传统节日	《古诗三首》《纸的发明》《赵州桥》《一幅名扬中外的画》《中华传统节日》	收集传统节日的资料，交流节日的风俗习惯，写一写过节的过程	1. 能小组分工合作。用不同方式收集介绍我国传统节日的资料，并记录这些节日的相关风俗 2 能就自己感兴趣的一个传统节日写一篇习作。写清楚过节的过程 3. 以适当的方式展示综合性学习的成果 4. 能对其他小组的展示活动做出评价，提出改进建议
四年级下册	轻叩诗歌大门	《短诗三首》《绿》《白桦》《在天晴了的时候》《轻叩诗歌大门》	初步了解现代诗的一些特点，体会诗歌表达的情感。根据需要收集资料，初步学习整理资料的方法。合作编小诗集，举办诗歌朗诵会	1. 能对自己收集的诗歌进行整理 2. 能与同学交流自己收集或创作的小诗，合作编成小诗集 3. 能和同学分工合作，举办班级诗歌朗诵会，用合适的语气朗读，表情、体态自然大方
五年级下册	遨游汉字王国	《遨游汉字王国》《汉字真有趣》《汉字，我爱你》	感受汉字的趣味，了解汉字文化。学习收集资料的基本方法。学写简单的研究报告	1. 学会制订活动计划 2. 能够认真阅读教材提供的材料，从中受到启发，收集到更多体现汉字有趣的资料 3. 感受汉字的有趣，了解汉字文化，并对汉字的规范使用做一些力所能及的事 4. 通过活动，能够很好地与他人进行合作学习，提高自主学习的能力
六年级下册	难忘的小学生活	《难忘的小学生活》《回忆往事》《依依惜别》	运用学过的方法整理资料。策划简单的校园活动，学写策划书	1. 通过读“阅读材料”中的文章，感受作者对小学生活的怀念，对母校、教师、同学的感情 2. 回顾个人成长经历，懂得成长需要自己的努力，也离不开学校的关怀、教师的教导和同学的帮助 3. 用多种方式表达对母校、教师、同学依依不舍的感情，并立下美好的志向 4. 会写临别赠言、简单的倡议书、建议书和演讲稿 5. 能在教师的帮助下，与同学一起组织策划联欢活动

由上表可以看出，每一次实践活动，都有侧重点，例如，三年级下册“中华传统

节日”要求学生写一写过节的过程，并通过恰当的形式展示成果；而四年级下册“轻叩诗歌大门”要求学生在收集诗歌的基础上，进行现代诗歌创作，抒发自己的感受。从这两个要求可以看出，四年级的要求更高，难度更大，写一写过节的过程，学生只需要把过节的前后程序表述清楚就好了，而诗歌创作不仅是一种从输入到输出的转变，而且需要学生找到诗歌主题，把握诗歌的结构形式，使用诗歌语言，等等，对学生的综合性能力要求更高。

综合性学习贯穿整个单元教学，目标任务十分明确，以四年级下册为例。《短诗三首》课后的“活动提示”，布置学生收集并摘抄自己喜欢的现代诗，旨在激发学生阅读和收集现代诗歌的兴趣，了解摘抄的一些基本要求。《白桦》课后的“活动提示”布置了两个任务：一是组织学生对目前收集的现代诗进行阶段性交流，这是对前一阶段活动的承接与提升，旨在通过交流打开视界，进一步丰富收集现代诗的途径和摘抄的类型；二是让学生尝试写现代诗，一方面为后续活动铺垫，丰富“小诗集”的素材，另一方面，这个单元没有安排“习作”，学生试着写写诗歌，就是完成了一次“习作”，所以应要求每个学生都写一写。在这两个阶段活动的基础上，进入综合性学习的第三个阶段，即展示交流学习成果。因此，学生在两周的综合性学习中有不同的任务，最终完成活动的整个过程。

同时，四年级第三单元的单元导语中提出：根据需要收集资料，初步学习整合资料的方法。要求学生根据活动提示和要求，收集整理资料，初步掌握整理资料的方法。

因此，教师在综合性学习的教学设计中，要紧密结合教材提供的线索资源，充分运用课文给出的活动提示，设置好活动任务和目标，有的放矢地设计好实践活动。

3. 把习作和口语交际训练融入综合性学习活动

综合性学习活动不是孤立的，它往往跟课文内容、习作和口语交际等板块存在着紧密的联系。把习作和口语交际中融入综合性学习活动，更有利于提高学生的语文综合能力与素养，提高他们的听说读写能力。部编版小学语文教材很好地将这些板块内容有机融合，例如四年级下册中，让学生试着当个“小诗人”写写诗，把自己的感受表达出来，就是一种习作能力的训练，而让学生举办诗歌朗诵会，就是培养学生的口语交际能力。又如，三年级下册在综合性学习中就要求学生写“过节的过程”，这本身就是对学生写作能力的训练。由于此部分承担了“写作”的任务，在本单元中就不再设计写作环节。因此，教师在教学过程中，要特别注意写作主题的引导，实现学生的写作能力的训练与提升。

因此，综合性学习训练的是学生的语文综合能力，在实践活动设计中，要将学生的口语表达与书面表达有机结合起来，做到两者兼顾。

四、新时代小学语文综合性学习的特点

新时代小学语文综合性学习的特点主要体现为综合性、实践性、开放性、生成性与主体性。

1. 综合性

综合性一方面是指学生的学习不仅仅限于课堂，而是要走出课内，通过课内外进行有目的的实践学习。另一方面，综合性还体现在学生在实践活动中所需要训练的综合性的听说读写能力，要能够在参观访问、办报办刊、演课本剧、开故事会等实践活动形式中发挥自己的能力，掌握利用广播、电视、网络、图书馆等进行语文学习的能力。因此，综合性学习表现为学习目标的综合性和学习方式的综合性。

2. 实践性

综合性学习不同于其他课型，阅读课、作文课更侧重于知识的传授与技能的习得。而综合性学习是围绕某一个专题或者话题展开活动，活动开展前的目标、器材的准备，活动过程中的参与，活动后的材料收集、整理、总结，更加凸显学生的动手能力，观察事物的能力，发现问题、分析问题和解决问题的能力，有更强的实践操作性。因此，小学语文综合性学习是以实践活动为载体，是书本和实践活动的紧密结合，让学生在实践中学习语文，在实践中运用语文。同时，小学语文综合性学习不仅关注知识和能力，更注重学生的参与，强调学生的亲身经历与参与，是考查、访问、探究、合作等一系列动手动脑的实践。

3. 生成性

综合性学习最大的优势在于让学生在实际动手、真实体验、亲身经历和考察、解决问题的过程中获得成长。因此，不管是活动前的准备、实践活动中的参与还是活动后的成果汇报，对于学生来说，都能获得不同程度的成长。

4. 开放性

语文课不是封闭的，而是开放的，因此，综合性学习的活动不仅限于课堂的知识学习，还需要学生走入社区、图书馆、网络收集资料，活动形式也不仅限于学生坐在教室里，在活动设计中需要学生参观访问、开故事会，或者演剧本、写调查报告等。既有个人的努力，也有小组的合作完成，形式多种多样，体现了语文课的开放性与富有活力的建设性。

5. 主体性

小学语文综合性学习倡导的是自主、合作、探究的学习方式，以任务为驱动，激发学生兴趣，自主合作对问题进行探究、发现、分析、整理总结等。因此，在活动中，要充分尊重学生的兴趣爱好，引导学生选择自己感兴趣的内容和目标开展活动，自己

收集资料，分析问题。

第二节　小学语文综合性专题活动设计

为了落实小学语文课程的实践性，部编版小学语文教材十二册共设置了四次专题综合性学习，分别安排在三、四、五、六年级下册教材中，主题分别为“中华传统节日”“轻叩诗歌大门”“遨游汉字王国”“难忘小学生活”，综合了课内外语文学习的实践方式。

一、教师教法与学生学法

（一）教师教法

1. 明确活动目标任务展开活动设计

如“中华传统节日”中的一个任务就是让学生写一写过节的过程，然后再和同学交流。教师在设计活动时，应该引导学生注意的是过节的“过程”，把过程写清楚，这样学生就不会走偏而导致活动任务不能很好完成。又如“轻叩诗歌大门”为了让学生掌握现代诗歌的基本特征，最终完成“创编诗歌”的任务，在活动任务和时间设计上，教师可事先安排学生收集和摘录一些现代诗歌，给学生预留足够的时间加深对现代诗的学习与积累，这样更有利于学生的诗歌创作。

以任务为驱动，是语文综合性学习的重要特征。教师要根据活动内容、主题的不同设置活动的任务，设置任务要关注学生的兴趣点及知识水平，要设置适合学生水平的任务，这样才能保证学生较好地完成任务目标，得到实际的锻炼。

2. 利用多种多样的活动形式开展活动

倡导学生主动参与、乐于探究、勤于动手，培养学生收集和处理信息的能力，获得新知识的能力，分析和解决问题的能力及交流合作的能力。这是综合性学习的价值所在，因此，在活动设计中，与普通的课文教学模式不同，侧重培养的是学生的实践能力。因此，根据不同的实践活动类型，可以采用不同形式的活动方式。

常见的综合实践活动形式有：资料收集整理，走访调查，角色扮演，分组合作，口头与书面形式相结合。

3. 结合生活实际开展活动

书本学习与社会活动的紧密结合是综合性学习的一大特点，日常生活所见所闻、日常生活经历、生活常识等都是语文综合性学习的渠道，也是学生将所学知识应用到实际生活的直接体现。如“中华传统节日”“难忘的小学生活”这两个主题可以在活动设计时引导学生观察生活实际，发现节日的特点，回忆小学生活中令自己印象深刻的经历等。“中华传统节日”可以设计让学生与家人多交流，把平时观察到的过节的情景记录下来，特别是过节的整个过程。总之，要结合生活实际，让学生有话可说，有素材可写。

4. 利用资源开展活动

语文学习的外延与生活的外延是相当的。自然界的一切自然风光，社会中的文物古迹、民俗风情，国内外的大小事件及图书馆、网络、家庭、学校等都是综合学习的重要资源。教学中应结合当地实际情况，充分利用学校、家庭、社区等教育资源，开展综合性的学习活动，拓宽学生的学习空间，增加学生语言实践的机会，提高学生的语文综合素养。如在“轻叩诗歌大门”“遨游汉字王国”这两个主题中，教师可以充分利用学校、社区、家庭、图书馆、博物馆、网络、电视、书籍等资源，通过查找等方式获得相关资源信息。

（二）学生学法

1. 主动参与，独立完成

学生要变接受学习为主动学习，特别是在材料收集整理环节，学生要自己亲自去动手，独立完成。如“轻叩诗歌大门”第一阶段的任务就是让学生收集和摘抄诗歌，学生只有自己亲自去实践，才能在收集和摘抄的过程中学到诗歌的相关知识，也才能为下一阶段诗歌创作的任务做好知识的储备。

2. 善于合作探究

综合性学习不仅要求学生能独立完成目标任务，同时还要与小组成员开展合作探究。现代社会对人才的要求之一就是要有团队意识、团队精神，能够借助团队的力量发挥作用。例如“遨游汉字王国”这一主题要求学生收集网络、广告、报纸上的汉字现象，这就需要小组分工合作，对收集到的汉字信息进行归类整理，并进行分析总结，汇聚团队的力量与智慧，最终形成调查报告，汇报调查成果。

3. 兴趣是最好的老师

综合性学习重视激发学生参与活动的兴趣。综合性学习是课内外结合，知识与实践融合，因此，生机勃勃的大自然、丰富多彩的大社会、浩瀚无边的生活海洋及广博宽大的书籍世界都可能是学生的兴趣点，而唯有兴趣才能激发学生对未知世界的探知，探知的体验与过程即是综合性学习中很重要的价值所在。

二、小学语文综合性学习的活动实施步骤

1. 第一阶段：活动前准备

（1）明确活动任务目标。

（2）明确活动要求。

（3）明确活动的途径与方法。

（4）活动前资料、工具准备。

2. 第二阶段：活动过程

（1）个人独立任务。

（2）小组分工合作。

（3）材料的收集、整理。

3. 第三阶段：活动结束

（1）形成报告，成果展示。

（2）活动反思，小结。

附录 综合性活动设计

一、活动名称

《中华传统节日》（部编版三年级下册）。

二、活动分析

本次综合性学习贯穿整个第三单元教学，围绕“中华传统节日”这个主题展开，要求学生在了解传统节日及其相关习俗的基础上，写一篇习作，同时还要以各种不同的方式展示综合性学习的成果。《古诗三首》和《纸的发明》课后的“活动提示”中分别布置了本次综合性学习前两个阶段的任务：小组分工合作收集资料，小组交流收集到的资料；整理资料，并为展示做准备。在这两个阶段的基础上，进入综合性学习的第三阶段，即展示交流学习成果。教材这样安排，旨在通过为期两周左右的综合性学习，培养学生收集资料、处理信息、人际交往的能力及互助合作的团队精神，同时在这一学习过程中增进对中华优秀传统就文化的了解，感受中华优秀传统文化的魅力。

三、设计要点

（一）以任务为驱动，引导学生全面了解综合性学习的内容、要求

通过《古诗三首》的学习，学生对春节、清明节、重阳节这些传统节日有了一些了解，通过交流，学生明确了本次综合性学习的主要任务及如何开展这次活动。引导学生看插图、泡泡和表格，打开思路。通过充分的交流，学生知道可以通过哪些途径去收集传统节日的相关资料，以及用哪些方式记录收集到的资料，从而为开展课外的小组合作学习做好准备。

（二）对学生遇到的问题及时干预，加强过程性的指导和评价

在了解了可以从哪些渠道收集资料，重点收集哪些方面的资料后，让学生自主开展课外实践。通过多种方式引导学生自觉开展小组合作学习和个人自主实践，设计活

动评价标准，让学生对照标准自我评价，并在小组中讨论。

（三）搭建展示平台，引导交流分享综合性学习的成果

综合性学习成果的展示可以安排2.5—3个课时，让学生有充分的时间展示活动成果。先进行“写一写过节的过程”的个人成果展示。学生自主完成习作后，可先在小组里读读自己的习作，组内成员要评价习作是否交代清楚了是如何过节的。教师巡视，挑选比较典型的习作，再组织集体交流。交流可使大家了解到更多的节日习俗。比如过中秋节时，晚饭后全家要一起吃月饼，赏月。其次，让学生以各种不同的方式展示综合性学习的成果。

四、活动展示

【教学目标】

［知识与技能目标］

了解我国主要的传统节日及人们在过传统节日时的习俗，并了解其丰富的内涵；通过收集交流传统节日的资料，诵读有关传统节日的诗歌等活动，培养学生的学习能力和语言表达能力。

［过程与方法目标］

通过资料收集与展示、课堂游戏活动、小组合作交流等过程，直观感性地了解中国传统节日及内涵。

［情感态度与价值观目标］

培养学生对中国传统文化的热爱之情，弘扬民族精神，激发爱国热情。

【重点难点】

［重点］

诵读有关传统节日的诗歌，理解传统节日的内涵，培养学生的学习能力和语言表达能力。

［难点］

弘扬民族精神，激发爱国热情。

【教学准备】

课件、学生收集的资料、制作的手抄报等。

【活动过程】

环节一　快乐春节来回味

1. 教师播放欢庆春节的视频。
2. 说一说刚才看到的是什么节日的情景。
3. 揭题。

春节是我国最盛大、最热闹的一个古老的传统节日，俗称“过年”，在这一天，人

们（引说）……今天，我们就一起走进中国的传统节日。

［设计思路］通过演示课件，播放人们喜闻乐见的欢度春节画面，用合家团聚包饺子、贴春联、放鞭炮、观看春节联欢晚会、拜年等活动场景，唤起学生对春节的回味，充分调动学生的学习积极性，让课堂充满快乐、和谐、互动的气氛。

环节二　传统节日知多少

1. 师："除了春节，你还知道哪些中国传统节日？"

（学情预设）虽然教师语气中强调了"中国""传统"两个关键词，但是学生仍有可能会说出一些非传统节日的名称，诸如儿童节、五一节等。教师先不置可否，引导学生再读题，找出关键词"中国""传统"，引导学生自查自纠。

教师补述：中国传统节日的起源和发展是一个逐渐形成的、悠久的过程，每个节日都是我们中国特有的，带有浓厚的中国文化韵味。

2. 按排好的顺序，叫一叫这些节日的名字：春节、元宵、清明、端午、中秋、重阳、冬至、腊八。

［设计思路］通过这一环节的活动，学生明白了中国传统节日是我们中华民族悠久的历史文化的一个组成部分，是中国历史文化长期积淀凝聚而成的。让学生把从交流中获得的新知，在练习中加以巩固。

环节三　节日习俗大放送

师："课前，同学们收集了一两个自己最感兴趣的传统节日的习俗资料，现在就让我们一起来展示，共同分享。"（板书：春节、端午、中秋）

［设计思路］学生在交流中加深了对传统节日习俗的了解并理解了其中丰富的内涵。搭建了一个生生合作、师生合作、探究分享的平台，体现了真正的平等、民主、教学相长的教学理念，激发了学生热爱中华民族优秀传统文化的热情，增强了学生的民族自豪感。

环节四　传统文化要传承

1. 教师演示课件，学生说自己的感受。

2. 教师小结。

师："中国人过了两千多年的端午节竟成为韩国的文化遗产，这对于每一个中国人来说，其滋味是可想而知的，此事充分说明，保护和弘扬民族优秀传统文化是多么迫切、多么重要啊！但是，现在仍有不少人对传统节日不够了解，不够重视，我们该怎么做？"

3. 小组讨论。

4. 展示本小组成员设计的春联。

5. 展示本小组成员做的月饼。

6. 展示本组成员准备的与中秋节有关的古诗。

［设计思路］表演写春联、做月饼和收集古诗既锻炼了学生的手脑，又巩固了有关传统节日的相关知识。

环节五　教师总结

师："太棒了，同学们！你们那颗火热的爱国心令我感动！我们的祖国会因你们骄傲！现在，我们国家非常重视保护非物质文化，出台了一系列保护和弘扬非物质文化的政策。（演示课件）相信大家在假日里与家人共度这些传统节日的时候，中华民族优秀传统文化的种子也一定会在大家心中生根发芽，开出绚丽的花朵，代代相传，发扬光大！"

［设计思路］在师生共同交流有关传统节日的资料，学生的民族自豪感被充分激起时，让学生看那段视频资料，听教师无比惋惜的叙述，学生在强烈的反差中受到心灵的震撼，从而唤起更加强烈的爱国之情，激发保护弘扬民族优秀传统文化的欲望。

第三节　小学语文园地综合性学习活动设计

一、小学语文园地的板块构成及特点

部编版小学语文教材的语文园地在板块设计上与以往教材相比有很大的变化。每个单元的语文园地，都紧紧围绕单元的主题及语文要素，在巩固本单元字词句等知识内容的同时，进行适当的知识拓展和延伸，大致设置有《交流平台》《识字加油站》《词句段运用》《日积月累》等栏目，覆盖语文知识及语文要素的全部内容。

（一）《交流平台》

《交流平台》栏目出现在小学中高年级，从部编版小学语文三年级上册开始设置它展现了学习方式的一种转变，由低年级的单向被动转向中高年级的多维互动。依托《交流平台》，教师、学生、文本、课文、课后问题、导读提示等形成了一个多向、多维的互动交流场所，使单元语文要素在单元学习总结中再次得到夯实。《交流平台》设置在"语文园地"，是对整个单元课文所蕴含的核心语文价值的一种梳理，教师要在整体观照的基础上时刻记住单元核心语文要素，即文本核心语文价值，引导学生在每一篇课文的学习中，都能关注、聚焦、渗透、呼应单元核心语文要素，教师的教学要做到有"取舍"之道，择取之心，恰当取舍。《交流平台》有以下特点。

1. 巩固补充、提示学习方法

《交流平台》是本单元课文学习方法的回顾或者指导，也是对平时积累的学习方法的总结，如三年级上册第一单元的《交流平台》通过提示语的形式引导学生遇到优美的、新鲜的词句要多读几遍并摘录下来。又如三年级上册第三单元是童话单元，《交流平台》部分巩固了童话的一些基本特征及童话的一些启示。这也说明了学习童话要让学生能够了解童话的基本特征，这也是一种学习知识的方法。

2. 体现单元语文核心素养

《交流平台》的设计意在让学生交流，通过与同学、教师的交流，获得知识，提升技能。这是一个听说的双向或者多向互动过程，是语文核心素养养成的有效形式。如三年级上册第一单元的《交流平台》由两部分组成，给学生提供了两个句子，一句是课内的，选自《大青树下的小学》，一句课外的，选自泰戈尔的《职业》，还有两个泡泡语，意在指导学生在阅读实践中关注有新鲜感的语句，并学会及时积累。《交流平台》的内容和本单元的语文要素学习息息相关。

（二）《识字加油站》

《识字加油站》是语文园地的常规栏目，从字音、字形、字义方面巩固学生的汉字基础，补充或者扩展识字的方法，了解汉字文化，掌握形近字等，一般是对本单元识字任务的重温和加强。

（三）《书写提示》

写字是学生语文学习的重要目标，也是重要的语文能力之一，字的框架结构、笔画顺序、部首的变形书写等都是汉字书写的关键因素，对低年级学生来说，这些尤其重要，因此，在部编版小学语文教材中，《书写提示》主要编排在中低年级，是穿插出现在语文园地中的。低年级学生的书写能力尚未完全形成，需要对汉字的笔顺笔画、汉字的间架结构、汉字的书写规则等进行强化，提醒学生书写的注意事项及方法。

（四）《字词句运用》

对于汉语语言单位的运用，小学低年级是字、词、句的运用，中高年级是词、句、段的运用。此部分是对语言单位的强化认识，同时，让学生加深对词语的理解，从而达到积累和准确使用词句的目的。可以在语境中理解新的词汇，欣赏优美的词段，还可以通过具体的句子分析特点、修辞方式、表达方式等。因此，联系语境理解语词是学生阅读过程中的重要一环。

（五）《日积月累》

“不积跬步无以至千里”。《日积月累》栏目旨在通过激发兴趣、扩展知识、拓宽视野思维等方式指导学生正确理解和使用祖国语言。部编版小学语文教材中《日积月累》部分在沿用以往版本特点的基础上不仅增加了诗歌分量，同时也增加了古代蒙学读物、古典文学词句等。因此，小学语文《日积月累》栏目的内容有经典诗词、名言警句、楹联、成语、谜语、谚语、歇后语、俗语、蒙学读物、文化常识等。其中诗歌类共有38首左右，分布在12册书的各个单元中。这些内容有些是课外拓展资源，有些是单元内容的巩固与延伸。例如，部编版小学语文五年级上册学了有关做人做事的一些名言警句，“世上无难事，只怕有心人”“虚心万事能成，自满十事九空”。又如，部编版小学语文六年级上册也安排了做人要诚信的名言警句，“轻诺必寡信”“不精不诚，不能动人”“有所期诺，纤毫必偿；有所期约，时刻不易”。这些内容都是单元主题的拓展和延伸，这样的学习目标设计环环相扣、螺旋上升，前面的学习为后面的学习做准备，后面的学习是前面学习的深化与发展。

《日积月累》选编的都是经典中的经典，都是中国优秀的文化经典。通过诵读，学生不仅掌握了这些知识，同时也可感受到中华民族文化的脉搏与精髓。

（六）延伸阅读

部编版小学语文教材特别强调学生的阅读，因此，在语文园地后会设置延伸阅读板块，一年级的有“和大人一起阅读”，二年级有“我爱阅读”，中高年级有“快乐读书吧”。教材的编排旨在培养学生的阅读兴趣，拓宽学生的视野，让他们爱上阅读，增加阅读量，提升阅读能力，最终提高学生的语文素养。

二、小学语文园地的教学策略

要紧紧围绕单元的任务目标开展语文园地的学习。语文园地是单元内容的综合，是对本单元学习过程的一个巩固、强化、提升，是对课文内容的有效补充，更是夯实学生知识、开拓思维、积累知识的重要途径。因此在教学实施中，要从单元的整体出发，做到有的放矢，实现学生语文核心素养的提升。

1. 教学内容要以单元为轴，聚焦语文核心素养

语文园地不是孤立存在的，其设计紧紧围绕单元的目标任务，能有效巩固和补充本单元所学的知识。

例如，小学语文三年级下册第二单元选编的是寓言，所以在《交流平台》栏目，交流主题是寓言的阅读方法。可分三个层次进行交流：第一个层次是留下深刻印象，着重在阅读兴趣的激发和复述故事的能力；第二个层次是寓意理解，着重在寓言阅读意义的建构；第三个层次是联系生活，提示学生阅读寓言要与生活实现对接，这是寓言阅读的目的。寓言就是试图通过超越逻辑、突破常理的故事的讲述，让人在啼笑皆非中恍然大悟。寓言最终的目的也是使人在阅读之后突破常态的思维方式，不再重蹈故事的覆辙。就像这个单元的导读所写的：寓言是生活的一面镜子。三个层次都留下许多未定点，可以引发学生主动交流，如：我还读了哪些印象深刻的寓言故事？既可以是课内的，又可以是课外的。这些寓言又蕴含着什么样的道理？让我联想到生活中的哪些人和事？

如此设计，自然能将学生深深引入课文，引导学生向更深的地方拓展，向更广的地方延伸。这样既能让学生将语文学习的实践经验进行分享，呈现多种个性化的学习样态，给予更多的启示和可能，还能紧紧围绕单元的主题，引导学生在讨论交流中提高自己的语文素养。

2. 突出以学生为主体，倡导“自主、探究、合作”的教学方式

小学语文园地作为语文课程的综合性板块，在教学中，应尊重学生的主体地位，让学生在自主、合作探究中快乐学习语文。

例如，小学语文四年级上册语文园地七的《交流平台》栏目，可以这样设计：

同学们，《为中华之崛起而读书》这篇课文主要写了谁的什么事？你们对本单元的哪篇课文感悟深刻？和大家交流一下吧。

这个单元的课文都是________的文章，课文中蕴含着深刻的道理，引发了我们深深的思考。《古诗三首》讲的主要是古代英雄为了守卫边疆，“________”的豪迈气概；《为中华之崛起而读书》说的是____________，周恩来是一个________的人；《梅兰芳蓄须》中的梅兰芳是一个________的人；《延安，我把你追寻》是首现代诗，让我们了解、懂得发扬延安精神的重要。

学生可以分组讨论，小组合作汇报，最后教师进行小结，从而达到训练学生概括课文主要内容的能力。为了让学生能把事情的起因、经过、结果说清楚，表达事件的重点，可以设置这样的问题：本单元中的《为中华之崛起而读书》中讲了三件事，请交流讨论后写出这三件事，写的时候注意事情的起因、经过、结果，把握每件事的重点，再整体把握课文的重点。让学生讨论交流后动手写出来，训练动手动脑的能力。

3. 以实践活动为载体，融合课内课外资源开展教学

语文园地既是对单元课文内容的整理、回顾，更是单元知识点的拓展与延伸。因此，应在巩固知识的基础上，尽可能充分挖掘课内外课程资源让学生进行实践活动，在实践活动中感受祖国语言文字的魅力。

例如，小学语文三年级下册语文园地三的《识字加油站》栏目安排的内容是生活中常见的各种招牌，“税务局”“档案馆”“咖啡馆”“阅览室”“废品收购站”“农贸市场”。其中需要识记的生字有7个，这7个字都是形声字。教学时可以创设情境，引导学生在真切的生活场景中认读标牌名字，指导学生读准字音、认清字形。同时，要引导学生在生活中识字的意识，激发学生自主识字的愿望。要充分利用学生身边的资料进行语文学习，将课内和课外进行有机结合。

4. 巩固旧知，拓展新知，引导学生注意养成知识积累的习惯

语文的学习需要日积月累的储存，才有可能更好地掌握和运用博大精深的祖国语言文字。语文园地专门设置《日积月累》栏目，目的是让学生通过积累拓展自己的知识储备，并能更好地运用。教师在教学《日积月累》栏目时，应做到以下几点：

（1）引导学生领会名句（诗歌）的基本意思、喻义、引申义。

（2）督促学生进行理解性记忆。

（3）引导学生进行运用，诸如联系实际说句子、写句子等。

第十章　小学语文文言文教学设计

文言文是中国古代的一种书面语言组成的文章，是相对新文化运动之后的白话文来讲的。在远古时代，文言文与口语的差异微乎其微，随着历史的变迁，文言文和口语的差别逐渐扩大，成了读书人的专用。其特征是注重典故、骈骊对仗、音律工整，包含策、诗、词、曲、八股、骈文等多种文体。

文言文记载和传承了中华民族五千年的灿烂文化和悠久历史。学习文言文有助于学生掌握与运用汉语言基础知识，促进学生和谐发展，使他们提高思想道德修养和审美情趣，逐步形成良好的个性和健全的人格。部编版小学语文教材特别注重中华优秀传统文化及民族精神的传承，在教材中大幅增加古诗文、革命主题文章、古典名著等篇目，其中文言文篇目由旧版的 4 篇增加到 14 篇，优秀经典文化的重要性可见一斑。

第一节　小学语文文言文的教学目标

一、课程标准对小学文言文教学的要求

（一）总体要求

（1）认识中华文化的丰厚博大，汲取民族文化智慧，关心当代文化生活，尊重多样文化，吸收人类优秀文化的营养，提高文化品位。

（2）能借助工具书阅读浅易文言文，背诵优秀诗文 240 篇（段）。

（二）阶段性目标

1. 第一学段（1—2 年级）

（1）诵读儿歌、儿童诗和浅近的古诗，展开想象，获得初步的情感体验，感受语言的优美。

（2）背诵优秀诗文 50 篇。

2. 第二学段（3—4 年级）

（1）诵读优秀诗文，注意在诵读过程中体验情感，展开想象，领悟诗文大意。

（2）积累课文中的优美词语、精彩句段，在课外阅读和生活中获得的语言材料，背诵优秀诗文50篇。

3. 第三学段（5—6年级）

（1）阅读诗歌，大体把握诗意，想象诗歌描述的情境，体会作品的情感。受到优秀作品的感染和激励，向往和追求美好的理想。

（2）诵读优秀诗文，注意通过语调、韵律、节奏等体味作品的内容和情感，背诵优秀诗文60篇。

（三）教学建议

1. 总体建议

重视情感、态度、价值观的正确导向。培养学生正确的思想观念、科学的思维方式、高尚的道德情操、健康的审美情趣和积极的人生态度。文言文学习是与帮助学生掌握学习方法、提高语文能力的过程融为一体的，不应该当作外在的附加任务。应该根据语文学科的特点，注重熏陶感染，潜移默化，把这些内容渗透于日常的教学过程之中。

2. 具体建议

阅读教学应引导学生钻研文本，在主动积极的思维和情感活动中，加深理解和体验，有所感悟和思考，受到情感熏陶，获得思想启迪，享受审美乐趣。要珍视学生独特的感受、体验和理解。有些诗文应要求学生诵读，以利于丰富积累，增强体验，培养语感。

（四）评价建议

1. 诵读的评价

重在提高学生的诵读兴趣，增加积累，发展语感，加深体验和领悟。在不同学段，可在诵读材料的内容、范围、数量、篇幅、类型等方面逐渐增加难度。

2. 古诗文阅读的评价

评价学生阅读古代诗词和浅易文言文，重点考查学生的记诵积累，考查他们能否凭借注释和工具书理解诗文大意。词法、句法等方面的知识不作为考试内容。

第二节 小学语文文言文教学策略

课程标准提出，教材要注重继承与弘扬中华民族优秀文化和革命传统，有助于增强学生的民族自尊心和爱国主义感情。在部编版小学语文教材中，一到六年级的古诗文总数量为129首（篇），其中古诗词112首，文言文14篇，古典名著节选3篇，增加了大量的优秀传统文化篇目。古诗词及古典名著在阅读课文的体例中已经讲述，这里不再赘述，本章节只针对文言文的编排及教学策略进行分析和探究。

一、部编版小学语文教材中文言文分布及其编排特点

部编版小学语文教材将比较浅显易懂、生动有趣的文言文故事纳入教材，从三年级开始安排文言文，三年级每学期各一篇，四至六年级每学期各两篇，小学阶段共安排 14 篇文言文，包括《司马光》《守株待兔》《囊萤夜读》《铁杵成针》《自相矛盾》《伯牙鼓琴》等家喻户晓的传统故事，具体分布情况见表 10－1。

表 10－1　部编版小学语文教材中文言文分布情况

年级	课文	单元	体裁	课文来源
三年级上册	《司马光》	第八单元	历史人物故事	《宋史·司马光传》
三年级下册	《守株待兔》	第二单元	寓言	《韩非子·五蠹》
四年级上册	《精卫填海》	第四单元	神话	《山海经·北山经》
	《王戎不取道旁李》	第八单元	文言小说	《世说新语·雅量》
四年级下册	《囊萤夜读》	第七单元	人物故事	《晋书·车胤传》
	《铁杵成针》	第七单元	成语故事	《方舆胜览·眉州》
五年级上册	《古人谈读书》	第八单元	议论文	《论语》；朱熹；曾国藩
	《少年中国说》	第四单元	议论性散文	梁启超
五年级下册	《自相矛盾》	第六单元	成语故事	《韩非子·难一》
	《杨氏之子》	第八单元	文言小说	《世说新语·言语》
六年级上册	《伯牙鼓琴》	第七单元	历史人物故事	《吕氏春秋·本味》
	《书戴嵩画牛》	第七单元	散文	苏轼
六年级下册	《学弈》	第五单元	寓言故事	《孟子·告子上》
	《两小儿辩日》	第五单元	寓言故事	《列子·汤问》

二、部编版小学语文教材中文言文的特点

文言文是以古汉语为基础的经过加工的书面语。作为古代的一种书面语言，文言文具有篇幅短小、浅近易懂、语言精练、内涵深刻等特点。入选部编版小学语文教材的篇目有以下特点。

1. 篇幅短小

文言文以单音节构词为主，语言相对白话文来说更为简短精悍。考虑小学生的学情特点，入选的文言文篇目很简短，字数也少，大致百来字左右，比如《司马光》全

篇共计 92 字。简短的篇幅有利于学生进行诵读理解，不至于让初步接触文言文的小学生望而却步。

2. 内容简单易懂

教材所选文言文大多是大家耳熟能详的，比如《自相矛盾》《守株待兔》都是家喻户晓的故事，情节简单，文中也少有深奥难懂的古字。

3. 主题凸显语文核心素养

14 篇文言文大多是关于历史人物、历史故事的。学习这些人物故事、人生哲理等，有利于学生了解和弘扬中国优秀的传统文化，学习古人优秀的思想品格，促进学生人格成长和完善。

三、小学语文文言文的教学策略

文言文教学是小学语文教学中的一个特殊内容，有自身的特点。在教学中，教师应该结合具体的教学内容和学生的学习实际，采用灵活多变的教学方法，选取精当的教学策略，创设轻松愉快的教学情境，教给学生学习的方法，使其能学、善学、乐学。

（一）教师教法

在小学阶段，学生学习文言文相对来说比较困难，因此，文言文的教学，应紧扣“以教师为主导、以学生为主体、以训练为主线”的原则。

1. 创设情境，激发学生学习文言文的兴趣

学生刚接触文言文时，兴致非常高，可能是因为对文言文感到新鲜、好奇，也可能是因为文言文简洁、典雅。这时可以适当讲一些与文言文有关的寓言、典故、轶闻趣事、背景资料、文言名句以激发他们学习文言文的兴趣。例如，《两小儿辩日》可以引入孔子的逸闻趣事，告诉学生大教育家孔子居然也会有一天被两个小孩子的问题难倒，从而激发学生的学习兴趣。

另外，由于文言文所选的篇目都是一些经典的小故事，因此，在教学过程中，可以联系学生已经学过的现代文的内容，让学生较快适应文言文的学习。例如，《学弈》与学生熟悉的童话故事《小猫钓鱼》所阐述的道理差不多，《伯牙鼓琴》与民间传说《俞伯牙摔琴谢知音》有异曲同工之妙，而《两小儿辩日》中的孔子更是家喻户晓的古代圣贤，这些都是学生已经具备的认知基础。另外，五年级学生已经学习了几十首古诗词，熟读了很多文言文形式的名言警句，这些诗词格言的学习方法与文言文的学习有相通之处。教师一定要充分利用学生的感性经历和原先具备的知识来引导他们进入文言文这一新的学习天地，给予他们一种似曾相识的感觉，以降低学生的陌生感，消除他们的畏难情绪，树立他们学习文言文的信心。

2. 朗读先行，引导学生感受古汉语的丰富内涵

课程标准在总目标中指出，学生要具有独立的阅读能力，注重情感体验，有较为丰富的积累和形成良好的语感。语文的教学重在诵读，特别是古诗文。俗话说："读书百遍，其义自见。"教材主编温儒敏也提出，对于古诗文应当反复诵读，读得滚瓜烂熟，不用有过多的阐释，也不要太多活动，宁可多读几遍。因此，在文言文的教学中，应多引导学生诵读，引导学生注意诵读的停顿、重音、语调及情感把握。例如，《杨氏之子》的诵读如下：

梁国/杨氏之子/九岁，甚/聪慧。孔君平/诣其父，父/不在，乃/呼儿出。为/设果，果/有杨梅。孔/指以/示儿曰："此是/君家/果。"儿/应声答曰："未闻/孔雀/是夫子家/禽。"

在《学羿》这篇课文中，教师可先有声有色、抑扬顿挫地范读，激发学生学习的欲望；接着让学生小声跟着教师读，边读边标注停顿、重音和语调；再让学生自由练读，读通为止；最后让学生结合注释，理解课文大意，进而流利、有感情地朗读全文。例如，《学弈》一文的初读环节设计如下：

①准备：同学互读，要求读准字音、认清字形。（正音、纠错）

②指名读。（不同水平的学生3名，自评、生评、师评）

③教师配乐范读。（教师随机指导朗读的节奏和速度等，学生标注）

④学生自由练读三分钟。（教师进行个别指导）

⑤全班齐读（学生自评、教师点评），结合注释说说课文大意。

⑥小组比赛，有感情地朗读全文。（学生互评）

通过各种形式的朗读，学生就有充分的时间读通、读顺、读懂文言文，并且在老师的指导下尝试读出韵味，读出文言文的韵律美。值得一提的是，教学文言文，教师的范读起着非常重要的作用，有利于学生较好地把握文言文的音韵、节奏、语气、停顿，诱发学生的情感，指导学生个性化朗读，培养学生的语感。

3. 挖掘文言文中的中华优秀传统元素，培养学生语文素养

课程标准要求"认识中华文化的丰厚博大，汲取民族文化智慧"。语言文字是文化的载体和体现，是了解古代文化的有效途径。小学语文教材中的每一篇文言文不仅兼顾文学作品的质与美，同时也是新时代文学作品的代表，对于小学生文化的培养具有重要影响。在对小学生进行传统文化的继承和培育过程中，应充分利用教育教学素材激发和培养学生的民族精神。在文言文教学时，教师可以从文章背景和历史事件的角度，引导学生对文章的文化特质、历史人物和历史事件之间关联性进行分析，从而获取审美情感，为后期民族精神的培养打下了坚实基础。

例如，《学弈》一文通过描述两人在学弈过程中的不同表现，讲述了不同学习状态所起到的学习效果也不尽相同的道理。在教学过程中，教师可将自己代入授弈者的角色，将自己的情感融入其中，从而充满感情地讲述这篇文言文，以此来加深学生对文章的记忆和理解，同时，使其深刻体会文章所表达的意思，为其良好品质的培养奠定基础。

4. 联系生活实际，帮助学生理解课文

小学生年龄尚小，思维能力还不成熟，看待问题时以形象思维为主，而文言文的内容看似简单，实则复杂，学生学起来可能会感到吃力。如果运用生活化的教学方式，将文言文与学生身边的事物联系起来，能够加强学生对课文的理解，激发学生对文言文的学习兴趣，有效提升学生的文学素养。例如，将课文中一些难懂的字或词加入我们日常的口语中，先为学生出示一些耳熟能详的或之前学过的句子，教师说上句，学生接下一句，之后问学生在生活中是否看到过类似的句子，学生会说在学校的墙上看见过“读万卷书，行万里路”，在走廊里看见过“微笑最美”等，之后在学习课文时，可以边教学边提问：“日”在我们的生活中是什么意思？“汝”是什么意思？如果教师想用文言文问问你吃饭了吗，应该怎么说？用这种方式使学生习惯文言文的表达方式，消除对学习文言文的恐惧心理，有效提高课堂教学的质量和效率。

5. 适度拓展，培养自主自觉学习文言文的习惯

小学文言文教学要重视拓展性的训练。教师要鼓励学生课外多阅读一些文言故事、文言名句等，以拓宽阅读面，增加阅读量，让他们运用已经掌握的学习方法读懂更多的文言文。

（1）在学完教材中的内容后，结合课文，推荐学生阅读更多的文言文。例如，学了《杨氏之子》后推荐学生阅读《世说新语》中的其他小故事，学了《伯牙鼓琴》后推荐学生阅读文言文成语故事《响遏行云》《入木三分》，学了《学弈》后推荐学生阅读文言文励志故事《薛谭学歌》《墨池记》，学了《两小儿辩日》后推荐学生阅读文言文寓言故事《揠苗助长》《掩耳盗铃》等。通过拓展阅读，扩大学生文言文的阅读面，增加阅读量，熟练掌握学习文言文的方法。

（2）鼓励学生改编课本剧，创设文言文综合实践活动。为了进一步激发学生学习文言文的兴趣，巩固学生学习文言文的方法，培养学生在实践活动中运用文言文知识的能力，教师上完《两小儿辩日》后，可以安排学生表演课本剧《两小儿辩日新编》。活动前，教师提供活动构想：一个现代少年穿越时空来到遥远的古代，巧遇两个小儿正在辩日，两小儿请少年裁决。活动中先让学生以小组为单位进行创编表演，然后在班上交流。

（二）学生学法

学生学习文言文，不仅要理解文言文的文体内容，还要深刻领会文章蕴含的民族精神内涵，融入情感，形成自己的民族文化精神。

1. 多读多背，培养语文语感

大多数的古诗文都是要求背诵的篇目，因此，学生在学习文言文时，要多朗读、多背诵。在诵读的过程中领会故事的内容，加深对传统文化价值的理解，实现自己的学习目标。在诵读时，要注意划分朗读的节奏。例如，《学弈》一课中，“思援弓缴而射之”一句的意思是拉着弓箭去射它（天鹅），要注意停顿：“思/援弓缴/而/射之”。同时也要注意语调、重音及情感运用等。

2. 借助注释，理解并积累重点词句

文言文不同于白话文，学生在诵读的过程中，不可避免也会出现不理解字义、词义和句段的意思。这需要学生善于借助文中的注解，通过注释理解每一句话的意思，从而掌握文章的主要内容。对于一些比较常见的古字，要加强理解和记忆。诸如文言文中的通假字、古今异义字、一词多义字、词类活用字等。

3. 联系已学知识，借助生活实际，理解故事内涵

文言文大多是中华经典的历史故事，一篇优秀的文言文，往往蕴涵着一个深刻的道理。小学阶段的几则文言小故事浅显易懂，含义深刻。学生在读熟课文、读懂故事内容之后，要联系自己的生活经历和学习实际，谈一谈故事告诉我们的道理，并与同学进行交流，求同存异，完善自身的人格修养。要把读书与个人的成长紧密联系起来，培养自己探究性阅读和创造性阅读的能力，拓展思维空间，提升文言文学习的能力。

4. 走出课内，拓展知识

部编版小学语文教材共有14篇文言文，篇目比较有限，为了更好地提高自己的文言文阅读能力，学生应拓展自己的课外文言文阅读篇目，如多阅读一些文言故事、文言名句等，从而增加自己的阅读量，将课内学到的学习方法应用到课外文言文的阅读中，这有利于学生语文素养的形成，传承中华优秀传统文化，弘扬民族精神。

附录　文言文教学案例

一、课文呈现

《杨氏之子》（部编版五年级下册，课文略）。

二、课文解读

这是部编版小学语文五年级下册第八单元第一篇课文。单元主题提示引用莎士比亚的名言“幽默和风趣是智慧的闪现”，语文要素训练是“感受课文风趣的语言；看漫画，写出自己的想法”。《杨氏之子》选自南朝刘义庆的《世说新语》，该书是一部记载汉末至晋代士族阶层言谈轶事的小说集。课文讲述了梁国姓杨的九岁男孩风趣幽默、机智巧妙地应答客人的一件事。故事情节简单，语言幽默，颇有趣味，尤其是“未闻孔雀是夫子家禽”一句，充分显示出九岁孩子的聪明机智和超强的应对能力。

选编本课的目的一是让学生开始接触文言文，对文言文有一个初步的认识；二是理解古文的意思；三是使学生感受到故事中人物语言的风趣机智。

三、设计要点

（一）朗读为主

语文教学要以读为本，重视朗读训练是我国语文教学的优秀传统。学习文言文最基本的方法是读，最好的方法也是读，重点在读，难点也在读，在朗读上必须有时和量的保证。这是小学生初次接触文言文，更应该多读少讲，使学生在读中感知，在读中感悟，熟读成诵，从而丰富语文积累，培养语感，发展思维。

（二）感悟语文魅力

单元训练要求设计的主要任务是“感受课文风趣的语言”，重点要放在文中人物语言的刻画上面。

（三）虽然只是一篇小短文，依然是完整的一篇小小说

课文分析应当从小说三要素——人物、环境、情节三个方面引导理解。

四、案例展示

【教学目标】

[知识与技能目标]

会写6个生字，会认3个生字。能正确读写“家禽”等词语；能根据注释理解词句，了解课文内容；体会故事中孩子应对语言的巧妙；有感情地朗读课文、背诵课文。

[过程与方法目标]

经过反复朗读，把课文读通；能借助注释、插图，运用联系上下文等方法读懂每句话的意思；在课堂活动中感悟文中人物的语言魅力。

[情感态度与价值观目标]

激发学习文言文的兴趣；培养热爱语言的情怀。

【重点难点】

[重点]

指导学生把课文读流利，读懂句子。

[难点]

体会人物语言的风趣和机智。

【教学过程】

第一课时

环节一　复习旧知，引出新课

1. 教师和学生一起回忆二年级所学的课文《姓氏歌》，利用课件展示课文内容，

全班一起读。

2. 做姓氏介绍的游戏。

3. 读题、解题（“之”相当于“的”，“杨氏之子”的意思是姓杨人家的儿子）。

4. 过渡语：

我们每天都在用语言交流。精练得当的语言，能使我们有效地与人沟通；机智巧妙的语言，能帮我们摆脱可能出现的尴尬局面；幽默风趣的语言，能愉悦我们的身心。古代有一个九岁的孩子，回答别人时语言风趣机智，妙趣横生。他的故事被记录在刘义庆的文言小说集《世说新语》里。

［设计思路］这里用二年级学过的《姓氏歌》做导入，在游戏中回忆旧知，帮助学生理解题目，效果比较好。

环节二　读通课文，随文识字

1. 教师检测预习情况。

（1）屏幕出示：梁国、聪惠、诣、乃、曰、禽。

指名读，学生齐读。

（2）学生练习记忆生字，默写。

（3）根据学情有针对地提醒学生易错的地方，强化重点字的书写。

2. 朗读课文。

（1）学生自由读文，要求读准字音，读顺句子。

（2）教师指名朗读。

① 注意多音字在本文中的正确读法：

为（wèi）设果　　　儿应（yìng）声答曰（yuē）

② 引导学生读准停顿。

孔 / 指以示儿 / 曰：“此 / 是君家果。”

儿 / 应声答曰：“未闻 / 孔雀 / 是夫子家 / 禽。”

（3）教师范读，让学生初步感知文言文的读法。

梁国/杨氏子/九岁，甚聪惠。孔君平/诣/其父，父/不在，乃/呼儿出。为/设果，果/有杨梅。孔/指以示儿/曰：“此/是君家果。”儿/应声答曰：“未闻/孔雀/是夫子家/禽。”

（4）学生练读。

（5）学生齐读，教师评价。

［设计思路］本环节主要是解决生字，理解古字含义。通过反复朗读和划分节奏，引导小学生学习文言文。把文章读通顺、读流畅，是本课学习的重点。

环节三　合作学习，翻译课文

1. 引导学生回顾理解诗句的方法。

联系上下文，看注释，借助工具书，看插图，尝试翻译课文；将注释中重点词语的解释批注在文中，据此初步理解句意。

2. 学生运用方法自主学习，合作探究，共同完成课文翻译。

3. 学生提出不理解的字词。

以下字词比较陌生或古今意义差异较大，学生可能会提出来：

(1) 其父：他的父亲。其，他的。

(2) 为设果：小儿（杨氏之子）为他摆出水果。设，摆设，摆出。

(3) 以示儿：用来指给小儿看。以，同来。

(4) 此是君家果：这是您家的果子。此，这；君，您，古代对对方尊敬的称呼。

(5) 未闻：没有听说。未，没有；闻，听。

(6) 夫子家禽：您家的鸟。夫子，先生，您，对人尊敬的称呼。禽，鸟类。

［设计思路］**本环节主要是理解课文。通过自读和合作读两种方式，把课文翻译成现代文，并重点讲解一些字词的古今差异。**

第二课时

环节一　讲述故事，衔接新课

在繁华的巴黎大街的路旁，站着一个衣衫褴褛、头发斑白、双目失明的老人。他不像其他乞丐那样伸手向过路行人乞讨，而是在身旁立一块木牌，上面写着：“我什么也看不见！”不用说，他是为生活所迫才这样做的。街上过往的行人很多，那些穿着华丽的绅士、贵妇人，那些打扮漂亮的少男少女们，看了木牌上的字都无动于衷，有的还淡淡一笑，便姗姗而去了。这天中午，法国著名诗人让·彼浩勒也经过这里。他看看木牌上的字，问盲老人：“老人家，今天上午有人给你钱吗？”“唉！”那盲老人叹息着回答，“我，我什么也没有得到。”说着，脸上的神情非常悲伤。让·彼浩勒听了，拿起笔悄悄地在那行字的前面添上了“春天到了，可是”几个字，就匆匆地离去了。晚上，让·彼浩勒又经过这里，问那个盲老人下午的收入情况，那盲人笑着对诗人说：“先生，不知为什么，下午给我钱的人多极了！”让·彼浩勒听了，也摸着胡子满意地笑了。“春天到了，可是我什么也看不见！”这富有诗意的语言，产生这么大的作用，就在于它有非常浓厚的感情色彩。是的，春天是美好的，那蓝天白云，那绿树红花，那莺歌燕语，那流水人家，怎能不叫人陶醉呢？但这良辰美景，对于一个双目失明的人来说，只是一片漆黑。这是多么令人心酸呀！当人们想到这个盲老人，一生里连万紫千红的春天都不曾看到，怎能不对他产生同情之心呢？

可见，语言的魅力太大了。

［设计思路］这节课主要解决感悟语言魅力的难点，所以用一个故事引出，既衔接上文，又带出本课内容。

环节二　角色活动，深入课文

1．体会这个故事中吸引人的话语。

师："同学们，这篇课文中有两个句子很精妙，你知道是哪两句吗？"

生："'未闻孔雀是夫子家禽'。孔君平在姓上做文章，孩子也在姓上做文章，由孔君平的'孔'姓想到了孔雀，用'从来没有听说孔雀是您家的家禽'来应答，妙趣横生。九岁孩童能迅速领会孔君平表达的内容和技巧，显示出他的聪明机智和应对能力。"

师："如果杨氏之子回答'孔雀是夫子家禽'，与'未闻孔雀是夫子家禽'比较，你认为哪一句更好？"

生："'未闻孔雀是夫子家禽'一句更妙，'孔雀是夫子家禽'显得生硬，有顶嘴之嫌，而'未闻孔雀是夫子家禽'，婉转对答，既表现了应有的礼貌，又表达了'既然孔雀不是您家的鸟，杨梅岂是我家的果'这个意思，反映出孩子思维敏捷，语言幽默。"

2．选出几对角色，分别进行对话活动。教师引导，注意配合动作和神态。

3．谈小说人物刻画方法之一——语言刻画。

［设计思路］通过谈论和角色活动，进一步体会孩子所答言语的妙处，明白文中刻画人物的方法，理解杨氏之子"聪慧"之处。

环节三　拓展阅读，综合学习

1．鼓励学生阅读《世说新语》中其他小故事，大体了解内容。

2．阅读"综合性学习"，明确活动要求，自选活动方式，感受中国语言的魅力。

（1）收集、积累在表达上有特点的语言，如歇后语、谚语、幽默故事、古今笑话等。

（2）收集和拟写提示语、广告语。

（3）收集相声、评书或影视剧中的精彩对白，试着演一演。

［设计思路］本篇课文出自文言小说集《世说新语》，课堂上教师可再多讲几个故事，引发学生对这本小说集的关注。综合练习紧扣语言的魅力开展，巩固课文重点，也给学生一个展示学习成果的舞台，可与"回顾与拓展"中的"展示台"相配合，也可结合语文课、语文活动积极创造展示机会，增强学生的成就感。